高校入試 5科の完全

ポイント1 15日でできる 3年間の復習	本書は，数学・社会・理科・英語・国語 中学3年間の復習ができるようにしています。各教科1日1単元ずつ学習すれば，**15日間で仕上げる**ことができます。
ポイント2 入試頻出の 問題に取り組む	各単元で取り上げた問題は，入試に頻出の重要な問題です。「**傾向と対策**」を読んでから，問題に取り組みましょう。また，各教科の第14日・第15日には「**高校入試 予想問題**」がついているので，それぞれの総仕上げ用として実力を確かめることができます。
ポイント3 計画を立て 記録しましょう	この本は，**高校入試対策**の問題集です。弱点補強の再学習をする前に取り組むとより効果的です。しっかり計画を立てて，その結果を「学習記録表」に記入し，弱点の発見とその克服のために役立ててください。

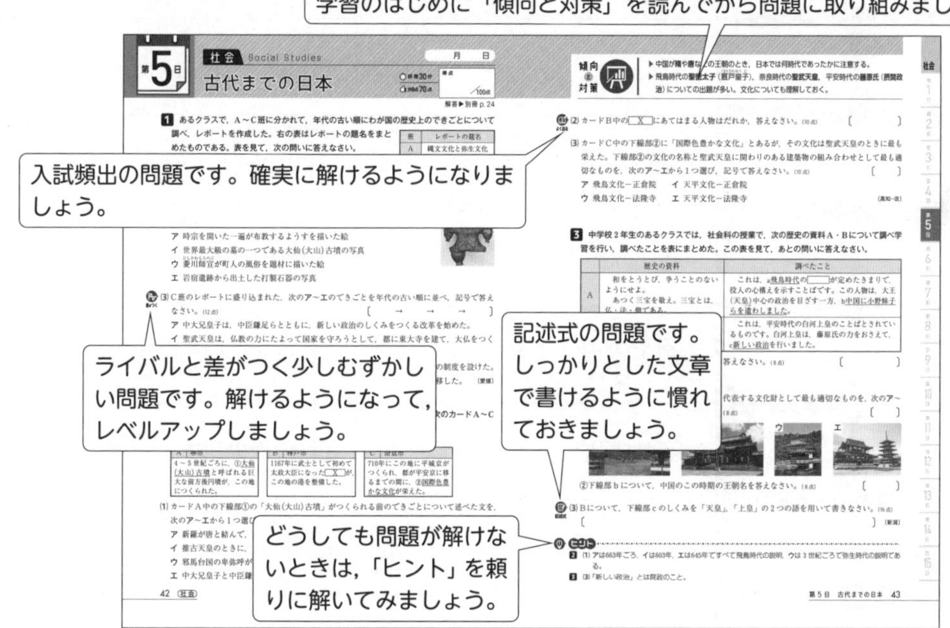
学習のはじめに「傾向と対策」を読んでから問題に取り組みましょう。
入試頻出の問題です。確実に解けるようになりましょう。
ライバルと差がつく少しむずかしい問題です。解けるようになって，レベルアップしましょう。
記述式の問題です。しっかりとした文章で書けるように慣れておきましょう。
どうしても問題が解けないときは，「ヒント」を頼りに解いてみましょう。

●**高校入試 予想問題**…このページで実力を確かめ，しっかり解けるまで繰り返しトライしましょう。

●**解答編**…解答編には解答と解説に加え，「**解き方のコツ**」「**弱点チェック**」「**重要ポイント**」を入れています。

解き方のコツ…解くときに，必ず知っておきたいコツを示しています。

弱点チェック…解くときに間違えやすいポイントを示しています。

重要ポイント…各単元の学習内容の中で特に重要なポイントを示しています。

※QRコードは(株)デンソーウェーブの登録商標です。

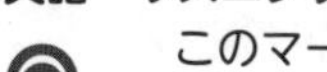

英語 リスニング問題

このマークのある問題はリスニング問題です。音声はQRコードから開くか，無料でダウンロードできます。「高校入試 5科の完全復習」「音声データ」で検索してください。

本書に関する最新情報は，小社ホームページにある**本書の「サポート情報」**をご覧ください。(開設していない場合もございます。)
なお，この本の内容についての責任は小社にあり，内容に関するご質問は直接小社におよせください。

目次と学習計画表

第1日

数学 Mathematics

月　日

数と計算

時間30分

合格点70点

得点　／100点

解答▶別冊 p.1

1 次の問いに答えなさい。(3点×3)

(1) 次のア～エの中から絶対値が最も大きいものを選び，記号で答えなさい。〔沖縄〕

ア -7　イ -1　ウ 0　エ $+4$

(2) -5.8 より大きく $\frac{7}{3}$ より小さい整数はいくつありますか。〔奈良〕

(3) 2つの数 a, b があり，$a>0$, $b<0$ である。このとき，次のア～オの中から，式の値が必ず正の数となるものを2つ選び，記号で答えなさい。

ア $a+b$　イ $a-b$　ウ ab　エ $\frac{a}{b}$　オ a^2+b^2　〔山口〕

よく出る **2** 次の計算をしなさい。(4点×6)

(1) $21-3\times9$〔鹿児島〕

(2) $1-\frac{6}{5}\div(-3)$〔和歌山〕

(3) $7\times(-2)^3+(-5)^2$〔佐賀〕

(4) $4-18\div(-3)^2$〔石川〕

(5) $\left(\frac{1}{3}+\frac{2}{9}\right)\times(-18)$〔山梨〕

(6) $-\frac{3}{10}\div\frac{4}{5}\times\left(-\frac{2}{3}\right)^2$〔愛知〕

よく出る **3** 次の計算をしなさい。(3点×4)

(1) $\sqrt{18}+\sqrt{2}$〔沖縄〕

(2) $\sqrt{72}\div\sqrt{6}+\sqrt{27}$〔高知〕

(3) $\sqrt{27}-\frac{12}{\sqrt{3}}-\sqrt{75}$〔京都〕

(4) $\frac{\sqrt{2}}{3}\div\frac{\sqrt{3}}{6}$〔富山〕

▶ **正・負の数，平方根**の計算を速く正確にできるようにすること。
▶ 不等号をともなった問題では，**数直線の利用**を考える。
▶ **符号のミス**をしないよう十分注意すること。

よく出る
4 次の計算をしなさい。（5点×6）

(1) $\sqrt{2}(\sqrt{2}-1)+\sqrt{8}$　〔香川〕

(2) $(\sqrt{6}+1)^2$　〔熊本〕

(3) $(\sqrt{7}+1)(\sqrt{7}-2)$　〔秋田〕

(4) $(3+2\sqrt{5})(3-2\sqrt{5})$　〔三重〕

(5) $(\sqrt{2}+1)^2-\sqrt{8}$　〔滋賀〕

(6) $\sqrt{2}(2\sqrt{3}-\sqrt{2})+(\sqrt{3}-\sqrt{2})^2$　〔長崎〕

差がつく
5 次の問いに答えなさい。（5点×5）

(1) 次の**ア**～**エ**の中から最も大きい数を選び，記号で答えなさい。　〔鳥取〕

ア $\dfrac{2}{\sqrt{3}}$　**イ** $\dfrac{\sqrt{2}}{3}$　**ウ** $\sqrt{\dfrac{2}{3}}$　**エ** $\dfrac{2}{3}$

(2) $\dfrac{\sqrt{7}}{2}$ より大きく $2\sqrt{5}$ より小さい整数をすべて求めなさい。　〔奈良〕

(3) n を 50 以下の正の整数とする。$\sqrt{3n}$ が整数となるような n の個数を求めなさい。　〔千葉〕

(4) $\dfrac{n}{15}$ と $\sqrt{3n}$ がともに整数となるような最も小さい自然数 n の値を求めなさい。　〔鹿児島〕

(5) $\sqrt{25-n}+2\sqrt{n}$ が整数となる自然数 n の値をすべて求めなさい。　〔群馬〕

ヒント

1 **(3)** $a=2$，$b=-3$ など，具体的な数値をあてはめて考えるとよい。

5 **(5)** $\sqrt{25-n}$ より，n は 25 以下の自然数である。このうち，$\sqrt{25-n}$ と $\sqrt{n}$ がともに整数になるものを考える。

月　日

式と計算

時間30分　合格点70点　得点　/100点

解答▶別冊 p.2

よく出る **1** 次の計算をしなさい。(4点×6)

(1) $8a-5-(a+1)$ 〔東京〕

(2) $(4x+6)\div 2-(x-3)$ 〔香川〕

(3) $\dfrac{2a+b}{3}-\dfrac{a-2b}{5}$ 〔石川〕

(4) $18xy\times x^2y\div(-3x)^2$ 〔鹿児島〕

(5) $(x+4)(x-4)+(x+3)(x+2)$ 〔愛媛〕

(6) $(2x+y)(2x-5y)-4(x-y)^2$ 〔群馬〕

よく出る **2** 次の式を因数分解しなさい。(4点×6)

(1) $x^2+3x-28$ 〔佐賀〕

(2) $-2x^2+10x-8$ 〔千葉〕

(3) mx^2-81m 〔長野〕

(4) $x^2+3xy-28y^2$ 〔香川〕

(5) $m(x^2-6)+mx$ 〔熊本〕

(6) $(x-3)^2-2x+6$ 〔神奈川〕

よく出る **3** 次の問いに答えなさい。(5点×3)

(1) $a=5$, $b=\dfrac{7}{3}$ のとき，$a^2-6ab+9b^2$ の値を求めなさい。 〔静岡〕

(2) $a=2-\sqrt{3}$ のとき，a^2-4a+4 の値を求めなさい。 〔静岡〕

(3) $\sqrt{10}$ の小数部分を a とするとき，$a(a+6)$ の値を求めなさい。 〔奈良〕

- ▶文字式の計算は，繰り返し練習しておくこと。
- ▶**乗法公式・因数分解の公式**はきちんと覚えて使えるようにすること。
- ▶文字での立式が難しいときは，**具体的な数**で考えてみる。

よく出る **4** 次の問いに答えなさい。(7点×2)

(1) ある式に $2a+1$ を加えると，$7-4a$ になる。このとき，ある式を求めなさい。〔北海道〕

(2) 10人のうち，4人はそれぞれ a 円ずつ，残りの6人はそれぞれ b 円ずつ持っている。このとき，10人が持っている金額の平均は何円か。a，b を用いて表しなさい。〔新潟〕

記述式 **5** 次の問いに答えなさい。

(1) 小さい順に並べた連続する3つの奇数3, 5, 7において，$5\times7-5\times3$ を計算すると20となり，中央の奇数5の4倍になっている。このように，「小さい順に並べた連続する3つの奇数において，中央の奇数と最も大きい奇数の積から，中央の奇数と最も小さい奇数の積をひいた差は，中央の奇数の4倍に等しくなる」ことを文字 n を使って説明しなさい。ただし，説明は，「n を整数とし，中央の奇数を $2n+1$ とする。」に続けて完成させなさい。(7点)〔長崎〕

(2) 2つの奇数の積は奇数であることを，Aさんは次のように証明した。

【Aさんの証明】

> n を整数とすると，2つの奇数は $2n+1$，$2n+3$ と表される。
> このとき，2つの奇数の積は，$(2n+1)(2n+3)=4n^2+8n+3$
> $=2(2n^2+4n+1)+1$
> $2n^2+4n+1$ は整数だから，これは奇数である。
> よって，2つの奇数の積は奇数である。

このAさんの証明は正しくない。その理由を書きなさい。また，正しく証明しなさい。(16点)

〔福井–改〕

ヒント

3 (1)(2) 式を因数分解し，与えられている値を代入する。
(3) $\sqrt{10}$ の整数部分は，$3<\sqrt{10}<4$ より，3である。

5 (1) 中央の奇数を $2n+1$ とすると，最も小さい奇数は $2n-1$，最も大きい奇数は $2n+3$ と表せる。

数学 Mathematics　　月　日

方程式

時間30分　合格点70点　得点　／100点

解答▶別冊 p.3

よく出る **1** **次の方程式や比例式を解きなさい。**（4点×4）

(1) $8-5x=2x+6$ 〔熊本〕

(2) $3x-\frac{2}{3}(2x-1)=4$ 〔秋田〕

(3) $\frac{3}{10}x-\frac{3}{2}=\frac{4}{5}x+1$ 〔千葉〕

(4) $3:5=9:(4-x)$

2 **次の問いに答えなさい。**（5点×3）

(1) 方程式 $6-x=x+2a$ の解が $x=-5$ であるとき，a の値を求めなさい。〔石川〕

(2) 学さんは自宅から 1200 m 離れた駅に向かった。はじめは毎分 80 m の速さで歩き，途中から毎分 160 m の速さで走ったところ，12 分かかって駅に着いた。このとき，学さんが歩いた時間を x 分とすると，$80x+160(12-x)=1200$ という方程式ができる。この方程式において，$160(12-x)$ はどのような数量を表しているか，書きなさい。〔秋田〕

記述式 (3) ある中学校では，3 年生のかるた大会を計画した。かるた大会当日のために，3 年生 158 人を 5 人の班と 6 人の班に分けたところ，6 人の班の数は，5 人の班の数より 8 班多くなったという。このとき，6 人の班の人数の合計は何人であったか。方程式をつくり，計算の過程を書き，答えを求めなさい。〔静岡〕

よく出る **3** **次の方程式を解きなさい。**（5点×3）

(1) $\begin{cases} 2x-y=5 \\ -x+3y=-5 \end{cases}$ 〔福島〕

(2) $\begin{cases} 3x+2y=5 \\ y=-2x+1 \end{cases}$ 〔青森〕

(3) $5x+3y=3x-y=7$

4 **x，y についての連立方程式 $\begin{cases} 2ax+by=-4 \\ ax-by=-5 \end{cases}$ の解が，$(x,\ y)=(-1,\ 2)$ であるとき，a，b の値を求めなさい。**（6点）〔徳島〕

▶ **連立方程式，2次方程式の問題**はよく出題されている。
▶ 解から式の定数やもう1つの解を求める問題では，**解の値を式に代入**して求める。
▶ 文字を使って必要な量を表し，**立式**できるよう練習しておくこと。

数学 第1日 第2日 第3日 第4日 第5日 第6日 第7日 第8日 第9日 第10日 第11日 第12日 第13日 第14日 第15日

5 自宅から学校まで 6400 m の道のりを，自宅からバス停Aまで歩き，そこからバス停Bまでバスで移動したあと，学校まで歩くと，全体で 40 分かかった。歩く速さは毎分 50 m，バスの速さは毎時 15 km で，バス停Bから学校までにかかった時間は，自宅からバス停Aまでにかかった時間の 2 倍であった。自宅からバス停Aまでにかかった時間を x 分，バス停Aからバス停Bまでにかかった時間を y 分とするとき，x，y の値をそれぞれ求めなさい。（8点）

〔兵庫–改〕

6 次の2次方程式を解きなさい。（4点×4）

(1) $x^2-7x+10=0$ 〔大阪〕

(2) $(x-3)^2=100$ 〔青森〕

(3) $x^2-3x-1=0$ 〔奈良〕

(4) $(x-2)(x+2)=3x-2$ 〔愛知〕

7 2次方程式 $(x-1)^2=ax+3$ の解の1つが -2 であるとき，次の問いに答えなさい。

（5点×2）〔群馬〕

(1) a の値を求めなさい。

(2) もう1つの解を求めなさい。

8 次の問いに答えなさい。（7点×2）

(1) 連続する3つの自然数がある。この3つの自然数のそれぞれの平方の和が 365 であるとき，連続する3つの自然数を求めなさい。 〔秋田〕

(2) 横が縦より 2 m 長い長方形の土地がある。この土地に，図のように同じ幅の道(図の▒▒の部分)をつくり，残った4つの長方形の土地を花だんにする。道幅が 1 m，4つの花だんの面積の合計が 35 m^2 のとき，土地の縦の長さは何 m か，求めなさい。 〔愛知〕

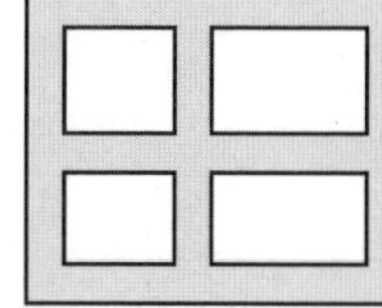

ヒント

2 (3) 5人の班の数を x 班とすると，6人の班の数は $(x+8)$ 班と表せる。

5 バスの分速は $15000\div60=250$ (m) なので，バス停Aからバス停Bまでの道のりは $250y$ m である。

8 (2) 道を端に移動させて，4つの長方形を合わせて1つの長方形にして考える。

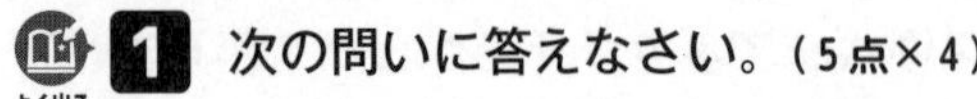

比例と反比例，1次関数

時間30分　合格点70点　得点　/100点

解答▶別冊 p.5

1 次の問いに答えなさい。(5点×4)　よく出る

(1) y は x に比例し，$x=8$ のとき，$y=-6$ である。$x=-12$ のときの y の値を求めなさい。〔青森〕

(2) y は x に反比例し，$x=3$ のとき，$y=-6$ である。$x=2$ のときの y の値を求めなさい。〔兵庫〕

(3) y は x の1次関数で，そのグラフが点 $(2,\ 1)$ を通り，傾き3の直線であるとき，この1次関数の式を求めなさい。〔佐賀〕

(4) x 軸に平行で，点 $(3,\ 2)$ を通る直線の式を求めなさい。〔徳島〕

2 **1次関数 $y=ax+8$ (a は定数，$a<0$) は，x の変域が $-1 \leqq x \leqq 2$ のとき，y の変域が $b \leqq y \leqq 11$ (b は定数) である。このとき，a，b の値を求めなさい。**(5点)〔愛知〕

3 **右の図で，点Oは原点，3点A，B，Cの座標はそれぞれ $(2,\ 4)$，$(4,\ 3)$，$(0,\ 3)$ である。次の問いに答えなさい。**(6点×4)〔奈良〕

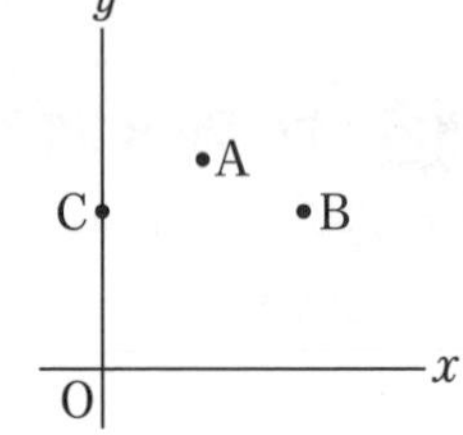

(1) 2点A，Bを通る直線の式を求めなさい。

(2) 関数 $y=\dfrac{a}{x}$ のグラフが点Aを通るとき，

① a の値を求めなさい。

②このグラフと直線BCとの交点の座標を求めなさい。

(3) 直線OB上に x 座標が負の数である点Pをとり，四角形OBACと△ABPの面積が等しくなるようにする。このとき，点Pの座標を求めなさい。

▶ **比例・反比例の式，比例定数**の求め方を練習しておくこと。
▶ **1次関数** $y=ax+b$ の a，b の意味を確認しておくこと。
▶ **図形と関連した問題**をしっかりマスターしておくこと。

4 **右の図で，直線 ℓ は関数 $y=ax$ のグラフ，曲線 m は関数 $y=\dfrac{b}{x}$ のグラフである。2点A, Bは直線 ℓ と曲線 m との交点であり，Aの座標は(5, 2)，Bの座標は(−5, −2)である。また，点Cは y 軸上にあり，その座標は(0, 7)である。2点A，Cを通る直線を n，原点をOとして，次の問いに答えなさい。（8点×3）** 〔奈良〕

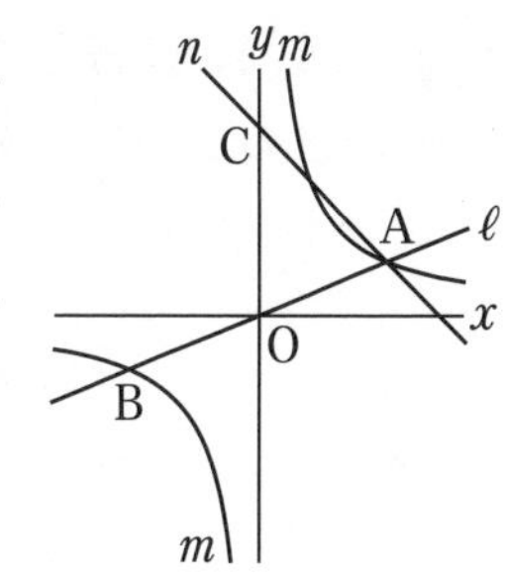

(1) a，b の値をそれぞれ求めなさい。

(2) 直線 n の式を求めなさい。

(3) y 軸上に2点P，Qを，四角形APBQが平行四辺形となるようにとる。平行四辺形APBQの面積と△OACの面積が等しくなるとき，点Pの y 座標を求めなさい。ただし，点Pの y 座標は正の数とする。

5 **右の図のように，4点O(0, 0)，A(0, 12)，B(−8, 12)，C(−8, 0)を頂点とする長方形と直線 ℓ があり，ℓ の傾きは $\dfrac{3}{4}$ である。このとき，次の問いに答えなさい。（9点×3）** 〔福島〕

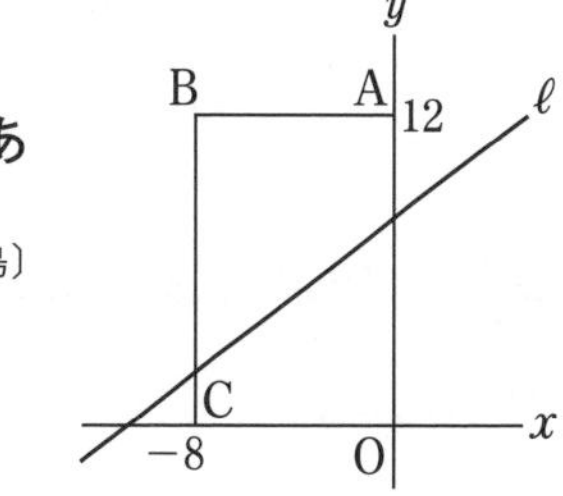

(1) 直線 ℓ が点Cを通るとき，ℓ の切片を求めなさい。

(2) 辺BCと直線 ℓ との交点をPとし，Pの y 座標を t とする。また，ℓ が辺OAまたは辺ABと交わる点をQとし，△OQPの面積を S とする。

①点Qが辺OA上にあるとき，S を t の式で表しなさい。

② $S=30$ となる t の値をすべて求めなさい。

ヒント

2 $a<0$ より，1次関数 $y=ax+8$ において，$x=-1$ のとき $y=11$ となる。

3 (3) 等積変形を考える。点Pは，直線OB ($x<0$) 上にあり，△OAC＝△OAP となる点である。

4 (3) 平行四辺形APBQ＝△APQ＋△BQP である。

関数 $y=ax^2$

時間40分 合格点70点 得点 /100点

解答▶別冊 p.7

よく出る **1** 次の問いに答えなさい。(8点×4)

(1) y は x の2乗に比例し，$x=3$ のとき $y=18$ である。この関係において，$x=2$ のとき，y の値を求めなさい。〔島根〕

(2) 関数 $y=ax^2$ について，x の変域が $-2 \leqq x \leqq 3$ のとき，y の変域は $-3 \leqq y \leqq 0$ である。このとき，a の値を求めなさい。〔新潟〕

(3) 関数 $y=ax^2$ について，x の値が1から3まで増加するときの変化の割合が -4 である。このとき，a の値を求めなさい。また，この関数のグラフを右の図にかきなさい。〔和歌山〕

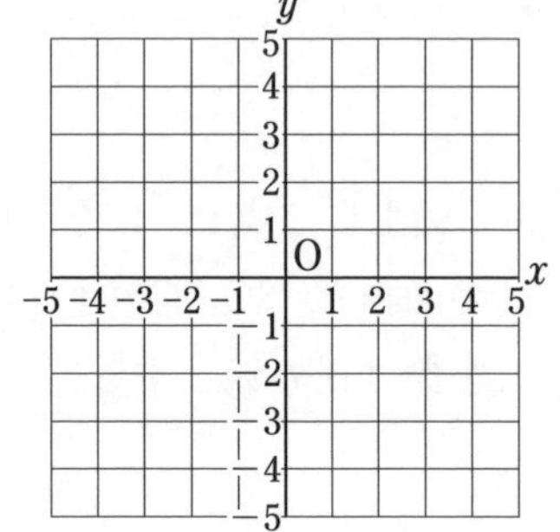

(4) $x>0$ のとき，x の値が増加すると y の値も増加するものを，次のア～エの中からすべて選び，記号で答えなさい。〔岐阜〕

ア $y=x$　イ $y=\frac{2}{x}$　ウ $y=-x-2$　エ $y=x^2$

2 次の問いに答えなさい。(8点×2)

(1) 右の図のように，関数 $y=\frac{1}{6}x^2$ のグラフ上に，x 座標が -6 となる点Aと，x 座標が正である点Bをとり，2点A，Bを通る直線と y 軸との交点をCとする。AC：CB＝3：2 となるとき，点Bの座標を求めなさい。〔新潟〕

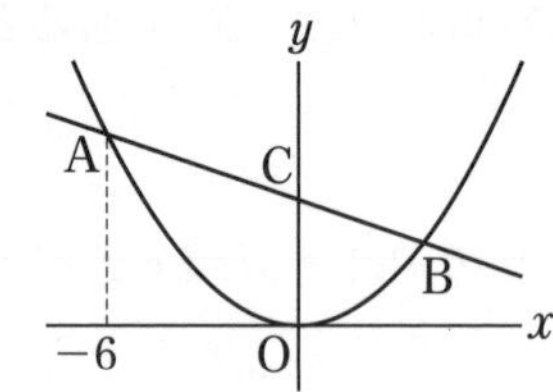

(2) 右の図において，m は $y=-\frac{1}{4}x^2$ のグラフを表す。Aは y 軸上の点であり，Aの y 座標は -1 である。Bは m 上の点であり，Bの x 座標は -3 である。AとBとを結ぶ。Cは y 軸上の点であり，Cの y 座標はAの y 座標よりも大きく，CA＝BA である。このとき，Cの y 座標を求めなさい。〔大阪〕

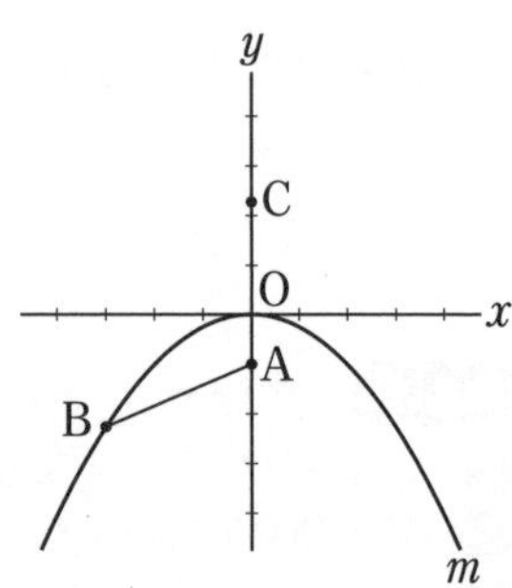

傾向と対策

- ▶ **1次関数と関数 $y=ax^2$** の融合問題が多く出題されている。
- ▶ 2つのグラフの**交点**や**変化の割合**，**変域**などの問題を解けるようにしておくこと。
- ▶ **三角形の面積と関連した問題**（平行線の利用など）に注意すること。

よく出る **3** 右の図において，曲線①は関数 $y=x^2$ のグラフであり，曲線②は関数 $y=ax^2$ のグラフである。ただし，$a<0$ とする。3点A，B，Cはすべて曲線①上の点で，点Aの x 座標は2，点Bの x 座標は1であり，線分ACは x 軸に平行である。また，点Dは曲線②上の点で，線分ADは y 軸に平行であり，AE：ED＝4：3 である。さらに，点Fは y 軸上の点で，線分DFは x 軸に平行である。原点をOとするとき，次の問いに答えなさい。（8点×3）　〔神奈川〕

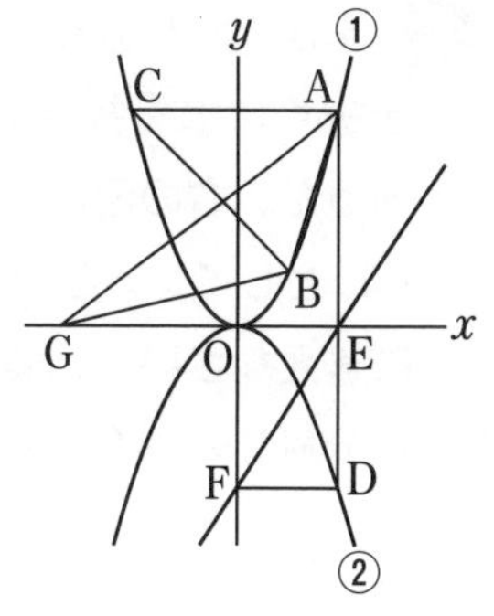

(1) 曲線②の式 $y=ax^2$ の a の値を求めなさい。

(2) 直線EFの式を求め，$y=mx+n$ の形で書きなさい。

(3) 点Gは x 軸上の点で，その x 座標は負である。△ABCの面積と△ABGの面積が等しくなるとき，点Gの座標を求めなさい。

差がつく **4** 右の図において，①は関数 $y=\frac{1}{2}x^2$，②は x 軸に平行な直線のグラフである。①と②のグラフの交点のうち，x 座標が正のものをA，負のものをBとする。また，Cは x 軸上を動く点で，2点B，Cを通る直線のグラフを③とし，①と③のグラフの交点のうち，Bでないほうを P とする。ただし，点Cの x 座標は正である。このとき，次の問いに答えなさい。　〔石川〕

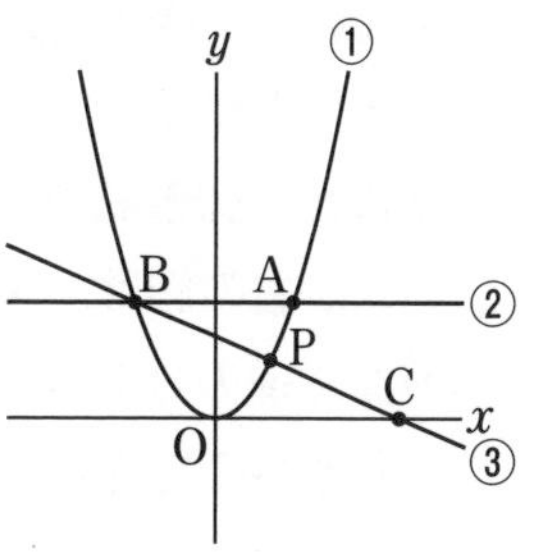

(1) 点Aの x 座標が3のとき，△OABの面積を求めなさい。（9点）

(2) 点Bの x 座標を -4，点Cの x 座標を12とするとき，直線BCの式を求めなさい。（9点）

(3) 点Bの y 座標を4とする。△OPBと△OCPの面積が等しいとき，△OCBを，x 軸を軸として1回転させてできる立体の体積を求めなさい。ただし，円周率は π とする。（10点）

ヒント

1 (2) y の変域は $-3\leqq y\leqq 0$ だから，$a<0$

2 (1) x 軸に，垂線AH，BIをひくと，HO：OI＝3：2

4 (3) △OPB＝△OCP のとき，BP＝PC である。

第6日

数学 Mathematics

月　日

関数の利用

時間30分
合格点70点
得点
/100点

解答▶別冊 p.9

1 水が120 L入った水そうから，水がなくなるまで一定の割合で水を抜く。水を抜き始めてから8分後の水そうの水の量は100 Lであった。右の図は，水を抜き始めてからx分後の水そうの水の量をy Lとして，xとyの関係をグラフに表したものである。次の問いに答えなさい。(9点×3)

〔群馬〕

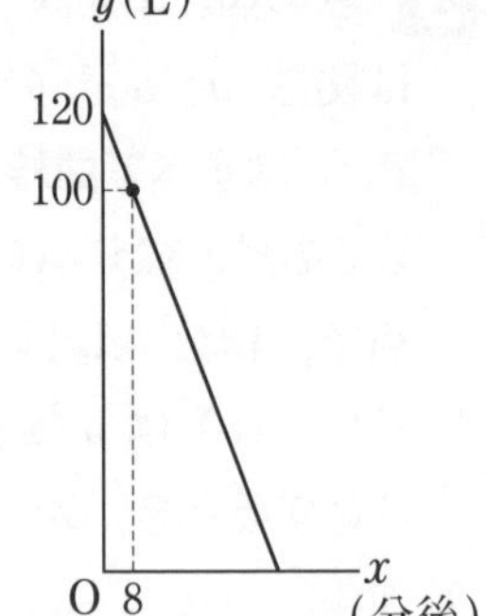

(1) 毎分何Lの割合で水を抜いているか，求めなさい。

(2) yをxの式で表しなさい。

(3) 水そうの水がなくなるのは，水を抜き始めてから何分後か，求めなさい。

よく出る

2 Aさんの家から図書館へ行く途中に学校がある。Aさんは，午後1時に家を出発し，一定の速さで走って学校に向かった。学校に着いてしばらく休憩をした後，学校から図書館までは一定の速さで歩き，図書館に着いた。右の図は，Aさんが家を出発してからx分間に進んだ道のりをy mとして，x，yの関係をグラフに表したものである。次の問いに答えなさい。(9点×3)

〔山口〕

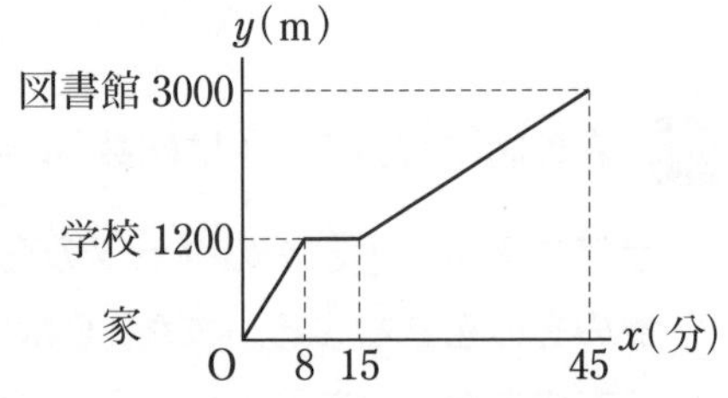

(1) Aさんが学校にいたのは何分間か，求めなさい。

(2) 家から学校までAさんが走った速さは毎分何mか，求めなさい。

(3) Aさんが家を出発した後，Aさんの兄が自転車で家を出発し，毎分200 mの速さで同じ道を通って図書館へ向かったところ，午後1時35分にAさんに追いついた。Aさんの兄が家を出発した時刻と，Aさんの兄が家を出発してからAさんに追いつくまでに進んだ道のりを求めなさい。

傾向と対策

- ▶**速さと水量・道のり，動点**についての出題が多いのでよく練習しておく。
- ▶x と y の関係が，どのような式で表せるのかを考える。
- ▶**変域によって式が変わる関数**に注意する。

差がつく **3** **右の図のような，AD∥BC の台形 ABCD があり，BC＝8 cm，CD＝DA＝4 cm，∠B＝45°，∠C＝90° である。点Pは辺 BC 上を点Bから点Cまで動く点である。また，線分 BP をPの方向にのばした直線上に BP＝PQ となる点Qをとり，正方形 PQRS を直線 BC について台形と同じ側につくる。このとき，次の問いに答えなさい。**（9点×3）〔愛媛〕

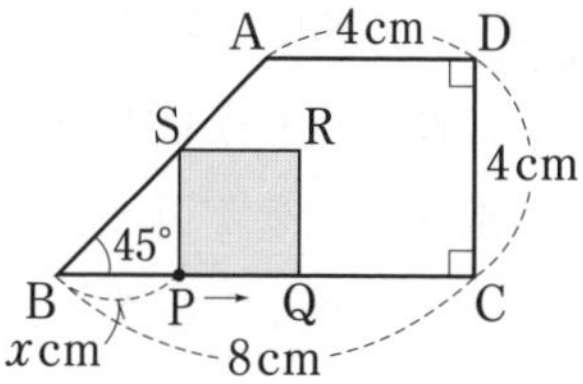

(1) 線分 BP の長さが 3 cm のとき，台形 ABCD と正方形 PQRS が重なっている部分の面積を求めなさい。

(2) 線分 BP の長さを x cm，台形 ABCD と正方形 PQRS が重なっている部分の面積を y cm^2 とするとき，次のそれぞれの場合について，y を x の式で表しなさい。また，x と y の関係を表すグラフをかきなさい。

① $0 \leqq x \leqq 4$ のとき

② $4 \leqq x \leqq 8$ のとき

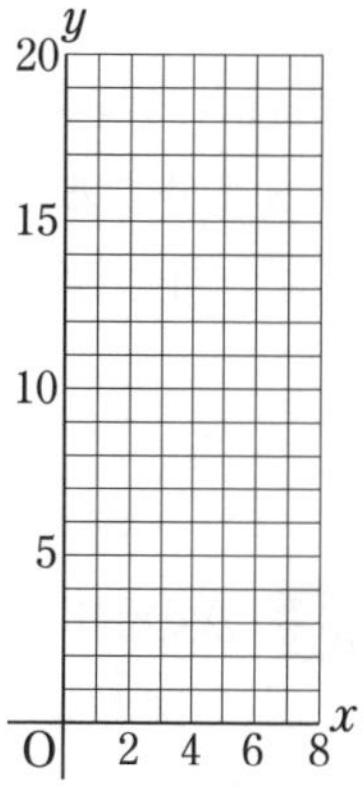

4 **右の表は，ある鉄道の乗車距離と片道の運賃との関係を表したものである。乗車距離が x km のときの運賃を y 円とする。右のグラフは，$0 < x \leqq 4$ のときの x と y の関係を表したものである。なお，このグラフで，● はその点をふくむことを表し，○ はその点をふくまないことを表している。このとき，次の問いに答えなさい。**〔愛知〕

乗車距離	4 km まで	4 km をこえて 10 km まで	10 km をこえて 18 km まで	18 km をこえて 26 km まで
運　　賃	150 円	180 円	210 円	240 円

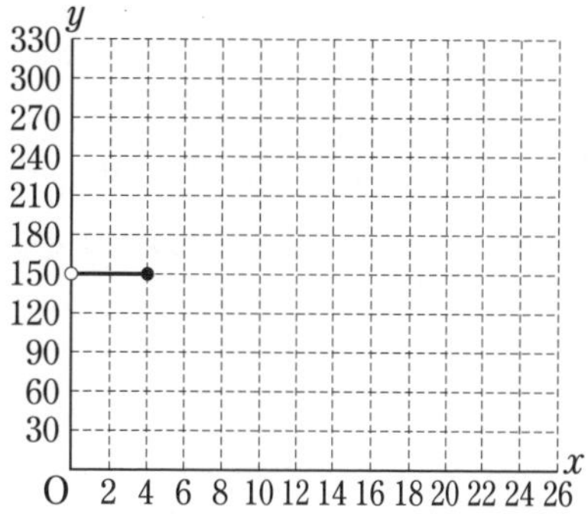

(1) $0 < x \leqq 26$ のときの x と y の関係を表すグラフを完成させなさい。（9点）

(2) 10 km 走行するのに，ガソリン 1 リットルを使う車がある。ガソリン代が 1 リットルあたり 150 円であるとき，この車で走行したときに使うガソリン代が，この鉄道に同じ距離だけ乗車したときよりも安いのは，走行距離が何 km 未満のときか，求めなさい。（10点）

ヒント

2 (3) 兄がAさんに追いついた時刻までにAさんが進んだ道のりから考える。

3 (2) ②重なっている部分は，横 PC，縦 DC の長方形である。

月　日

平面図形，空間図形

時間30分　合格点70点　得点　/100点

解答▶別冊 p.10

よく出る

1 **次の問いに答えなさい。**（10点×2）

(1) 右の図のような線分 AB がある。線分 AB の中点をCとするとき，線分 AC を1辺とする正三角形を，線分 AB の上方に，定規とコンパスを使って作図しなさい。ただし，作図に用いた線は消さないこと。〔北海道〕

A ——— B

(2) 右の図のように，線分 AB を直径とする半円がある。$\overset{\frown}{AB}$ を3等分する2点P，Qをコンパスと定規を使って作図しなさい。ただし，作図に用いた線は消さないこと。〔埼玉〕

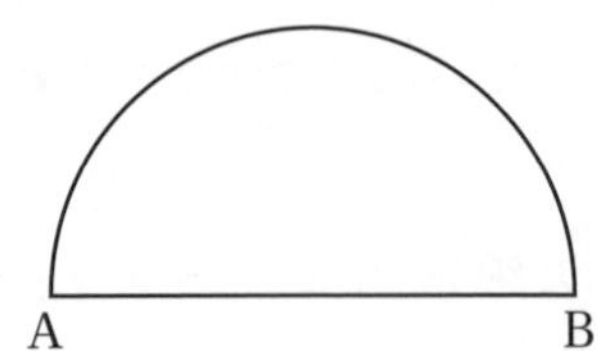

2 **次の問いに答えなさい。**（10点×3）

(1) 右の図のように，AD∥BC の台形 ABCD を底面とする四角柱 ABCD-EFGH があり，AB＝5 cm，BC＝2 cm，CD＝3 cm，DA＝6 cm，AE＝4 cm である。この四角柱の辺のうち，辺 AB とねじれの位置にあるすべての辺の長さを合わせると何 cm になるか，求めなさい。〔山形〕

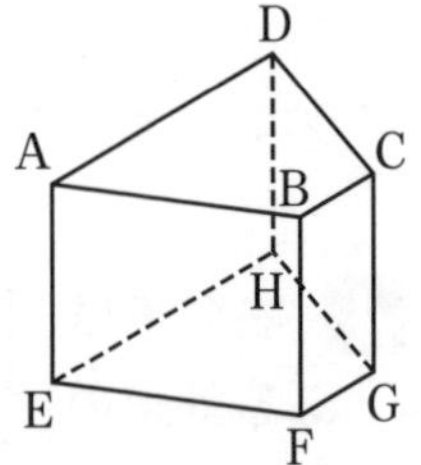

(2) 右の図のような台形 ABCD がある。辺 AD を軸として，この台形を1回転させてできる立体の体積を求めなさい。ただし，円周率は π とする。〔山口〕

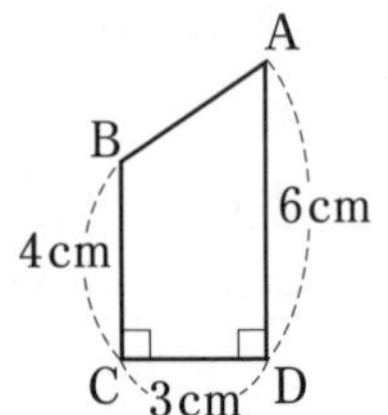

(3) 右の図の**ア**，**イ**は，体積が等しい立体のそれぞれの投影図である。**ア**の立体の h の値を求めなさい。ただし，平面図は半径がそれぞれ4 cm，3 cm の円で，円周率は π とする。〔青森〕

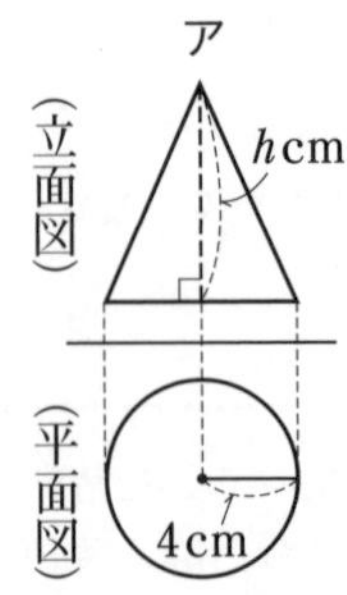

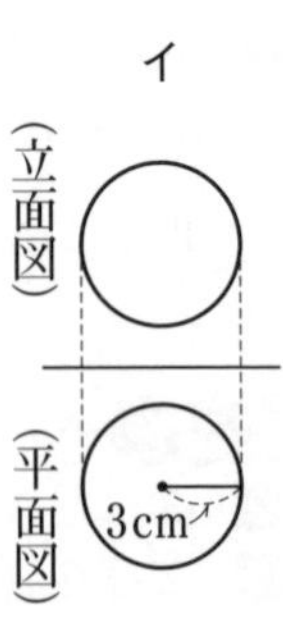

- ▶ **基本の作図**をしっかり練習しておくこと。
- ▶ **回転体や展開図**，投影図の問題に慣れておくこと。
- ▶ 体積や表面積を求める公式はきちんと覚えておくこと。

3 右の図1のように，頂点がOで，底面の半径が2cmの円錐（えんすい）がある。また，底面の周上に直径ABとなるような2点A，Bをとる。図2はこの円錐の展開図で，おうぎ形の中心角は120°である。このとき，次の問いに答えなさい。ただし，円周率はπとする。

（8点×2）〔沖縄〕

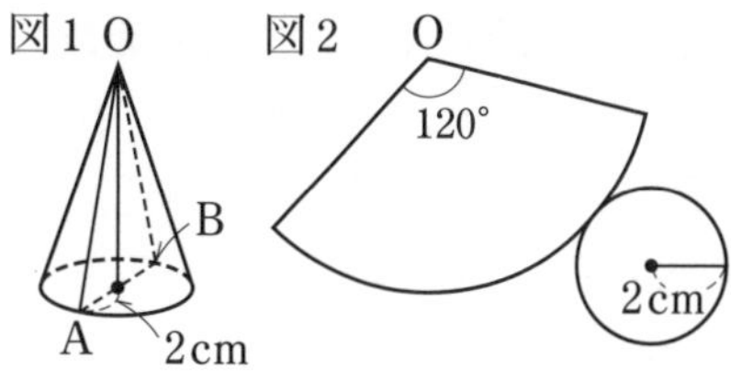

(1) 図2のおうぎ形の弧の長さを求めなさい。

(2) 母線OAの長さを求めなさい。

4 図1のように，OA＝5cm，BO＝$5\sqrt{2}$ cm の直角二等辺三角形OABがある。次の問いに答えなさい。ただし，円周率はπとする。〔北海道〕

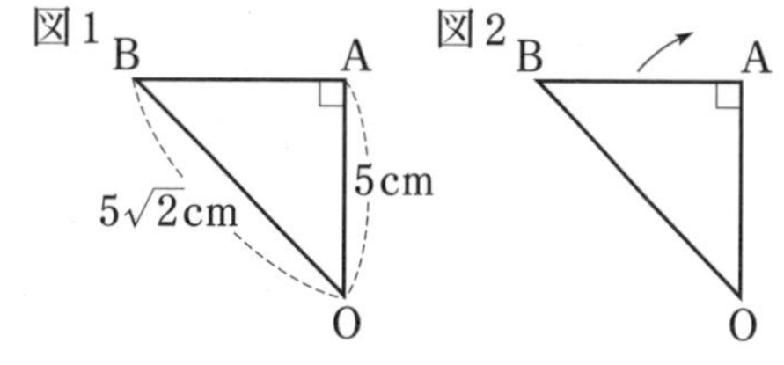

(1) 図2のように，図1の△OABを，点Oを中心として矢印の方向に20°回転させるとき，点Bが動いてできる弧の長さを求めなさい。（8点）

(2) 図3のように，図1の△OABを，点Oを中心として矢印の方向に90°回転させるとき，辺ABが動いてできる図形の面積を求めなさい。（8点）

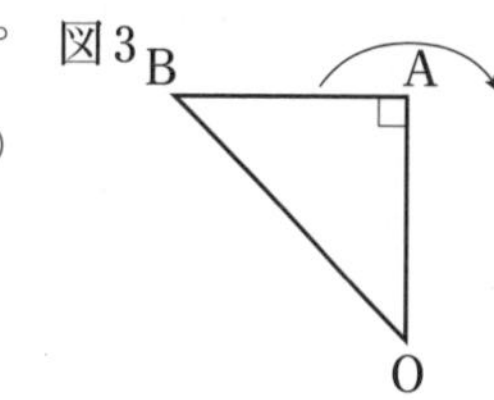

(3) 図4のように，図1の△OABの辺OAと平行で，距離が5cmの直線ℓがある。△OABを，辺OAを軸として1回転させてできる立体をP，直線ℓを軸として1回転させてできる立体をQとする。立体Pの体積を求めなさい。また，立体Pの体積は，立体Qの体積の何倍か求めなさい。（18点）

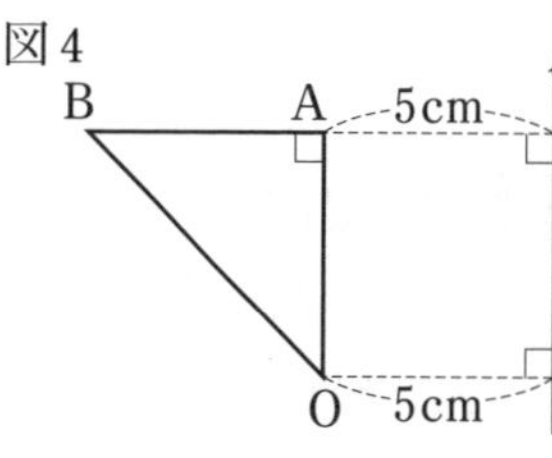

ヒント

- **1** (1) 線分ABの垂直二等分線と線分ABとの交点がCである。
- **3** (1) おうぎ形の弧の長さと底面の円周の長さは等しいことから求める。
- **4** (1) 半径が$5\sqrt{2}$ cm，中心角が20°のおうぎ形の弧の長さと等しくなる。

月　日

図形の性質と合同

時間40分　合格点70点　得点　/100点

解答▶別冊 p.11

よく出る **1** 次の図の $\angle x$ の大きさを求めなさい。ただし，$\ell /\!/ m$ である。(7点×6)

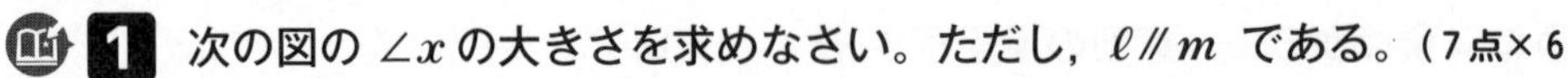

(1) 〔岡山〕

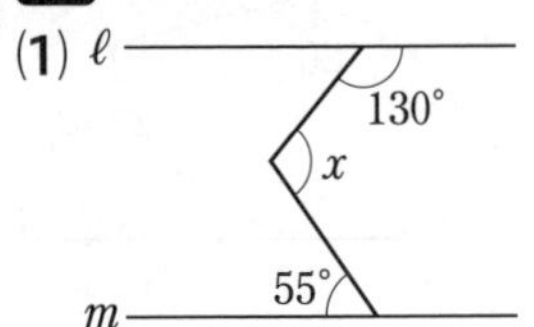

(2) 〔福島〕

(3) $\left(\begin{array}{l}\text{五角形 ABCDE}\\ \text{は正五角形}\end{array}\right)$ 〔熊本〕

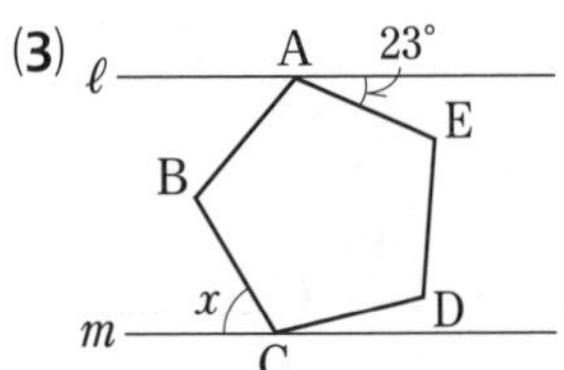

(4) 〔栃木〕

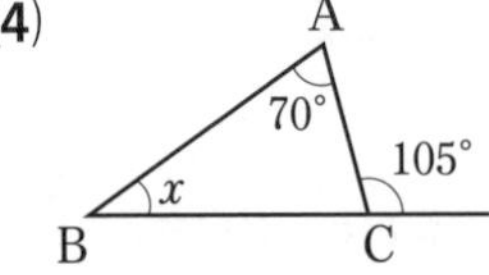

(5) 〔長崎〕

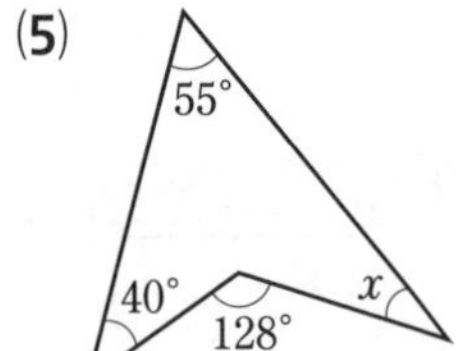

(6) 〔岐阜〕

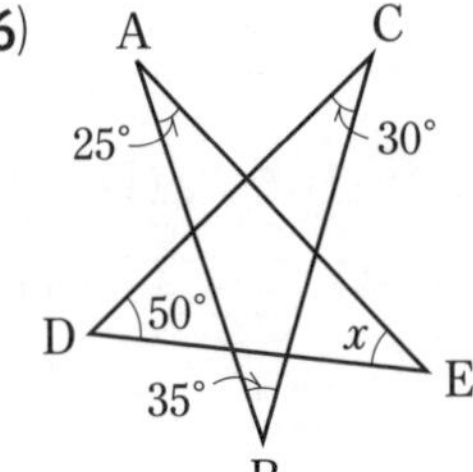

2 右の図のように，A4判の紙 ABCD を対角線 BD で折り返したとき，頂点Cが移った点をE，線分 AD と線分 BE の交点をFとする。このとき，△ABF≡△EDF であることを証明しなさい。(12点)

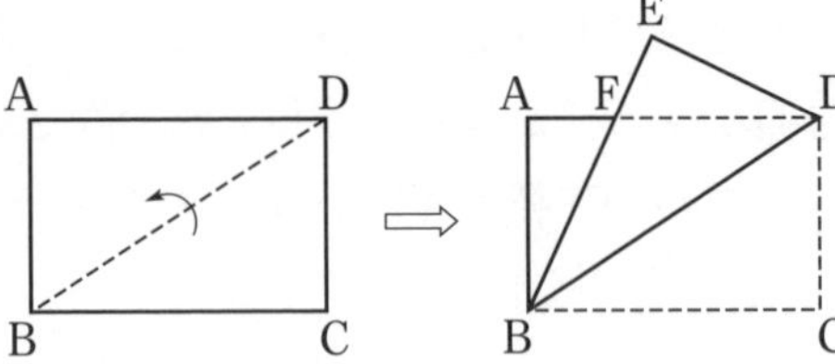

傾向と対策

▶ **平行四辺形の性質，平行四辺形になるための条件**を覚えておくこと。
▶ **平行線の性質**や三角形の外角，**折り返しの問題**を練習しておくこと。
▶ 図形を題材にした**証明問題**は特によく出題される。

よく出る **3** 右の図で，平行四辺形 ABCD の ∠A，∠D の二等分線と辺 BC の交点をそれぞれE，Fとする。AB=6.5 cm，AD=10 cm のとき，EF の長さを求めなさい。(10 点) 〔長崎〕

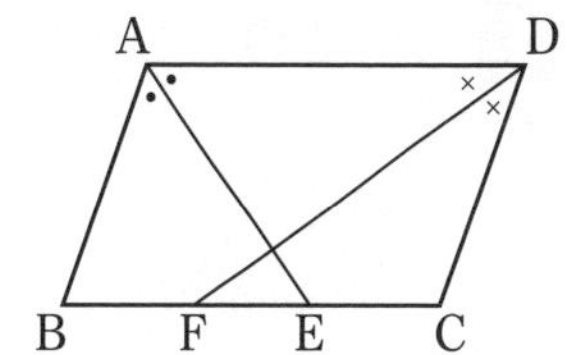

4 右の図の △ABC で，点 D は辺 AB 上にあり，AD：DB=1：2 である。点E が線分 CD の中点のとき，△ABC と △AEC の面積比を求めなさい。(11 点) 〔岩手〕

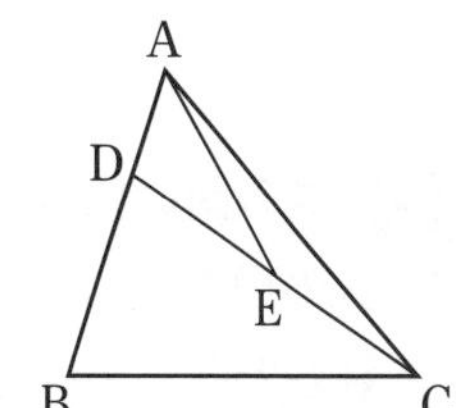

5 右の図において，四角形 ABCD は正方形である。Eは，辺 BC 上にあってB，Cと異なる点である。AとEを結ぶ。Fは，Bから線分 AE にひいた垂線と線分 AE との交点である。
Gは，Dから線分 AE にひいた垂線と線分 AE との交点である。
△ABF≡△DAG であることを証明しなさい。(12 点) 〔大阪-改〕

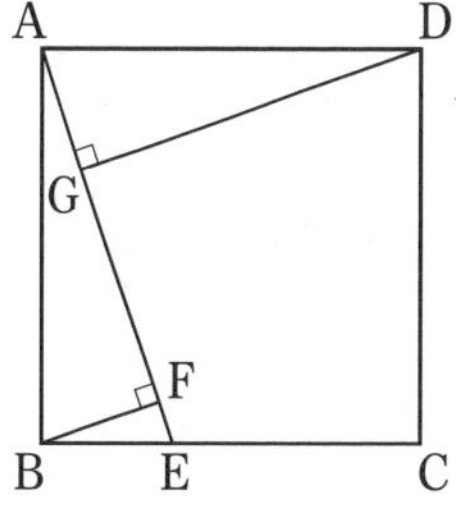

差がつく **6** 右の図は，長方形の紙 ABCD を，辺 AB，CD がそれぞれ対角線 BD と重なるように折り返したところを示したものである。このときできた辺 AD，BC 上の折り目の端をそれぞれE，Fとし，頂点A，C が対角線 BD と重なった点をそれぞれ G，Hとする。四角形 EBFD は平行四辺形であることを証明しなさい。(13 点) 〔新潟-改〕

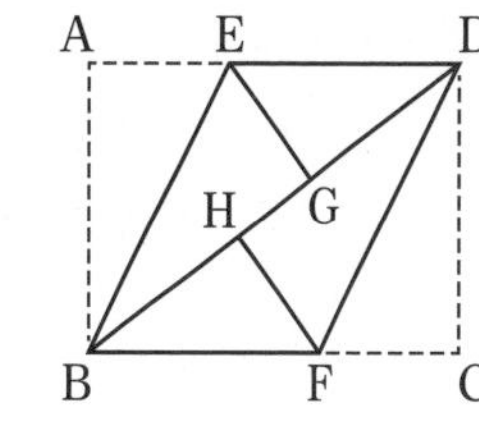

ヒント

2 四角形 ABCD は長方形だから AB=CD また，折り返した図形だから CD=ED
3 △BAE と △CDF がどのような三角形になるかを考える。
5 直角三角形の合同条件「斜辺と 1 つの鋭角がそれぞれ等しい」を利用する。

相似な図形

時間40分 合格点70点 得点 /100点

解答▶別冊 p.12

よく出る **1** 次の図の x の値を求めなさい。ただし，PQ∥BC，ℓ∥m∥n である。(6点×2)

(1)

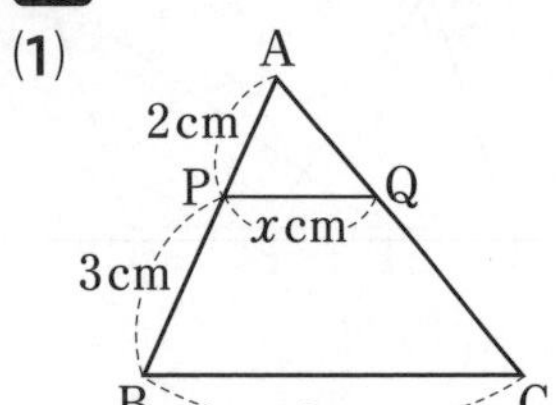

(2) 〔新潟〕

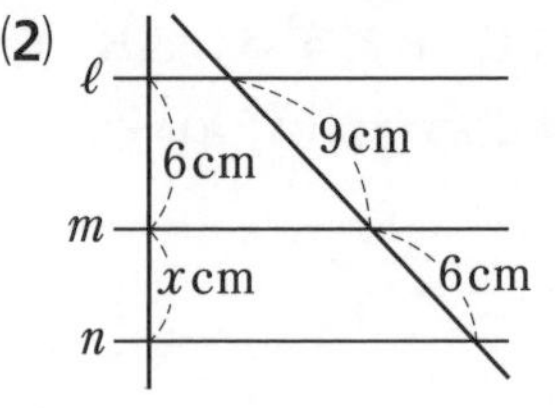

よく出る **2** 次の問いに答えなさい。(8点×4)

(1) 右の図のように，高さ 5.6 m の照明灯の真下から 10 m 離れたところに太郎さんが立っている。太郎さんの影の長さは 4 m であった。このとき，太郎さんの身長は何 m か求めなさい。〔富山〕

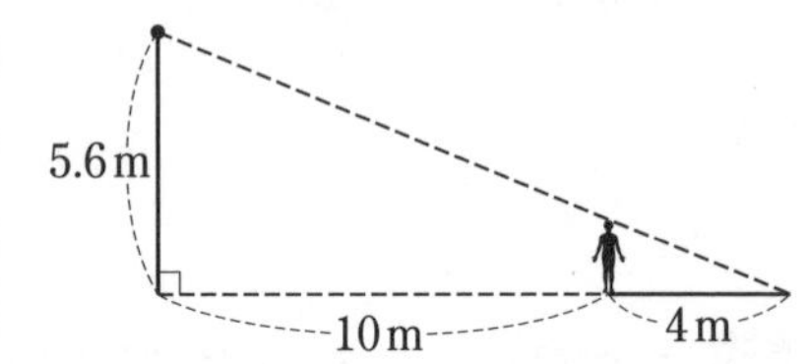

(2) 右の図で，線分 AB の長さを求めなさい。〔岩手〕

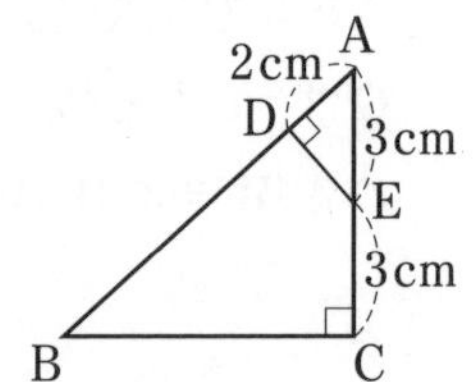

(3) 右の図の四角形 ABCD は平行四辺形である。辺 CD 上に CE：ED ＝1：2 となる点Eをとる。対角線 BD と AE との交点をFとするとき，AF：FE を求めなさい。〔群馬〕

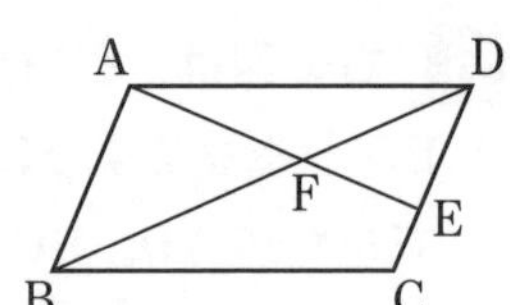

(4) 右の図のように，△ABC で，2 辺 AB，BC の中点をそれぞれD，Eとし，DE，DCの中点をそれぞれP，Qとする。このとき，△ABC の面積は △DPQ の面積の何倍になるか求めなさい。〔福井〕

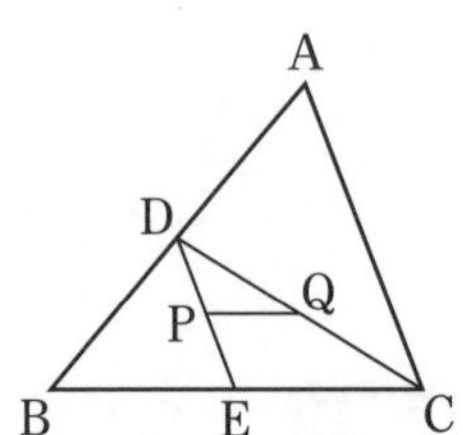

▶ **相似の証明**や**平行線と線分の比**に関する問題がよく出題される。
▶ 線分の長さを求めるのに**三角形の相似**が利用できる場合がある。
▶ 相似な図形の**相似比と面積比の関係**を理解しておくこと。

よく出る **3** 右の図において，∠ABC＝∠DAC，AB＝12 cm，AC＝8 cm，AD＝9 cm である。このとき，次の問いに答えなさい。〔沖縄〕

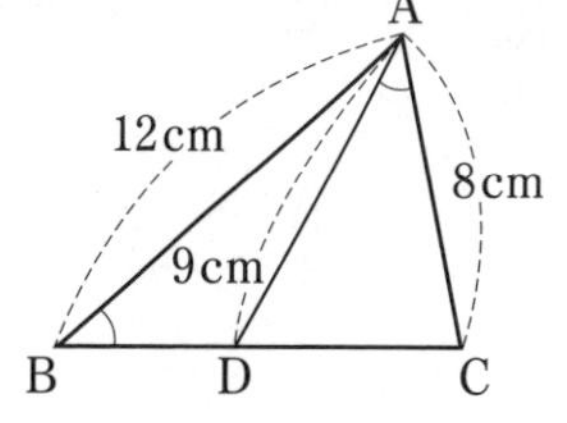

(1) △ABC と △DAC は相似であることを証明しなさい。(10点)

(2) △ABC と △DAC の相似比を求めなさい。(9点)

(3) 線分 CD の長さを求めなさい。(9点)

4 右の図のような AB＝3 cm，AC＝2 cm の △ABC について，∠A の二等分線と辺 BC の交点をEとし，辺 BC，CA の中点をそれぞれM，Nとする。また，線分 AE と線分 MN の交点を D とする。このとき，次の問いに答えなさい。〔沖縄－改〕

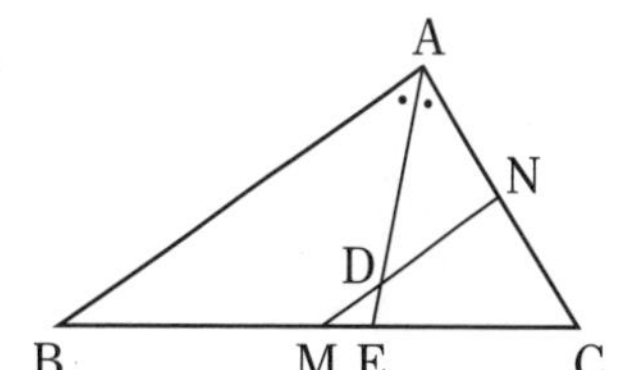

(1) △ABE∽△DME となることを証明しなさい。(10点)

(2) BM：ME を最も簡単な整数の比で表しなさい。(9点)

(3) △DME の面積は，△ABC の面積の何倍であるか答えなさい。(9点)

ヒント

2 (3) △ABF∽△EDF で，AF：EF＝AB：ED を利用する。
(4) △DPQ∽△DEC で，相似比は 1：2

4 (2) 線分 AE は ∠BAC の二等分線だから，BE：EC＝AB：AC

円

時間40分　合格点70点　得点　/100点

解答▶別冊 p.13

よく出る **1** 次の図の $\angle x$ の大きさを求めなさい。（7点×6）

(1) 〔福島〕

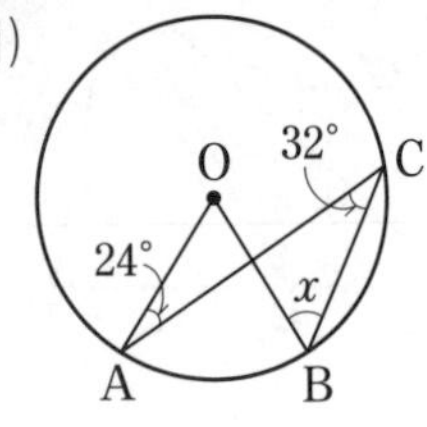

(2) 〔岐阜〕

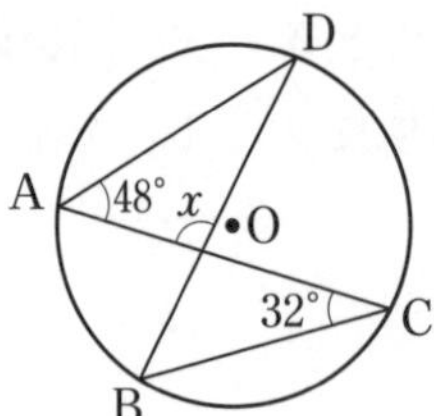

(3) 〔宮崎〕

(4) 〔兵庫〕

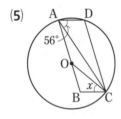

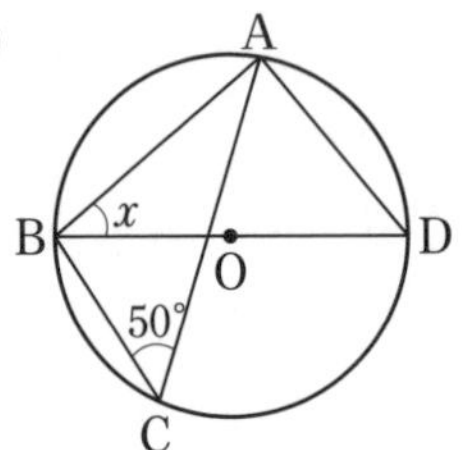

(5) （四角形 ABCD は平行四辺形）〔愛知〕

(6) 〔鳥取〕

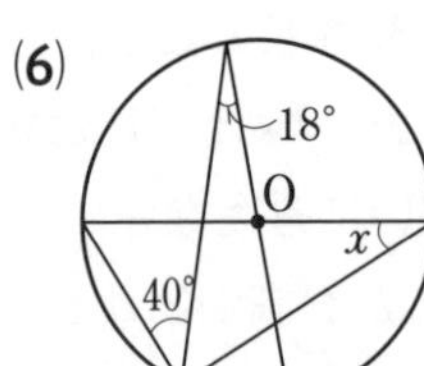

2 右の図で，円Oは直線 ℓ に点Pで接しており，点A，B，Qは円Oの円周上の点である。このとき，$\angle x$，$\angle y$ の大きさを求めなさい。（7点）〔沖縄〕

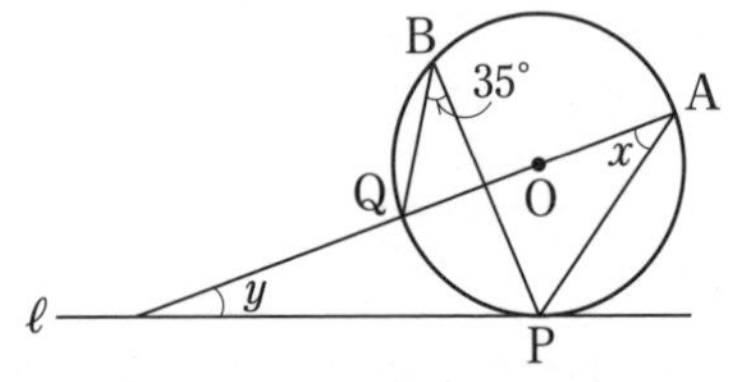

3 右の図のように，2点C，Dは，線分 AB を直径とする半円Oの $\overset{\frown}{AB}$ 上にある点で，$\overset{\frown}{CD}=\overset{\frown}{BD}=\frac{1}{6}\overset{\frown}{AB}$ である。線分 AD と線分 OC との交点をEとする。x で示した∠AEC の大きさを求めなさい。（7点）〔東京〕

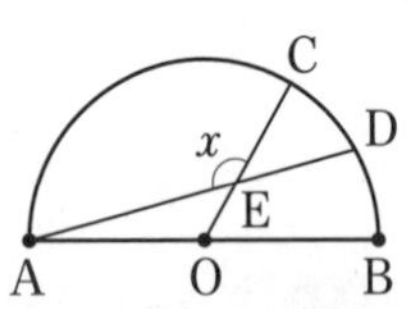

傾向と対策

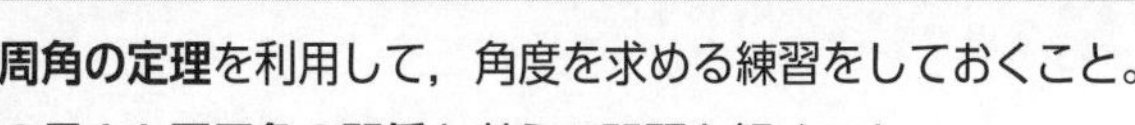

- ▶**円周角の定理**を利用して，角度を求める練習をしておくこと。
- ▶**弧の長さと円周角の関係**を考えて問題を解くこと。
- ▶円周角の定理を利用した**証明問題**はよく出題される。

4 **右の図において，線分 OA は円Oの半径であり，2点B，Cは円Oの周上の点で，線分 OA と線分 BC は垂直である。また，点Dは点Aをふくまない $\overset{\frown}{BC}$ 上の点である。OA＝10 cm，∠ACB＝34°，∠OBD＝41° のとき，点Aをふくまない $\overset{\frown}{CD}$ の長さを求めなさい。ただし，円周率は π とする。（7点）** 〔神奈川〕

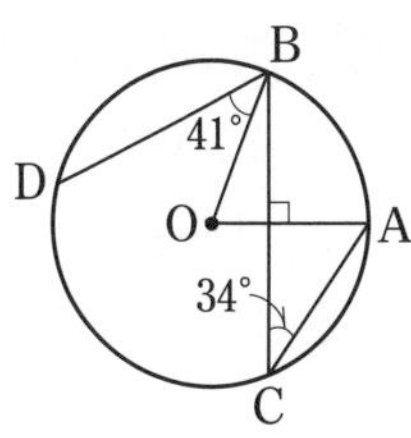

よく出る **5** **右の図において，4点 A，B，C，D は円Oの円周上の点であり，BA＝BC である。点Aを通り BD に平行な直線と円Oとの交点をEとし，AC と BE との交点をFとする。このとき，次の問いに答えなさい。**

（7点×2） 〔静岡〕

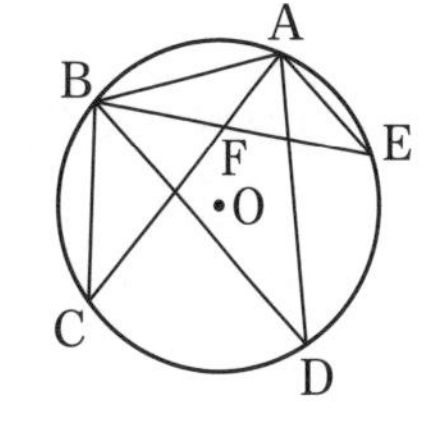

(1) △ABD∽△BFC であることを証明しなさい。

(2) AB＝6 cm，AD＝9 cm，AF＝3 cm のとき，AE の長さを求めなさい。

差がつく **6** **右の図1のように，5点 A，B，C，D，E が同じ円周上にあり，$\overset{\frown}{AB}=\overset{\frown}{AE}$，BE∥CD となっている。また，直線 AB と直線 CD との交点をFとする。このとき，次の問いに答えなさい。** 〔愛媛〕

図1

(1) △ABC∽△ACF であることを証明しなさい。（9点）

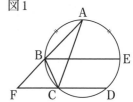

図2

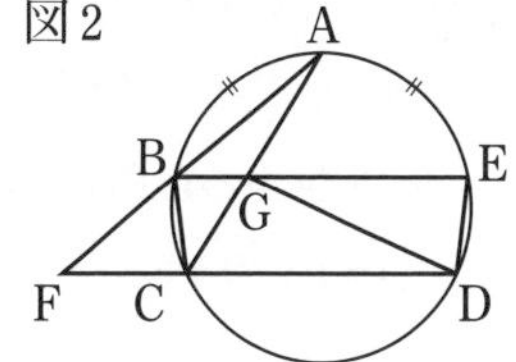

(2) 図2のように，AC＝6 cm，CF＝3 cm，AF＝8 cm であるとき，

①線分 AB の長さを求めなさい。（7点）

②線分 AC と線分 BE との交点をGとする。△ABC の面積を S，△EGD の面積を T とするとき，$S:T$ を最も簡単な整数の比で表しなさい。（7点）

ヒント

2 点Oと点Pを直線で結ぶと，直線 OP と直線 ℓ は垂直になることを利用する。

3 弧の長さの比から，∠BOD の大きさは ∠AOB の大きさの $\frac{1}{6}$ になる。

月　日

平面図形と三平方の定理

時間40分　合格点70点

得点　／100点

解答▶別冊 p.15

1 次の問いに答えなさい。（8点×3）

(1) 右の図のように，BC＝20 cm，CD＝15 cm，AD＝15 cm，AD∥BC，∠ADC＝90° の台形 ABCD がある。このとき，辺 AB の長さを求めなさい。〔北海道〕

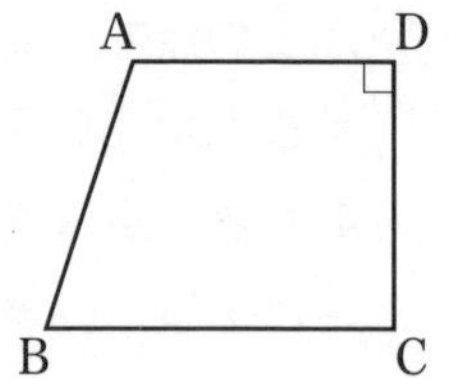

(2) 右の図のように，長方形 ABCD において，辺 BC 上に点Eをとり，頂点Aが点Eと重なるように折り曲げ，折り目を FG とする。AB＝10 cm，BE＝5 cm のとき，線分 EF の長さを求めなさい。〔秋田〕

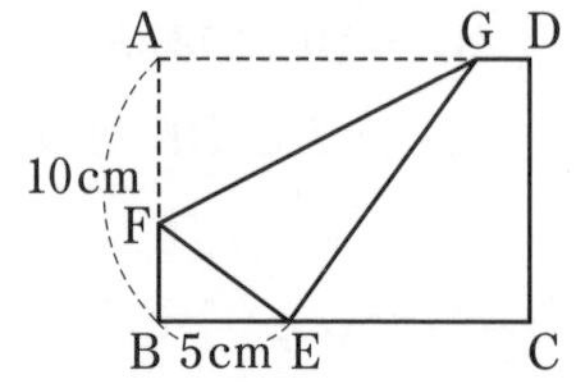

(3) 右の図のような，1辺の長さが 2 cm の正六角形 ABCDEF があり，点Gは，辺 CD の中点である。点Aと点Gを結ぶとき，四角形 ABCG の面積を求めなさい。〔香川－改〕

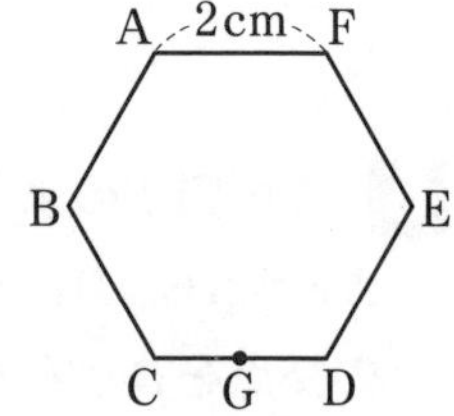

よく出る **2 右の図のように，線分 AB を直径とする半円Oがあり，$\overset{\frown}{AB}$ を3等分する点のうち，点Bに近いほうを点Pとする。直径 AB の長さが 4 cm のとき，次の問いに答えなさい。**（8点×3）〔沖縄〕

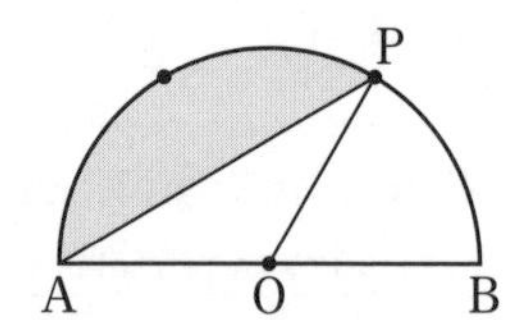

(1) ∠POB の大きさを求めなさい。

(2) 線分 AP の長さを求めなさい。

(3) 図の影のついた部分の面積を求めなさい。ただし，円周率は π とする。

▶ **辺や線分の長さ**や**面積**を求める問題が多いので，練習しておくこと。
▶ **直角三角形**をつねに意識し，斜辺と直角をはさむ辺を区別すること。
▶ 45° や 30°，60° の角をもつ**特別な直角三角形**の辺の長さの比を覚えておくこと。

3 **右の図のように，頂角 ∠A の大きさが 30°，底辺 BC の長さが 2 cm の二等辺三角形 ABC がある。2 辺 AB，AC 上に AD＝AE となるように 2 点 D，E をとり，BE と CD の交点を F とする。∠BFC＝60° であるとき，次の問いに答えなさい。(8 点× 4)** 〔佐賀〕

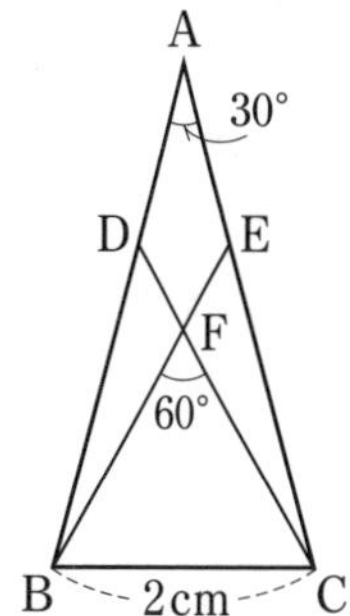

(1) △ABE≡△ACD であることを証明しなさい。

(2) ∠ABE の大きさを求めなさい。

(3) AF の長さを求めなさい。

(4) △ABC の面積を求めなさい。

差がつく **4** **半径 4 cm の円 O がある。右の図のように，円 O の周上に 4 点 A，B，C，D を，$\overset{\frown}{AB}=\overset{\frown}{BC}=\overset{\frown}{CD}$ となるようにとり，$\overset{\frown}{BC}$ を除く円周上に点 E を $\overset{\frown}{AE}=\overset{\frown}{ED}$ となるようにとり，五角形 ABCDE をつくる。対角線 BD，BE，CE をひき，対角線 BD と対角線 CE との交点を F とする。このとき，次の問いに答えなさい。(10 点× 2)** 〔福岡〕

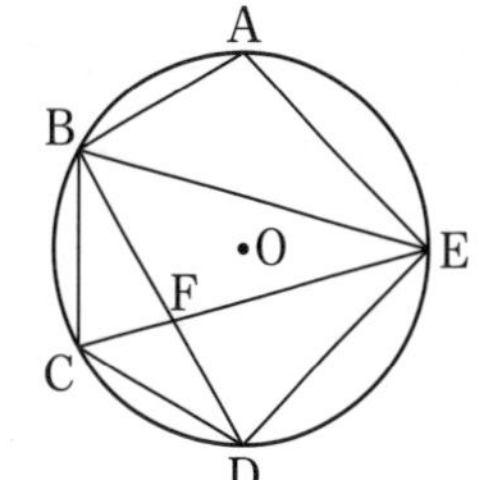

(1) 図において，△FCD と相似な三角形を 1 つ選び，その三角形と △FCD が相似であることを証明しなさい。

(2) 図において，∠AED＝90° とするとき，△BDE の面積を求めなさい。

ヒント

1 (3) 四角形 ABCG＝△ABC＋△ACG として，それぞれの三角形の面積を求める。
2 (2) O から線分 AP に垂線 OH をひいて，△AOH に着目して考える。
3 (4) △FBC は 1 辺 2 cm の正三角形だから，まずその高さを求める。
4 (2) 点 D から線分 BE に垂線をひき，60° の角をもつ直角三角形をつくる。

空間図形と三平方の定理

時間40分 合格点70点 得点 /100点

解答▶別冊 p.16

1 次の問いに答えなさい。(8点×3)

(1) 右の図のように，AD=2 cm，CD=3 cm，AG=7 cm の直方体がある。このとき，次の問いに答えなさい。〔佐賀〕

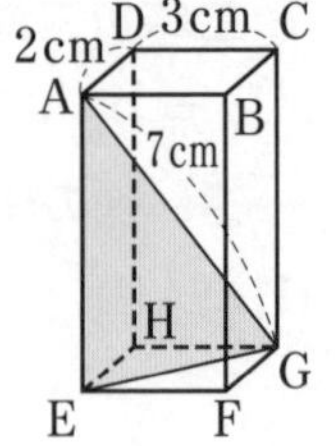

① AC の長さを求めなさい。

②△AEG の面積を求めなさい。

(2) 右の図は，AB=3 cm，BC=5 cm，CA=4 cm の直角三角形を底面とする三角柱の展開図である。この展開図において，線分 DE をひいたところ，DE=15 cm であった。この三角柱の体積を求めなさい。〔山形〕

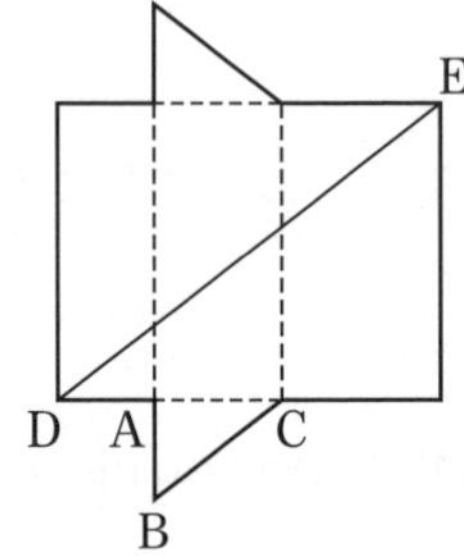

よく出る **2** 次の問いに答えなさい。(7点×3)

(1) 右の図のように，AB=4 cm，AD=2 cm，AE=1 cm の直方体がある。点Pは辺 BC 上を動く点である。2つの線分の長さの和 AP+PG が最小となるときの AP+PG を求めなさい。〔愛媛〕

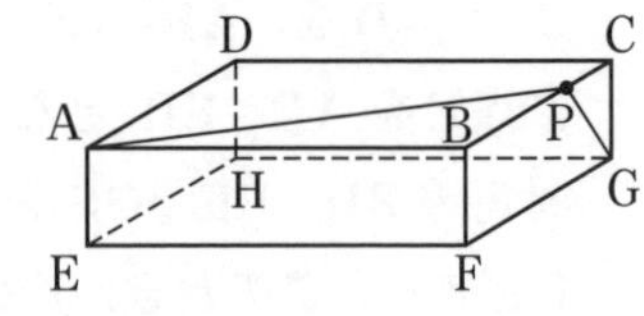

(2) 右の図は，母線の長さが 6 cm，底面の半径が 1 cm の円錐(えんすい)である。BC は底面の直径であり，AB，AC は母線である。AB 上に AP=4 cm となる点Pをとり，図のようにBから側面に沿ってPまで糸を巻きつける。次の問いに答えなさい。ただし，円周率は π とする。〔群馬-改〕

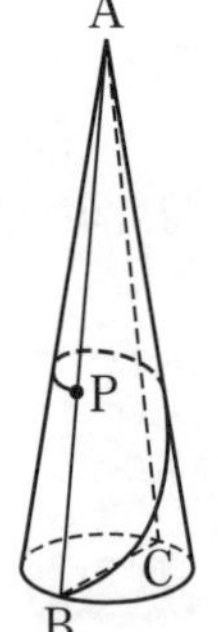

①この円錐の体積と表面積を求めなさい。

②糸の長さが最も短くなるように糸を巻きつけたとき，巻きつけた糸の長さを求めなさい。

- ▶ 最短距離は**立体の展開図**をかいて考えること。
- ▶ 空間図形の中で直角三角形がみつかると，**三平方の定理**が利用できる。
- ▶ **四角錐・円錐**などの表面積や体積の求め方を覚えて使えるようにしておくこと。

3 右の図で，A，B，C，D，E は球の表面上の点であり，立体 ABCDE は正四角錐である。球の半径が 6 cm，BC＝8 cm のとき，正四角錐 ABCDE の体積を求めなさい。ただし，球の中心は正四角錐の中にあるものとする。(11 点)　〔愛知－改〕

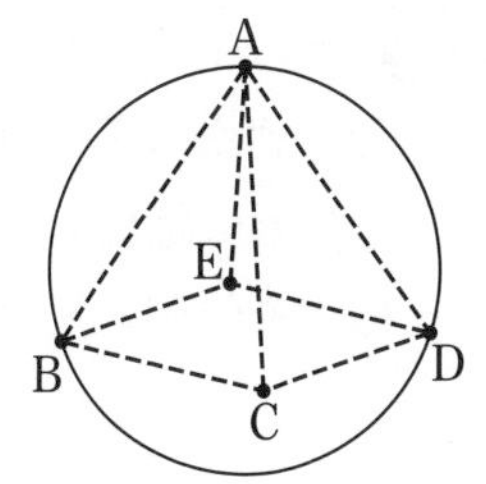

4 右の図のように，1 辺が 4 cm の正三角形を底面とし，側面がすべて正方形である三角柱 ABCDEF がある。辺 AC の中点を G とし，線分 EG の中点を H とする。このとき，次の問いに答えなさい。(11 点× 2)　〔茨城〕

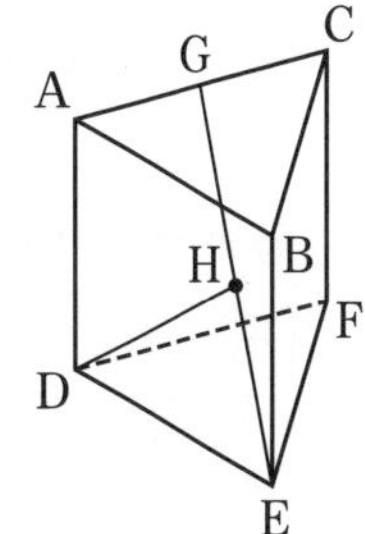

(1) 三角柱 ABCDEF の体積を求めなさい。

(2) 線分 DH の長さを求めなさい。

よく出る **5** 右の図のような，各辺の長さがすべて 4 cm の正四角錐があり，点 F は辺 BC の中点である。この立体を，3 点 A，F，D を通る平面で切って，2 つの立体に分ける。このとき，次の問いに答えなさい。(11 点× 2)　〔香川〕

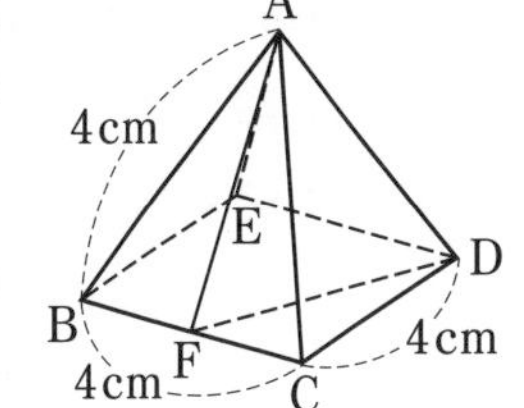

(1) 線分 AF の長さは何 cm か，求めなさい。

(2) 分けられた 2 つの立体のうち，点 C をふくむ立体の体積は何 cm^3 か，求めなさい。

ヒント

1 (1) ②△AEG で三平方の定理より，$AE=\sqrt{AG^2-EG^2}$　△AEG の面積は，$\frac{1}{2}\times EG\times AE$

3 球の中心は，頂点 A から底面 BCDE に下ろした垂線上にある。

4 (2) 点 G，点 H から底面に垂線をひいて考える。

第13日 数学 Mathematics　　月　日

データの活用，確率

時間30分　合格点70点　得点　／100点

解答▶別冊 p.18

よく出る **1** 箱の中に同じ大きさの白玉と黒玉が合わせて 480 個入っている。標本調査を利用して，箱の中の黒玉の数を調べる。この箱の中から，56 個の玉を無作為に抽出したところ黒玉は 35 個ふくまれていた。箱の中の黒玉の数は，およそ何個と推測されるか求めなさい。(10 点)　〔埼玉〕

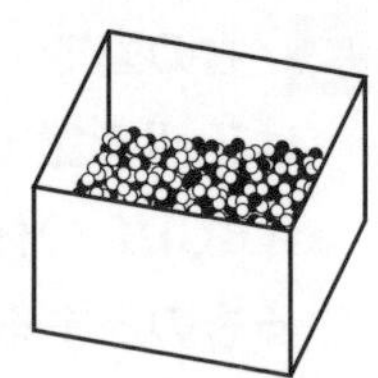

2 次の表は，8 人の生徒がバスケットボールのフリースローをそれぞれ 10 回行い，成功した回数を記録したものであるが，表の一部が汚れたためHさんの記録がわからなくなってしまった。8 人のフリースローが成功した回数の平均値と中央値が等しいことがわかっているとき，Hさんのフリースローが成功した回数を求めなさい。(10 点)　〔埼玉〕

生徒	A	B	C	D	E	F	G	H
回数	7	6	8	5	10	8	9	

3 右の図は，ある中学の 1 年生 50 人に行った英語，国語，数学のテストの得点を，箱ひげ図に表したものである。このとき，次の問いに答えなさい。(10 点× 3)

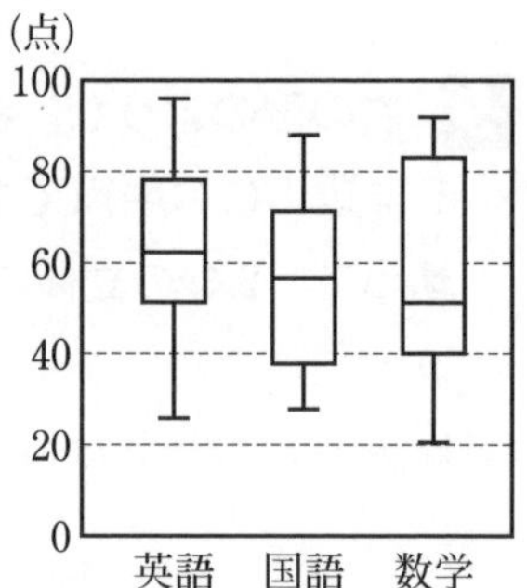

(1) 得点の散らばりが最も大きいといえるのは，どの教科か求めなさい。

(2) 80 点以上の生徒が 13 人以上であるのは，どの教科か求めなさい。

(3) 国語において，60 点以下の生徒は何人以上何人以下である可能性があるか求めなさい。

▶ 標本調査を利用した，個数などの推定のしかたを理解して使えるようにしておくこと。
▶ 箱ひげ図の意味を理解しておくこと。
▶ さいころの目の出方や玉を取り出す確率の問題がよく出題される。

4 次の問いに答えなさい。(10点×3)

(1) 袋の中に，1から6までの数字が書かれた同じ大きさの玉が1個ずつ入っている。この袋の中から玉を1個取り出して数字を調べ，それを袋に戻してから，また，玉を1個取り出す。このとき，1回目と2回目に取り出した玉に書かれた数の積が16以上になる確率を求めなさい。 〔和歌山〕

(2) 右の図のように，数字1，2が書かれたカードがそれぞれ2枚ずつ，数字3，5が書かれたカードがそれぞれ1枚ずつある。この6枚のカードから同時に2枚取り出すとき，書かれている数の和が4の倍数になる確率を求めなさい。

1 1 2 2 3 5

〔愛知〕

(3) 大小2つのさいころを同時に投げて，大きいさいころの出た目の数を a，小さいさいころの出た目の数を b とする。$a-b=2$ となる確率を求めなさい。 〔北海道〕

よく出る **5** 下の図のように，1辺が1 cmの正三角形ABCがあり，点Pは頂点Aの位置にある。1円，5円，10円の硬貨がそれぞれ1枚ずつあり，これら3枚の硬貨を同時に投げる。そのとき，点Pは，次のようなきまりで，正三角形ABCの辺上を矢印の方向へ動く。

> 硬貨が表になったとき，点Pの動く長さは1円硬貨では1 cm，5円硬貨では5 cm，10円硬貨では10 cmである。硬貨が裏になったとき，点Pの動く長さはいずれの硬貨の場合も0 cmである。点Pは，硬貨の表裏の出方によって動く長さを合わせた分だけ動いて止まる。

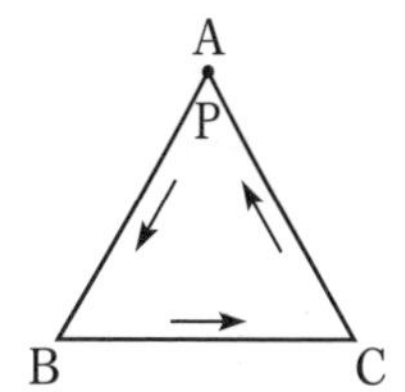

例えば，1円と5円が表で10円が裏の場合は，$1+5+0=6$ となり，点Pは6 cm動いて止まる。次の問いに答えなさい。(10点×2) 〔長野〕

(1) 点Pが頂点Cに止まるとき，それぞれの硬貨の表裏の出方を1つ書きなさい。表は○，裏は×で表しなさい。

(2) 点Pが頂点Bに止まる確率を求めなさい。

ヒント

3 (3) 第3四分位数が60点より大きく，中央値が60点より小さいことから求める。

5 (2) 点Pが頂点Bに止まるときの点Pの動く長さは，1 cm，10 cm，16 cmである。

月　日

高校入試 予想問題 (1)

時間50分　合格点70点　得点　/100点

解答▶別冊 p.19

1 次の問いに答えなさい。(4点×5)

(1) $-\frac{3}{4}+\frac{7}{6}$ を計算しなさい。

(2) $-7(a+2b)+2(3a-b)$ を計算しなさい。

(3) $\sqrt{27}-\sqrt{12}+\sqrt{3}$ を計算しなさい。

(4) $(x+3)(x-3)-(x-4)^2$ を計算しなさい。

(5) 方程式 $x^2-5x+3=0$ を解きなさい。

2 次の問いに答えなさい。(5点×3)

(1) y は x に反比例し，$x=4$ のとき $y=8$ である。$x=-2$ のときの y の値を求めなさい。

(2) $\sqrt{540n}$ が自然数となるような自然数 n のうち，最も小さい数を求めなさい。

(3) 右の図は，円錐(えんすい)の展開図で，側面のおうぎ形の半径は 18 cm，底面の半径は 8 cm である。このとき，$\angle x$ の大きさを求めなさい。

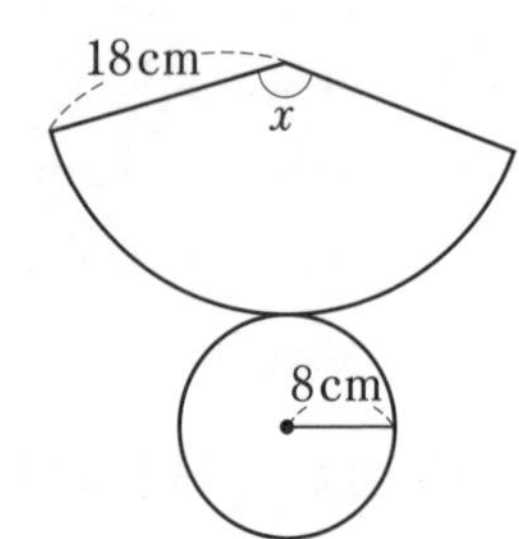

3 大小2つのさいころを同時に投げるとき，大きいさいころの出た目を a，小さいさいころの出た目を b とする。次の問いに答えなさい。(5点×2)

(1) a と b の和がいくつになる確率が最も大きいか，その和を答えなさい。

(2) $\frac{a}{b}$ が整数となる確率を求めなさい。

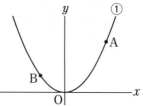

❹ 右の図のように，関数 $y=ax^2$（a は正の定数）……① のグラフ上に，2 点A，Bがある。点Aの x 座標を 2，点Bの x 座標を -1 とする。点Oは原点とする。次の問いに答えなさい。

（6点×3）

⑴ 点Aの y 座標と点Bの y 座標との差が 6 のとき，a の値を求めなさい。

⑵ $a=\frac{1}{4}$ とする。線分 OA の長さを求めなさい。

⑶ $a=1$ とする。点Aと x 座標が等しい x 軸上の点をCとする。△ABC と △OAB において，線分 AB を底辺としたときのそれぞれの高さの比を，最も簡単な整数の比で求めなさい。

❺ 右の図は，線分 AB を直径とする半円で，点Cは $\overset{\frown}{AB}$ 上にある。$\overset{\frown}{AC}$ 上に点Dを，$\overset{\frown}{AD}=\overset{\frown}{CD}$ となるようにとり，線分 AC と線分 BD との交点をEとする。次の問いに答えなさい。（7点×3）

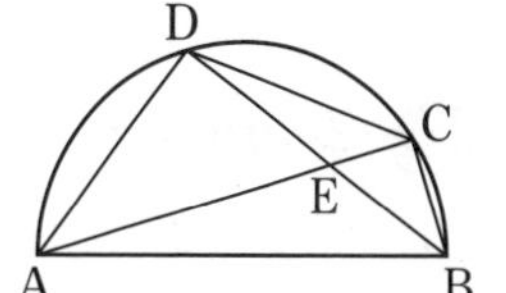

⑴ △ABE∽△DBC であることを証明しなさい。

⑵ AB＝10 cm，AD＝6 cm のとき，

①線分 AE の長さを求めなさい。

②線分 BC の長さを求めなさい。

❻ 右の図のように，1 辺の長さが 4 cm の立方体 ABCD-EFGH がある。辺 EF，EH の中点をそれぞれM，Nとする。次の問いに答えなさい。（8点×2）

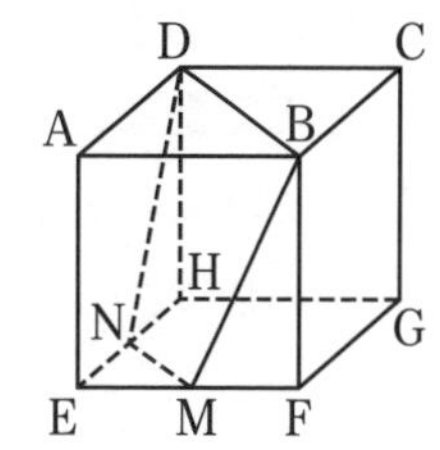

⑴ 四角形 BDNM の面積を求めなさい。

⑵ 線分 AG と平面 BDNM との交点をPとするとき，線分 AP の長さを求めなさい。

高校入試 予想問題 (2)

時間50分　合格点70点　得点 /100点

解答▶別冊 p. 21

1 次の問いに答えなさい。(5点×4)

(1) $\frac{2x-y}{3}+\frac{x+y}{4}$ を計算しなさい。

(2) $3x^2y-6xy-24y$ を因数分解しなさい。

(3) 方程式 $\frac{x-2}{4}+\frac{2-5x}{6}=1$ を解きなさい。

(4) 連立方程式 $\begin{cases} 3x-2y=7 \\ x+y=-1 \end{cases}$ を解きなさい。

2 次の問いに答えなさい。(6点×2)

(1) $x=\sqrt{6}+2$, $y=\sqrt{6}-2$ のとき，x^2y+xy^2 の値を求めなさい。

(2) 右の図において，線分 AB は円Oの直径であり，2点C，Dは円Oの周上の点である。このとき，∠ABC の大きさを求めなさい。

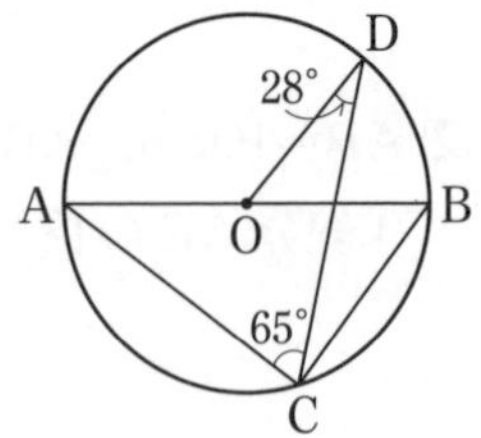

3 右の図は，同じ敷地内にあるA店，B店，C店，D店の1日の入店者数を31日間調べたデータを，箱ひげ図に表したものである。このとき，次の問いに答えなさい。(6点×2)

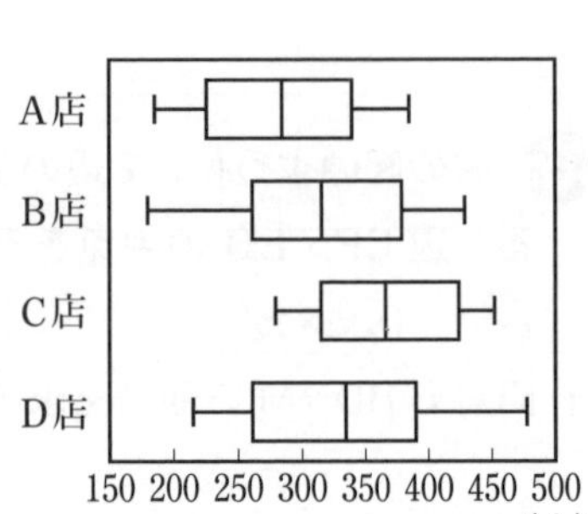

(1) 1日の入店者数が250人を下回る日が8日以上あったのはどの店か，求めなさい。

(2) B店において1日の入店者数が200人をこえたのは，最大で何日あった可能性があるか求めなさい。

4 **右の図において，m は $y=ax^2$ のグラフで，m 上に点A(6，9)がある。点Aを通り x 軸に平行な直線と y 軸との交点をB，グラフ m との交点をCとする。ただし，点Cは点Aとは異なる点である。次の問いに答えなさい。**

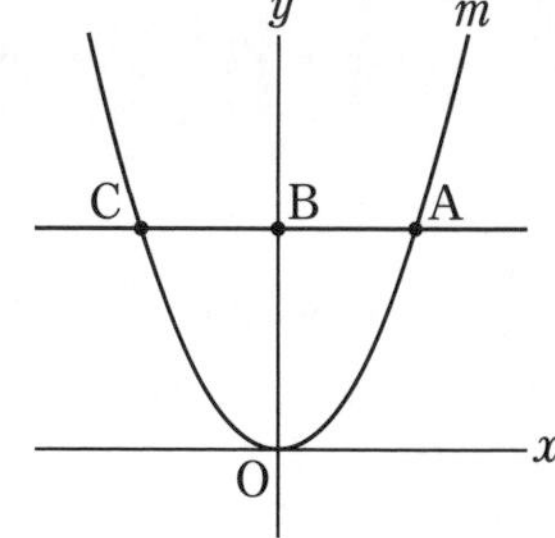

(1) a の値を求めなさい。(6点)

(2) m のグラフ上に，AD＝BD となる点Dをとる。

①点Dの座標を求めなさい。(6点)

②△ABD の面積を求めなさい。(6点)

(3) **(2)**のとき，m のグラフ上に，△ABD と △ACP の面積が等しくなるような点Pをとる。

①このような点Pは全部で何個あるか，答えなさい。(6点)

②①で考えた点Pのうち，m のグラフ上の原点Oと点Aの間にある点Pの x 座標を求めなさい。(7点)

5 **右の図のように，∠ACB＝90°，BC＝4 cm の直角三角形 ABC があり，辺 AB 上に点Dをとると，△DBC が正三角形となった。次の問いに答えなさい。**

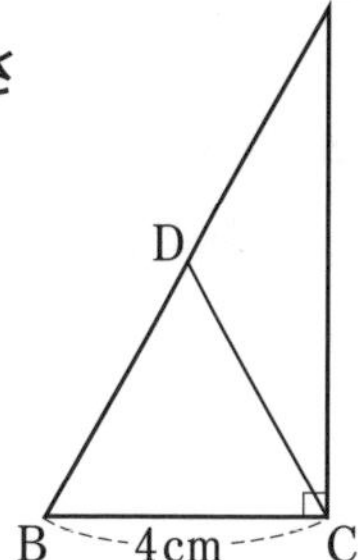

(1) AD の長さを求めなさい。(6点)

(2) △ADC の面積を求めなさい。(6点)

(3) △ADC を，辺 DC を軸として1回転させてできる立体の体積を求めなさい。ただし，円周率は π とする。(6点)

(4) △ABC を，辺 DC を折り目として折り曲げて，Aを頂点とする三角錐(さんかくすい) ABCD を考える。三角錐 ABCD の体積が最も大きくなるとき，その体積を求めなさい。(7点)

第1日　社会 Social Studies　月　日

世界と日本のすがた

時間30分　合格点70点　得点　/100点

解答▶別冊 p.23

1 次の略地図や資料を見て，あとの問いに答えなさい。

(1) 略地図Ⅰに示されている5つの大陸の中で，全土が北緯と西経で示される範囲内に位置する大陸が1つある。その大陸の名前を答えなさい。(13点)

〔　　　　　　〕

〔略地図Ⅰ〕

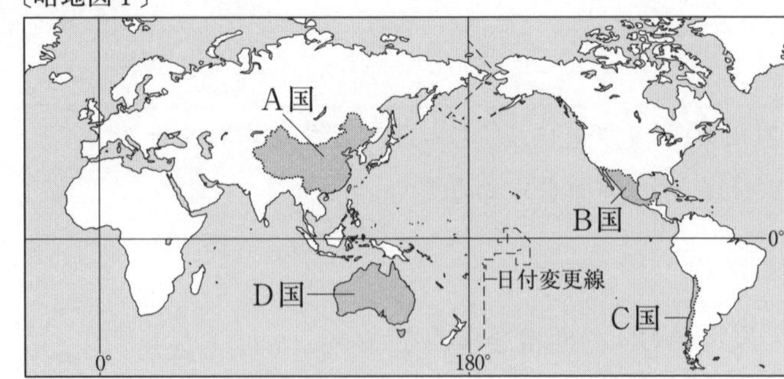

(2) 次の資料は，略地図Ⅰ中のA～D国について，人口，人口密度，小麦の主な収穫時期を表したものであり，**ア～エ**にはいずれかの国があてはまる。この中でC国はどれか，**ア～エ**から1つ選び，記号で答えなさい。(12点)　〔　　〕

〔資料〕

国	人口(万人)	人口密度(人/km²)	小麦の主な収穫時期(月)
ア	1912	25	2
イ	143932	150	5～8
ウ	12893	66	4～6
エ	2550	3	11～1

(2020年)　(2020/21年版「世界国勢図会」など)

(3) 略地図Ⅱは，東京からの距離と方位が正しい地図である。

①略地図Ⅰ中のA～D国のうち，東京から真北，真南，真東，真西のいずれの方位にもない国はどこか，国名を答えなさい。(13点)

〔　　　　　　〕

②略地図Ⅱ中の**ア～オ**の都市のうち，下の(条件)をすべて満たしている都市はどれか，1つ選び，記号で答えなさい。(12点)

〔　　〕〔徳島〕

(条件)
1 東京から10000 km以上離れている。
2 東京と同じ温帯の気候に属する。
3 東京から最短距離で移動するとき，途中で日付変更線を通過する。

〔略地図Ⅱ〕

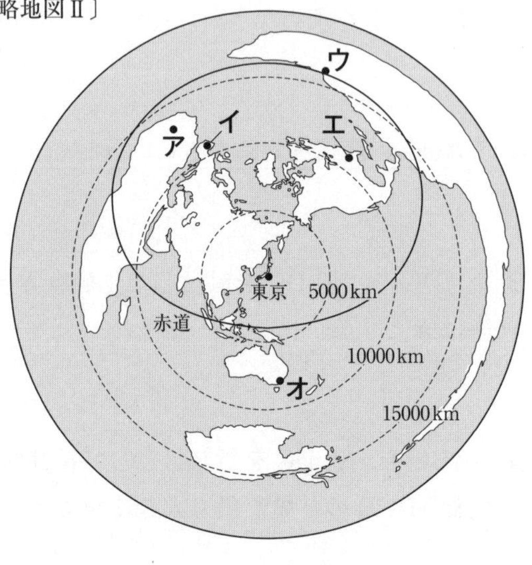

▶ **三大洋**と**六大陸**の位置と名称をしっかりおさえておく。また，**主な国の位置**や**特徴**などを確認しておくこと。

▶ **赤道**や**本初子午線**の位置を確認し，**時差の計算**を理解しておく。

2 次の図，地図，資料を見て，あとの問いに答えなさい。

〔図〕陸が多く見える向きから見た地球

〔地図Ⅰ〕緯線と経線が直角に交わる地図

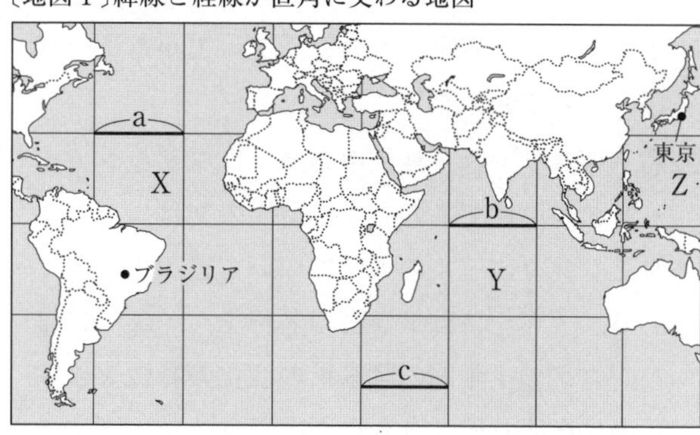

(1) 図中のPは三大洋の1つである。Pの海洋名を答えなさい。また，Pと同じ海洋を地図Ⅰ中のX～Zから1つ選び，記号で答えなさい。(8点×2)

海洋名〔　　　　　　〕 記号〔　　　〕 〔富山〕

よく出る **(2)** 地図Ⅰ上では同じ長さとして表されているa～cのうち，実際の長さが最も短いものを，1つ選び，記号で答えなさい。(8点)

〔　　　〕 〔富山〕

(3) 資料や地図Ⅰを参考にして，ブラジリアが7月6日午後8時のとき，東京は何月何日の何時か，午前・午後の区別も入れて答えなさい。なお，サマータイムは実施されていないものとする。(10点)

〔資料〕

都市名	緯度	経度	標準時子午線
ブラジリア	南緯15度	西経47度	西経45度
東京	北緯36度	東経140度	東経135度

〔　　　　　　　　〕 〔富山〕

〔地図Ⅱ〕

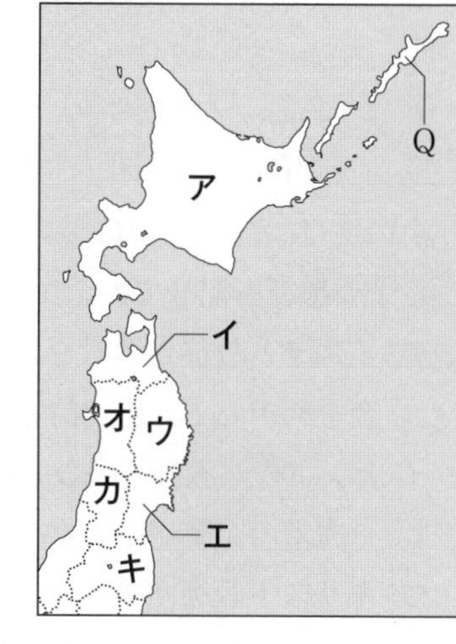

よく出る **(4)** 地図ⅡのQの島の名称を，次の**ア**～**エ**から1つ選び，記号で答えなさい。(8点)

〔　　　〕

ア 色丹島　　**イ** 択捉島

ウ 歯舞群島　　**エ** 国後島

〔静岡－改〕

(5) 地図Ⅱの**ア**～**キ**の道県のうち，道県名と道県庁所在地名が異なるものをすべて選び，記号で答えなさい。(8点)

〔　　　　　　　　〕 〔富山〕

ヒント

1 (2) 南半球では，日本と季節が逆になる。

2 (4) Qは日本の最北端に位置する島である。

社会 Social Studies

月　日

世界のさまざまな地域

時間30分　合格点70点

得点　／100点

解答▶別冊 p.23

1 **右の地図のA～Dは国を示している。次の問いに答えなさい。**

(1) 地図中に▨で示した山脈や島のうち，環太平洋造山帯に属するものを，**ア～エ**から1つ選び，記号で答えなさい。(10点)　〔　　〕

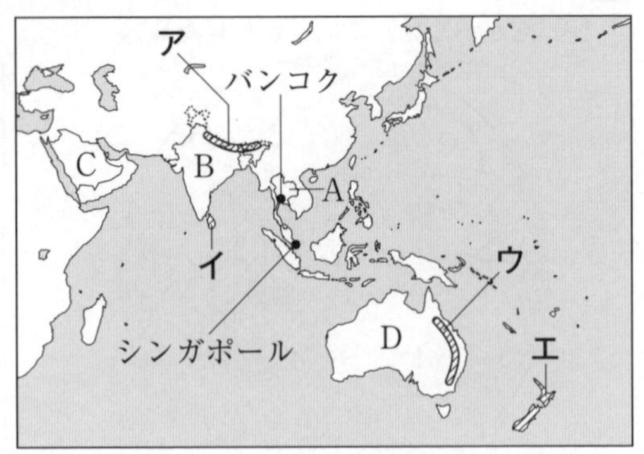

記述式 **(2)** 右下のグラフは，地図中のバンコクとシンガポールの雨温図である。また，次の文は，バンコクとシンガポールの気候について述べたものである。W には気候帯の名称を，X にはバンコクの1年間の降水量の変化の特徴を表すことばをそれぞれ書きなさい。(9点×2)

W〔　　〕

X〔　　〕

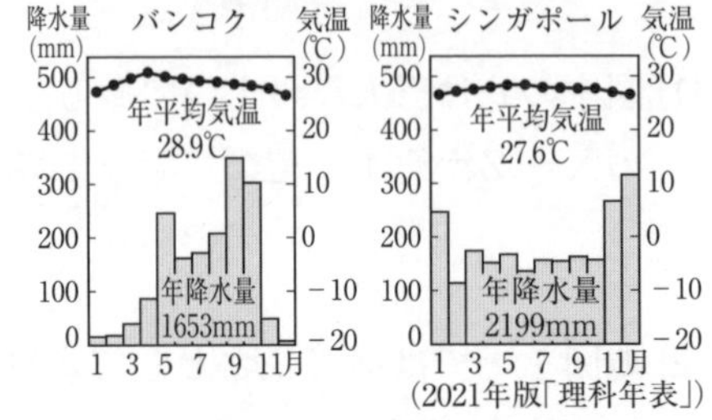

(2021年版「理科年表」)

> バンコクとシンガポールは，ともに W に属し，1年を通して気温は高く季節の変化が見られない。バンコクは，シンガポールに比べて， X という特徴がある。

(3) 右の表は，米の生産量と輸出量の世界上位5か国を表している。表中のY，Zは，A～D国のいずれかである。この組み合わせとして最も適切なものを，次の**ア～エ**から1つ選び，記号で答えなさい。(10点)　〔　　〕

	生産国(2018年)	生産量(万t)	輸出国(2017年)	輸出量(万t)
1位	中国	21213	Y	1206
2位	Y	17258	Z	1162
3位	インドネシア	8304	ベトナム	581
4位	バングラデシュ	5642	アメリカ	327
5位	ベトナム	4405	パキスタン	274

(2020/21年版「世界国勢図会」)

ア Y－A国　Z－B国　　**イ** Y－A国　Z－C国

ウ Y－B国　Z－A国　　**エ** Y－B国　Z－D国

(4) 次の文は，A～D国について述べたものである。C国にあてはまるものを，次の**ア～エ**から1つ選び，記号で答えなさい。(10点)　〔　　〕

ア イスラム教徒が多数を占める国である。また，原油や石油製品を輸出して得た豊富な資金を利用して，近代的なかんがい農業を発展させるなど国土の開発が進められている。

イ ヒンドゥー教徒が多数を占める国である。また，英語を使うことができる人が多いことから欧米の企業がベンガルールなどに進出し，ICT（情報通信技術）産業の発展が見られる。

ウ キリスト教徒が多数を占める国である。また，鉄鉱石や石炭など鉱産資源に恵まれ，小麦栽培や牛，羊の放牧が盛んで，鉱産資源や農産物の輸出が多い。

エ 仏教徒が多数を占める国である。また，ASEAN の加盟国で，外国の企業を積極的に受け入れ工業化を図り，自動車など機械類の生産や輸出が増加している。〔福島〕

傾向と対策

▶ 主な国や地域について，**地形**，**気候**，**産業**（農業，工業，鉱産資源），日本との関わりなどの特色を理解しておく。
▶ **言語**，**宗教**のちがいについて注意する。

2 右の地図を見て，次の問いに答えなさい。

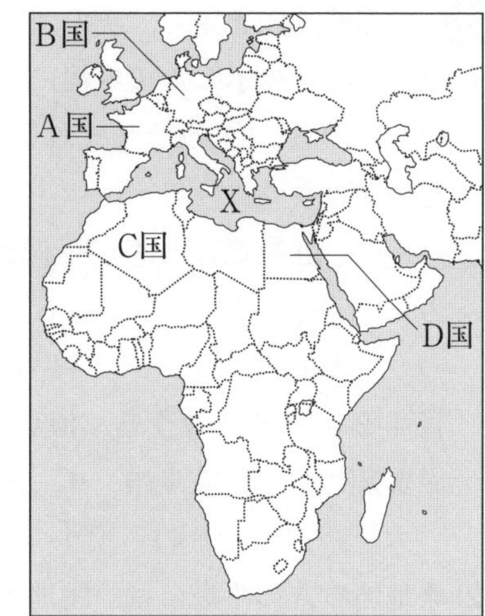

(1) 地図中のXの海洋名を漢字３字で答えなさい。（8点）

〔　　　　〕〔福島〕

よく出る (2) 地図中のA国，B国では，EUの共通通貨が導入されている。この通貨を何というか，答えなさい。（8点）

〔　　　　〕〔福島〕

記述式 (3) 地図中のアフリカ州における国境線には，緯線や経線を利用したまっすぐなものが見られる。その理由について歴史的背景に着目して述べた次の文の□に適当なことばを，「ヨーロッパ」という語を用いて書きなさい。（12点）

これらの国境線がまっすぐなのは，アフリカ州の大部分の地域が□時代に緯線や経線を利用して引かれたからである。

〔　　　　〕〔愛媛〕

よく出る (4) 地図中のC国は，国土の大部分が下の**ア**～**エ**のいずれかの気候帯に属する。C国の国土の大部分が属する気候帯を，次の**ア**～**エ**から１つ選び，記号で答えなさい。（6点）〔　　〕

ア 熱帯　**イ** 温帯　**ウ** 冷帯　**エ** 乾燥帯 〔愛媛〕

(5) 地図中のC国，D国において，最も多くの人々が信仰している宗教として適切なものを，次の**ア**～**エ**から１つ選び，記号で答えなさい。（6点）〔　　〕

ア キリスト教　**イ** イスラム教　**ウ** ヒンドゥー教　**エ** 仏教 〔福島－改〕

(6) 次の表は，地図中のA～D国の輸出総額，輸出上位３品目および輸出相手国上位５か国を表している。D国にあてはまるものを，表中の**ア**～**エ**から１つ選び，記号で答えなさい。また，その国名を答えなさい。（6点×2）　記号〔　　〕 国名〔　　　　〕〔福島－改〕

〔表〕A～D国の輸出総額，輸出上位３品目と輸出総額に占める割合および輸出相手国上位５か国

	輸出総額（百万ドル）	輸出上位３品目と輸出総額に占める割合（%）	輸出相手国上位５か国				
			第１位	第２位	第３位	第４位	第５位
ア	25108	石油製品(15.0)，野菜と果実(9.6)，金(非貨幣用)(6.7)	アメリカ	アラブ首長国連邦	トルコ	サウジアラビア	イタリア
イ	40583	原油(36.1)，天然ガス(20.3)，石油製品(18.3)	イタリア	A国	スペイン	アメリカ	ブラジル
ウ	569740	機械類(19.7)，航空機(9.4)，自動車(9.0)	B国	アメリカ	イタリア	スペイン	ベルギー
エ	1489190	機械類(28.5)，自動車(15.9)，医薬品(6.2)	アメリカ	A国	中国	オランダ	イギリス

（2021年版「データブック　オブ・ザ・ワールド」）

ヒント

1 (4) C国のサウジアラビアには，イスラム教の聖地メッカがある。
2 (6) C国のアルジェリアは，原油の産出量が多い。

地域調査，日本の地域的特色と地域区分

時間30分　合格点70点　得点　／100点

解答▶別冊 p.24

1 **右の略地図を見て，次の問いに答えなさい。**

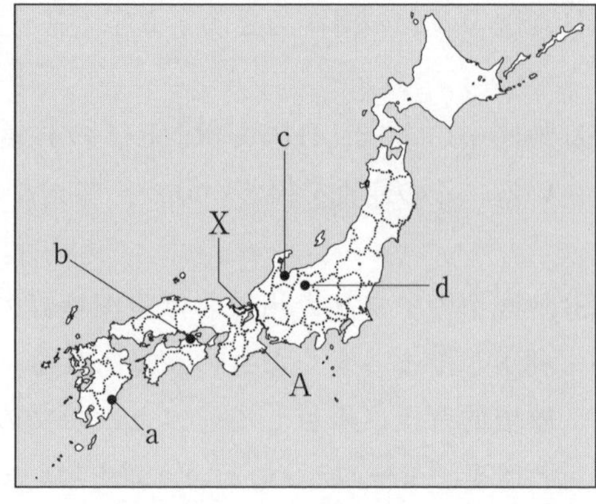

(1) 略地図のXで示した境界線について述べた次の文の（　）①，②のそれぞれにあてはまることばを選びなさい。

Xは，近畿地方と①（**ア** 関東地方　**イ** 中部地方）との境界線を示している。Xには47都道府県のうちの1つの府と5つの県が面している。Xに接する5つの県のうち，海に面していない県は，滋賀県と②（**ア** 岐阜県　**イ** 福井県）である。

（7点×2）　①〔　　〕　②〔　　〕

(2) 略地図のAの半島には，陸地の沈降や海面の上昇で谷だったところまで海水が入り込んだ複雑な地形の海岸が見られる。このような海岸を何というか，答えなさい。また，Aの半島の名を，次の**ア**～**エ**から1つ選びなさい。（7点×2）　名称〔　　〕　記号〔　　〕

ア 能登半島　**イ** 志摩半島　**ウ** 大隅半島　**エ** 伊豆（いず）半島

(3) 略地図のa～dは，いずれも県庁が置かれている都市を示している。

①a～dのうち，都市の名が，その都市のある県の名と異なるものを選びなさい。また，その都市の名を答えなさい。（7点×2）　記号〔　　〕　都市名〔　　〕

②次のⅠ～Ⅳのグラフは，a～dのいずれかの都市の気温と降水量をそれぞれ示している。これらを比較して述べた文として正しいものをあとの**ア**～**エ**から1つ選び，記号で答えなさい。（10点）　〔　　〕

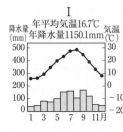

Ⅰ
年平均気温16.7℃
年降水量1150.1mm

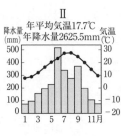

Ⅱ
年平均気温17.7℃
年降水量2625.5mm

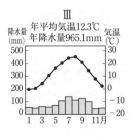

Ⅲ
年平均気温12.3℃
年降水量965.1mm

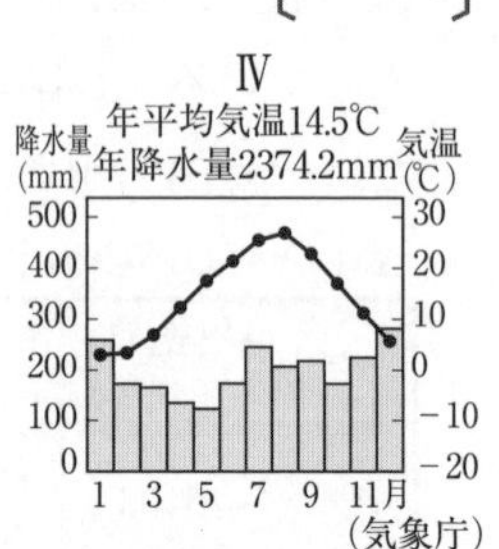

（気象庁）

ア ⅠとⅡはいずれもⅢやⅣに比べて年平均気温が高く，ⅠはⅡに比べて年降水量が少ないので，Ⅰはaの都市のグラフである。

イ ⅢとⅣはいずれもⅠやⅡに比べて年平均気温が低く，ⅣはⅢに比べて年降水量が多いので，Ⅳはbの都市のグラフである。

ウ ⅡとⅣはいずれもⅠやⅢに比べて年降水量が多く，ⅡはⅣに比べて6月から9月にかけての年降水量が多いので，Ⅱはcの都市のグラフである。

エ ⅠとⅢはいずれもⅡやⅣに比べて年降水量が少なく，ⅢはⅠに比べて1月の平均気温が低いので，Ⅲはdの都市のグラフである。

〔北海道〕

傾向と対策

▶ 日本の自然と産業に関しては，図や表を使用した問題が多いため，このような問題に慣れておくこと。

▶ **地図記号**や**実際の距離の計算の仕方**を理解しておく。

2 次の問いに答えなさい。

よく出る (1) 資料は，自然の力を利用した主な発電所（水力・風力・地熱）の分布である。▲，■，●にあてはまる発電所を，次の**ア**～**ウ**から1つずつ選び，記号で答えなさい。（6点×3）

▲〔　　〕■〔　　〕●〔　　〕

ア 水力　　**イ** 風力　　**ウ** 地熱

〔資料〕

（2021/22年版「日本国勢図会」など）

記述式 (2)「ヒートアイランド現象」とはどのような現象であるかを，解答欄の書きだしに続けて書きなさい。ただし，「周辺部」という語を必ず用いること。（12点）

〔都市部において，　　　　　　　　　　　　　　　　　現象〕〔福井〕

3 右の地図を見て，次の問いに答えなさい。

(1) 地図の市役所は，かつてはX地点にあった。市役所は実際の直線距離にしておよそ何m移転したか。最も近いものを次から1つ選びなさい。（8点）〔　　〕

ア 300 m　　**イ** 750 m

ウ 1500 m　　**エ** 6000 m

(2) 地図から読み取れる内容として正しいものを，次の**ア**～**エ**から1つ選び，記号で答えなさい。（10点）〔　　〕

ア 鉄道の線路沿いには学校はない。

イ 標高 200 m 以上の地点はない。

ウ 国民宿舎周辺には果樹園がある。

エ 龍野新大橋の近くに警察署がある。

〔石川〕

（国土地理院2万5千分の1地形図「龍野（たつの）」より作成）

めもり 0　5cm

ヒント

1 (3) ②雨温図の特色から，それぞれの気候区に分類してみよう。

2 (1) 水力発電は山の多い内陸部，地熱発電は火山の多い地域で盛ん。

社会 Social Studies　　月　日

日本の諸地域

時間30分　合格点70点　得点　/100点

解答▶別冊 p.24

1 次の問いに答えなさい。

〔地図〕

(1) 地図のA地点には，資料ⅠのPのような川が運搬してきた土砂が堆積した地形が見られる。この地形名を答えなさい。(8点)〔　　　〕〔石川〕

(2) 地図の▒は，ある統計項目の2015年における全国上位8府県を表している。その項目を，次の**ア**～**エ**から1つ選び，記号で答えなさい。(6点)

〔　　〕

ア 製造品出荷額　　**イ** 人口密度

ウ 他の都道府県への通勤通学者の割合　　**エ** 第1次産業就業者の割合　〔石川〕

(3) 地図のBの府県名を答えなさい。また，Bの都府県庁所在地の都市名を答えなさい。(5点×2)

府県名〔　　　〕 都市名〔　　　〕〔石川−改〕

よく出る (4) 地図のCで示した，「日本の屋根」とも呼ばれる3つの山脈をまとめて何というか。その名称を答えなさい。(6点)〔　　　〕〔和歌山〕

(5) 地図のDの湖は，近畿地方で生活する人々に飲料水などを供給する役割をになっている。この湖の名称を答えなさい。(6点)〔　　　〕〔鹿児島〕

(6) 地図の近畿地方の産業について述べた次の文X，Yの正誤の組み合わせとして最も適切なものを，あとの**ア**～**エ**から1つ選び，記号で答えなさい。(6点)〔　　〕

X 大阪は，江戸時代には「将軍のおひざもと」と呼ばれ，日本の商業の中心として発展した。

Y 阪神工業地帯は多くの自動車関連工場が集まり，日本最大の工業出荷額をほこっている。

ア X－正　Y－正　　**イ** X－正　Y－誤

ウ X－誤　Y－正　　**エ** X－誤　Y－誤　〔佐賀〕

(7) 地図の①～④の都市にみられる工業について述べた次の**ア**～**エ**のうち，②について述べた文として最も適切なものを1つ選び，記号で答えなさい。(8点)〔　　〕

ア 地域に根づく地場産業として，眼鏡のフレームが製造されている。

イ 西陣織や清水焼などの伝統的工芸品が生産されている。

ウ 製紙原料となるパルプや紙製品の生産が盛んである。

エ 焼き物に適した土がとれることから，陶磁器やファインセラミックスの生産が盛んである。　〔鹿児島〕

傾向と対策

▶ それぞれの地域の自然環境(地形や気候など)の特色を理解しておく。

▶ 日本の各地域，各都道府県の産業(農業や工業，サービス業など)の主な特色を理解しておく。

記述式 **(8)** 地図のたつの市では，次の資料Ⅱにある方法で，そうめんを生産している。たつの市が，冬に，そうめんの生産に適した乾燥する気候になる理由を，地図から読み取れることを含めて，書きなさい。(10点)〔　　〕〔石川〕

〔資料Ⅱ〕

> 小麦粉を食塩水でこねて生地を作り，それを引きのばして翌朝まで熟成させる。これをさらに引きのばし，風向や天候に気をつけながら，屋外で乾燥させて切断する。冬を中心に多く生産される。

2 右の地図を見て，次の問いに答えなさい。

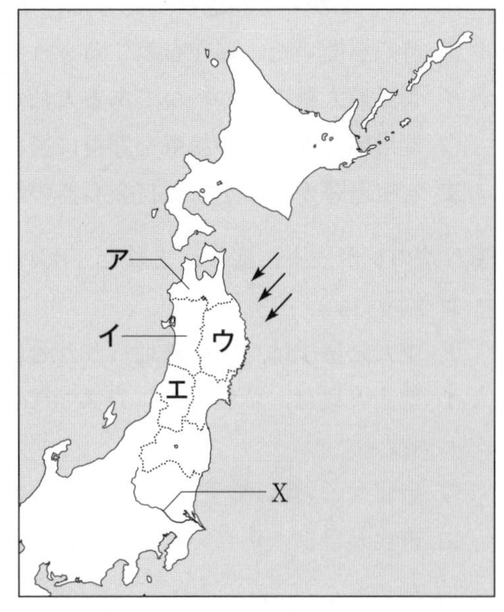

よく出る **(1)** 地図のXの河川名を答えなさい。また，Xの下流に広がる平野の名を，次の**ア**～**エ**から1つ選び，記号で答えなさい。(8点×2)

ア 富山平野　　**イ** 濃尾平野

ウ 関東平野　　**エ** 越後平野

河川名〔　　〕

平野名〔　　〕

(2) 地図の⟶は，東北地方の太平洋側で吹く「やませ」と呼ばれる風のおおよその向きを示している。「やませ」に関して述べた文として最も適切なものを，次の**ア**～**エ**から1つ選び，記号で答えなさい。(8点)〔　　〕

ア この風が夏に長期間にわたり吹くと，乾燥により農産物に被害をおよぼすことがある。

イ この風が夏に長期間にわたり吹くと，低温により農産物に被害をおよぼすことがある。

ウ この風が冬に長期間にわたり吹くと，大雪により家屋に被害をおよぼすことがある。

エ この風が冬に長期間にわたり吹くと，強風により家屋に被害をおよぼすことがある。

(3) 右の表は，地図の**ア**～**エ**の県の農業生産額(農業産出額)に占める米，果実および畜産の割合を示したもので，**ア**～**エ**のいずれかの県があてはまる。A～Dにあてはまる県を，**ア**～**エ**から1つずつ選び，記号で答えなさい。(4点×4)

	米	果実	畜産
A	33.7	28.6	14.6
B	17.2	25.7	28.1
C	21.3	4.6	59.0
D	56.2	3.9	19.5

(2018年)(単位：%)　(2021年版「データでみる県勢」)

A〔　　〕 B〔　　〕 C〔　　〕 D〔　　〕〔北海道－改〕

ヒント

1 (2) 各選択肢について，消去法で考えていくとわかりやすい。

2 (1) Xは，流域面積が日本一の川。

社会 Social Studies　　月　　日

古代までの日本

時間30分　合格点70点　得点　／100点

解答▶別冊 p.25

1 **あるクラスで，A～C班に分かれて，年代の古い順にわが国の歴史上のできごとについて調べ，レポートを作成した。右の表はレポートの題名をまとめたものである。表を見て，次の問いに答えなさい。**

班	レポートの題名
A	縄文文化と弥生文化
B	大和政権の発展
C	古代国家のあゆみ

(1) A班は，レポートの中で資料を使用し，縄文文化についてまとめた。縄文時代の遺跡から出土した右下の資料のような土製の造形物は，一般に何と呼ばれているか答えなさい。(10点)　〔　　　〕

〔資料〕

(2) B班がレポートを作成したときに使用した資料として最も適切なものを，次の**ア**～**エ**から1つ選び，記号で答えなさい。(8点)　〔　　〕

ア 時宗を開いた一遍が布教するようすを描いた絵
イ 世界最大級の墓の一つである大仙(仁徳陵(にんとくりょう))古墳の写真
ウ 菱川師宣(ひしかわもろのぶ)が町人の風俗を題材に描いた絵
エ 岩宿遺跡から出土した打製石器の写真

差がつく (3) C班のレポートに盛り込まれた，次の**ア**～**エ**のできごとを年代の古い順に並べ，記号で答えなさい。(12点)　〔　→　→　→　〕

ア 中大兄皇子は，中臣鎌足らとともに，新しい政治のしくみをつくる改革を始めた。
イ 聖武天皇は，仏教の力にたよって国家を守ろうとし，都に東大寺を建て，大仏をつくらせた。
ウ 聖徳太子(厩戸皇子(うまやどのおうじ))は，天皇中心の政治制度を整えるため，冠位十二階の制度を設けた。
エ 桓武天皇は，新しい都で政治を立て直そうとして，都を現在の京都府に移した。〔愛媛〕

よく出る **2** **ふみこさんは，わが国の都市の歴史について調べてカードを作成した。次のカードA～Cは，その中の3枚である。このカードを見て，あとの問いに答えなさい。**

〔カード〕

A　堺市	B　神戸市	C　奈良市
4～5世紀ごろに，①大仙(仁徳陵)古墳と呼ばれる巨大な前方後円墳が，この地につくられた。	1167年に武士として初めて太政大臣になった［X］が，この地の港を整備した。	710年にこの地に平城京がつくられ，都が平安京に移るまでの間に，②国際色豊かな文化が栄えた。

(1) カードA中の下線部①の「大仙(仁徳陵)古墳」がつくられる前のできごとについて述べた文を，次の**ア**～**エ**から1つ選び，記号で答えなさい。(10点)　〔　　〕

ア 新羅が唐と結んで，百済を攻めた。
イ 推古天皇のときに，冠位十二階の制度がつくられた。
ウ 邪馬台国の卑弥呼が魏(ぎ)に使者を送った。
エ 中大兄皇子と中臣鎌足が蘇我(そが)氏を倒し，改革を行った。

▶中国が**隋**や**唐**などの王朝のとき，日本では何時代であったかに注意する。
▶飛鳥時代の**聖徳太子**(厩戸皇子(うまやどのおうじ))，奈良時代の**聖武天皇**，平安時代の**藤原氏**(**摂関政治**)についての出題が多い。文化についても理解しておく。

よく出る (2) カードB中の X にあてはまる人物はだれか，答えなさい。(10点) 〔　　　〕

(3) カードC中の下線部②に「国際色豊かな文化」とあるが，その文化は聖武天皇のときに最も栄えた。下線部②の文化の名称と聖武天皇に関わりのある建築物の組み合わせとして最も適切なものを，次の**ア**～**エ**から１つ選び，記号で答えなさい。(10点) 〔　　〕

ア 飛鳥文化－正倉院　**イ** 天平文化－正倉院
ウ 飛鳥文化－法隆寺　**エ** 天平文化－法隆寺

〔高知－改〕

3 **中学校２年生のあるクラスでは，社会科の授業で，次の歴史の資料A・Bについて調べ学習を行い，調べたことを表にまとめた。この表を見て，あとの問いに答えなさい。**

	歴史の資料	調べたこと
A	和をとうとび，争うことのないようにせよ。 あつく三宝を敬え。三宝とは，仏・法・僧である。	これは，a飛鳥時代の□が定めたきまりで，役人の心構えを示すことばです。この人物は，大王(天皇)中心の政治を目ざす一方，b中国に小野妹子らを遣(つか)わしました。
B	京都の賀茂川の流れ，双六のさい，延暦寺の僧兵，これが私の意のままにならないものである。	これは，平安時代の白河上皇のことばとされているものです。白河上皇は，藤原氏の力をおさえて，c新しい政治を行いました。

(1) 資料中の□にあてはまる人物はだれか，答えなさい。(8点) 〔　　　〕

(2) Aについて，各問いに答えなさい。

①下線部aについて，このころの文化を代表する文化財として最も適切なものを，次の**ア**～**エ**から１つ選び，記号で答えなさい。(8点) 〔　　〕

ア

イ

ウ

エ

②下線部bについて，中国のこの時期の王朝名を答えなさい。(8点) 〔　　　〕

記述式 (3) Bについて，下線部cのしくみを「天皇」，「上皇」の２つの語を用いて書きなさい。(16点)
〔　　　〕〔新潟〕

ヒント

2 (1) **ア**は663年ごろ，**イ**は603年，**エ**は645年ですべて飛鳥時代の説明，**ウ**は３世紀ごろで弥生時代の説明である。

3 (3)「新しい政治」とは院政のこと。

第6日

社会 Social Studies

中世の日本

月　日

時間30分　合格点70点　得点　/100点

解答▶別冊 p.25

よく出る **1 次の文を読んで，あとの問いに答えなさい。**

A　平安時代中ごろからおこったa浄土信仰は，鎌倉時代になると，わかりやすく実行しやすい教えによって武士や農民の心をとらえた。また，宋に渡った栄西や道元によって［　X　］が伝えられた。道元は，中央から離れた山中に永平寺を建てて，修行にはげんだ。

B　実力のある者が力をのばして上の身分の者にうちかつ下剋上の風潮が，b応仁の乱をきっかけにして全国に広がり，越前の朝倉氏のような戦国大名が各地に登場した。このころ加賀（石川県）では，浄土真宗の信仰で結びついた武士や農民たちが［　Y　］をおこし，守護大名を倒した。

(1) 文中の［　X　］，［　Y　］に入る適切なことばを答えなさい。(7点×2)

X〔　　　　〕 Y〔　　　　〕

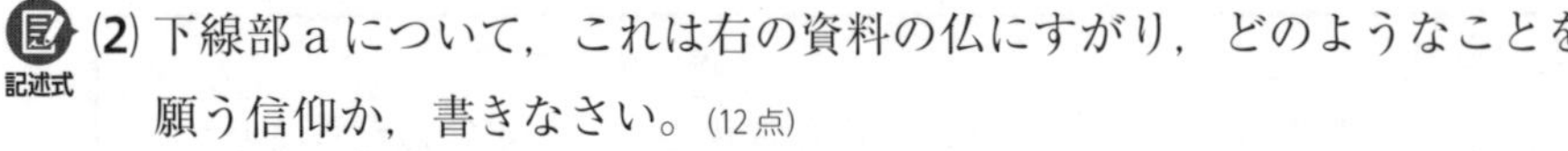

記述式 (2) 下線部aについて，これは右の資料の仏にすがり，どのようなことを願う信仰か，書きなさい。(12点)

〔　　　　〕

(3) 下線部bについて，応仁の乱がおこったころの文化に関するものとして最も適切なものを，次の**ア**～**エ**から1つ選び，記号で答えなさい。(4点)

〔　　〕

ア 雪舟は水墨画によって日本の風景をたくみに描いた。
イ 千利休はわび茶の作法を完成させた。
ウ 琵琶法師は各地をめぐって『平家物語』を語った。
エ 松尾芭蕉は俳諧を芸術性の高い文芸に発展させた。

〔福井〕

2 次のXは，歴史上のある人物を示している。これを読んで，あとの問いに答えなさい。

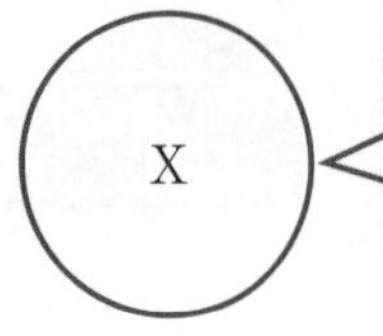

私は，モンゴル帝国の5代目の皇帝となり，国号を［　①　］と定め，中国全土を支配した。また，日本を従えるためにたびたび使者を送ったが，②北条時宗はこれを退けた。そこで高麗の軍勢とともに日本へ二度遠征軍を派遣した。

(1) 文中の［　①　］にあてはまる国号を答えなさい。(6点)　〔　　〕

(2) 下線部②について，この人物がついていた役職を，次の**ア**～**エ**から1つ選び，記号で答えなさい。(4点)　〔　　〕

ア 管領　　**イ** 老中　　**ウ** 関白　　**エ** 執権

よく出る (3) 人物Xの遠征軍が撤退した後，領地を質入れしたり売ったりした御家人を救うために，幕府が出した法令は何か，答えなさい。(6点)　〔　　　　〕　〔青森〕

傾向と対策

▶ **鎌倉時代**については**御成敗式目**，**元寇**（げんこう），**永仁の徳政令**，室町時代については，足利義満による**勘合貿易**，**南北朝の統一**を理解しておく。

▶ **鎌倉文化**，**室町文化**（北山文化，東山文化）の特色についても注意する。

3 **15世紀初めには，日本と明との間で貿易が始まった。次の問いに答えなさい。**

よく出る (1) 割札（合札，割符）の証明書を用いたことから，この明との貿易を何というか，答えなさい。（6点）

〔　　　　〕

記述式 (2) この時期の明との貿易において割札の証明書が用いられた目的を書きなさい。（10点）

〔　　　　〕

(3) この貿易を始めた足利義満は南北朝を統一し，京都の室町で政治を行った。彼がつくった公家文化と武家文化を融合した建物を，次の**ア**～**エ**から１つ選び，記号で答えなさい。（4点）

〔　　〕

ア 平等院鳳凰堂（びょうどういんほうおうどう）　**イ** 中尊寺金色堂　**ウ** 金閣　**エ** 銀閣　〔兵庫〕

4 **切手に表された世界遺産についてまとめた次のカードを見て，あとの問いに答えなさい。**

A

源平の争乱ののち，a 源頼朝らの協力で b 鎌倉時代に再建された。この門の中には運慶らがつくった金剛力士像が置かれた。

B

c 室町時代の東山文化を代表する寺院である。幕府が京都に置かれたため，公家の文化と武家の文化の一体化が進んだ。

(1) 下線部 a の人物が，源平の争乱に勝利したのち，国ごとに置いた国内の軍事・警察，御家人の監督を行う役職を何というか，答えなさい。（8点）〔　　　　〕

(2) 下線部 b のころの世界の動きを述べた文として最も適切なものを，次の**ア**～**エ**から１つ選び，記号で答えなさい。（6点）〔　　〕

ア 秦（しん）の始皇帝が，北方の遊牧民の侵入を防ぐために万里の長城を築いた。

イ コロンブスが大西洋を横断して，アメリカ大陸の一部に到達した。

ウ チンギス・ハンが多くの部族を統一し，中央アジアを征服した。

エ フランス革命がおこり，自由と平等をかかげた人権宣言が発表された。

記述式 (3) 下線部 c のころ，一部の農村では惣（そう）による自治が行われていた。惣による自治は，どのように運営されていたか。資料Ⅰを参考にして簡潔に書きなさい。（12点）

〔資料Ⅰ〕

・寄合があることを知らせて，二度出席しなかった者は五十文のばつをあたえる。
・堀から東には，屋敷をつくってはならない。

〔　　　　〕

よく出る (4) Bのカードの建造物を建てた，室町幕府の８代将軍はだれか，答えなさい。（8点）

〔　　　　〕〔山口－改〕

ヒント

1 (3) 応仁の乱がおこったのは1467～77年で，室町時代にあたる。

3 (2) 室町時代，海賊行為を行う倭寇があらわれるようになっていた。

月　日

近世の日本

時間30分　合格点70点　得点 /100点

解答▶別冊 p.26

1 **Bさんのクラスでは，テーマを決めて江戸時代までの歴史の舞台を訪ねる旅行プランを作成した。右はその一部である。これについて，次の問いに答えなさい。**（8点×4）

商工業者が自治を行っていた都市を訪ねる旅

行き先

京都・①堺・博多

見どころ

右の絵に描かれている，②京都の祇園（ぎおん）祭は，今でも盛大に行われています。

天下統一の足跡をたどる旅

行き先

（　X　）・大阪・③江戸（東京）

見どころ

右の地図中のAにある（　X　）城の跡には，城主の家来だった豊臣秀吉の屋敷跡もあります。

よく出る (1) 下線部①について，この都市の出身で，茶の湯（わび茶）を大成したのはだれか，答えなさい。〔　　　〕

(2) 下線部②について，応仁の乱で中断していたこの行事を復活させるなど，京都で町の自治を行った裕福な商工業者を何というか，答えなさい。〔　　　〕

(3) （　X　）に入る地名を答えなさい。〔　　　〕

(4) 下線部③について，この都市を中心に19世紀初めのころに栄えた文化と，この文化を代表する人物の組み合わせとして最も適切なものを，次の**ア**～**エ**から１つ選び，記号で答えなさい。〔　　　〕

ア 化政文化―近松門左衛門　　**イ** 化政文化―歌川広重

ウ 元禄（げんろく）文化―近松門左衛門　　**エ** 元禄文化―歌川広重

〔山口〕

2 **わが国と富士山との関わりを示した資料を見て，あとの問いに答えなさい。**

〔表Ⅰ〕

時代	わが国の資料にみられる富士山に関わる内容	資料名
安土桃山	A織田信長の富士山見物について記されている。	信長公記
江戸	各地から望む富士山の景観が描かれている。	B富嶽三十六景
	測量の目標となった富士山から線が引かれている。	C大日本沿海輿地全図

(1) 表Ⅰ中の下線部Aは，富士山周辺を支配していた戦国大名を織田信長が1582年に滅ぼした後に行われた。この戦国大名は何氏か。次の**ア**～**エ**から１つ選び，記号で答えなさい。（6点）〔　　　〕

ア 上杉氏　　**イ** 北条氏　　**ウ** 武田氏　　**エ** 毛利氏

記述式 (2) 表Ⅰ中の下線部Bのうちの１つである資料Ⅰには，富士山を背景として参勤交代のようすが描かれている。参勤交代や築城，結婚などのきまりを定めた法律を何というか，その名称を答えなさい。（6点）

また，この法律が定められた目的を簡潔に書きなさい。（10点）

〔資料Ⅰ〕

名称〔　　　〕

目的〔　　　〕

▶安土桃山時代については**織田信長**や**豊臣秀吉**の政策，江戸時代については**武家諸法度**による大名統制，江戸幕府による改革の出題率が高いので，理解しておく。
▶江戸時代の**元禄文化・化政文化**もおさえておくこと。

(3) 資料Ⅱの人物は，50歳を過ぎてから江戸で天文学や測量術を学び，表Ⅰ中の下線部Cを作成した。この人物はだれか，答えなさい。(6点)　〔資料Ⅱ〕
〔　　　　　〕

(4) 表Ⅱ中の下線部Dが江戸時代にわが国を訪れた理由として最も適切なものを，次の**ア**～**エ**から1つ選び，記号で答えなさい。(6点)

〔表Ⅱ〕

年代	外国人と富士山との関わり
1764	D朝鮮通信使の一員が富士山についての詩を書いた。
1826	Eシーボルトが富士山の景観について記述した。

〔　　〕

ア 将軍の代替わりを祝うため。　**イ** 仏教や儒教を伝えるため。
ウ 倭寇(わこう)の取り締まりを要求するため。　**エ** 蝦夷地(えぞち)などの北方の調査を行うため。

(5) 表Ⅱ中の下線部Eから学んだ日本人が，気圧計を用いて富士山の標高測定を行った。わが国で，江戸時代にオランダ語で西洋の医学や天文学などを学んだ学問を何というか。その名称を答えなさい。(6点)　〔　　　　〕〔奈良〕

3 18～19世紀の政治の流れを表した次の図を見て，あとの問いに答えなさい。

A　B　C
享保の改革 → 田沼時代 → 寛政の改革 → 天保の改革

年号は
安く永くとかわれども
諸色(しょしき)高くて　今に明和九(めいわく)
(注) 明和九（一七七二）年は、途中から安永元年に変わった。また、諸色とは、物価のことである。

(1) この時代，世相を皮肉る，右にあげるような形式の歌が民衆の間に流行していた。このような歌を何というか，次の**ア**～**エ**から1つ選び，記号で答えなさい。(6点)　〔　　〕

ア 俳句　**イ** 狂歌　**ウ** 短歌　**エ** 連歌

よく出る **(2)** Aの改革を行った中心人物はだれか，漢字で答えなさい。(8点)　〔　　　　〕

(3) Bの時代，商工業者に対して結成が奨励された組織を答えなさい。(8点)　〔　　　　〕

(4) Cの改革で行われた政策について述べたものを，次の**ア**～**エ**から1つ選び，記号で答えなさい。(6点)　〔　　〕

ア 江戸や大阪周辺の大名・旗本領の農村を幕府の領地にしようとして，大名・旗本の反対にあった。
イ 長崎を通して，銅や海産物を盛んに輸出し，金・銀を輸入した。
ウ 農村に倉を設けて米をたくわえさせた。
エ 参勤交代をゆるめて，そのかわりに幕府に米を献上させた。〔鳥取〕

ヒント
2 (2) 参勤交代は，3代将軍徳川家光のころに定められた。
3 (4) **ア**は上知令，**ウ**は囲い米，**エ**は上げ米の制についての説明。

近・現代の日本と世界 (1)

時間30分　合格点70点　得点　/100点

解答▶別冊 p. 27

1 **資料Ⅰは，明治時代の「立憲国家の成立」をテーマにみかさんがまとめたパネルである。次の問いに答えなさい。**(8点×3)

〔資料Ⅰ〕

テーマ「立憲国家の成立」

A

1874(明治7)年
民撰議院設立の建白書を政府に提出

B

1881(明治14)年
政府から追い出され，翌年政党を結成し，党首に就任

C

1885(明治18)年
初代内閣総理大臣に就任

(1) 人物Aは，国民の参政権を確立することをめざした運動の，中心人物として活躍した。この運動を何というか，答えなさい。〔　　　〕

(2) 人物Bは，政府が国会開設を約束した後に政党を結成し，党首となった。この政党名を答えなさい。〔　　　〕

(3) 人物Cは，ヨーロッパに留学して君主権の強いある国の憲法を学び，帰国後憲法草案を作成した。ある国とはどこか，その国名を答えなさい。〔　　　〕

2 **近・現代の歴史についてまとめた右の年表を見て，次の問いに答えなさい。**

年代	日本に関するできごと
1867	a大政奉還ののち，朝廷が王政復古の大号令を発した。
1895	b下関条約が結ばれた。
1905	cポーツマス条約が結ばれた。

(1) 下線部aまでにおこった次の**ア**～**ウ**のできごとを，年代の古い順に並べなさい。(8点)
〔　　→　　→　　〕

ア 大老の井伊直弼(いいなおすけ)が，幕府の政策に批判的な吉田松陰など，多数の人々を処罰した。
イ 幕府が，アメリカと日米和親条約を結んで下田や函館(はこだて)を開港した。
ウ イギリスがアヘン戦争に勝利し，清にとって不平等な南京条約が結ばれた。

差がつく (2) 下線部bの直後，日本国民の間でロシアに対する対抗心が高まった。その要因を示す次の文中の［　　］にあてはまる半島の場所を，略地図中の**ア**～**エ**から1つ選び，記号で答えなさい。(6点)〔　　〕

………したがってロシア政府は日本国皇帝陛下の政府に対し，再度その誠実な友情を表現するため，［　　］領有を放棄することを勧告する。

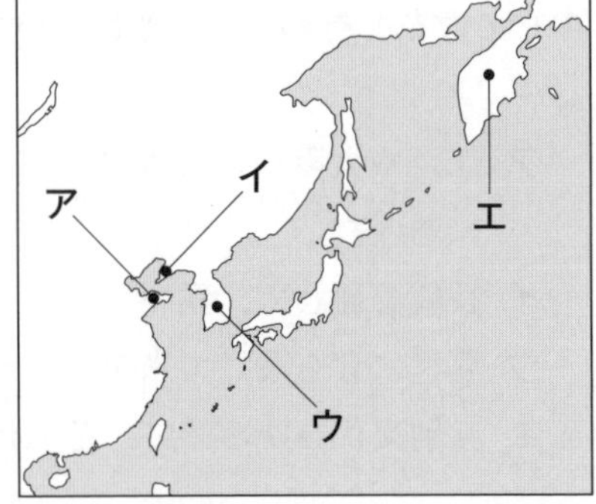

(3) 下線部cに関連して，ポーツマス条約を結ぶことを仲介した国はどこか，次の**ア**～**エ**から1つ選び，記号で答えなさい。(6点)〔　　〕

ア イギリス　**イ** アメリカ　**ウ** ドイツ　**エ** フランス

〔島根−改〕

▶ 開国から**大政奉還**までの経緯，明治政府による諸改革(**徴兵令**，**地租改正**など)，**自由民権運動**，**憲法制定**，**国会開設**，**日清・日露戦争**について理解しておく。
▶ 並べかえ問題も出題が多い。大まかな流れに注意する。

3 **右の年表を見て，次の問いに答えなさい。**

(1) 下線部 a ～ c のできごとやことがらについて，各問いに答えなさい。

年代	主なできごと	
1854	a 日米和親条約の締結	
1871	廃藩置県の実施	↑
1873	b 徴兵令の公布	A
1889	大日本帝国憲法の発布	↓
1894	c 日英間の条約改正	
	日清戦争の開始	↑
1904	日露戦争の開始	B ↓
1914	第一次世界大戦の開始	

①a 日米和親条約の締結によって，開かれた日本の港を，次の**ア**～**エ**から２つ選び，記号で答えなさい。(4点×2)　〔　　〕〔　　〕

ア 函館(はこだて)　**イ** 神奈川

ウ 下田　**エ** 長崎

記述式 ②b 徴兵令の内容を書きなさい。(12点)

〔　　　　〕

記述式 ③c 日英間の条約改正によって不平等条約の一部改正が行われた。改正の内容を１つ書きなさい。(10点)　〔　　　　〕

(2) 年表中のＡの期間のできごとについて，各問いに答えなさい。

①次の**ア**～**エ**の政治に関するできごとを，年代の古い順に並べなさい。(8点)

〔　→　→　→　〕

ア 内閣制度の創設　**イ** 西南戦争の開始

ウ 国会開設を約束　**エ** 民撰(みんせん)議院設立の建白書の提出

②この時期の産業に関するできごととして適切でないものを，次の**ア**～**エ**から１つ選び，記号で答えなさい。(8点)　〔　　〕

ア 富岡製糸場が官営工場としてつくられた。　**イ** 官営の八幡(やはた)製鉄所が建設された。

ウ 飛脚にかわる郵便制度が始まった。　**エ** 鉄道が，新橋・横浜間に開通した。

(3) 年表中のＢの期間のできごととして適切なものを，次の**ア**～**エ**から２つ選び，記号で答えなさい。(5点×2)　〔　　〕〔　　〕

ア 孫文を臨時大総統とする中華民国が成立した。

イ 朝鮮の江華島沖で日本の軍艦が砲撃された。

ウ ロシア・ドイツ・フランスによる三国干渉により，日本は遼東(りょうとう／リァオトン)半島を清に返還した。

エ 満州に軍隊を送るなど勢力を強めたロシアに対抗するため，日英同盟が結ばれた。〔富山〕

ヒント

1 人物Ａは板垣退助，人物Ｂは大隈重信，人物Ｃは伊藤博文。

2 (3) ポーツマス条約は日露戦争の講和条約。

3 (1) ③不平等条約改正の内容には，関税自主権の回復と領事裁判権(治外法権)の撤廃がある。

第9日

社会 Social Studies　　月　日

近・現代の日本と世界 (2)

時間30分　合格点70点

得点　　/100点

解答▶別冊 p.27

1 近代から現代のできごとをまとめた右の年表を見て，次の問いに答えなさい。

年代	主なできごと	
1931	A 満州事変がおこる	
1936	B 二・二六事件がおこる	
1945	C 民主化に向けた改革が行われる	↑
1992	国際平和協力法が制定される	①
1997	地球温暖化防止京都会議が開かれる	↓

よく出る **(1)** 右下の資料Ⅰは，年表中Aの前後の日本・イギリス・ソ連・アメリカの鉱工業生産指数を示している。資料Ⅰ中のXにあてはまる国を，次の**ア**～**エ**から１つ選び，記号で答えなさい。(10点)　〔　　〕

ア 日本　**イ** イギリス

ウ ソ連　**エ** アメリカ

(2) 年表中Bについて説明した文として最も適切なものを，次の**ア**～**エ**から１つ選び，記号で答えなさい。(10点)　〔　　〕

ア この事件によって，護憲運動から続いてきた政党政治は幕を閉じた。

イ この事件をきっかけに，日中両国軍が衝突し，日中戦争が始まった。

ウ この事件が伝えられると，米の安売りを求める運動が全国に広まった。

エ この事件以後，軍部の政治への発言力がいっそう強まった。

〔資料Ⅰ〕

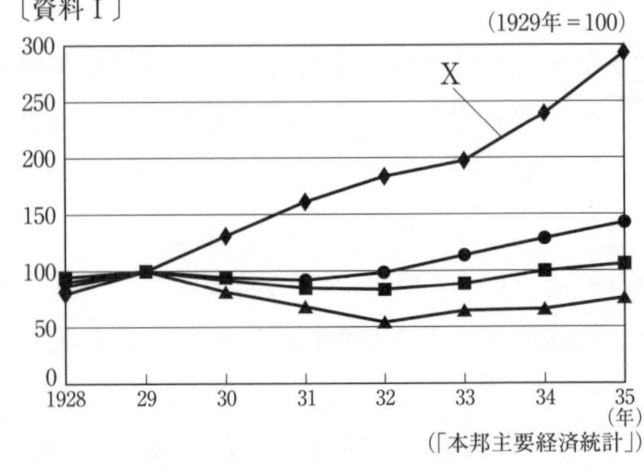

(「本邦主要経済統計」)

記述式 **(3)** 年表中Cの改革の１つに，農地改革がある。資料Ⅱは，農地改革が行われる前と後の徳島県の自作・小作の農家数の割合を表している。このような変化をもたらした農地改革の内容について，「政府」，「地主」，「小作人」という語を用いて，書きなさい。(12点)

〔資料Ⅱ〕

1939年　自作 40.9%　自小作 41.9　小作 17.2

1951年　自作 72.4%　自小作 25.1　小作 2.5

(「徳島県史第6巻」)

〔　　　　　　　　　　〕

(4) 次の**ア**～**エ**は，年表中の①の期間におこったできごとである。おこった順に**ア**～**エ**を並べなさい。(12点)　〔　→　→　→　〕

ア 東西ドイツが統一される。

イ ヨーロッパ連合(EU)が発足する。

ウ 中華人民共和国が成立する。

エ インドネシアで第１回アジア・アフリカ会議が開かれる。

〔徳島〕

▶ 戦前では，日英同盟を理由とする**第一次世界大戦への参戦と大戦景気**，**日中戦争**，戦後では，民主化政策(**財閥解体**，**農地改革**)，日本の外交(**サンフランシスコ平和条約**など)について理解しておく。

2 右の略年表を見て，次の問いに答えなさい。

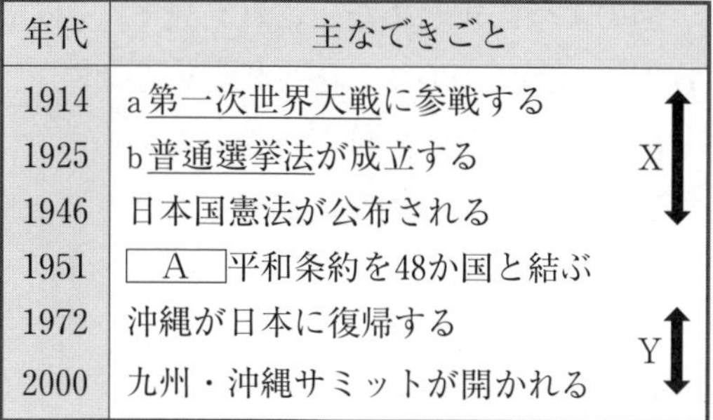

年代	主なできごと	
1914	a 第一次世界大戦に参戦する	↑
1925	b 普通選挙法が成立する	X
1946	日本国憲法が公布される	↓
1951	[A] 平和条約を48か国と結ぶ	
1972	沖縄が日本に復帰する	↑ Y
2000	九州・沖縄サミットが開かれる	↓

(1) [A] にあてはまる最も適切なことばを答えなさい。(8点) 〔　　　　〕

記述式 (2) 下線部 a に関して，大戦中の日本の景気は，好景気，不景気のどちらであったか，図Ⅰを参考にして答えなさい。(6点)
また，労働者の生活のようすを，図Ⅱをもとにして書きなさい。ただし，「物価」「賃金」という語を使うこと。(12点)
景気〔　　　　〕　労働者の生活〔　　　　〕

(3) 下線部 b と同年に制定された法令を，次の**ア**～**エ**から1つ選び，記号で答えなさい。(8点) 〔　　〕

ア 治安維持法　　**イ** 国家総動員法
ウ 徴兵令　　**エ** 教育基本法

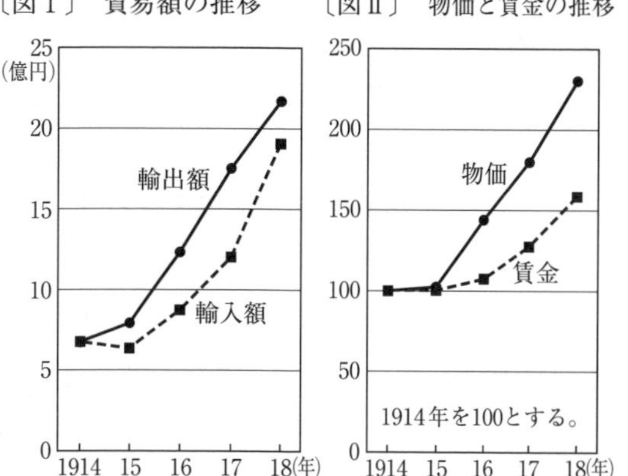

(「明治以降本邦主要経済統計」)　(「大正政治史第2巻」)

(4) 略年表中Xの時期におこった**ア**～**エ**のできごとを，年代の古い順に並べなさい。(12点)
〔　→　→　→　〕

ア 日中戦争が始まる。
イ 中国に二十一か条の要求を出す。
ウ 満州事変が始まる。
エ 中国で五・四運動がおこる。

(5) 略年表中Yの時期の日本のできごととして最も適切なものを，次の**ア**～**エ**から1つ選び，記号で答えなさい。(10点) 〔　　〕

ア 大量の資金が株式や土地に投資され，バブル経済と呼ばれる状態が続いた。
イ 日韓基本条約を結び，韓国政府を朝鮮半島にあるただ1つの合法的な政府と認めた。
ウ 国民総生産が，初めてアメリカについで資本主義国の中で第2位となった。
エ 日ソ共同宣言に調印してソ連との国交を回復し，同じ年に国際連合に加盟した。

〔鹿児島〕

ヒント

1 (1) 1929年から世界恐慌が始まり，世界規模で不景気となった。

2 (2) 図Ⅰでは，輸出額が輸入額を上回っていること，図Ⅱでは，賃金の上昇率よりも物価の上昇率の方が高いことに着目する。

社会 Social Studies　月　日

基本的人権と日本国憲法

時間30分　合格点70点　得点　／100点

解答▶別冊 p.28

1 **中学生のふみえさんは，社会科の授業で「日本国憲法の三つの基本原理」について調べ，図のようにまとめた。これを見て，次の問いに答えなさい。**

私たちの暮らし					
国民主権	国民は，選挙での投票や選挙された代表者を通じて，政治的な意思を決定します。特別に重要な問題に関する決定には，①国民投票の手続きがとられます。	基本的人権の尊重	人間が生まれながらにもっている権利を②基本的人権として尊重することが定められています。今日では，憲法に明記されていない，③新しい人権が登場してきました。	平和主義	第二次世界大戦での④経験をふまえ，日本は国際平和の実現を目指しています。そのために，日本が果たすべき役割について，議論が行われています。
日本国憲法					

(1) 下線部①について，国民投票の手続きがとられるのはどれか。次のア～エから1つ選び，記号で答えなさい。(10点)　〔　　〕

ア 衆議院の解散
イ 日本国憲法の改正
ウ 内閣総理大臣の指名
エ 弾劾裁判による裁判官の罷免

(2) 下線部②について，日本国憲法で自由権として保障されていることがらについて述べているものを，次のア～エから1つ選び，記号で答えなさい。(10点)　〔　　〕

ア 知識や技術，能力を身につけ，社会にでて活躍できるような教育を受けること。
イ 働きたい会社の採用試験を受けることができ，採用されると，そこで働けること。
ウ 自分の性別や出身地，身体の障がいによって，働いて得る収入は差別されないこと。
エ 働いている会社の経営者に対して，社員仲間と団結して職場環境の改善を求めること。

よく出る (3) 下線部③について，次の文は，ふみえさんが新しい人権について述べたものである。文中の［X］，［Y］にあてはまることばの組み合わせとして最も適切なものを，あとのア～エから1つ選び，記号で答えなさい。(10点)　〔　　〕

新しい人権が憲法に定められた人権と対立することがあります。たとえば，インターネットのホームページに，自分の氏名や経歴などを無断で書き込まれたため，［X］がおかされたと主張する人と，事実として，自分の考えを伝えたいという［Y］を主張する，その書き込みをした人との間で，争いになることもあります。

ア X－知る権利　Y－表現の自由
イ X－知る権利　Y－信教の自由
ウ X－プライバシーの権利　Y－表現の自由
エ X－プライバシーの権利　Y－信教の自由

記述式 (4) 下線部④について，日本は，原子爆弾を投下された経験をもつ世界で唯一の被爆国である。このことをふまえ，日本は，核兵器についての3つの原則をかかげている。その原則を何というか，内容にふれて書きなさい。(20点)

〔　　　　〕〔岩手〕

▶日本国憲法の**三つの基本原理**や**三つの義務**は，必ずおさえておくこと。
▶基本的人権については，**自由権**，**社会権**などを理解しておく。プライバシーの権利などの**「新しい人権」**もそれぞれおさえておくこと。

2 **日本国憲法について説明した次の文を読んで，あとの問いに答えなさい。**

・旧憲法である[a]憲法にかわって日本国憲法が公布された。日本国憲法は，わが国の最高法規であり，改正については，法律を制定する場合よりも慎重に行われる。
・日本国憲法の三原則は，「国民主権」「[b]の尊重」「平和主義」である。国の政治の決定権は国民がもち，選挙を通じて選ばれた代表者が国のあり方を決める[c]民主制を採用している。
・日本国憲法で[b]が尊重されるようになった背景には，<u>人類の長年にわたる努力の積み重ねがある</u>。

(1) a～cにあてはまる適切な語句を，a，bは漢字5字で，cは漢字2字でそれぞれ答えなさい。(10点×3)　a〔　　〕 b〔　　〕 c〔　　〕

(2) 下線部について，各問いに答えなさい。

①次の文中のd～fの組み合わせとして最も適切なものを，あとの**ア～エ**から1つ選び，記号で答えなさい。(10点)〔　　〕

17世紀以降，自由で(d)な社会の実現を目ざした市民革命がおこり，フランスでは革命中に資料の(e)が出された。第一次世界大戦後には，ドイツのワイマール憲法で，生存権を含む(f)が保障された。

ア d－民主的　e－独立宣言　f－社会権
イ d－平等　e－人権宣言　f－社会権
ウ d－豊か　e－人権宣言　f－請願権
エ d－基本的　e－独立宣言　f－請願権

〔資料〕

・<u>自由</u>とは，他人に害を与えない限り何事もできるということである。
・法律は，万人に対して平等でなければならない。　(一部要約)

②資料中の下線部「自由」について，日本国憲法で保障されている自由権として最も適切なものを，次の**ア～エ**から1つ選び，記号で答えなさい。(10点)〔　　〕

ア 原則として，現行犯の場合を除いては，令状がなければ逮捕されない。
イ 養育する子どもに対して，普通教育を受けさせる義務を負っている。
ウ 勤労者の団結権，団体交渉権，団体行動権が認められている。
エ 家庭生活において，夫婦は，同等の権利があることを基本としている。〔長野〕

ヒント

1 (2) 自由権には，精神の自由，身体の自由，経済活動の自由がある。
2 (2) ①世界的にみると，自由権は17～18世紀の市民革命を通じて形成されてきたのに対し，社会権は，資本主義経済の発達にともなう貧富の差の拡大をきっかけとして形成され，20世紀に初めて保障された。

政治のしくみ

時間30分 合格点70点 得点 /100点

解答▶別冊 p.28

1 次の図Ⅰは，国における国会と内閣の関係を，図Ⅱは，地方公共団体における議会と首長の関係を，それぞれまとめたものである。これを見て，次の問いに答えなさい。

(1) 下線部aにおける予算の議決について述べた次の文中の{ }①～③のそれぞれにあてはまることばを**ア**，**イ**から選び，記号で答えなさい。（4点×3）

①〔　　〕
②〔　　〕
③〔　　〕

〔図Ⅰ〕

〔図Ⅱ〕

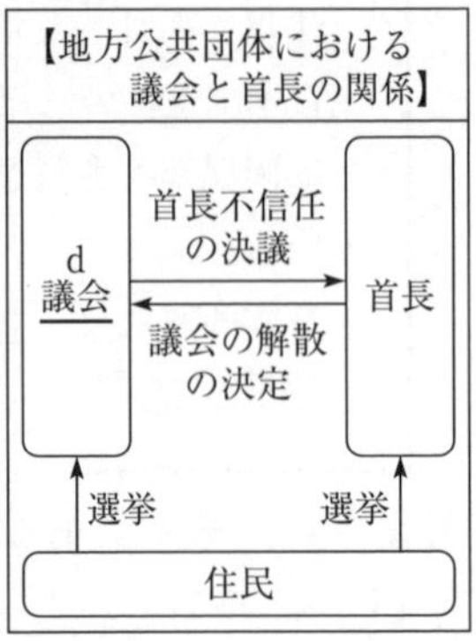

【地方公共団体における議会と首長の関係】
d議会
首長不信任の決議
議会の解散の決定
首長
選挙
選挙
住民

> 予算の先議権は，①{**ア** 衆議院　**イ** 参議院}にある。衆議院と参議院で異なった議決をした場合は，②{**ア** 公聴会　**イ** 両院協議会}が開かれることになっている。そこにおいても，衆議院と参議院の意見が一致しないときは，③{**ア** 衆議院　**イ** 参議院}の議決が国会の議決となる。

よく出る (2) 下線部bに関して述べた次の文中の□にあてはまることばを，漢字3字で答えなさい。（6点）

〔　　〕

> 日本国憲法では，内閣は，衆議院で内閣不信任の決議案が可決されたとき，10日以内に衆議院が解散されない限り，□をしなければならないことが定められている。

(3) 下線部cに関して述べた文として最も適切なものを，次の**ア**～**エ**から1つ選び，記号で答えなさい。（6点）〔　　〕

ア 内閣総理大臣は，国会の議決により指名される。

イ 国務大臣は，国政調査権により国会を調査することができる。

ウ 内閣を組織し，政権を担当する政党は，野党と呼ばれる。

エ 内閣は，立法，行政，司法の三権のうち，司法権を担当している。

よく出る (4) 下線部dの仕事として最も適切なものを，次の**ア**～**エ**から1つ選び，記号で答えなさい。（6点）

〔　　〕

ア 法律の制定　**イ** 裁判官の弾劾

ウ 条約の承認　**エ** 条例の制定

記述式 (5) 下線部aとdにおいては，一般に議決に際して多数決の原理がとられており，決定したことについては少数の意見の人も多数の意見に従うことになる。多数決の原理を民主的な方法として機能させるためには，結論を出す前に多数の意見の人はどのようなことに配慮する必要があるか。「少数」という語を用いて簡潔に書きなさい。（10点）

〔　　〕〔北海道〕

▶ 国会，内閣，裁判所のはたらきについて，理解しておく。

▶ 国会では**国会の種類**，**衆議院の優越**，内閣では**議院内閣制**，**総辞職**，裁判所では**三審制**，**裁判員制度**が重要。地方自治の**直接請求権**も注意しておく。

2 裁判所について，次の問いに答えなさい。

(1) 最高裁判所は，「憲法の番人」と呼ばれている。その理由を書きなさい。(10点)

〔　　　　　　　　　　　　　　　　　　　　　　　　　　〕

(2) 裁判について，右の図はある法廷のようすである。このような法廷で行われる裁判の例として最も適切なものを，次の**ア**～**エ**から1つ選び，記号で答えなさい。(8点)〔　　　〕

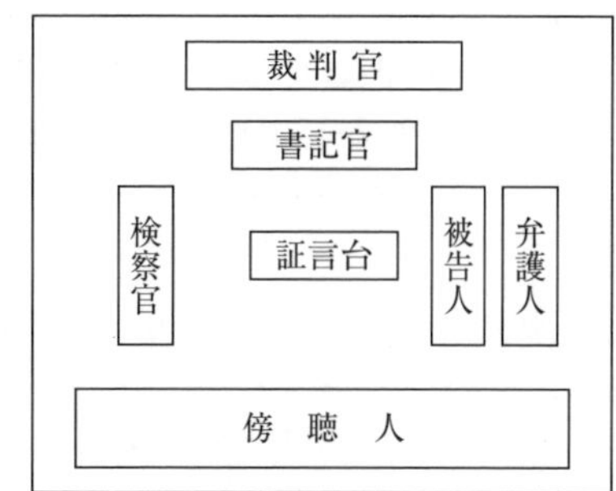

ア 空港の建設工事の中止を求める裁判

イ 欠陥商品によるけがの治療費を求める裁判

ウ 親族間の遺産相続の配分をめぐる裁判

エ 振り込め詐欺事件の有罪・無罪を決める裁判

(3) 裁判では，慎重に審理を行うため三審制が取り入れられている。三審制について，次の文中の［ X ］，［ Y ］に入る適切なことばを答えなさい。(6点×2)

X〔　　　　　〕 Y〔　　　　　〕

> 第一審の判決に不服があれば，［ X ］することができ，第二審の判決に不服の場合は，さらに上級の裁判所に［ Y ］することができる。

(4) 司法制度改革の一環として，2009年5月から実施された国民が裁判官といっしょに裁判の審理や評決に加わる制度を何というか，答えなさい。(8点)　〔　　　　　　〕〔富山–改〕

3 国や地方公共団体への政治参加について，次の問いに答えなさい。

(1) 被選挙権が満30歳から与えられるのは，参議院議員のほかに何があるか，最も適切なものを次の**ア**～**エ**から1つ選び，記号で答えなさい。(6点)〔　　　〕

ア 衆議院議員　**イ** 都道府県議会議員　**ウ** 都道府県知事　**エ** 市町村長

(2) 現在の衆議院議員選挙について，政党に投票して各政党の得票率に応じて議席を配分する選挙制度を何というか，答えなさい。(8点)〔　　　　　　〕

よく出る

(3) 右の資料は，地方議会の解散を求める直接請求権について示したものである。［ X ］，［ Y ］にあてはまることばの組み合わせとして最も適切なものを，次の**ア**～**エ**から1つ選び，記号で答えなさい。(8点)〔　　　〕

必要な署名	有権者の［ X ］以上
請　求　先	［ Y ］
請求後の取りあつかい	住民投票を実施し，その結果，過半数の賛成があれば解散する。

ア X－3分の1　Y－首長　**イ** X－3分の1　Y－選挙管理委員会

ウ X－50分の1　Y－選挙管理委員会　**エ** X－50分の1　Y－首長　〔三重–改〕

ヒント

1 (3) 国政調査権とは，各議院が国政に関する調査を行う権限である。

2 (2) 被告人と検察官が法廷にいるので，刑事裁判である。民事裁判では，原告と被告が争う。

国民生活と経済

月　日

時間30分　合格点70点　得点 /100点

解答▶別冊 p.29

1 次の問いに答えなさい。(10点×4)

よく出る (1) 次の文は，日本銀行の役割を説明したものである。[　　]に入ることばを漢字2字で答えなさい。 〔　　　　〕

> 日本銀行は，政府のお金の出し入れをする「政府の銀行」，一般の銀行に不足する資金を貸し出す「銀行の銀行」，紙幣を発行する「[　　]銀行」としての役割を果たしている。

(2) 次の文を読んで，各問いに答えなさい。

> a市場における価格は，需要と供給の関係によって変化する。自由競争をうながすための法律としてb独占禁止法がある。また，価格の中には，c電気やガスなどの料金のように国会や政府が決定や認可する価格もある。

差がつく ①下線部aについて，右の図は，ある商品の需要・供給と，価格の関係を表したものである。この商品の価格について説明した下の文中の，[X]～[Z]に入ることばは何か。最も適切な組み合わせを，あとのア～オから1つ選び，記号で答えなさい。 〔　　〕

〔図〕
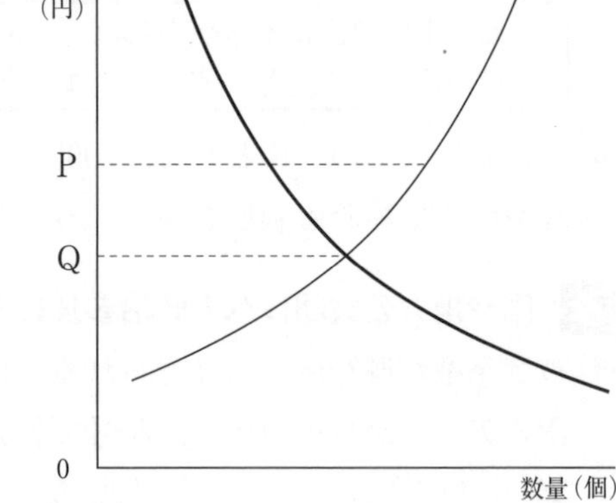

> この商品の価格がP円のとき，[X]を上回っているので，価格は下落する。価格が下がると，需要量は[Y]する。需要量と供給量が一致するQ円の価格を[Z]という。

ア X－需要量が供給量　Y－増加　Z－独占価格
イ X－需要量が供給量　Y－減少　Z－均衡価格
ウ X－供給量が需要量　Y－増加　Z－均衡価格
エ X－供給量が需要量　Y－減少　Z－均衡価格
オ X－供給量が需要量　Y－増加　Z－独占価格

②下線部bについて，独占禁止法の運用にあたっている機関は何か。次の**ア**～**エ**から1つ選び，記号で答えなさい。 〔　　〕

ア 公正取引委員会　**イ** 国家公安委員会
ウ 人事院　**エ** 会計検査院

記述式 ③下線部cについて，電気やガスなどの公共料金が，国会や政府によって決定や認可される理由を，「生活」の語を用いて書きなさい。

〔　　　　　　　　　　　　〕〔福島〕

▶経済の３つの主体（**家計**，**企業**，**政府**），**需要と供給**，**日本銀行**の役割，**財政**，**株式会社**，**社会保障制度**，**消費者問題**，**公害・環境問題**について理解しておく。
▶図や表を使った問題が多いので，注意する。

2 次は，ある生徒が授業で，「日本の企業と労働」についてまとめたものである。これを読んで，あとの問いに答えなさい。

企業と株式会社	・a株式会社は，株式の発行によって得られた資金をもとに設立される企業である。 ・広大な市場を求めて，海外の国々に現地籍の企業をつくる（ b ）企業がある。
労働者の権利	・労働者には，c団結して労働組合をつくる権利（団結権）などが，憲法や法律で保障されている。

(1) 右の資料は，下線部aのしくみを表している。これを見て，次の問いに答えなさい。

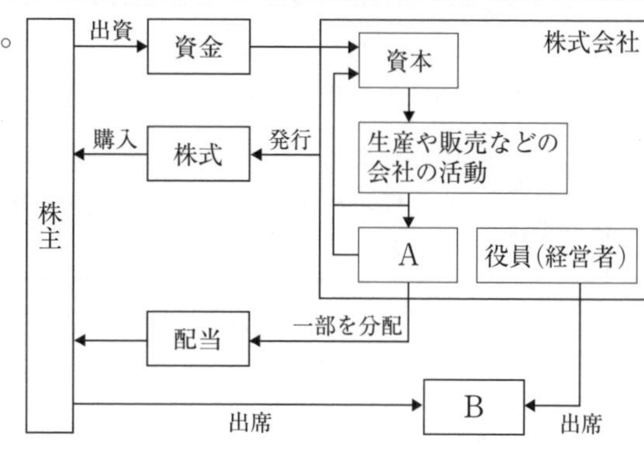

①下線部aは，[A]を得ることを目的として生産活動を行う。[A]にあてはまることばを答えなさい。(6点)〔　　　〕

②下線部aでは，経営方針や配当の決定，役人の選任などのために，[B]を開く。[B]にあてはまることばを答えなさい。(8点)〔　　　〕

(2) (b)にあてはまることばを，漢字３字で答えなさい。(8点)〔　　　〕

(3) 下線部cとともに，労働者に保障されている労働基本権（労働三権）として最も適切なものを，次の**ア**〜**エ**の中から１つ選び，記号で答えなさい。(6点)〔　　　〕

ア 自己決定権　**イ** 団体交渉権　**ウ** 国家賠償請求権　**エ** 請願権

〔青森〕

3 次の問いに答えなさい。

(1) 次の①，②の文中の[　　]にあてはまることばを答えなさい。

①国民経済は，３つの経済主体によって成り立っている。消費活動を中心とする家計，商品を生産する企業，公共サービスを提供する[　　]が，互いにお金と，もの・サービスを交換しながら経済を循環させている。(8点)〔　　　〕

よく出る ②日本の社会保障制度は，公的扶助，社会保険，社会福祉，[　　]の４つを基本的な柱としている。(8点)〔　　　〕

記述式 (2) 次は，所得税のしくみについてまとめたものである。これを参考にして，消費税のしくみを簡潔に書きなさい。(16点)

〔　　　　　　　　　　　　　　〕〔栃木〕

所得税のしくみ	直接税の１つであり，税を負担する人と納める人が同じである。所得が上がるにつれ，税率が高くなる。

ヒント

1 (2) ③電気やガスは，日常生活において欠くことのできないサービスであることに着目する。

3 (2) 所得税は直接税であるのに対し，消費税は間接税。

月　日

現代の国際社会

時間30分　合格点70点　得点 /100点

解答▶別冊 p.29

1 次の問いに答えなさい。

差がつく (1) アメリカ合衆国，カナダ，メキシコの3か国の間で，2020年に発効した貿易協定の略称はどれか。次のア～エから1つ選び，記号で答えなさい。(8点)　〔　　〕

ア ASEAN　イ USMCA　ウ UNESCO　エ WTO

(2) 表は，国際連合について調べたものの一部である。表を見て，各問いに答えなさい。

本　部	□に置かれている。
加盟国	1945年の原加盟国は51か国。2021年現在，193か国が加盟している。
安全保障理事会	国際社会の平和と安全の維持を目的とし，加盟国のうち15か国で構成されている。安全保障理事会では，平和維持に関する決定を行う際に，拒否権のしくみがとられている。

①表の□にあてはまるのはどれか。次のア～エから1つ選び，記号で答えなさい。(6点)　〔　　〕

ア ニューヨーク　イ ストックホルム　ウ リオデジャネイロ　エ ジュネーブ

記述式 ②表の下線部の「拒否権のしくみ」とはどのようなことか，簡潔に書きなさい。(10点)

〔　　〕〔栃木－改〕

2 環境問題について，右の図や資料を見て，次の問いに答えなさい。

(1) 図中のA～Cにあてはまるものを，次のア～ウから1つずつ選び，記号で答えなさい。(4点×3)

A〔　　〕 B〔　　〕 C〔　　〕

〔図〕

(令和元年版「環境白書」など)

ア 海面が上昇し，低地が水没する。

イ 有害な紫外線が増え，健康被害が出る。

ウ 木が枯れたり，建物や彫像が浸食されたりする。

〔資料〕

『パークアンドライド』とは，駅やバス停の近くに車をとめて(Park：駐車する)，鉄道やバスに乗り換えて(Ride：乗る)目的地に行く方法のことである。
　現在，全国各地のショッピングセンターやレジャー施設などでも取り組みが始まっている。

(「こども環境白書」など)

記述式 (2) 環境問題の解決のための基本理念である「持続可能な開発(発展)」の考え方を，「保全」と「将来」の語を用いて書きなさい。(10点)

〔　　〕

記述式 (3) 資料は，「パークアンドライド」の取り組みを示している。この取り組みに期待できる効果を，「排出量」と「温暖化」の語を用いて書きなさい。(10点)　〔　　〕〔福岡〕

▶**国際連合**について，その本部や**安全保障理事会のもつ拒否権**を理解しておく。
▶地球環境問題では**地球温暖化**(温室効果ガス，**京都議定書**)を理解しておく。
▶EU や ASEAN，USMCA も注意する。

3 国際社会について，次の問いに答えなさい。

よく出る
(1) 次の文は，国際社会のルールについて述べたものである。文中の□に入ることばを，あとのア～エから１つ選び，記号で答えなさい。(6点) 〔　　〕

> 国家がたがいに主権を尊重し合っていくために，国際社会には守らなければならないルールがあり，国と国とが結ぶ□や，長い間の慣行から法となった国際慣習法などがある。

ア 政令　イ 法律　ウ 条例　エ 条約

(2) EU(ヨーロッパ連合)が中央銀行をつくり，加盟各国の通貨を廃止し共通の通貨を使うことによって，ヨーロッパ全体が１つの国内市場のようになってきている。この共通の通貨を何というか，答えなさい。(8点) 〔　　　　〕

(3) 次の文の□にあてはまることばを漢字２字で答えなさい。(6点) 〔　　　　〕

> 世界には□問題と呼ばれる，先進工業国と発展途上国の経済格差の問題がある。

(4) 発展途上国の中で，1960年代以降に急速に工業化を進めた国や地域を何というか。アルファベット４字で答えなさい。(8点) 〔　　　　〕

(5) 右のグラフは，ある先進工業国Aとある発展途上国Bの年齢別人口構成を表している。先進工業国Aと発展途上国Bの年齢別人口構成の違いを，「年少人口」と「老年人口」の２つの語を用い，「発展途上国Bは先進工業国Aに比べ，」の書き出しに続けて書きなさい。(10点)
〔　　　　　　　　　　〕

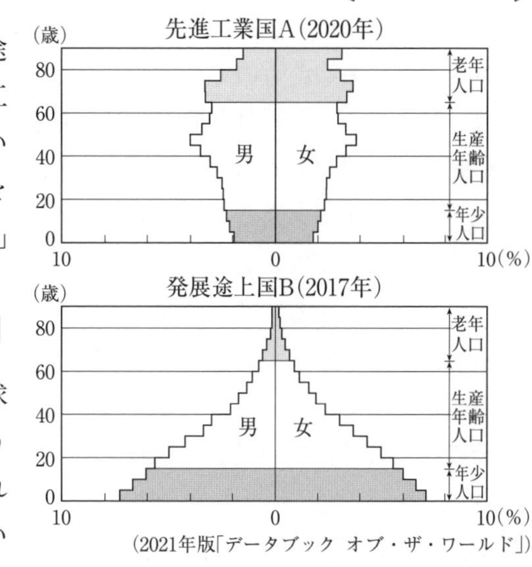

(2021年版「データブック オブ・ザ・ワールド」)

(6) 1992年にブラジルのリオデジャネイロで，地球規模で進む環境などの問題への対策を話し合うため，世界各国の代表が参加して会議が開かれた。また，この会議では，参加各国の話し合いにより，リオ宣言が採択された。この会議の名称を，次のア～エから１つ選び，記号で答えなさい。(6点) 〔　　〕

ア 国連貿易開発会議　イ 国連環境開発会議
ウ アジア太平洋経済協力会議　エ 国連人間環境会議

〔福島－改〕

ヒント
2 (3) 鉄道やバスなどの公共交通機関は，自家用車に比べて二酸化炭素の排出量が少ないことに着目する。
3 (5) グラフの横軸は，全人口に占める割合を示していることに注意する。

高校入試 予想問題 (1)

時間50分 合格点70点 得点 /100点

解答▶別冊 p.30

1 緯線と経線が直角に交わった右の地図を見て，次の問いに答えなさい。

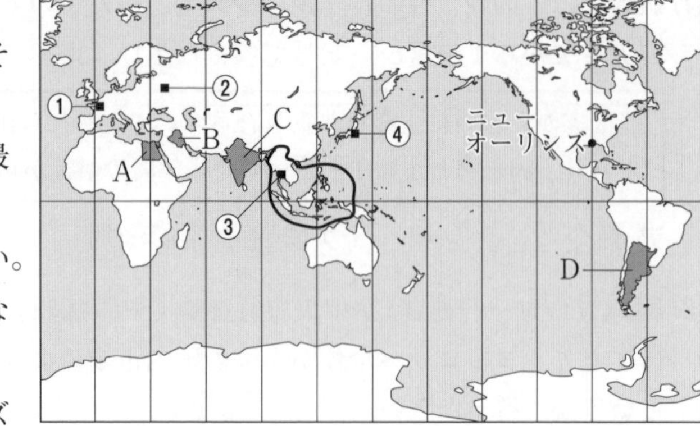

(1) 地球の表面は陸と海に分かれており，陸の面積は，地表の面積のおよそ[a]割を占めている。海の部分は，3つの大洋(海洋)が占めており，最も面積が広い大洋は[b]である。[a]にあてはまる数字を答えなさい。また，[b]にあてはまる語を答えなさい。(8点)

(2) 地図中の●で示したニューオーリンズを通る経線の経度を，次の**ア**～**エ**から1つ選び，記号で答えなさい。また，その経度で標準時を定めているニューオーリンズとわが国との時差は何時間か，答えなさい。ただし，サマータイムは考えないものとする。(8点)

ア 東経60度　**イ** 東経90度　**ウ** 西経60度　**エ** 西経90度

(3) 右の図の**ア**～**エ**は，地図中の■印で示した①～④の4つの都市について，それぞれの月降水量の差と月平均気温の差を表したものである。ただし，月降水量の差は，降水量の最多の月と最小の月の差を，月平均気温の差は，気温の最高の月と最低の月の差を示している。①・③の都市にあたるものを，図の**ア**～**エ**から1つずつ選び，記号で答えなさい。(6点)

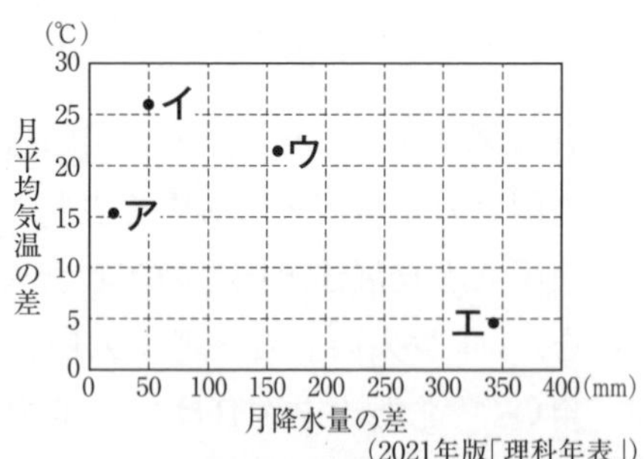

(2021年版「理科年表」)

(4) 右の写真は，ある宗教を信仰している人々がガンジス川で身を清めているようすである。このようすが見られる国を地図中に[　　]で示したA～Dから1つ選び，記号で答えなさい。また，その国の大多数の国民から信仰されている宗教は何か，答えなさい。(8点)

(5) 地図中の(⬭)で示した10か国は，1967年に地域内の安定や発展を目的として創設され，わが国と協力関係を築いてきた[　　]の現在の加盟国である。[　　]にあてはまる語を答えなさい。(5点)

(1)	a	b	(2)	記号	時差
(3)	①	③	(4)	記号	宗教
(5)					

❷ **次は，ひろみさんが，わが国の武具について調べたことをまとめたノートの一部である。あとの問いに答えなさい。**

わが国の武具の歴史	
【古代】	a古墳時代の遺跡から武具が出土している。律令国家ではb人々に兵役が課せられていたが，その際には，武具の持参が原則とされた。
【中世】	c武士の成長とともに，d鎌倉時代には武具の生産がいっそう盛んになった。戦国時代には，ヨーロッパ人から鉄砲が伝わった。
【近世】	一時期を除いて，大きな戦乱がなかった。e江戸時代にも，刀やよろい・かぶとなどの武具は，武士にとって引き続き大切なものとされた。

(1) 下線部aに関連して，ひろみさんは，次の事例を紹介した。[X]，[Y]にあてはまることばの組み合わせとして適切なものを，次の**ア**～**エ**から１つ選び，記号で答えなさい。(5点)

> 資料1は，武具を身に着けた[X]で，各地の古墳から出土している。資料2の鉄剣は，関東地方の古墳から出土したもので，[Y]の名と文が記されており，大和政権(ヤマト王権)の発展を推測させる。

〔資料1〕 〔資料2〕

ワカタケル

Y

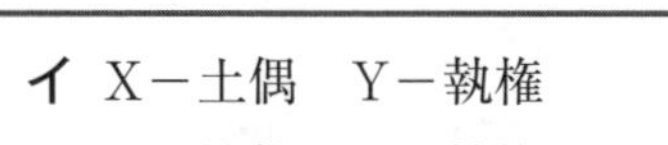

ア X－土偶　Y－大王　　**イ** X－土偶　Y－執権
ウ X－埴輪(はにわ)　Y－大王　　**エ** X－埴輪　Y－執権

(2) 下線部bに関連して，古代に国防上重要な，九州北部の警備をした兵士を何というか，答えなさい。(5点)

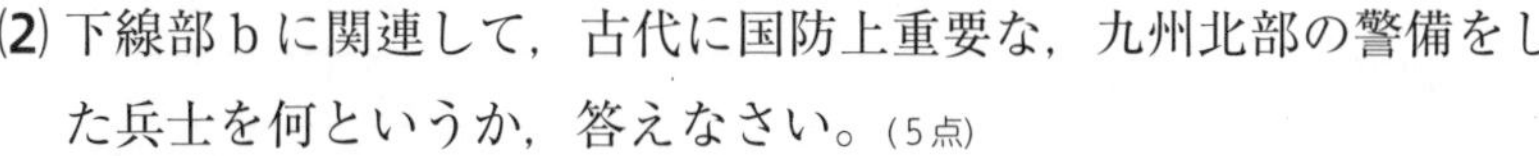

(3) 下線部cに関連して，次の**ア**～**エ**のできごとを，年代の古いものから順に並ぶように記号で答えなさい。(8点)

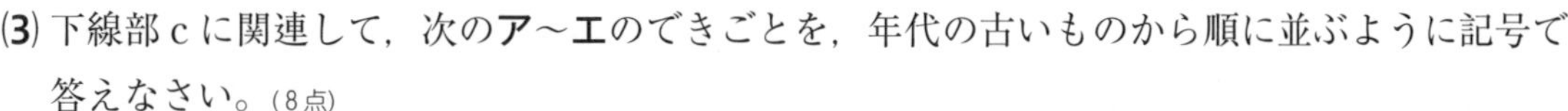

ア 織田信長が今川義元を破った。　　**イ** 平清盛が太政大臣になった。
ウ 北条泰時が御成敗式目(貞永式目)を定めた。　　**エ** 平将門が関東で反乱をおこした。

(4) 下線部dに関連して，鎌倉時代には，元寇(げんこう)の影響を受けて幕府の支配体制が大きく変化した。元寇の影響について述べた文として最も適切なものを，次の**ア**～**エ**から１つ選び，記号で答えなさい。(5点)

ア 武士社会の慣習にもとづいた法がつくられ，鎌倉幕府の繁栄につながった。
イ 御家人の鎌倉幕府への不満が高まり，幕府が滅びる原因となった。
ウ 鎌倉幕府が西国にも勢力を伸ばし，幕府の支配が大きく広がった。
エ 下剋上(げこくじょう)の風潮が広まり，鎌倉幕府が滅びる原因となった。

(5) 下線部eに関連して，江戸時代の都市を結ぶ交通について述べた次の文XとYの正誤の組み合わせとして最も適切なものを，あとの**ア**～**エ**から１つ選び，記号で答えなさい。(5点)

X 五街道が整備され，飛脚が街道を盛んに行き来した。
Y 木綿や酒などが，菱垣廻船(ひがきかいせん)や樽(たる)廻船で江戸から大阪へ大量に送られた。

ア X－正　Y－正　　**イ** X－正　Y－誤　　**ウ** X－誤　Y－正　　**エ** X－誤　Y－誤

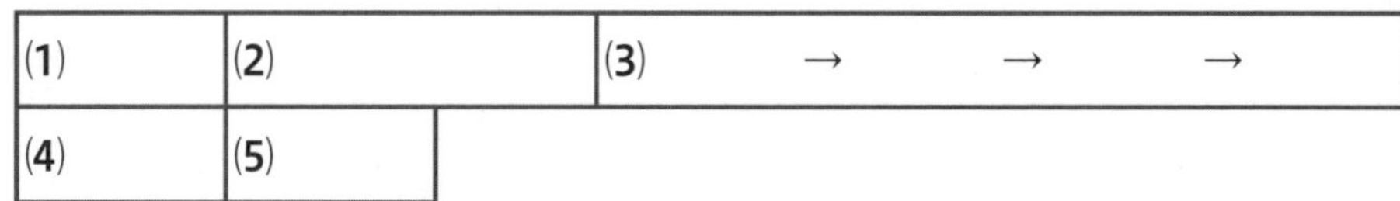

(1)	(2)	(3)　　→　　→　　→
(4)	(5)	

❸ 次の問いに答えなさい。

(1) 次の文は，日本国憲法にある基本的人権の一部をまとめたものである。各問いに答えなさい。

> 日本国憲法に定められた基本的人権として，自由権(a精神活動の自由，生命・身体の自由，経済活動の自由)，社会権(教育を受ける権利，労働者の権利)，人権を守るための権利(請求権，b参政権)などが保障されている。

①下線部aにあてはまらないものを，次の**ア**～**エ**から1つ選び，記号で答えなさい。(4点)

ア 思想・良心の自由　**イ** 信教の自由　**ウ** 居住・移転の自由　**エ** 学問の自由

②下線部bについて，衆議院議員と参議院議員の被選挙権が認められるのは満何歳以上か，それぞれ答えなさい。(4点)

(2) 右の図は日本の立法権・行政権・司法権の三権分立のしくみを表している。各問いに答えなさい。

立法権（国会）
ア
イ
オ
カ
ウ
行政権（内閣）
司法権（裁判所）
エ

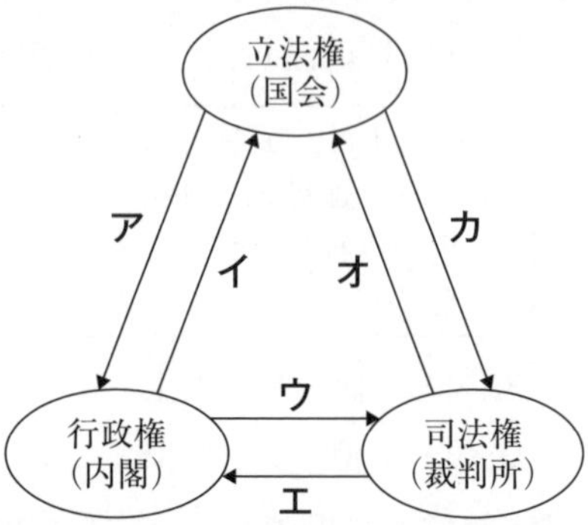

①図中の**ア**～**カ**の矢印のうち，Ⅰ・Ⅱにあたるものをそれぞれ1つずつ選び，記号で答えなさい。(4点)

Ⅰ：違憲立法審査権　Ⅱ：衆議院の解散

②図のように，三権分立のしくみをとっている理由を，「権力」，「抑制」という語を用いて書きなさい。(5点)

(3) 右の資料は，日本の社会保障制度の一部をまとめたものである。各問いに答えなさい。

種類	具体例
社会保険	健康保険　雇用保険　年金保険　介護保険
(　　)	生活保護(生活・住居・教育・医療などの援助)
社会福祉	児童福祉　高齢者福祉　母子福祉
公衆衛生	予防接種　感染症予防　公害対策　下水整備

①資料中の(　　)にあてはまる，社会保障の種類を答えなさい。(4点)

②年金保険について，少子高齢化が進むにつれてどのような問題が出てくるか，「保険料」，「働く世代」，「高齢者」という語を用いて書きなさい。(8点)

(4) 世界の人権保障に向けた取り組みについて，各問いに答えなさい。

①人権保障に向けて，各国が達成すべき共通の基準を示すため，1948年に採択されたものとして最も適切なものを，次の**ア**～**エ**から1つ選び，記号で答えなさい。(4点)

ア 子ども(児童)の権利条約　**イ** 人種差別撤廃条約

ウ 国際人権規約　**エ** 世界人権宣言

②人権保障をはじめ，軍縮，環境などの問題に取り組むために活動する，非政府組織の略称として最も適切なものを，次の**ア**～**エ**から1つ選び，記号で答えなさい。(4点)

ア NGO　**イ** PKO　**ウ** WHO　**エ** ODA

(1)	①	② 衆議院　満　歳以上	参議院　満　歳以上
(2)	① Ⅰ	Ⅱ	②
(3)	①	②	
		(4) ①	②

高校入試 予想問題 (2)

時間 50分　合格点 70点　得点 /100点

解答▶別冊 p.31

❶ 右の地図を見て，次の問いに答えなさい。

(1) 地図に**ア**～**エ**で示した4つの県のうち，産業別人口に占める第3次産業の割合が最も高い県として最も適当なものはどれか，地図中の**ア**～**エ**から1つ選び，記号で答えなさい。(6点)

(2) 次の資料Ⅰは，地図に▭で示したあたりに広がる瀬戸内工業地域と全国の，2018年の工業別製造品出荷額等の構成を示したものである。資料Ⅰの[あ]にあてはまる工業として最も適切なものを，次の**ア**～**エ**から1つ選び，記号で答えなさい。(6点)

ア 食料品工業　**イ** 化学工業
ウ 機械工業　**エ** 繊維工業

〔資料Ⅰ〕

瀬戸内工業地域 総額323038億円	34.7%	あ 23.1	18.8	7.6	その他
全国 総額3346804億円	46.0%	あ 13.4	13.5	11.9	その他

0　100(%)
(2021/22年版「日本国勢図会」)

(3) 電照ぎくの栽培が盛んな地図中のXの半島の名称として最も適当なものを，次の**ア**～**エ**から1つ選び，記号で答えなさい。(6点)

ア 渥美(あつみ)半島　**イ** 能登半島　**ウ** 房総半島　**エ** 三浦半島

(4) 地図に示した高知県について，右の文は，高知県にある高知平野での農業についてまとめたものの一部である。文中の[Ⅰ]にあてはまる最も適切なことばを答えなさい。(6点)

> 高知平野では，かつては，米を年に2度収穫する[Ⅰ]がさかんでした。[Ⅰ]とは，同じ耕地で同じ作物を1年間に2回収穫することです。

(5) 資料Ⅱは，地図中の知床半島を示したものである。資料Ⅱから読み取れる，知床半島での取り組みについてまとめた次の文中の[　　]にあてはまる適当なことばを，「両立」という語を用いて書きなさい。(8点)

> 資料Ⅱは，知床半島にある知床五湖周辺を示したもので，高さ2mほどの高架木道が見えます。この高架木道は，エコツーリズムの取り組みの一環として[　　　　]をめざし，設置されたものです。

〔資料Ⅱ〕

(1)	(2)	(3)	(4)
(5)			

❷ 右の年表を見て，次の問いに答えなさい。

年代	主なできごと
1872	X が設立される
	↕A
1905	①ポーツマス条約が結ばれる
1911	②辛亥革命が起こる
1920	③国際連盟が発足する
	↕B
1993	ヨーロッパ連合（EU）が発足する

(1) X について，この年に政府は生糸をつくる製糸技術の向上をはかるために，海外の機械や技術を導入した官営模範工場として，群馬県に X を設立した。年表の X にあてはまる語を答えなさい。（6点）

(2) Aの期間におこったわが国のできごととして最も適切なものを，次の**ア**～**エ**から1つ選び，記号で答えなさい。（4点）

ア 大日本帝国憲法が発布された。　**イ** 国家総動員法が制定された。

ウ 日本が関税自主権を回復した。　**エ** 日米修好通商条約が結ばれた。

(3) 下線部①について，その内容や当時のわが国の社会状況について述べた次の文の Y にあてはまる内容を簡潔に書きなさい。（8点）

> ロシアは，朝鮮における日本の優越権，遼東（りょうとう／リアオトン）半島の租借権や南満州鉄道の権益，樺太の南半分を日本に譲ることなどを認めた。増税などに耐えて戦争に協力してきた日本国民からは，日清戦争後に結んだ下関条約と違って， Y ことがきっかけとなって強い不満の声が上がり，東京などで暴動がおこった。

(4) 下線部②について，右の写真は，この革命の中心となり，翌年建国された中華民国の臨時大総統になった人物である。この人物はだれか。（6点）

(5) 下線部③について，国際連盟の説明として適切でないものを，次の**ア**～**エ**から1つ選び，記号で答えなさい。（4点）

ア 国際連盟の本部は，スイスのジュネーブに置かれた。

イ 日本やイタリアは，国際連盟の常任理事国であった。

ウ 国際連盟の設立当初は，ドイツの加盟が認められなかった。

エ 国際連盟の設立を提唱したイギリスは，加入しなかった。

(6) Bの期間におけるわが国のできごとについて述べた次のa～cを年代の古い順に左から並べたとき，正しいものを，次の**ア**～**エ**から1つ選び，記号で答えなさい。（6点）

a 大気汚染などの公害問題が深刻化し，公害対策基本法が制定された。

b 経済の民主化を図るために，GHQの指令にもとづき財閥の解体が行われた。

c 私有財産を否定する共産主義などを主張する運動を取り締まるため，治安維持法が制定された。

ア b→a→c　**イ** b→c→a　**ウ** c→a→b　**エ** c→b→a

(1)	(2)	
(3)		
(4)	(5)	(6)

3 **中学3年生のあるクラスでは，公民の授業のまとめとして，次のA～Dのテーマについて調べることにした。これらのテーマについて，あとの問いに答えなさい。**

A 選挙制度について	B 日本国憲法について
C 政府，家計，企業の経済的結びつきについて	D 財政や金融の役割について

(1) Aのテーマについて，各問いに答えなさい。

①わが国では，財産や性別に関係なく，満18歳以上の国民には，選挙権が憲法によって保障されている。このような原則を何というか，答えなさい。(6点)

②右の表は，衆議院議員選挙における2つの選挙区の有権者数を示したものである。このとき，東京都第5区における一票の価値は，長崎県第3区と比較してどのようになっているか，書きなさい。(8点)

選挙区	有権者数（人）
東京都第5区	482460
長崎県第3区	241368

(2) Bのテーマについて，各問いに答えなさい。

①日本国憲法に定められている天皇の国事行為として適切でないものを，次の**ア**～**エ**から1つ選び，記号で答えなさい。(4点)

ア 法律の公布　**イ** 栄典の授与
ウ 最高裁判所長官の指名　**エ** 国会の召集

②日本国憲法の改正について述べた次の文の［X］，［Y］にあてはまる語句の組み合わせとして最も適切なものを，次の**ア**～**エ**から1つ選び，記号で答えなさい。(6点)

> 日本国憲法の改正は，各議院の［X］の3分の2以上の賛成で，国会が，これを発議し，［Y］に提案してその承認を経なければならない。

ア X－出席議員　Y－内閣　**イ** X－出席議員　Y－国民
ウ X－総議員　Y－内閣　**エ** X－総議員　Y－国民

(3) Cのテーマについて，右の図は，政府，家計，企業とそれぞれの間の経済的結びつきについて表したものである。図中の［a］～［c］にあてはまる語句を，次の**ア**～**エ**から1つずつ選び，記号で答えなさい。(2点×3)

ア 税金　**イ** 社会保障　**ウ** 商品　**エ** 労働力

(4) Dのテーマについて，わが国の財政の役割として最も適切なものを，次の**ア**～**エ**から1つ選び，記号で答えなさい。(4点)

ア 経済のグローバル化に対応するため，直接，海外に進出して事業を営む。
イ 民間企業だけでは十分に供給できないものやサービスを国民に提供する。
ウ 手形や国債の市場での売買により，通貨量を調整して景気を安定させる。
エ 農産物のすべての市場価格を決定し，国内の食料の安定供給を確保する。

(1)	①		②				
(2)	①	②	(3)	a	b	c	(4)

月　日

光・音・力

時間30分　合格点70点　得点　／100点

解答▶別冊 p.32

1 光の進み方について調べた。次の問いに答えなさい。

〔図1〕

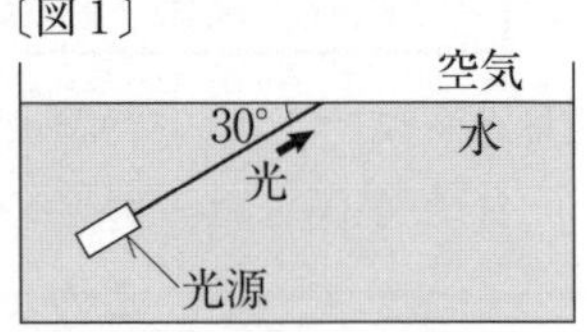

(1) 図1のように，水中に光源を置き，水面に向けて光をあてたとき，屈折する光は観察されなかった。これについて説明した次の文のa，bにあてはまる数値や言葉を書きなさい。(6点×2)

図1において屈折する光はなく，反射角［ a ］°で反射する光だけが観察された。この現象を［ b ］という。

a〔　　　〕 b〔　　　〕

(2) 図2のように，実験台上に直方体の透明なガラスを置き，その後ろにチョークを立てた。図3は図2を真上から見たときの位置関係を示している。図3の点Pの位置からガラスを通してチョークを観察したとすると，チョークはどのように見えるか，右のア～エから1つ選び，記号で答えなさい。(8点)　〔　　〕〔鹿児島－改〕

〔図2〕〔図3〕

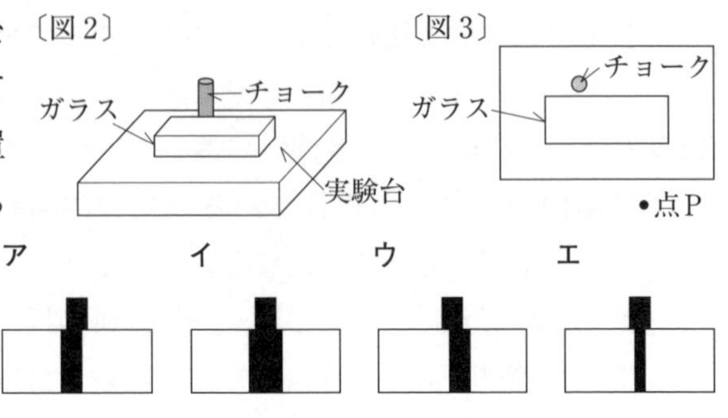

2 光の性質を調べるために，次の実験を行った。あとの問いに答えなさい。(7点×5)

よく出る

〔図1〕

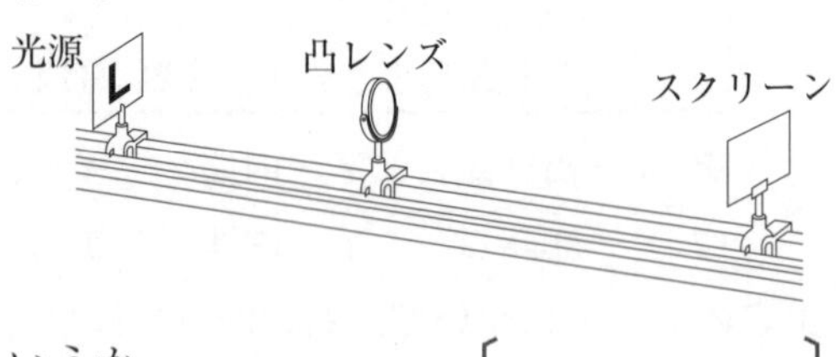

〔実験〕 図1のように，光学台にL字形の模様のついた光源と凸レンズを配置し，スクリーンを移動させて，像をうつした。

(1) 光が空気と凸レンズの境界面で曲がる現象を何というか。〔　　　〕

(2) この実験で，凸レンズ側から見たスクリーン上の像として，最も適切なものを，右のア～エから1つ選び，記号で答えなさい。〔　　〕

ア　イ　ウ　エ

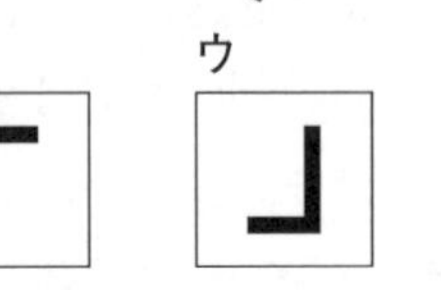

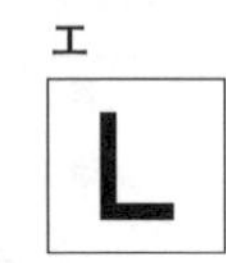

(3) 図2は，この実験の光源と凸レンズの位置関係を模式的に表したものであり，図中の点F_1，F_2はこの凸レンズの焦点である。このとき，光源の上の点Pから出た光のうちF_1，F_2を通る光の道筋を，図に線で描き入れて，点Pから出た光がレンズを通って集まる位置を•点で示しなさい。

〔図2〕

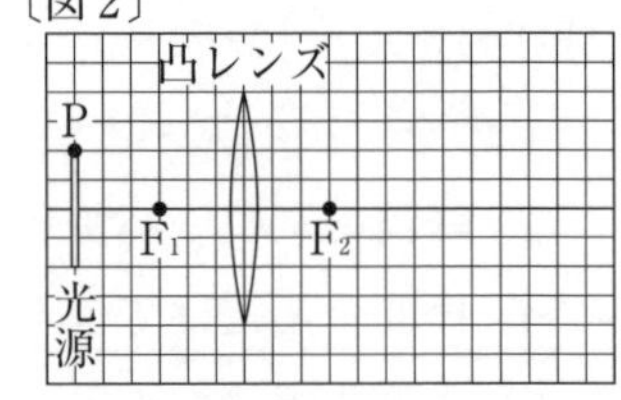

(4) 像がうつっているときに，光源と凸レンズとスクリーンの位置はそのままで，凸レンズを焦点距離の短いものにかえたところ，像がうつらなくなった。像をうつすためにはどうすればよいか，次の文の①，②にあてはまるものを，ア，イからそれぞれ選び，記号で答えなさい。

図1のスクリーンの位置を凸レンズ①{**ア** に近づける　**イ** から遠ざける}と，はじめより②{**ア** 大きな　**イ** 小さな}像がうつる。

①〔　　〕 ②〔　　〕〔新潟〕

傾向と対策

- ▶ **光の進み方**や**凸レンズのはたらき**を，**ものの見え方**と関連づけて理解する。
- ▶ 音の大きさと高さの関係を理解する。
- ▶ **力**や**浮力**の**計算**をできるようにする。

3 **図1のように，モノコードの中央にコマを置き，コマと弦が接する点をPとして，PQ間をはじいた。その音をマイクで集め，コンピュータにとりこんだところ，振動のようすが図2のようになった。縦軸は振幅を，横軸は時間を表している。次の問いに答えなさい。**（7点×3）

〔図1〕

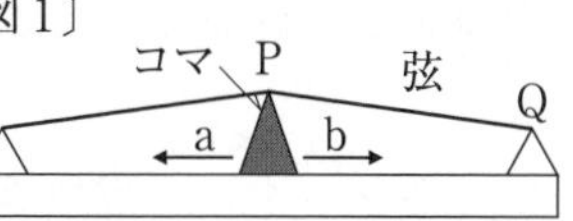

〔図2〕

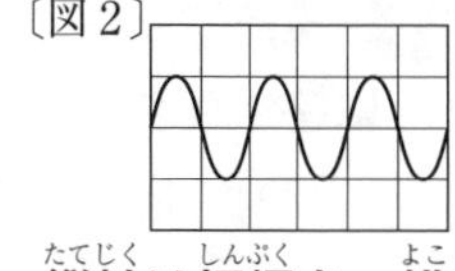

(1) 次の①，②の振動のようすとして，最も適切なものを，**ア**～**エ**からそれぞれ選び，記号で答えなさい。ただし，縦軸，横軸の1目盛りの値は図2と同じである。①〔　　〕　②〔　　〕

① PQ間を強くはじいたとき

②コマを動かし，PQ間を短くして同じ強さではじいたとき

ア

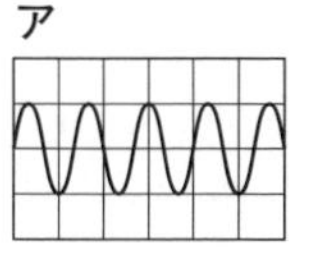

イ

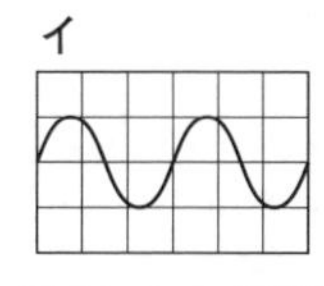

ウ

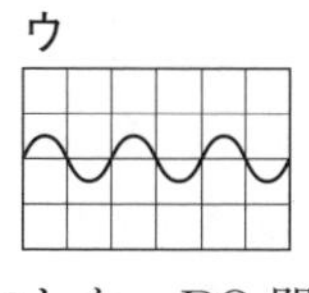

エ

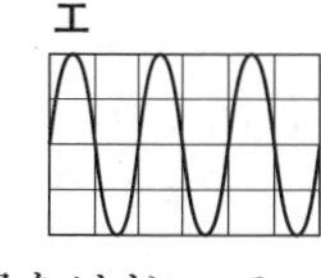

記述式 (2) 図1の弦を細い弦にかえて，弦の張り方の強さをはじめの状態にした。PQ間をはじいて，図2と同じ高さの音を出すためには，コマを中央から図1のa，bのどちらに動かせばよいか，理由を含めて答えなさい。

〔　　　　　　　　　　　　　　　　〕〔長崎－改〕

4 **図1のように，フックをつけた質量240 gの円筒形のおもりをばねにつるしたところ，ばねは8.0 cmのびた。次に，図2のように，このばねとおもりをビーカーに触れないようにして水中に入れたところ，ばねは5.0 cmのびた。次の問いに答えなさい。ただし，質量100 gの物体にはたらく重力の大きさを1 Nとし，フックの質量と体積は無視できるものとする。**（8点×3）

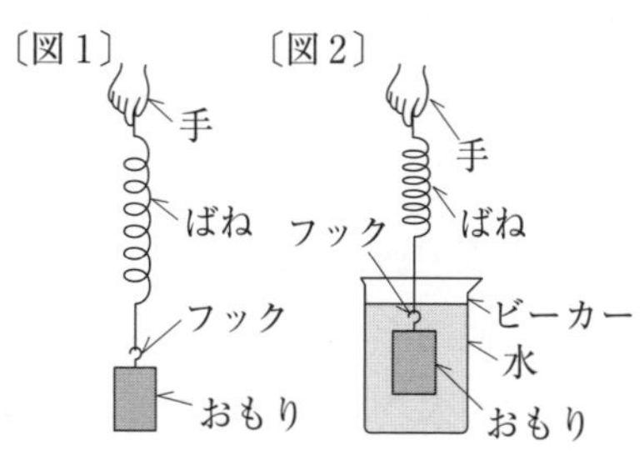

記述式 (1) 水中にあるおもりに，浮力がはたらくのはなぜか。その理由を，「おもりの下面」，「水圧」という語句を用いて，簡単に書きなさい。

〔　　　　　　　　　　　　　　　　〕

(2) おもりにはたらく浮力の大きさは何Nか，求めなさい。〔　　〕

(3) 図2のおもりは3つのものから力を受けている。その3つのものは何か。最も適切なものを，次の**ア**～**カ**から1つ選び，記号で答えなさい。〔　　〕

ア 手，水，地球　**イ** 手，ばね，水　**ウ** 手，ばね，地球

エ ばね，水，地球　**オ** ばね，水，ビーカー　**カ** 水，ビーカー，地球　〔新潟－改〕

ヒント

1 (2) 光がガラス中から空気中へ出るときは，入射角＜屈折角となる。

2 (2) 上下左右が逆の実像ができる。

3 (1) 振幅は音の大きさ，振動数は音の高さに関わっている。

4 (1) 水圧の差によって，物体にはたらく上向きの力が浮力である。

月　日

電流と電圧

時間30分　合格点70点　得点　/100点

解答▶別冊 p.33

1 **電熱線を用いて次の実験を行った。これについて，あとの問いに答えなさい。**

〔実験〕 図のような回路をつくり，電熱線の両端に加わる電圧を2.0 V，4.0 V，6.0 V，8.0 V，10.0 Vに変えて，それぞれの電流の大きさを調べた。下の表は，実験の結果をまとめたものである。

電源装置　スイッチ　電熱線　ア　イ

電圧〔V〕	0	2.0	4.0	6.0	8.0	10.0
電流〔A〕	0	0.1	0.2	0.3	0.4	0.5

(1) 図で電圧計はア，イのどちらか，書きなさい。(6点)　〔　　〕

(2) 表をもとに電熱線の両端に加わる電圧と電熱線に流れる電流の関係をグラフに描きなさい。なお，グラフの縦軸には適切な数値を書きなさい。(9点)

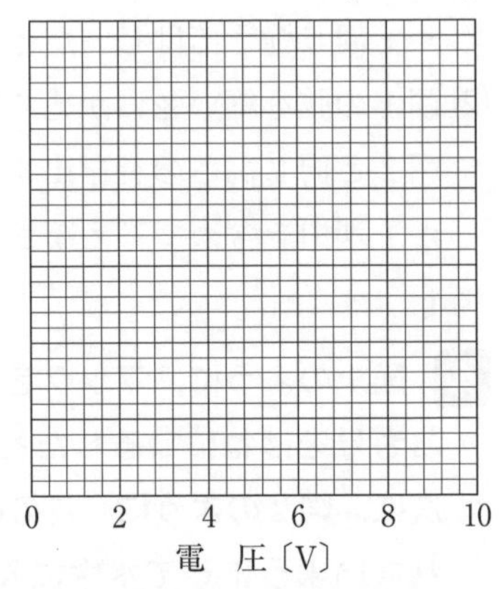

(3) 実験の結果より，電熱線の抵抗の値は何Ωか，求めなさい。(7点)　〔　　〕

(4) 実験で使用した電熱線の両端に8.0 Vの電圧を5分間加え続けた。電熱線で消費された電力量は何Jか，求めなさい。(7点)　〔　　〕

(5) 図の電熱線と抵抗が同じ電熱線を，並列に2個接続した回路をつくった。1個の電熱線の両端に加わる電圧の値が4.0 Vのとき，回路に流れる電流の大きさは何Aか，求めなさい。(7点)　〔　　〕〔岐阜−改〕

2 **図1のように，電気抵抗の大きさが40 Ωの抵抗Xと，電気抵抗の大きさが10 Ωの抵抗Yを用いて回路をつくった。次に，電源装置の電圧の大きさを一定にしたまま回路に電圧を加え，そのとき抵抗X，抵抗Y，点Zを流れる電流の大きさをそれぞれ調べた。これについて，次の問いに答えなさい。(8点×4)**

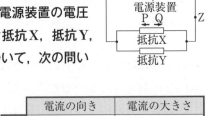

〔図1〕

電源装置　P　Q　Z　抵抗X　抵抗Y

(1) 図2は，この実験において，抵抗Xを流れる電流の大きさを調べているときの電流計と，その端子につないだ導線の一部を表したものである。図1と図2から考えて，抵抗Xを流れる電流の向きとその大きさの組み合わせとして，最も適切なものを，上のア～カから1つ選び，記号で答えなさい。

〔図2〕

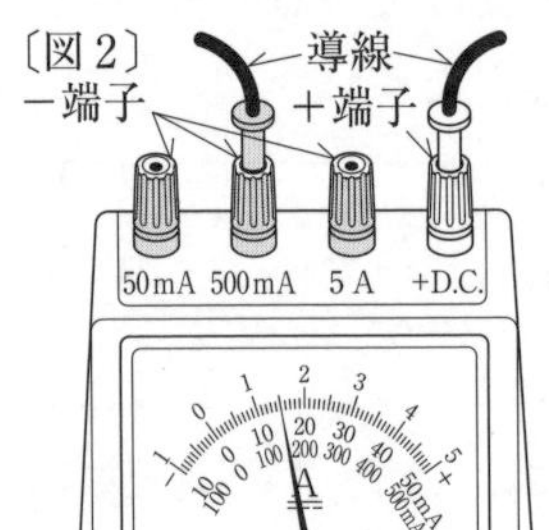

	電流の向き	電流の大きさ
ア	矢印Pの向き	1.50 mA
イ	矢印Pの向き	150 mA
ウ	矢印Pの向き	15.0 mA
エ	矢印Qの向き	1.50 mA
オ	矢印Qの向き	150 mA
カ	矢印Qの向き	15.0 mA

〔　　〕

傾向と対策

- ▶ **電流計**や**電圧計**の使い方を理解する。
- ▶ **オームの法則**を正しく使いこなせるようにする。
- ▶ 電力と電力量や発熱量の関係を，正しく理解する。

(2) 抵抗Xを流れる電流の大きさと抵抗Yを流れる電流の大きさの比を，最も簡単な整数の比で表しなさい。また，この実験において，点Zを流れる電流の大きさは何Aか，求めなさい。

抵抗X：抵抗Y＝〔　　　　　　〕 電流〔　　　　〕

(3) 図1の回路において，抵抗Xと抵抗Yを1つの抵抗として考えた全体の電気抵抗の大きさは何Ωか，求めなさい。

〔　　　　〕〔京都－改〕

よく出る **3** **図1のような装置をつくり，電流による発熱について調べた。この実験装置において用いた電熱線1，2は，それぞれ6 V-9 W，6 V-6 Wの電熱線である。電源装置の電圧を6 Vにして，以下の実験を行った。**

〔図1〕
電源装置 － ＋
温度計
ガラス棒
X
Ⓐ
S_1 S_2
電熱線1
Y
電熱線2
Z
水

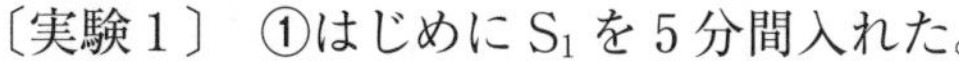

〔実験1〕 ①はじめにS_1を5分間入れた。

②次にS_1を入れたままで，さらにS_2を5分間入れた。

〔実験2〕 ①はじめにS_2を5分間入れた。

②次にS_2を入れたままで，さらにS_1を5分間入れた。

いずれの実験でも，<u>ときどきガラス棒でかき混ぜながら</u>，電流を流した時間〔分〕と上昇（じょうしょう）した水温〔°C〕の関係を調べた。

図2は，実験1の結果をグラフにしたものである。電熱線で発生した熱は，すべて水の温度上昇に使われたものとして，次の問いに答えなさい。（8点×4）

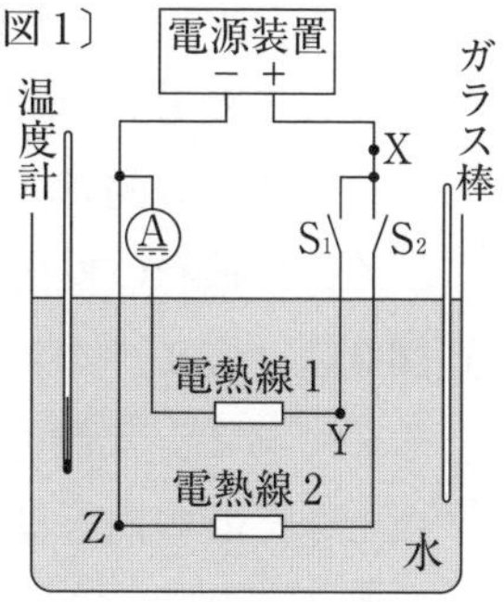

〔図2〕

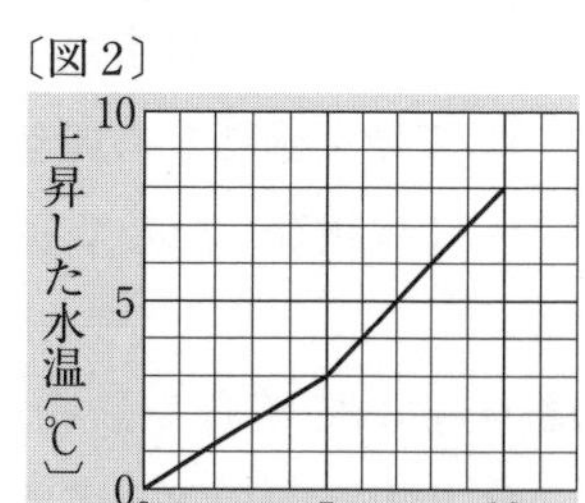

記述式 **(1)** 下線部の操作によって，水温をより正しく測定することができる。その理由を書きなさい。

〔　　　　　　　　　　　　　　　　　　　　　　〕

(2) 実験1で，①のときには電熱線1に1.5 Aの電流が流れていた。電熱線1の電気抵抗は何Ωか，求めなさい。

〔　　　　〕

(3) 実験1で，②のときに，図1のX，Y，Zを流れる電流の大きさを，それぞれI_X，I_Y，I_Zとする。I_Zを，I_X，I_Yを用いた式で表しなさい。

〔　　　　　　　　　　　　　　〕

(4) 実験2の結果をグラフにするとどのようになるか，右の図に描きなさい。

〔富山－改〕

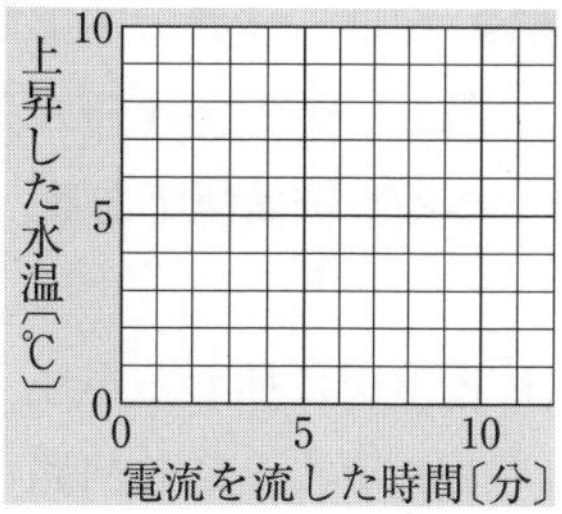

上昇した水温〔℃〕 10 5 0
0 5 10
電流を流した時間〔分〕

ヒント

1 (4) 電力量〔J〕＝電力〔W〕×時間〔s〕＝電圧〔V〕×電流〔A〕×時間〔s〕

2 (2) オームの法則より，電流の大きさは抵抗の大きさに反比例する。

(3) 並列回路では，各抵抗に加わる電圧は電源装置の電圧に等しい。

3 (4) S_1，S_2を同時に入れると，電熱線1，2の両方から出る熱であたためられる。

理科 Science

電流のはたらき

月　日

時間30分　合格点70点　得点　／100点

解答▶別冊 p.33

1 **次の実験について，あとの問いに答えなさい。(10点×2)**

〔実験〕 ①エナメル線を巻いてつくったコイルを使って図1のような装置をつくり，コイルの近くに磁針を置いた。回路に電流を流すと，振(ふ)れた磁針の針が静止した。

②図1の磁針をとり除き，図2のようにコイルのまわりに鉄粉をまいた。矢印の向きにコイルに電流を流し，厚紙を軽くたたくと，鉄粉の模様ができた。

〔図1〕

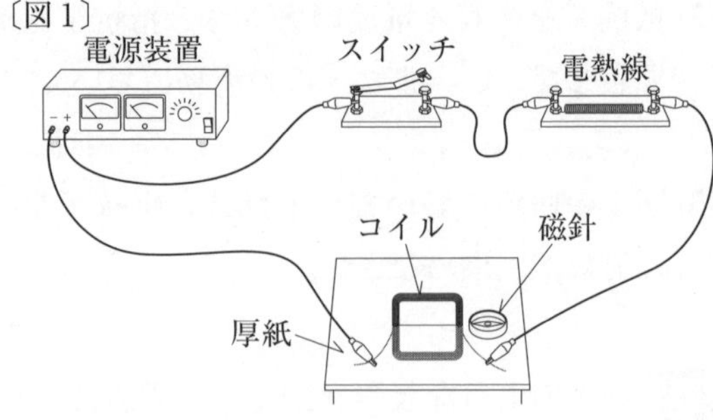

〔図2〕　〔図3〕

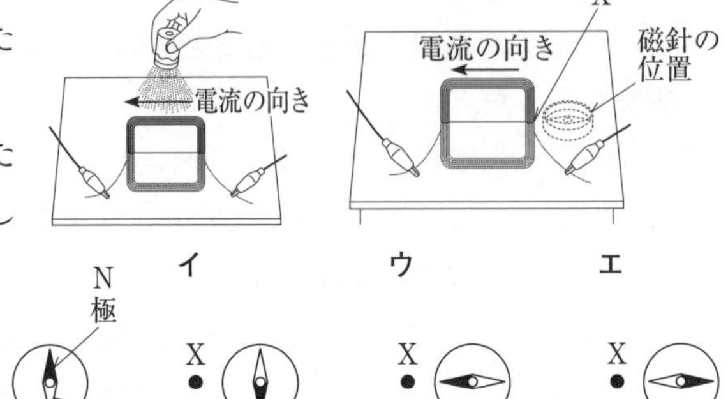

(1) 図3は，図1のコイルがある部分を表したものである。実験①で振れた磁針が静止したとき，針の向きはどのようになっていたか。図3に示したコイルの位置をXとし，磁針を真上から見たものとして最も適切なものを，右の**ア**～**エ**から1つ選び，記号で答えなさい。ただし，地球の磁界の影響(えいきょう)は考えないものとする。

ア　**イ**　**ウ**　**エ**

N極　S極　X

〔　　〕

(2) 実験②でできた鉄粉の模様を表したものを，右の**ア**～**エ**から1つ選び，記号で答えなさい。〔　　〕〔三重〕

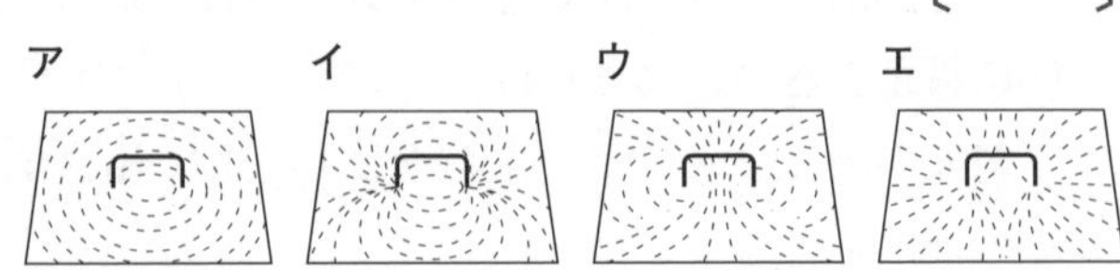

よく出る **2** **図は，磁界の中に置いたコイルの導線に電流を流し，そのコイルが受ける力の向きと大きさを調べる実験装置である。次の問いに答えなさい。**

(10点×4)

電源装置　スイッチ　電熱線　コイル　U字形磁石　ア　イ　ウ　エ

(1) 電熱線に加わる電圧と流れる電流の大きさをはかるために，この回路に電圧計と電流計をつなぎたい。電圧計の＋端子(たんし)につなぐ導線を，**ア**～**エ**から1つ選び，記号で答えなさい。〔　　〕

記述式 **(2)** スイッチを入れると，コイルは矢印の向きに動き出した。コイルが動き出す向きを反対にしたい。どの実験器具をどのように変えればよいか，1つ書きなさい。ただし，電圧計，電流計の接続は変えないものとする。〔　　〕

▶ 電流によって生じる**磁界の規則性**を覚える。
▶ 磁界の中で**電流が力を受けるしくみ**を理解する。
▶ 誘導電流の向きや大きさの変化について理解する。

記述式 (3) コイルの振れを大きくするためには，電圧が一定の場合，電熱線の電気抵抗(てんきていこう)は，大きくするのがよいか，小さくするのがよいか。また，その理由も書きなさい。

電気抵抗の大きさ〔　　　　　　　　〕 理由〔　　　　　　　　　　　　　〕 〔徳島−改〕

3 **電気に関して次の実験を行った。あとの問いに答えなさい。**(10点×2)

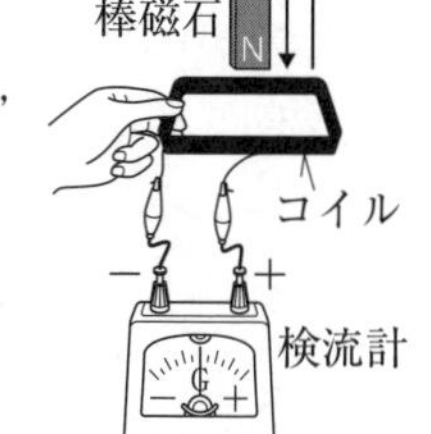

〔実験〕 図のように，コイルに棒磁石のN極を近づけたり遠ざけたりし，その後，S極を下にして同じように動かした。棒磁石のN極を近づけるとき，検流計の針は−(マイナス)の向きに振れた。

(1) N極を遠ざけるときとS極を近づけるときの針の振れる向きの組み合わせとして正しいものを，次の**ア**〜**オ**から1つ選び，記号で答えなさい。 〔　　〕

	ア	**イ**	**ウ**	**エ**	**オ**
N極を遠ざけるとき	＋の向き	＋の向き	−の向き	−の向き	振れない
S極を近づけるとき	＋の向き	−の向き	＋の向き	−の向き	振れない

記述式 (2) この検流計の針を大きく振れるようにするには，例えば，強い磁石を用いる方法が考えられるが，これ以外にどのような方法があるか，1つ書きなさい。

〔　　　　　　　　　　　　　　　　　　　　〕 〔富山−改〕

4 **図1のように，管内を真空にした放電管の電極A，Bを電源装置につないで，電極A，B間に高い電圧を加えたところ，蛍光板(けいこうばん)に明るい線が現れた。さらに，図2のように，電極P，Qを電源装置につないで電極板の間に電圧を加えたところ，明るい線が曲がった。次の問いに答えなさい。**(10点×2)

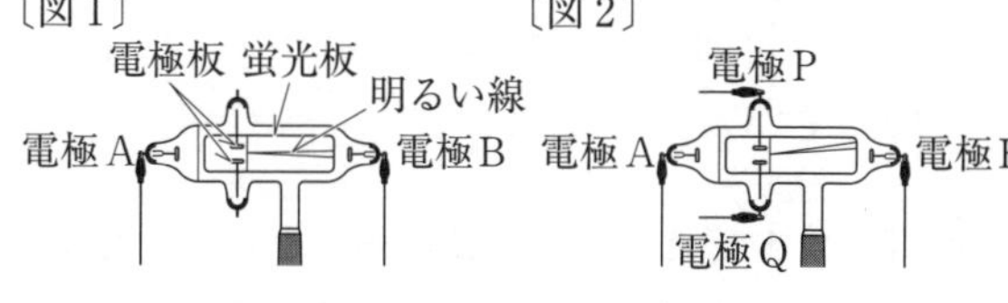

(1) 蛍光板に現れた明るい線を何というか，書きなさい。 〔　　　〕

(2) 図2で，電源装置の−極につないだ電極の組み合わせとして正しいものを，次の**ア**〜**エ**から1つ選び，記号で答えなさい。 〔　　〕

ア 電極A，電極P　**イ** 電極A，電極Q
ウ 電極B，電極P　**エ** 電極B，電極Q 〔埼玉−改〕

ヒント

1 (1)(2) 電流の流れる向きに対し右回りの磁界ができる。
2 (1) 電圧計は，はかりたい部分に対して並列につなぐ。
3 (1) 磁石の極や動く向きが逆になると，生じる誘導電流(ゆうどうでんりゅう)の向きも逆になる。
4 (2) 蛍光板に現れた明るい線は，−の電気をもつ電子の流れである。

運動とエネルギー

時間30分　合格点70点　得点　　/100点

解答▶別冊 p.34

1 **斜面を下る台車の運動を調べる実験を，下の手順で行った。あとの問いに答えなさい。ただし，摩擦は考えないものとする。**（9点×4）

〔図1〕
テープ
記録タイマー
台車
水平面
斜面の角度

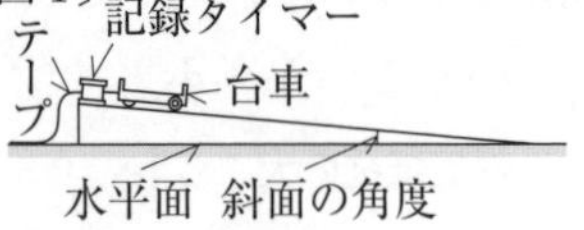

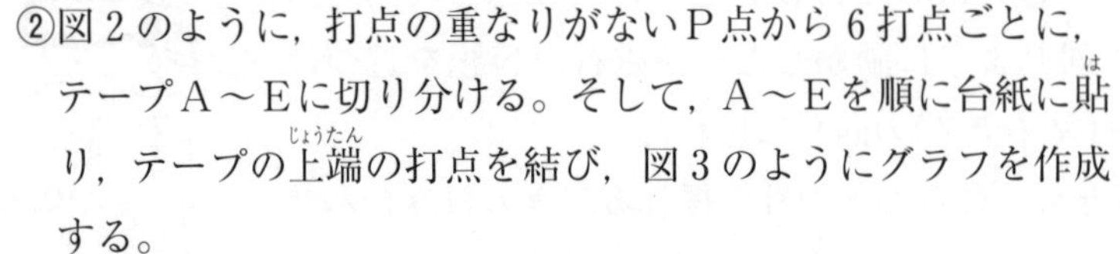

〔手順〕①図1のように，テープをつけた台車を斜面上で静かにはなし，台車が斜面を下るようすを，$\frac{1}{60}$秒ごとに打点する記録タイマーで記録する。

②図2のように，打点の重なりがないP点から6打点ごとに，テープA～Eに切り分ける。そして，A～Eを順に台紙に貼り，テープの上端の打点を結び，図3のようにグラフを作成する。

〔図2〕
E
D
C
B
A
Q
P

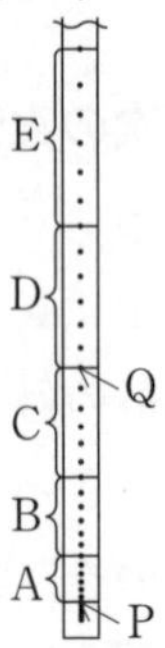

〔図3〕
6打点ごとに切ったテープの長さ〔cm〕
4.8
3.9
3.0
2.1
1.2
0
A B C D E
テープ記号

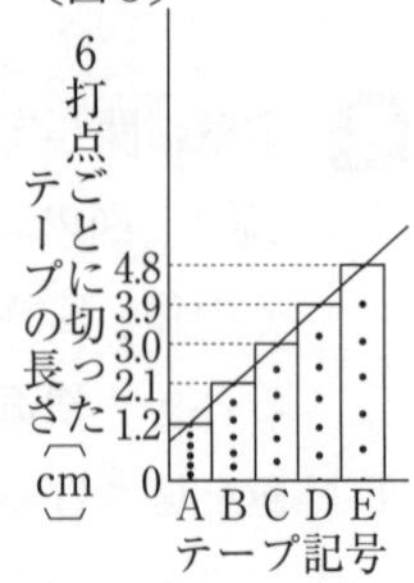

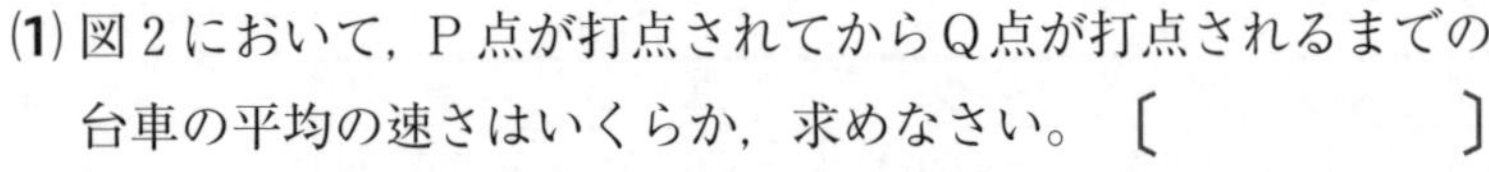

(1) 図2において，P点が打点されてからQ点が打点されるまでの台車の平均の速さはいくらか，求めなさい。〔　　　　〕

(2) 斜面の角度を大きくして，手順①，②を行ったところ，図4のグラフが得られた。下の□は，図3と図4からわかったことである。文中の空欄に適切な言葉を書きなさい。

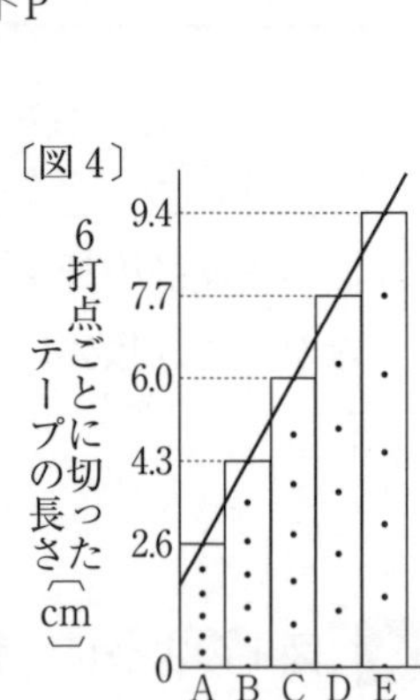

a〔　　　　〕 b〔　　　　〕

> 斜面を下る台車の速さは（ a ）とともに増加している。また，グラフの直線の傾きが，図3より図4のほうが大きくなったことから，斜面の角度が大きいほうが，台車の速さの（ b ）が大きくなっている。

記述式 (3) 図3，図4でA～Eの上端の打点を結んだ線が，直線になった理由を，「台車には，斜面に沿って下向きに，」という書き出しで，簡単に書きなさい。

〔台車には，斜面に沿って下向きに，　　　　〕〔福岡―改〕

2 **水平面上に物体Xを置くと，物体Xは静止したままであった。次に，物体Xに水平面と平行な2つの力F_1とF_2を加えると，物体Xは動き出した。図は真上から見た物体Xに加えた2つの力F_1とF_2を示したものである。次の問いに答えなさい。**（9点×2）

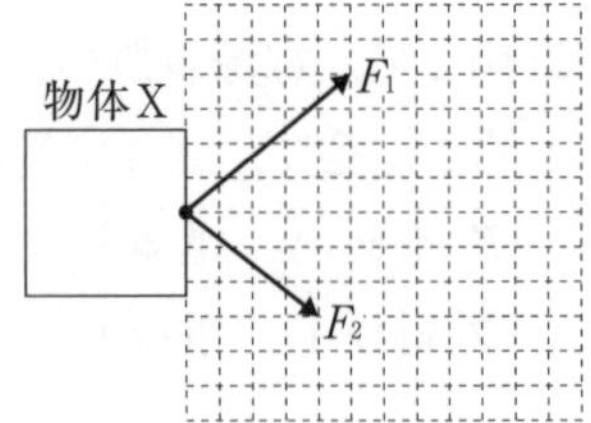

(1) 物体に力がはたらかないときや，力がはたらいていてもそれらがつりあっているときは，静止している物体はいつまでも静止し続け，運動している物体は等速直線運動をする。この法則を何というか，書きなさい。

〔　　　　〕

(2) F_1とF_2の合力を上の図に作図しなさい。〔長崎―改〕

傾向と対策

▶ 物体にはたらく力と運動の関係を理解する。
▶ 合力・分力の作図や計算をできるようにする。
▶ **仕事**と**エネルギー**の関係を使いこなせるようにする。

3 **次の実験について，あとの問いに答えなさい。ただし，小球にはたらく摩擦や空気の抵抗（ていこう）は考えないものとする。**

〔実験〕 ①図1のように，角度30°のレールを用いた斜面上で，小球を静かにはなし，レールの水平部分に置いた木片に衝突（しょうとつ）させる装置をつくった。

②水平面からの高さがそれぞれ5 cm，10 cm，15 cm，20 cmの位置で，質量10 gの小球をはなし，木片に衝突させ，木片が移動したそれぞれの距離（きょり）を測定した。

③質量の異なる小球に変えて，②の操作をくり返した。図2は，その結果を示したものである。

〔図1〕

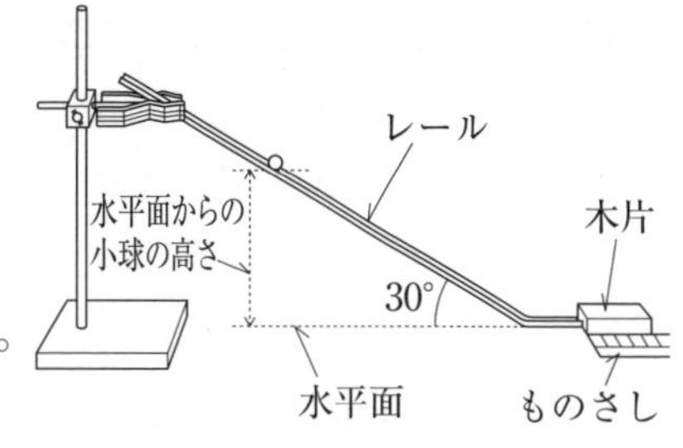

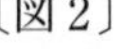

〔図2〕

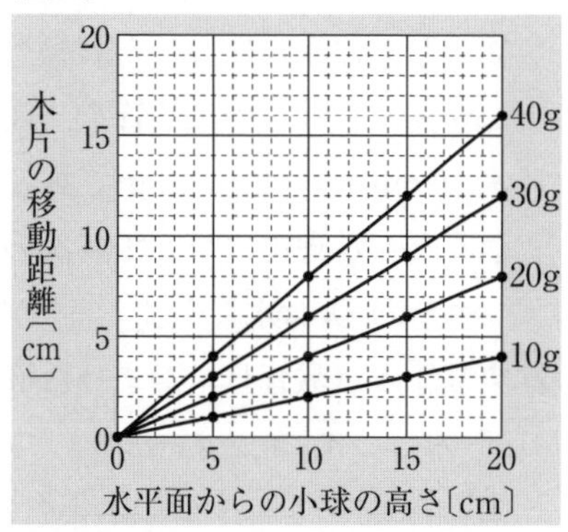

(1) 水平面上にあった40 gの小球を水平面から20 cmの高さまで押（お）し上げたとき，手が重力にさからってした仕事の量は何Jか，求めなさい。ただし，100 gの物体にはたらく重力の大きさを1 Nとする。(9点) 〔　　　　〕

(2) (1)でレールに沿って小球を押し上げるときに必要な力は何Nか，求めなさい。(9点) 〔　　　　〕

(3) 小球をはなす高さを15 cmにしたときの，小球の質量と木片の動いた距離の関係を，図2をもとにして右のグラフに描（か）きなさい。(9点)

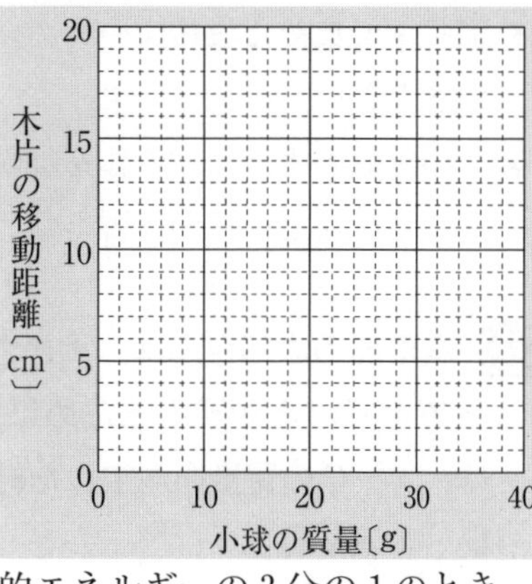

(4) 図1の実験装置を使って，水平面からの高さが18 cmの位置で25 gの小球をはなし，木片に衝突させたとき，木片が移動する距離は何cmになると考えられるか，求めなさい。(10点) 〔　　　　〕

(5) 実験で，小球のもつ力学的エネルギーは，小球をはなしてから木片に衝突する直前まで一定に保たれている。レール上を運動している小球のもつ位置エネルギーが，力学的エネルギーの3分の1のとき，小球のもつ運動エネルギーは，位置エネルギーの何倍か，書きなさい。ただし，水平面上における小球のもつ位置エネルギーを0とする。(9点) 〔　　　　〕〔徳島–改〕

ヒント

1 (1) 6打点するのにかかる時間は $\frac{1}{60}\times 6$〔s〕である。

3 (1) 仕事〔J〕＝力の大きさ〔N〕×力の向きに動いた距離〔m〕

(4) 位置エネルギーは，物体（小球）の質量と高さに比例する。

月　日

身のまわりの物質

時間30分　合格点70点　得点　/100点

解答▶別冊 p.34

よく出る

1 **水とエタノールの混合物からエタノールをとり出すために，図1のような装置を使って次の実験を行った。あとの問いに答えなさい。ただし，エタノールの沸点は78℃とする。**

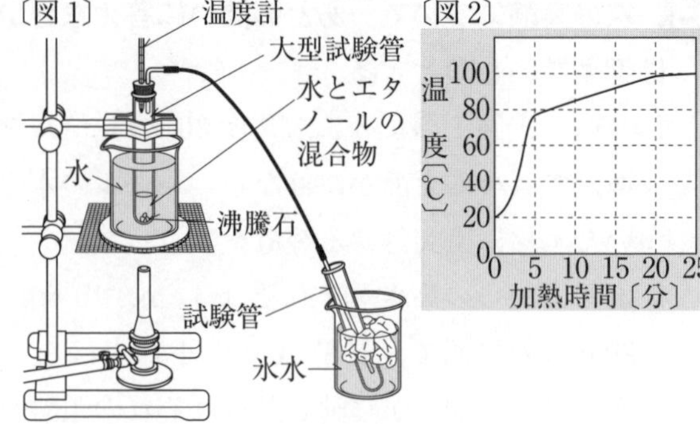

〔実験〕 ①水 10 cm^3 とエタノール 10 cm^3 を合わせて混合物とした。この混合物の質量は，17.9 g であった。

②大型試験管に，この混合物と沸騰石を入れて加熱し，時間と温度の変化を調べると，図2のグラフのようになった。

③はじめに氷水につけた試験管をAとして，実験を開始してから，5分ごとに試験管をとりかえ，それらの試験管を，B，C，D，Eとした。

(1) 水 10 cm^3 の質量は 10 g である。実験①で，水とエタノールの混合物の質量が，20 g より小さくなった理由について，次の文の空欄にあてはまる言葉を書きなさい。(6点)

エタノールは水よりも［　　　］が小さいので，同じ体積でも質量が小さいから。〔　　　　〕

(2) 実験③の試験管Bにたまった液体は何か，次の**ア**～**エ**から1つ選び，記号で答えなさい。(6点)

ア 水　**イ** エタノール　**ウ** 水に少量のエタノールを含んだ液体　〔　　〕

エ エタノールに少量の水を含んだ液体

記述式

(3) 実験③で集めた液体について，エタノールを多く含むかどうかを確かめる方法を1つ簡単に書きなさい。(10点)〔　　　　〕

(4) この実験のように，液体を加熱して沸騰させ，出てくる気体を冷やして再び液体にして集めることを何というか，書きなさい。(10点)〔　　　　〕〔宮崎-改〕

2 **科学部の太郎さんは，大きさや形の異なる物体A～Cが何からできているか調べるために，観察と実験を行った。右の表は，A～Cの質量を測定した結果である。次の問いに答えなさい。(7点×4)**

〔表〕

物体	A	B	C
質量〔g〕	21.6	57.5	94.5

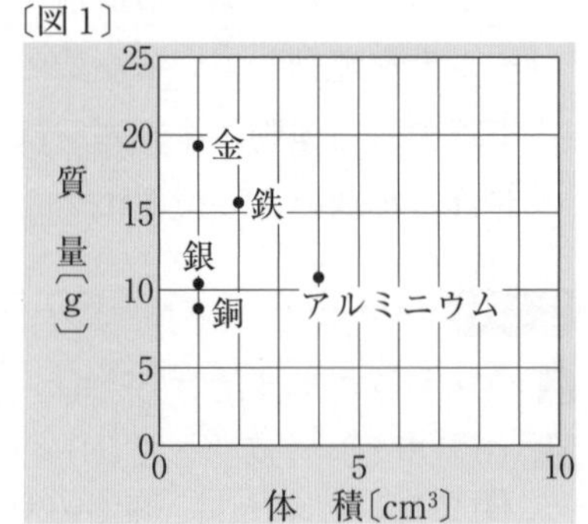

記述式

(1) 太郎さんは，A～Cすべてに金属光沢があるため，これらを金属と予想した。金属光沢以外に，金属のもつ性質を1つ書きなさい。〔　　　　〕

(2) 図1は，5種類の金属のサンプルの体積と質量を測定した結果を示したグラフである。これをもとにして，一辺が2 cmの立方体であるAはどの金属と考えられるか，書きなさい。〔　　　　〕

▶ 物質の状態変化と沸点のちがいによる**物質の分離のしくみ**を確認する。
▶ 体積と質量による物質の見分け方を確認する。
▶ いろいろな物質の温度による**溶解度の変化**を理解する。

(3) Bは形が複雑で，長さをはかって体積を求めることができなかったので，メスシリンダーを使って体積を求めることにした。Bを 50.0 cm^3 の水の入ったメスシリンダーに完全に沈めたところ，液面は図2のようになった。Bの体積は何 cm^3 か，読みとって書きなさい。また，Bの密度はいくらか，小数第2位を四捨五入して小数第1位まで求めなさい。

〔図2〕
60
50

体積〔　　　　　〕 密度〔　　　　　〕 〔石川-改〕

3 **図は，硝酸カリウム，ミョウバン，食塩のそれぞれについて，100 g の水に溶ける物質の質量と温度の関係を表したグラフである。次の問いに答えなさい。**（10点×4）

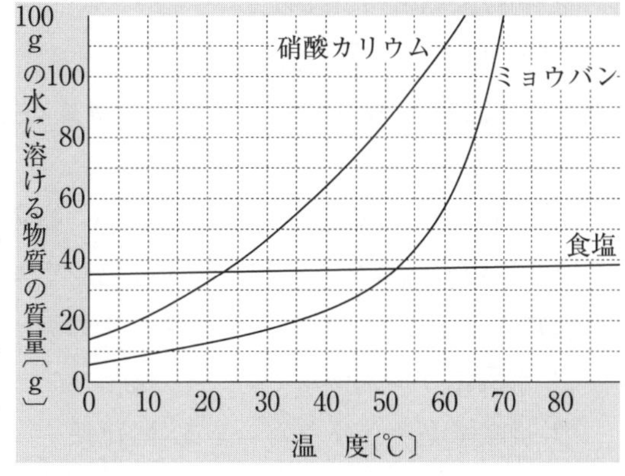

(1) 水を 100 g 入れたビーカーに，ミョウバンを 80 g 入れて 20°C に保ち，よくかき混ぜたところ，溶けきらずにビーカーの底に残った。

①物質がそれ以上溶けることのできなくなった状態の水溶液を何というか，書きなさい。
〔　　　　　〕

②ビーカーを加熱すると，ある温度に達したときにすべてのミョウバンが溶けた。このときの温度はいくらか，書きなさい。
〔　　　　　〕

(2) 水を 100 g 入れた3つのビーカーに，同じ質量の硝酸カリウム，ミョウバン，食塩をそれぞれ別々に入れて 60°C に保ち，よくかき混ぜたところ，それぞれのビーカーの中の物質はすべて溶けきった。3つのビーカーを 10°C まで冷やしたところ，2つのビーカーでは固体が出てきたが，残りの1つのビーカーでは変化が見られなかった。ビーカーに入れた物質の質量として考えられるものを，次の**ア**～**エ**から1つ選び，記号で答えなさい。〔　　　〕

ア 5 g　　**イ** 15 g
ウ 30 g　　**エ** 50 g

記述式 **(3)** 図からわかる，食塩の水への溶け方の特徴を簡単に書きなさい。
〔　　　　　　　　　　　　　　　　〕〔群馬〕

ヒント

1 (2) 水よりもエタノールの沸点のほうが低い。
2 (2) 同じ物質では体積と質量の比は一定である。
3 (1) ②ミョウバン 80 g が 100 g の水に溶ける温度をグラフから読みとる。
(2) 硝酸カリウムとミョウバンの結晶が現れ，食塩は変化がなかったと考えられる。

化学変化と原子・分子

時間30分 合格点70点 得点 /100点

解答▶別冊 p.35

1 **太郎くんは，白い粉末の物質Aを用いて次のような実験1，2を行った。これについて，あとの問いに答えなさい。**

〔実験1〕 物質Aを右図のようにして加熱したところ，次のような結果が得られた。

a. 加熱した試験管の内側に透明(とうめい)の液体がついた。

b. 発生した気体により，石灰水(せっかいすい)が白く濁(にご)った。

c. 気体が発生しなくなったとき，加熱した試験管に白い物質Bが残った。

物質A　ガラス管　石灰水

〔実験2〕 aの液体を塩化コバルト紙で調べたら，色が変化した。

(1) 実験2では，塩化コバルト紙は何色から何色に変化したか，次の文の空欄(くうらん)にあてはまる言葉を答えなさい。(5点×2)　①〔　　〕 ②〔　　〕

［ ① ］色から［ ② ］色に変化した。

(2) 太郎くんは，実験1の結果から，物質Aをつくっている元素は少なくとも3種類あると考えた。(6点×2)

①実験1のbで発生した気体は何か，物質名を書きなさい。〔　　〕

②3種類の元素を，それぞれ元素記号で答えなさい。〔　　〕

(3) 物質Aとして考えられるものを，次の**ア**～**エ**から1つ選び，記号で答えなさい。(5点)

ア 水酸化カルシウム　**イ** 塩化アンモニウム　〔　　〕

ウ 炭酸水素ナトリウム　**エ** 酸化鉄

〔群馬−改〕

2 **化学変化の前後の物質の性質を調べるために，次の実験を行った。あとの問いに答えなさい。(6点×5)**

〔実験〕 ①鉄粉と硫黄(いおう)の粉がすべて反応する量を用意し，よく混ぜ合わせて，2本の試験管A，Bに半分ずつ入れた。

②試験管Aを図のようにして混合物の上部を加熱し，赤くなり始めたら加熱をやめた。変化が終わり，温度が下がったら，中身を少量試験管Cに入れた。

③試験管Bは，加熱せず，中身を少量試験管Dに入れた。

④試験管C，Dにそれぞれうすい塩酸を加え，発生した気体のにおいを嗅(か)いだ。

脱脂綿　鉄粉と硫黄の粉の混合物　試験管ばさみ　試験管A　ガスバーナー

(1) 試験管Aの鉄と硫黄の化学変化を化学反応式で書きなさい。〔　　〕

(2) 試験管C，Dから発生した気体は何か。次の**ア**～**オ**からそれぞれ選び，記号で答えなさい。

試験管C〔　　〕 試験管D〔　　〕

ア 水素　**イ** 塩素　**ウ** 二酸化炭素　**エ** 硫化水素(りゅうかすいそ)　**オ** 酸素

記述式 (3) 化学変化の後にできた物質が鉄とは別の物質であるかどうか確かめるための実験方法を2つ書きなさい。ただし，水溶液(すいようえき)は使わないものとする。〔和歌山−改〕

〔　　〕〔　　〕

▶ **化学変化**の前後の物質の変化について説明できるようにする。
▶ **化学式や化学反応式**を正しく書き表せるようにする。
▶ **化学変化と物質の質量**の変化の規則性について理解する。

よく出る **3** **図の装置で，よく混ぜ合わせた酸化銅（CuO）と炭素の粉末を加熱すると，気体が発生して石灰水が白く濁り，試験管の中には銅ができた。このあと，ガラス管を石灰水からとり出し，ガスバーナーの火を消した。次の問いに答えなさい。**

酸化銅と炭素の粉末
試験管
ガスバーナー
ガラス管
試験管
石灰水

記述式 (1) ガスバーナーの火を消す前に下線部の操作を行うのはなぜか。その理由を「石灰水」という言葉を用いて書きなさい。(6点)
〔　　　　〕

(2) 次の文の①，②にあてはまる適切な言葉を１つずつ選び，記号で答えなさい。(6点×2)
①〔　　〕 ②〔　　〕

実験で，酸化銅（CuO）は炭素によって①{**ア** 酸化，**イ** 還元（かんげん）}されて銅になった。また，実験後に試験管の中にある固体の物質の質量の合計は，②{**ア** 増加した，**イ** 減少した}。

(3) 酸化銅（CuO）から銅をとり出すには，上の実験のほかに水素を用いる方法もある。次の空欄に酸化銅が水素と反応して銅になる化学反応式を下に完成させなさい。 ①〔　　〕
CuO＋［ ① ］⟶［ ② ］＋［ ③ ］ (3点×3) ②〔　　〕 ③〔　　〕 〔愛媛〕

4 **マグネシウムの粉末を加熱したときの質量の変化を調べるために，次の①〜⑤の手順で実験を行った。表は，その結果をまとめたものである。あとの問いに答えなさい。(8点×2)**

①燃焼（ねんしょう）用の皿を用意し，その質量をはかる。
②マグネシウムの粉末 0.20 g を皿にのせる。
③マグネシウムの粉末を皿に広げ，全体の色が変化するまで加熱し，皿が冷えるまで待ち，質量をはかる。
④よくかき混ぜたあと，③の操作を質量が変化しなくなるまで繰（く）り返し，そのときの質量から皿の質量をひいたものを，生成物の質量とする。
⑤マグネシウムの粉末の質量を変え①〜④と同様の操作を行い，生成物の質量を求める。

マグネシウムの質量〔g〕	0.20	0.40	0.80	1.20	1.60
生成物の質量〔g〕	0.33	0.67	1.33	2.00	2.67

(1) マグネシウムの質量とマグネシウムと結びつく酸素の質量の比はいくらか，最も簡単な整数の比で書きなさい。 マグネシウム：酸素＝〔　　〕

(2) ①〜③と同様の操作で，2.10 g のマグネシウムの粉末を一度だけ加熱し，冷えてから質量をはかると 3.15 g であった。このとき酸素と反応していないマグネシウムの質量は何 g か，四捨五入して小数第２位まで求めなさい。 〔　　〕 〔兵庫−改〕

ヒント

1 (2) 水は水素と酸素が，二酸化炭素は炭素と酸素がそれぞれ結びついてできた物質である。
2 (2) 硫化鉄にうすい塩酸を加えると，特有のにおいのある気体が発生する。
3 (3) 酸化銅＋水素 → 銅＋水
4 (1) 1.20 g のマグネシウムを加熱すると，0.80 g の酸素と結びつき，2.00 g の化合物ができる。

化学変化とイオン

時間30分 合格点70点 得点 /100点

解答▶別冊 p.35

1 **塩化銅水溶液の青色は銅イオンによるものである。塩化銅水溶液を電気分解すると，－極側の電極には金属の銅が付着し，＋極側の電極には別の物質が発生すると予想して，次の実験を行った。あとの問いに答えなさい。**

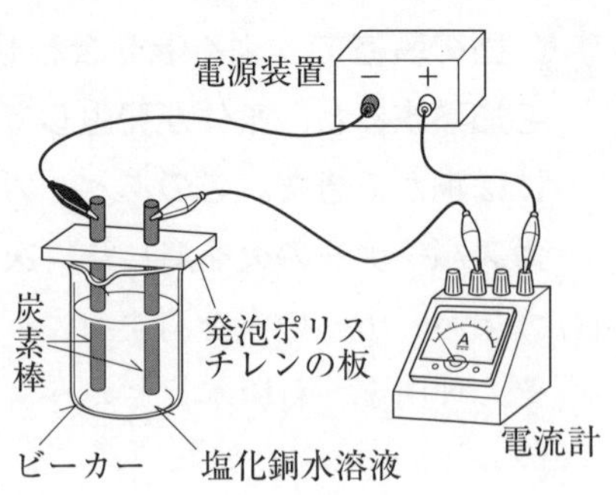

〔実験〕 ①図のように，塩化銅水溶液の入ったビーカーに，電極として炭素棒を2本入れ，電圧を加えたところ，電流が流れた。

②しばらくすると，－極側の電極の表面には赤褐色の銅が付着した。＋極側の電極の表面には泡がついたことにより，気体が発生したことがわかった。

(1) 塩化銅（$CuCl_2$）のように，2種類以上の元素からできている物質を何というか，書きなさい。

（8点）〔　　　　〕

(2) 次の文は，下線部で気体が発生するようすについて説明したものである。{　}の中のa～dの言葉について，正しい組み合わせを，下の**ア**～**エ**から1つ選び，記号で答えなさい。

陰イオン1個が電子{a 1個，b 2個}を{c 受けとって，d 失って}原子になり，その原子が2個結びついて分子になり，気体として発生した。（9点）〔　　〕

ア aとc　**イ** aとd　**ウ** bとc　**エ** bとd

(3) 塩化銅水溶液を電気分解したときに水溶液中で起こった化学変化を，化学反応式で書きなさい。（9点）〔　　　　〕

(4) 下線部で発生した気体はどのような性質をもつか，次の**ア**～**エ**から1つ選び，記号で答えなさい。（8点）〔　　〕

ア 水に少し溶け，石灰水を白く濁らせる。

イ 空気より軽く，水溶液はアルカリ性を示す。

ウ 無色で水によく溶け，水溶液は強い酸性を示す。

エ 黄緑色で，特有のにおいがあり，殺菌作用や漂白作用がある。

〔山口〕

2 **次の実験について，あとの問いに答えなさい。**

〔実験〕 ①うすい水酸化ナトリウム水溶液10 cm^3 をビーカーにとり，BTB液を2，3滴加え，図のようにガラス棒でよくかき混ぜながら，うすい塩酸を少しずつ加えていった。下の表は，うすい塩酸を5 cm^3 加えるごとにできた水溶液の色を記録し，まとめたものである。

うすい塩酸の体積〔cm^3〕	0	5	10	15	20
できた水溶液の色	青　色	うすい青色	緑　色	うすい黄色	黄　色

②うすい水酸化バリウム水溶液10 cm^3 を別のビーカーにとり，ガラス棒でよくかき混ぜな

傾向と対策

- ▶ **電気分解**でのイオンの動きを説明できるようにする。
- ▶ **中和**によるイオンの数の変化に注意して考える。
- ▶ **ダニエル電池**での電子とイオンの動きを理解する。

がら，うすい硫酸(りゅうさん)を 10 cm³ 加えると，白い沈殿(ちんでん)ができた。

(1) ①について，次の a，b に答えなさい。

a うすい塩酸を 10 cm³ 加えたときにできた水溶液は中性になる。この水溶液の pH の値はいくらか，整数で書きなさい。(8点) 〔　　〕

b 加えたうすい塩酸の体積とできた水溶液中の水素イオンの量との関係を表しているグラフを右の**ア**～**エ**から1つ選び，記号で答えなさい。(9点) 〔　　〕

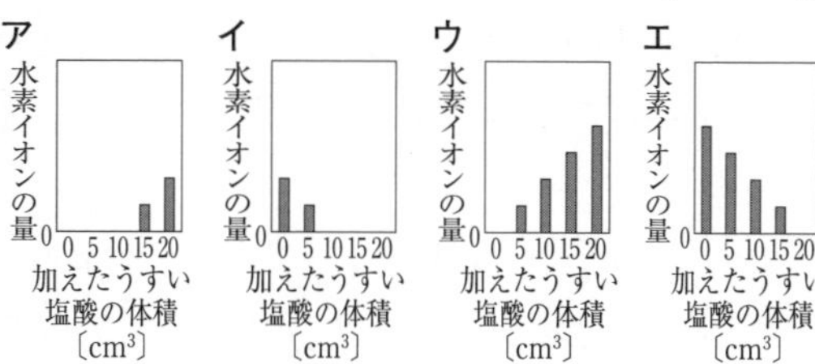

(2) ②について，次の a，b に答えなさい。

a うすい硫酸の電離(でんり)のようすを化学式を用いて書きなさい。(9点)

〔　　　　　　　　〕

b うすい水酸化バリウム水溶液にうすい硫酸を加えたときにできた白い沈殿は何か，化学式で書きなさい。(8点) 〔　　　　〕 〔三重-改〕

3 **図のように，亜鉛板(あえんばん)と銅板，硫酸亜鉛水溶液と硫酸銅水溶液，セロハンを用いてダニエル電池をつくり，プロペラつきモーターを接続した。次の問いに答えなさい。**

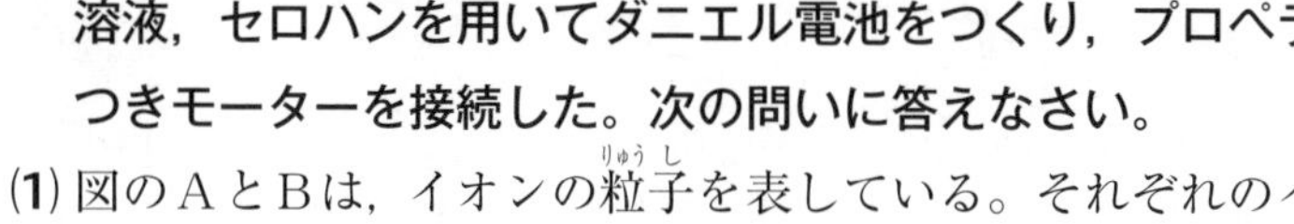

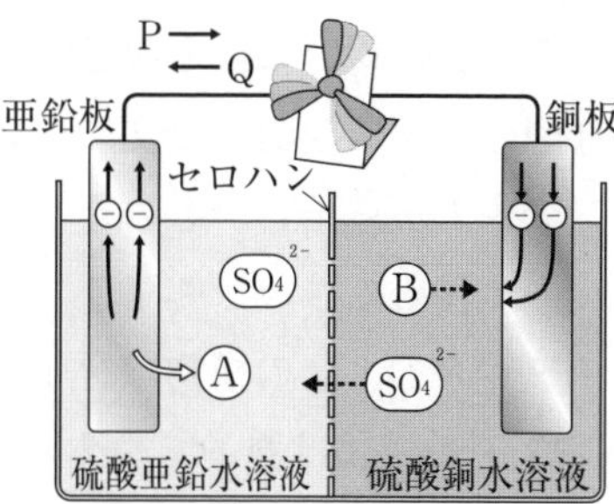

(1) 図のAとBは，イオンの粒子(りゅうし)を表している。それぞれのイオンを化学式で書きなさい。(4点×2)

A〔　　　　〕 B〔　　　　〕

記述式 **(2)** しばらくモーターを回し続けると，亜鉛板，銅板はそれぞれどのようになるか。簡単に書きなさい。(5点×2)

亜鉛板〔　　　　　　　　〕 銅板〔　　　　　　　　〕

(3) ダニエル電池で，＋極となるのは，亜鉛板，銅板のどちらか，書きなさい。(4点)

〔　　　　〕

(4) 図で，電流の流れはP，Qのどちらか，記号で答えなさい。(4点) 〔　　〕

(5) 図におけるエネルギーの移り変わりを表した次の空欄(くうらん)にあてはまる言葉を「化学」，「運動」，「電気」から選び，書きなさい。(2点×3) ①〔　　　　〕 ②〔　　　　〕 ③〔　　　　〕

[①]エネルギー → [②]エネルギー → [③]エネルギー

ヒント

1 (2)(3) 塩化銅 ⟶ 銅＋塩素　塩素は，塩化物イオンの変化により生じる。

2 (1) b 中性になるまでは，水素イオンはすべて中和される。

(2) a 硫酸 ⟶ 水素イオン＋硫酸イオン

3 (1) 亜鉛と銅では，亜鉛のほうがイオンになりやすい。

理科 Science

月　日

身のまわりの生物と分類

時間30分　合格点70点　得点　/100点

解答▶別冊 p.36

1 花のつくりに関して，次の問いに答えなさい。（6点×5）

⑴ 図1のaの部分を何というか，書きなさい。〔　　　〕

⑵ 図2のeとfは，それぞれ図1のa～dのどれにあたるか，適切なものを1つずつ選び，記号で答えなさい。

e〔　　〕 f〔　　〕

〔図1〕エンドウ

花弁　がく　a　b　c　d

受粉前に花弁とがくをとり除いたもの

おしべをとり除いたもの（aの部分は断面である。）

〔図2〕マツ

e　f

りん片の拡大図

⑶ エンドウについて述べた次の文の空欄にあてはまる言葉を，あとの**ア**～**エ**からそれぞれ1つずつ選び，記号で答えなさい。

①〔　　〕 ②〔　　〕

エンドウは双子葉類なので，葉脈は［①］に通り，根は［②］。

ア 平行　**イ** 網目状　**ウ** ひげ根である　**エ** 主根と側根からなる　〔愛媛－改〕

2 図は学校の周囲で見つけた植物である。次の問いに答えなさい。（7点×2）

A　B　C　D

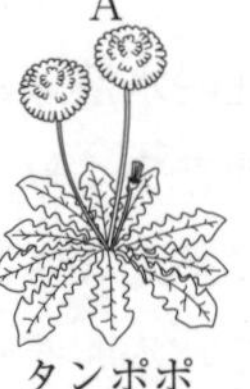

タンポポ　ゼニゴケ

イヌワラビ

マツ

⑴ 図の植物を説明した文について，次の**ア**～**エ**から正しいものを1つ選び，記号で答えなさい。〔　　〕

ア A，B，Cの植物は種子でふえる。　**イ** Bの植物は胚珠がむき出しである。

ウ Cの植物は胞子でふえる。　**エ** A，C，Dの植物は花が咲く。

⑵ 図の植物のうち，根・茎・葉の区別があるものはどれか，すべて選び，記号で答えなさい。

〔　　　〕〔島根－改〕

3 5種類の植物（ゼニゴケ，イヌワラビ，マツ，ツユクサ，アブラナ）を，それぞれの特徴をもとに図のように分類した。次の問いに答えなさい。（5点×6）

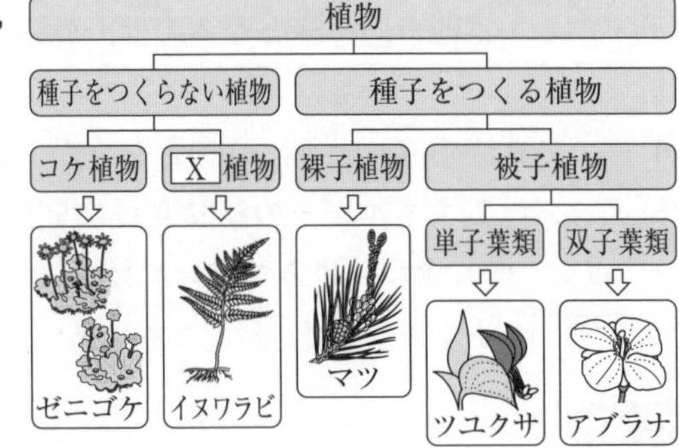

⑴ コケ植物の特徴として適切なものを，次の**ア**～**エ**から1つ選び，記号で答えなさい。〔　　〕

ア 葉・茎・根の区別があり，日なたを好むものが多い。

イ 葉・茎・根の区別があり，日かげを好むものが多い。

ウ 葉・茎・根の区別がなく，日なたを好むものが多い。

エ 葉・茎・根の区別がなく，日かげを好むものが多い。

▶花のつくりやはたらきをまとめておく。
▶植物の分類と，分類のための観点を理解する。
▶動物の分類と，分類のための観点を理解する。

(2) 図の空欄Xにあてはまる適切な言葉を書きなさい。〔　　　　〕

記述式 (3) 種子をつくる植物は，胚珠の状態から裸子植物(らししょくぶつ)と被子植物(ひししょくぶつ)に分類することができる。次の文中の空欄にあてはまる適切な内容を書きなさい。〔　　　　〕

裸子植物は，被子植物と異なり，胚珠が□という特徴がある。

(4) 裸子植物を次のア～エの中からすべて選び，記号で答えなさい。〔　　　　〕

ア アサガオ　イ イチョウ　ウ イネ　エ スギ

記述式 (5) 双子葉類は，花のつくりによって離弁花類(りべんかるい)と合弁花類の2つに分類できる。離弁花類の植物を次のア～エの中からすべて選び，記号で答えなさい。また，離弁花類の花のつくりの特徴を簡単に書きなさい。

記号〔　　　　〕 特徴〔　　　　〕

ア アブラナ　イ サクラ　ウ タンポポ　エ ツツジ　〔和歌山－改〕

4 **次の文を読んで，あとの問いに答えなさい。**

身近な動物をからだのつくりの特徴によってA，Bのなかまに分けた。表1はそれらをまとめたものである。さらに，Bのなかまを皮膚(ひふ)，呼吸器官，生まれ方の3項目(こうもく)について比較(ひかく)すると，それぞれの特徴から表2のようにa～eの5つのなかまに分けることができた。

〔表1〕

A	B	
バッタ	メダカ	ネコ
カニ	ヤモリ	カエル
カタツムリ	イモリ	スズメ
ミミズ	トカゲ	コイ
	ウサギ	ニワトリ

〔表2〕

項目＼なかま	a	b	c	d	e
皮　膚	うろこ	つねに水でぬれている	うろこ	羽　毛	毛
呼吸器官	え　ら	子：えらと皮膚 親：肺と皮膚	肺	肺	肺
生まれ方	卵　生	卵　生	卵　生	卵　生	胎生(たいせい)

記述式 (1) 表1で，動物を2つのなかまに分けたからだのつくりの特徴は何か，簡単に書きなさい。

(6点)〔　　　　〕

(2) 表2のb，eのなかまをそれぞれ何類というか。また，b，eのなかまをそれぞれ表1からすべて選び，その名称(めいしょう)を書きなさい。(4点×4)

b〔　　　　〕〔　　　　〕 e〔　　　　〕〔　　　　〕

(3) トカゲは外見がイモリと似ているが，ふえ方や卵のようすはイモリよりも陸上生活に適している。その理由として適切なものを次から1つ選び，記号で答えなさい。(4点)〔　　　　〕

ア たくさん卵を産む。　イ 水中に卵を産む。　ウ 卵が殻(から)でおおわれている。　〔岐阜－改〕

ヒント

1 (2) eは胚珠，fは花粉のうである。マツの花は子房(しぼう)をもたない。

2 (1) 植物のうち，花が咲かないものは胞子でふえるものが多い。

3 (3) 裸子植物には子房がないので果実ができない。

4 (3) 陸上では，卵を乾燥(かんそう)から守る必要がある。

生物のからだのつくり

時間30分 合格点70点 得点 /100点

解答▶別冊 p.36

よく出る **1** **図のように，試験管 a ～ d に同量のデンプン溶液を入れ，試験管 a と b にはうすめた唾液 1 cm^3 を，試験管 c と d には水 1 cm^3 を入れ，40℃ の湯につけた。10 分後，湯からとり出し，試験管 a と c にはヨウ素液を 2 滴ずつ加えた。また，試験管 b と d には，ベネジクト液を少量加え，ある操作を行った。表は，実験の結果をまとめたものである。次の問いに答えなさい。**（6点×5）

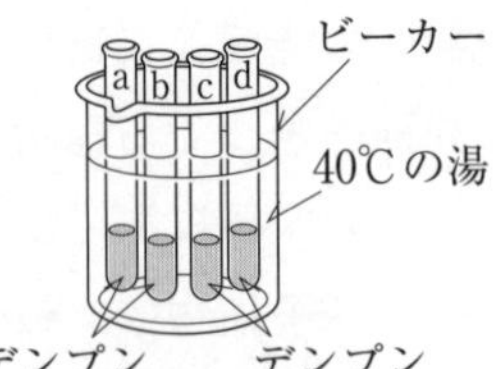

試験管	a	b	c	d
加えた液	ヨウ素液	ベネジクト液	ヨウ素液	ベネジクト液
色の変化	変化しなかった	赤褐色になった	青紫色になった	変化しなかった

(1) 下線部のある操作として適切なものを，次のア～エから1つ選び，記号で答えなさい。〔　　〕
ア 明るい所に置く。　イ 暗い所に置く。
ウ ガスバーナーで加熱する。　エ 氷水で冷却する。

(2) 次の文中の空欄にあてはまる記号の組み合わせとして最も適切なものを，あとのア～カから1つずつ選び，記号で答えなさい。　X〔　　〕 Y〔　　〕

この実験において，試験管 X の液の色の変化を比べることによって，唾液のはたらきにより，デンプンがなくなったことがわかる。また，試験管 Y の液の色の変化を比べることによって，唾液のはたらきにより，ブドウ糖が 2 つ結びついたものなどができたことがわかる。このことから，唾液のはたらきによって，デンプンが分解されたことがわかる。

ア a と b　イ a と c　ウ a と d　エ b と c　オ b と d　カ c と d

(3) 唾液に含まれ，デンプンを分解する消化酵素を何というか。また，何の物質にはたらくか，次のア～エから1つ選び，記号で答えなさい。　名称〔　　〕 記号〔　　〕
ア デンプン，タンパク質，脂肪にはたらく。　イ デンプンとタンパク質にはたらく。
ウ デンプンと脂肪にはたらく。　エ デンプンだけにはたらく。　〔香川－改〕

2 **右の図は，ヒトの血液の循環を示す模式図である。次の問いに答えなさい。**（7点×5）

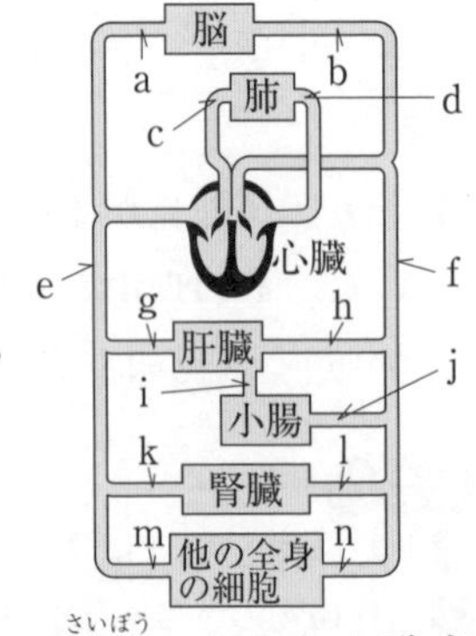

(1) 血液中に含まれる固形の成分のうち，酸素を運ぶはたらきをもつものを何というか，書きなさい。〔　　〕

(2) 酸素は，(1)の成分のヘモグロビンという物質に結びついて運ばれる。100 cm^3 の血液は，その中のヘモグロビンがすべて酸素と結びつくと，20 cm^3 の酸素を含むことができる。図の m を流れる血液中のヘモグロビンは 50% が，n を流れる血液中のヘモグロビンは 95% が酸素と結びついていた。100 cm^3 の血液が n から m へ流れる間に，細胞にわたした酸素は何 cm^3 になるか，求めなさい。〔　　〕

(3) 小腸で吸収されたブドウ糖が脳に運ばれる経路を，次の**ア**～**カ**から１つ選び，記号で答えなさい。〔　　〕

ア i→g→e→a　**イ** i→g→e→c→d→b　**ウ** i→h→f→b
エ i→h→f→d→c→a　**オ** j→f→b　**カ** j→f→d→c→a

(4) アンモニアは有害であるため，血液によってある器官に運ばれ，無害な物質に変えられる。ある器官とは何か，図の中の器官から１つ選び，名称を書きなさい。〔　　〕

(5) **(4)**の無害な物質が含まれている量が最も少ない血液が流れている血管を図のa～nの中から１つ選び，記号で答えなさい。〔　　〕〔佐賀〕

3 **次の実験に関して，あとの問いに答えなさい。**

Ⅰ．無色，透明(とうめい)なポリエチレンの袋(ふくろ)を４つ用意し，袋A，Cにはホウレンソウの葉を入れ，袋B，Dには何も入れなかった。次に，袋A，Bには息を吹(ふ)き込(こ)んで光が十分にあたるところに，袋C，Dには空気を入れて光があたらないところに，それぞれ３時間置いた。

Ⅱ．ガラス管を使って，袋A～袋Dの中の気体を，それぞれ石灰水(せっかいすい)に通して変化を観察した。表は実験の結果をまとめたものである。

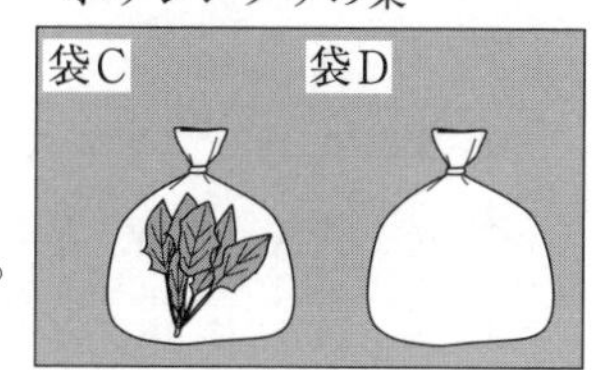

袋	A	B	C	D
石灰水の変化	濁(にご)らなかった	白く濁った	白く濁った	濁らなかった

(1) ホウレンソウの葉を入れた袋Aに対して，葉を入れない袋Bを用いるなど，１つの条件以外を同じにして行う実験を何というか，書きなさい。(9点)〔　　〕

(2) ホウレンソウの葉が呼吸を行っていることを確かめるために用いる２つの袋の組み合わせとして，最も適切なものを，次の**ア**～**オ**から１つ選び，記号で答えなさい。(9点)〔　　〕

ア 袋Aと袋B　**イ** 袋Aと袋C　**ウ** 袋Aと袋D　**エ** 袋Bと袋C　**オ** 袋Cと袋D

(3) Ⅱ．の袋B，Cで，石灰水を白く濁らせた気体の化学式を書きなさい。(8点)〔　　〕

記述式 **(4)** Ⅱ．で，袋Aの中の気体を石灰水に通したところ，石灰水は濁らなかった。これは，袋Aの中の**(3)**の気体が減少したからだと考えられる。**(3)**の気体が減少するしくみを，「光合成」，「呼吸」という言葉を用いて書きなさい。(9点)

〔　　〕〔新潟-改〕

ヒント

1 (2) ヨウ素液はデンプンの検出液，ベネジクト液はブドウ糖が２つ結びついたもの（麦芽糖）などの検出液である。

2 (2) nで95％含んでいた酸素が，mでは50％に減っていたので，その差は45％となる。
(5) **(4)**の無害な物質は不要な物質のため，こしとられて尿(にょう)となる。

3 (2) 調べたい条件だけが異なっている組み合わせを選ぶ。

理科 Science

月　日

生命の連続性，自然と人間

時間30分　合格点70点　得点　/100点

解答▶別冊 p.37

よく出る

1 エンドウの種子の形の遺伝の実験を行った。あとの問いに答えなさい。(6点×4)

〔実験1〕 丸形の種子をつくる純系のエンドウと，しわ形の種子をつくる純系のエンドウをかけ合わせたところ，できた種子(子)はすべて丸形になった。

〔実験2〕 実験1で得られた丸形のエンドウの種子(子)を育て，自家受粉させると，丸形としわ形の種子(孫)ができた。

(1) 実験1のように，対立形質をもつ純系の親どうしをかけ合わせたとき，子に現れる形質を何というか，書きなさい。〔　　　〕

(2) 次の文は，実験1について述べたものである。種子の形を丸形にする遺伝子をA，しわ形にする遺伝子をaで表すとき，文中の空欄(くうらん)にあてはまる記号の組み合わせとして最も適切なものを，あとの**ア**～**エ**から1つ選び，記号で答えなさい。〔　　　〕

> 実験1で用いた丸形の純系のエンドウとしわ形の純系のエンドウがつくる生殖細胞(せいしょくさいぼう)の遺伝子は，それぞれ[X]になり，得られた子の遺伝子の組み合わせは[Y]になる。

ア X　Aとa，Y　Aa
イ X　Aとa，Y　AAとAa
ウ X　AAとaa，Y　Aa
エ X　AAとaa，Y　AAとAa

(3) 実験2で得られた孫の種子は1068個であった。そのうち，丸形の種子は何個か，最も適切なものを次の**ア**～**エ**から1つ選び，記号で答えなさい。〔　　　〕

ア 267個　**イ** 356個　**ウ** 712個　**エ** 801個

差がつく

(4) 実験2で得られた1068個の孫の種子をすべて育て，それぞれ自家受粉させた。得られる丸形の種子としわ形の種子の数の比を，次の**ア**～**オ**から1つ選び，記号で答えなさい。

ア 1：1　**イ** 3：1　**ウ** 3：2　**エ** 4：3　**オ** 5：3　〔　　　〕〔新潟−改〕

2 図1は，カエルの卵が育つようすを，図2はカエルのふえ方についてまとめたものの一部である。次の問いに答えなさい。(8点×3)

〔図1〕

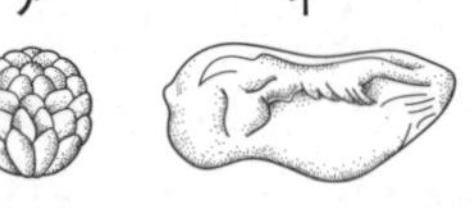

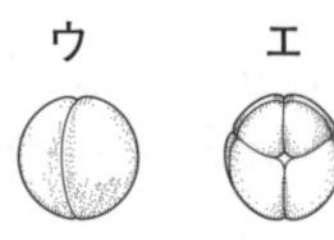

(1) 図1の**ア**～**エ**を，変化した順に並べなさい。〔　→　→　→　〕

(2) 図1は，図2の①の段階にあたる。図2の①にあてはまる語句を書きなさい。〔　　　〕

〔図2〕

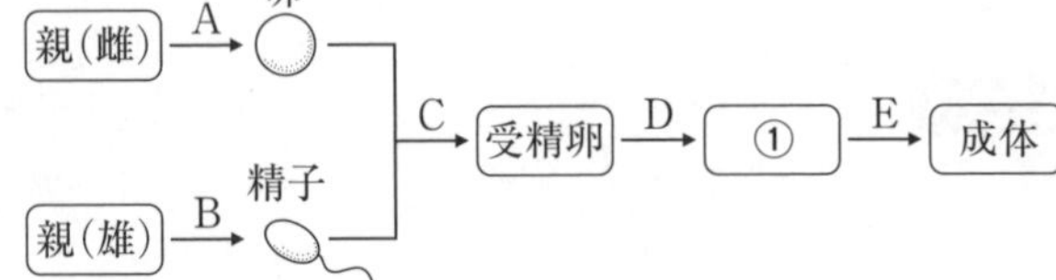

(3) 減数分裂(げんすうぶんれつ)が行われる部分を図2のA～Eからすべて選び，記号で答えなさい。

〔　　　〕〔徳島〕

傾向と対策

- ▶遺伝の規則性についての出題が多い。
- ▶**生殖のしかたと特徴**についてまとめておく。
- ▶炭素や酸素の循環から**生物どうしのつながり**をまとめる。

3 **次の文は，博物館を見学した生徒の記録である。あとの問いに答えなさい。**（7点×4）

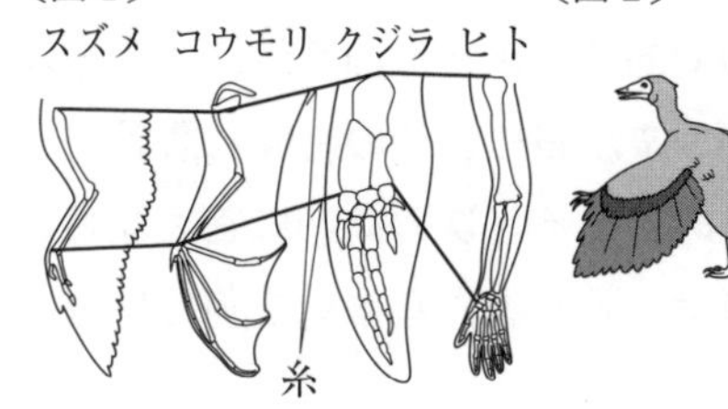

Ⅰ．図1のような，a様々なセキツイ動物の前あしの骨格の模型が展示され，模型には糸がとりつけられていた。

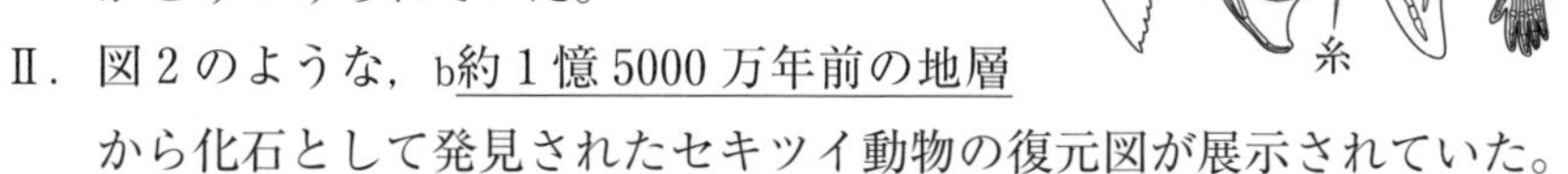

Ⅱ．図2のような，b約1億5000万年前の地層から化石として発見されたセキツイ動物の復元図が展示されていた。

(1) 下線部aについて，図1のセキツイ動物の前あしは，はたらきや形は異なるが，その骨格の基本的なつくりは共通している。このように，もとは同じ器官であったと考えられる器官を何というか。〔　　　　〕

(2) 下線部bについて，生徒がまとめた次の文の空欄にあてはまる言葉を書きなさい。

羽毛やつばさがあるなど現在の［ A ］類の特徴を示し，つばさの中ほどにはつめがあり口には歯をもつなど現在の［ B ］類の特徴も示していた。A〔　　　　〕 B〔　　　　〕

(3) 下線部bのセキツイ動物の名称は何か。書きなさい。〔　　　　〕〔福島－改〕

4 **図は，自然界における主な物質の循環を模式的に示している。A，Bはそれぞれ，生産者，消費者のいずれかで，a～iは物質の移動の方向を表す。次の問いに答えなさい。**（6点×4）

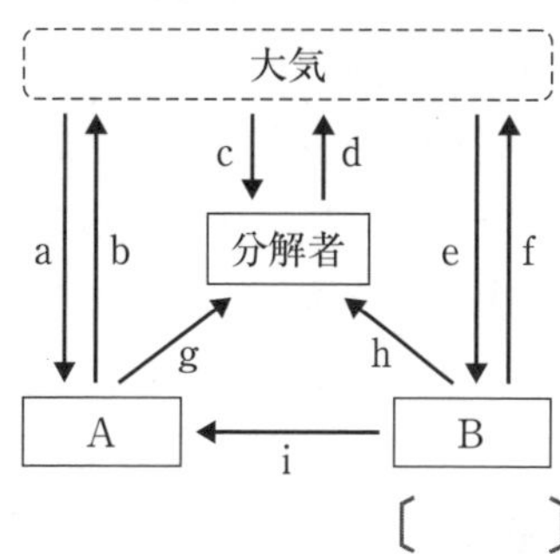

(1) 生産者に相当する生物を，次の**ア**～**エ**から1つ選び，記号で答えなさい。〔　　〕

ア タカ　**イ** ムカデ　**ウ** アオカビ　**エ** イネ

(2) 何らかの原因で草食動物の数が一時的にふえたあと，もとの安定した状態にもどったとすると，それにともなう植物の数の変化を次の**ア**～**エ**から1つ選び，記号で答えなさい。〔　　〕

ア 一時的にふえたあと，もとの安定した状態にもどる。

イ 一時的に減ったあと，もとの安定した状態にもどる。

ウ ふえたままで，もとの安定した状態にはもどらない。

エ 減ったままで，もとの安定した状態にはもどらない。

(3) バッタが死んだあと，バッタのからだに含まれている炭素が植物にとり入れられるまでの移動を表している矢印を，図のa～iからすべて選び，記号で答えなさい。〔　　　　〕

記述式 (4) 図の矢印eにおいて，Bのどのようなはたらきで，何という気体が移動するか，すべて答えなさい。〔　　　　　　　　〕〔鹿児島－改〕

ヒント

1 (3) 子の代のAaを両親とするので，孫はAA，Aa，Aa，aaの遺伝子の組み合わせとなる。

3 (1) 基本的なつくりが同じことから，共通の祖先から進化した証拠として考えられている。

月　　日

大地の変化

時間30分　合格点70点

得点　　／100点

解答▶別冊 p.37

よく出る

1 **図1は，ある地震のゆれを観測地点Aの地震計で記録したものである。また，図2は，この地震が発生してからP波およびS波が届くまでの時間と震源からの距離との関係を示したものである。次の問いに答えなさい。**

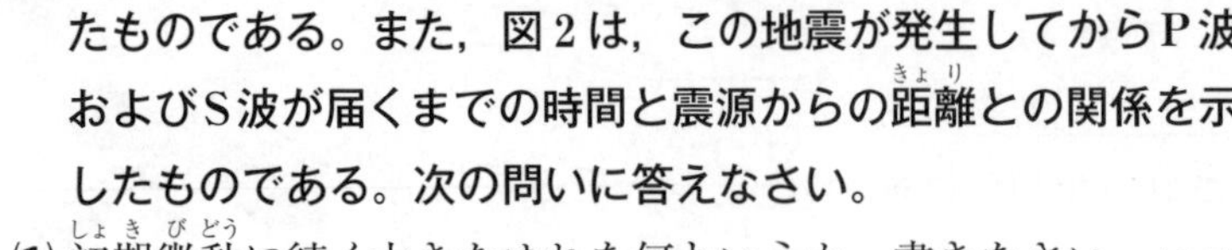

〔図1〕

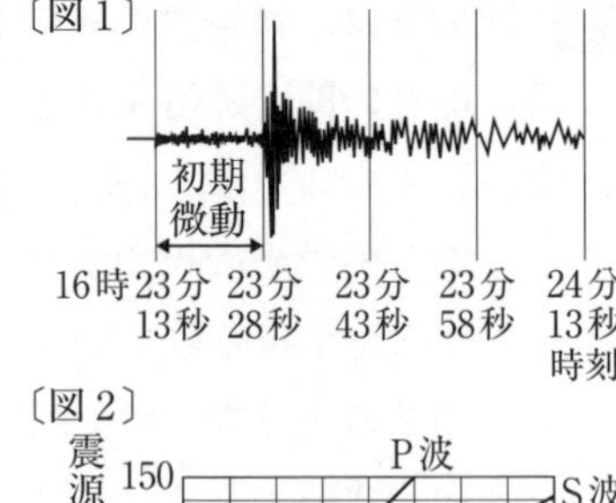

(1) 初期微動に続く大きなゆれを何というか，書きなさい。(8点)

〔　　　　　〕

(2) 過去にくり返し地震を起こし，今後も地震を起こす可能性がある断層を何というか，書きなさい。(8点)

〔　　　　　〕

〔図2〕

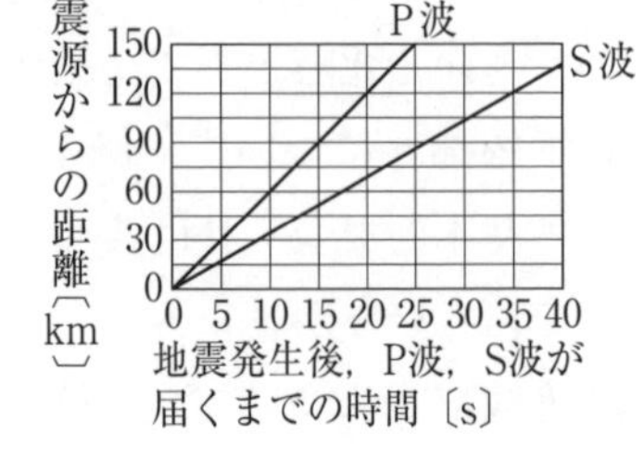

(3) 図1と図2から，①この地震の震源から観測地点Aまでの距離は何kmか，求めなさい。②地震が発生した時刻は何時何分何秒か，求めなさい。(8点×2)

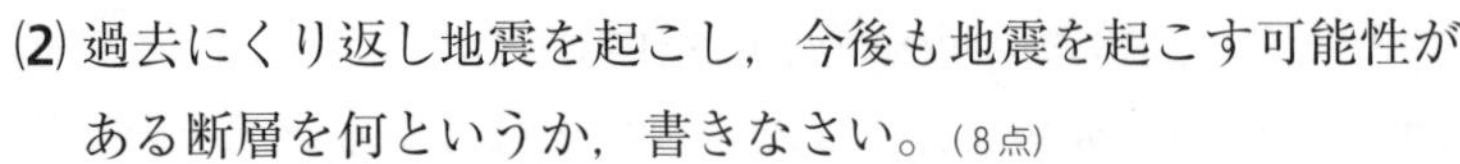

①〔　　　　　〕

②〔　　　　　〕

差がつく

(4) 図3は，地震発生から緊急地震速報が受信されるまでの流れである。この地震で，震源からの距離が30 kmの地点でP波をとらえ，緊急地震速報が発信されたとき，震源からの距離が60 kmの地点で，緊急地震速報を受信してからS波が届くまでに何秒かかるか，求めなさい。ただし，震源から30 kmの地点で最初にP波を観測してから60 kmの地点で緊急地震速報を受信するまでに5秒かかったとする。(9点)

〔図3〕

震源からの距離が30kmの地点　　震源からの距離が60kmの地点

地震発生 → 地震計（P波をとらえる） → 気象庁（緊急地震速報を発信） → テレビ・携帯電話（緊急地震速報を受信）

5秒

(気象庁ホームページにより作成)

〔　　　　　〕〔群馬−改〕

2 **図1は，ある地域の地表と地下のようすを表したものである。地点aでは断層のずれが地表に現れ，火山から噴出し，堆積した火山灰層Aを切断していた。図2は火山から採取した岩石，図3は火成岩B，図4は堆積岩Cを顕微鏡で観察してスケッチしたものである。次の問いに答えなさい。(7点×5)**

〔図1〕

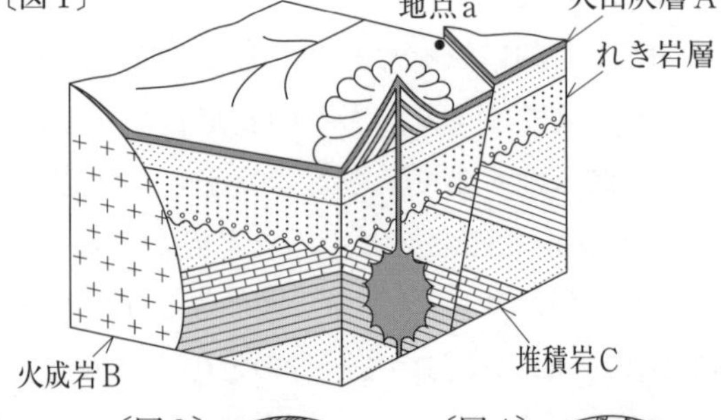

(1) マグマが地下深くでゆっくり冷え固まってできた岩石は，図2と図3のどちらか，答えなさい。

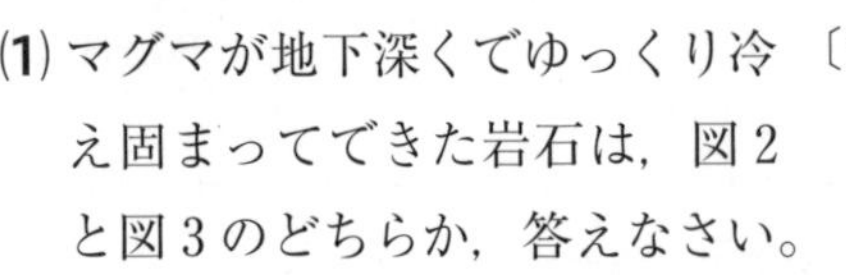

〔　　　　　〕

〔図2〕　〔図3〕

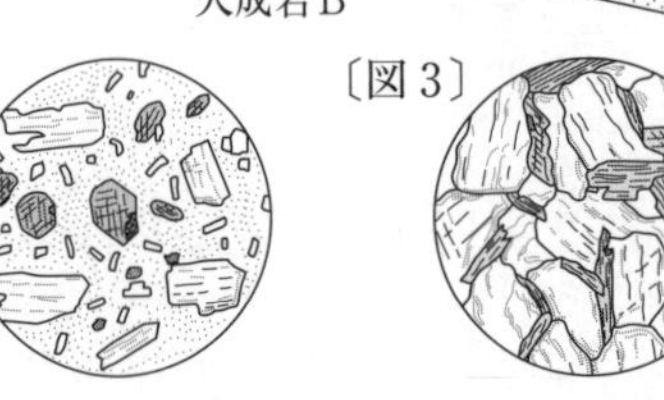

〔図4〕

▶ 地震の 2 つのゆれとその伝わり方を関連づけて理解する。
▶ **火成岩の分類**についてまとめる。
▶ 地層のでき方や地層のつながりについての出題が多い。

(2) 地表の火山灰層Aを調べると，白色で平らに割れた面をもつ鉱物が見つかった。また，この鉱物は，火山から採取した岩石や火成岩Bにも多く含(ふく)まれていることがわかった。この鉱物は何か，名称(めいしょう)を書きなさい。〔　　　　〕

(3) 図 4 の堆積岩Cはフズリナの化石を含んだ白っぽい岩石で，うすい塩酸をかけると，激しく二酸化炭素の泡(あわ)が発生した。この岩石は何か，名称を書きなさい。〔　　　　〕

(4) 図 1 に見られるような断層の上下のずれは，どのような向きの力がはたらくと生じるか。はたらいた力の向き(➡)について，最も適切なものを右の**ア〜エ**から 1 つ選び，記号で答えなさい。〔　　〕

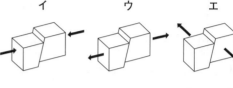

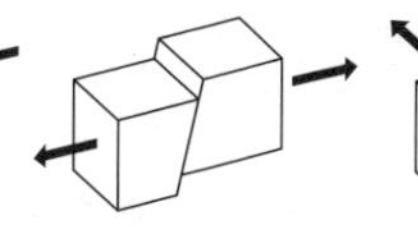

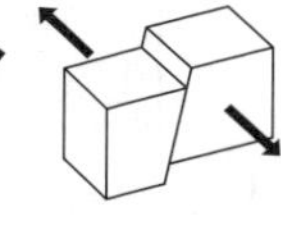

(5) 図 1 に見られる火山灰層A，堆積岩Cの層，断層について，次の**ア〜ウ**を，できた順に古いものから新しいものに並べなさい。〔　　→　　→　　〕

ア 火山灰層Aができた。　**イ** 堆積岩Cの層ができた。　**ウ** 断層ができた。〔佐賀−改〕

3 **図 1 はある地域の地形を等高線で表したもので，数字は標高である。図 2 はA〜D地点の地層の柱状図である。次の問いに答えなさい。ただし，この地域の地層は，ずれたりせず，同じ厚さ，同じ角度で，ある一定方向に傾(かたむ)いているものとする。**

（8 点× 3）

〔図 1〕

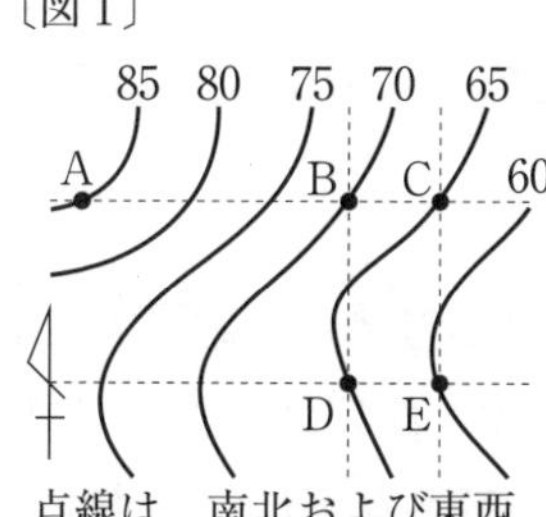

点線は，南北および東西方向を表している。

〔図 2〕

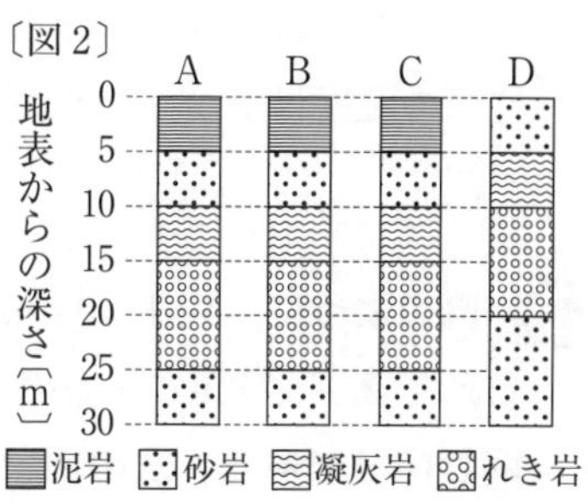

泥岩　砂岩　凝灰岩　れき岩

(1) 図 2 の砂岩の層からアンモナイトの化石が見つかった。アンモナイトと同じ地質年代に栄えていた生物を，次の**ア〜エ**から 1 つ選び，記号で答えなさい。〔　　〕

ア ナウマンゾウ　**イ** サンヨウチュウ　**ウ** ティラノサウルス　**エ** フズリナ

(2) 表は，A〜D地点の凝灰岩(ぎょうかいがん)の層とれき岩の層の境界面の標高である。表の空欄(くうらん)にあてはまる数字を書きなさい。また，図 1 のE地点の地表からの深さが 12 m のところで得られる岩石を，次の**ア〜エ**から 1 つ選び，記号で答えなさい。　標高〔　　　　〕　岩石〔　　　〕

地　点	標高〔m〕
A	70
B	55
C	(　　)
D	55

ア 泥岩(でいがん)　**イ** 砂岩　**ウ** 凝灰岩　**エ** れき岩　〔福島−改〕

ヒント

1 (3) 初期微動継続時間はP波とS波の到着時刻の差である。
2 (5) 火山灰層Aと堆積岩Cの層がすべて断層によりずれていることに注意する。
3 (1) アンモナイトは中生代に栄えた生物である。

第12日

理科 Science

天気とその変化

月　日

時間30分　合格点70点　得点　／100点

解答▶別冊 p.38

1 雲のでき方について次の実験を行い，結果を表にまとめた。あとの問いに答えなさい。

(6点×3)

〔実験〕 丸底フラスコの内側をぬるま湯でぬらし，線香のけむりを少し入れ，図のような装置で，ピストンを引いたり，おしたりしたときのフラスコ内のようすと温度の変化を調べた。

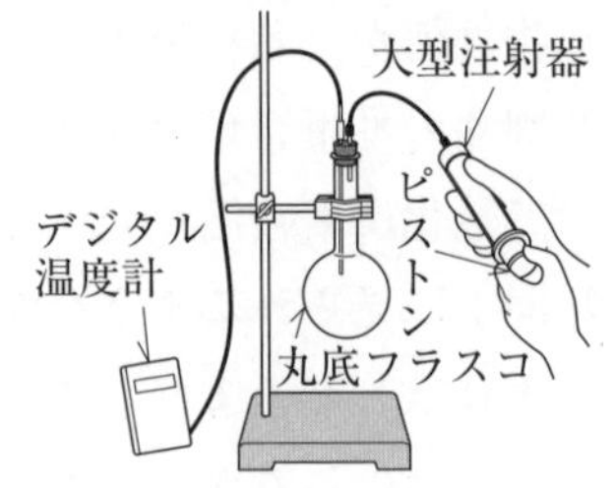

	フラスコ内のようす	温度の変化
ピストンを引いたとき	くもりができた。	下がった。
ピストンをおしたとき	くもりがなくなった。	上がった。

(1) 雲の発達は上昇(じょうしょう)気流と関係している。上昇気流が起こるところとして，適切でないものを，次のア～ウから1つ選び，記号で答えなさい。〔　　〕

ア 高気圧の中心付近　　イ 低気圧の中心付近　　ウ 温暖前線付近

(2) 次の文は，実験の結果と調べたことをもとに，雲のでき方についてまとめたものである。空欄(くうらん)にあてはまる適切な言葉を書きなさい。　①〔　　　〕 ②〔　　　〕

〔まとめ〕 実験の結果から，空気が［①］すると温度が下がり，くもりができることがわかった。空気は上昇するとまわりの気圧が［②］なるため，［①］する。そのため，上昇する空気の温度は下がり，やがて露点(ろてん)よりも低くなると雲ができる。〔宮崎-改〕

2 図のように，1辺3.0 cmの立方体と，底面が1辺6.0 cmの正方形で高さが3.0 cmの直方体を床に置いた。この2つの物体は同じ密度である。次の問いに答えなさい。ただし，100 gの物体にはたらく重力の大きさを1 Nとする。(7点×2)

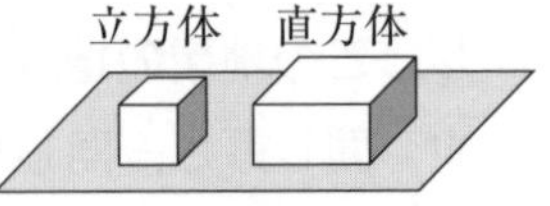

(1) 立方体が床に加えている圧力は810 Paである。この立方体の密度は何 g/cm^3 か，四捨五入して小数第1位まで求めなさい。〔　　〕

(2) 直方体が床に加えている圧力は何Paか，整数で求めなさい。〔　　〕〔兵庫〕

よく出る **3 図1は，ある年の11月10日の6時における天気図である。次の問いに答えなさい。**

〔図1〕

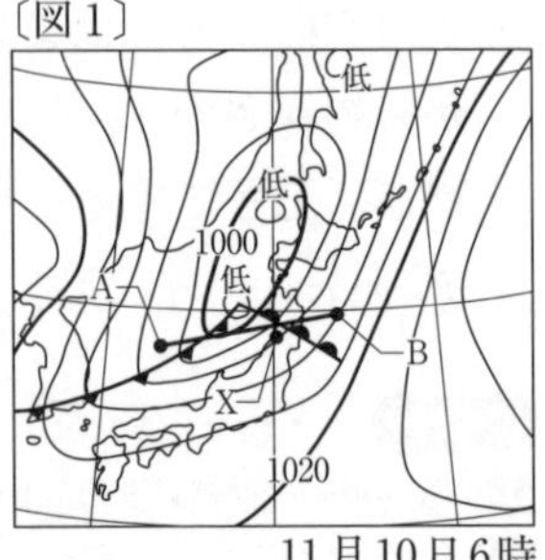

11月10日6時

(1) 図1の前線を横切るA－Bの断面のようすを表した模式図として適切なものを，次のア～エから1つ選び，記号で答えなさい。(8点)〔　　〕

ア　A 寒気　暖気　寒気 B
イ　A 寒気　暖気　寒気 B
ウ　A 暖気　寒気　暖気 B
エ　A 暖気　寒気　暖気 B

- ▶圧力を求める計算をできるようにする。
- ▶前線による天気の変化を整理してまとめる。
- ▶日本の天気の特徴(とくちょう)を，理由と関連づけて理解する。

(2) 図 2 は，図 1 のXで示した地点における 11 月 10 日の 6 時から18時までの気温，風向，風力の変化を示したものである。

〔図 2〕

風向 風力

気温〔℃〕 0, 5, 10, 15, 20

時　刻〔時〕 6, 9, 12, 15, 18

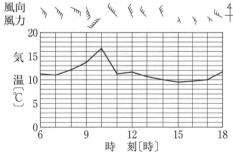

①6 時の風向と風力を書きなさい。（7点×2）

風向〔　　　　　　〕　風力〔　　　　〕

記述式 ②この日に地点Xを寒冷前線が通過したと考えられる時間帯を，次の**ア～エ**から 1 つ選び，記号で答えなさい。また，そのように考えられる理由として，図 2 から読みとれることを 2 つ簡単に書きなさい。（8点×3）

ア 8 時～ 9 時　**イ** 10 時～11 時　**ウ** 14 時～15 時　**エ** 17 時～18 時

記号〔　　　〕　理由〔　　　　　　　　　　〕〔　　　　　　　　　　〕〔静岡-改〕

4 **図 1 は，気象衛星から撮影(さつえい)した 6 月下旬のある日の雲のようすであり，図 2 は，同じ日の同時刻の天気図の一部である。次の問いに答えなさい。**

〔図 1〕　〔図 2〕

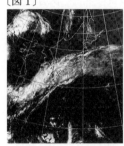

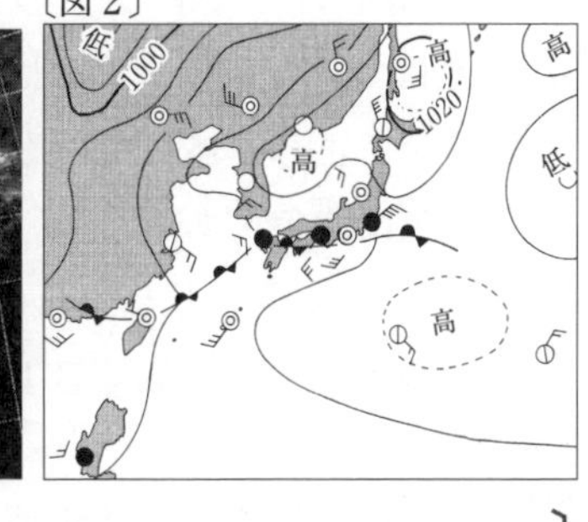

記述式 (1) 図 2 に見られる 6 月下旬(げじゅん)の日本の天気の特徴を，「気団」「前線」という言葉を用いて書きなさい。（8点）

〔　　　　　　　　　　　　　　　　　　　　　　　　　　〕

記述式 (2) 次の**ア～ウ**は，7 月下旬，10 月下旬，1 月下旬のいずれかの，ある日の天気図の一部である。7 月下旬の天気図はどれか，記号で答えなさい。また，そう判断した理由を書きなさい。

（7点×2）　天気図〔　　　〕　理由〔　　　　　　　　　　　　　　　　〕〔群馬〕

ア

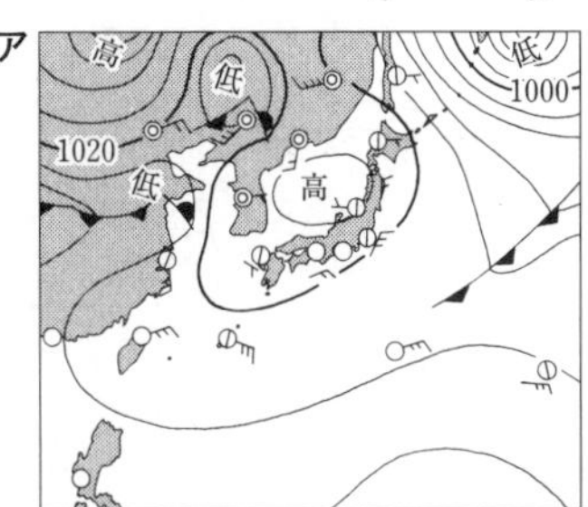

イ

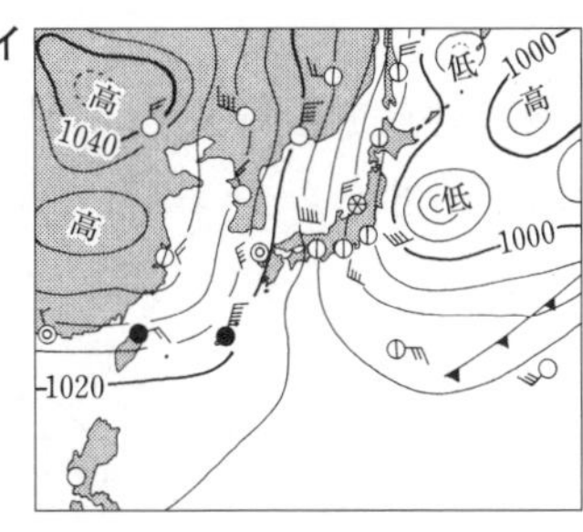

ウ

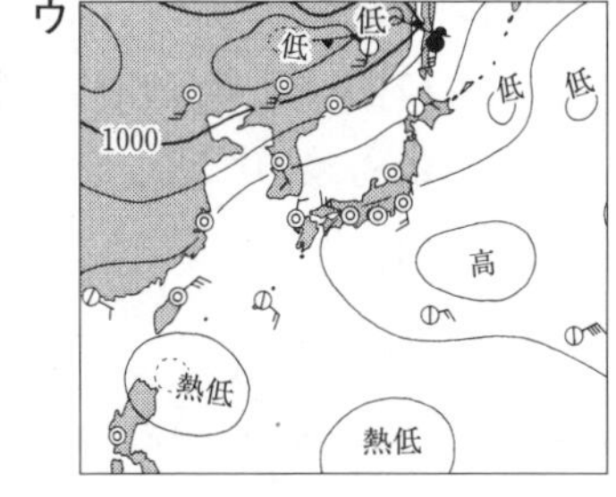

ヒント

2 (2) 圧力は，1 m^2 あたりに垂直にはたらく力の大きさである。

3 (2) ②寒冷前線が通過すると，風向や気温が変化する。

4 (1) 停滞前線(ていたいぜんせん)は，2 つの気団の押し合いにより生じる。

(2) 7 月下旬に発達する気団は，日本の南海上にあり，夏の間日本をおおう。

地球と宇宙

時間30分 合格点70点 得点 /100点

解答▶別冊 p.38

1 **次の文をもとにして，あとの問いに答えなさい。**（7点×5）

右の図は，一年で昼の長さが最も短い日の午後10時から午後11時までの，北極星を中心としたいくつかの恒星(こうせい)の動きを示している。

⑴ aの付近にある5つの星は，カシオペヤ座である。右下の図の◦印を実線で結んで星座の形を描(か)きなさい。

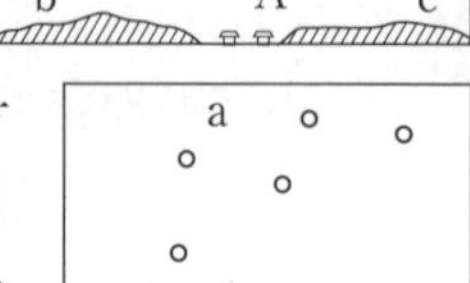

⑵ 次の文の空欄(くうらん)にあてはまる言葉をあとの**ア**～**カ**から1つずつ選び，記号で答えなさい。　①〔　　〕②〔　　〕

図のような星の動きが見られるのは，地球が［①］へ［②］をしているからである。

ア 公転　**イ** 自転　**ウ** 見かけの動き　**エ** 東から西　**オ** 西から東　**カ** 北から南

⑶ カシオペヤ座が，午後10時にdの付近に見える日を，次の**ア**～**エ**から1つ選び，記号で答えなさい。〔　　〕

ア 春分の日　**イ** 夏至(げし)の日　**ウ** 秋分の日　**エ** 冬至(とうじ)の日

⑷ 星Aはだいだい色，星Bは青白色に見えた。このことから，星A，Bおよび太陽の表面温度について正しく述べているものを次の**ア**～**エ**から1つ選び，記号で答えなさい。ただし，太陽の色は黄色である。〔　　〕

ア Aは，太陽より高くBより低い。　**イ** Aは，太陽より低くBより高い。

ウ 太陽は，Aより低くBより高い。　**エ** 太陽は，Aより高くBより低い。　〔鹿児島〕

2 **図1は，日本のある地点(北緯(ほくい)35度)における，春分の日の太陽の連続写真である。また，図2は，太陽のまわりを公転している地球のようすを示した模式図である。ただし，地球は地(ち)軸(じく)を公転面に垂直な方向から23.4度傾(かたむ)けたまま公転している。次の問いに答えなさい。**（7点×3）

〔図1〕

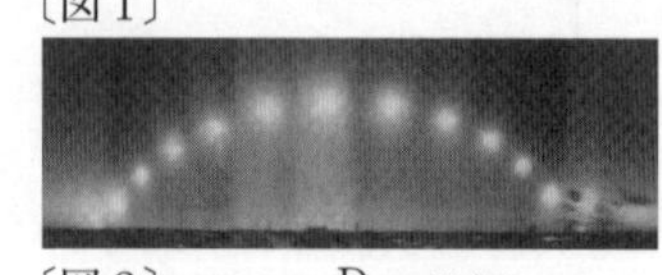

〔図2〕

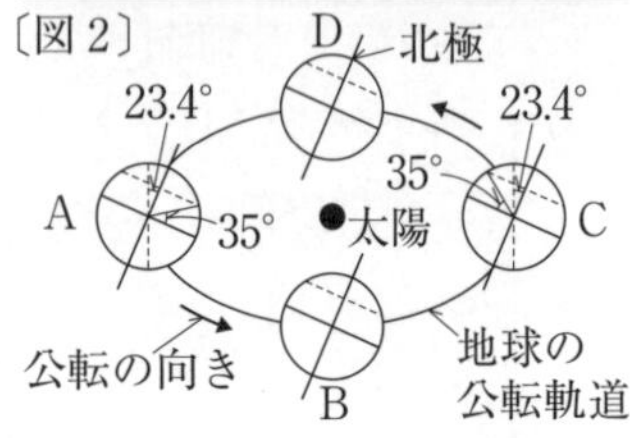

⑴ この地点における春分の日の太陽の動きを透明半球(とうめいはんきゅう)に表したものとして最も適切なものを，次の**ア**～**オ**から1つ選び，記号で答えなさい。〔　　〕

ア

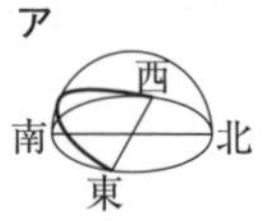

イ

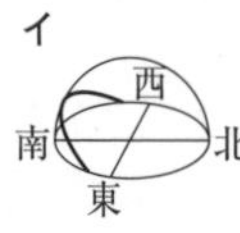

ウ

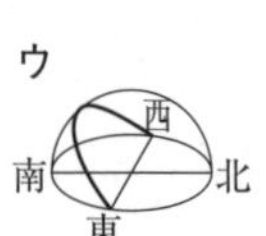

エ

オ

⑵ 春分の日の地球の位置を，図2のA～Dから1つ選び，記号で答えなさい。〔　　〕

⑶ この地点における春分の日の太陽の南中高度はおよそ何度か。次の**ア**～**オ**から1つ選び，記号で答えなさい。〔　　〕

ア 23.4°　**イ** 31.6°　**ウ** 35°　**エ** 55°　**オ** 78.4°　〔富山-改〕

▶季節による太陽の動きのちがいを理解する。
▶**星の日周運動と年周運動**を理解して使いこなせるようにする。
▶**金星の見え方**についてまとめておく。

よく出る **3** **恒星と金星について，あとの問いに答えなさい。**

○図1は，秋田県内のある地点における，ある年の1月10日，1月20日，1月30日の午後6時のみずがめ座の恒星Sと金星の位置を示したものである。

○図2は，図1と同じ年の1月20日，3月20日，5月20日の，地球の北極側から見た太陽，金星，地球と主な星座A～Dの位置関係を模式的に示したものである。ただし，みずがめ座は星座A～Dのいずれかである。

〔図1〕

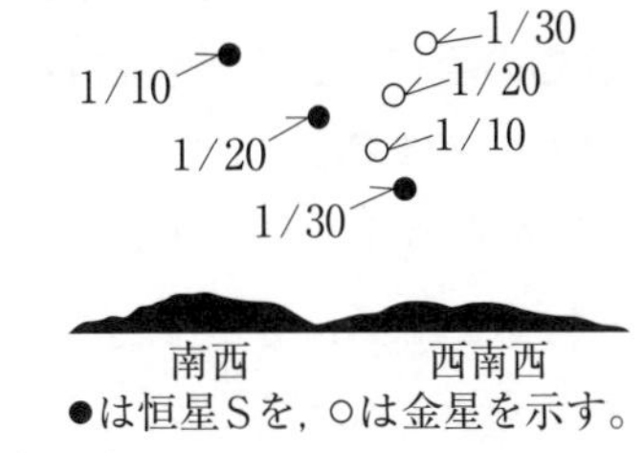

●は恒星Sを，○は金星を示す。

〔図2〕

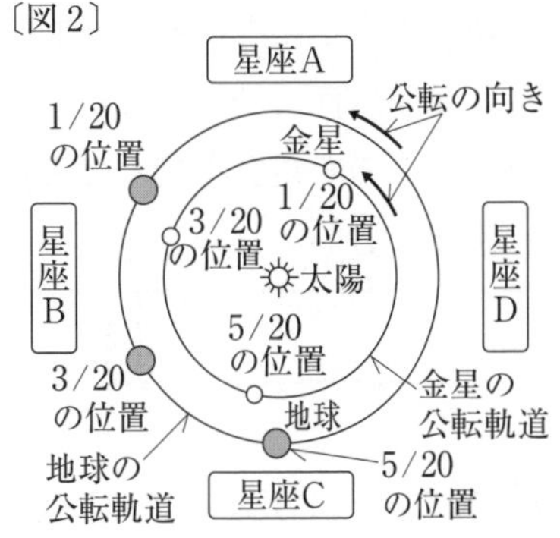

(1) 恒星Sについて説明した次の文が正しくなるように，空欄にあてはまる言葉をそれぞれ書きなさい。(5点×2)

> 恒星Sは自ら[X]や熱を出しているので，かがやいて見える。また，地球から恒星Sまでの距離(きょり)は，地球から金星までの距離に比べて[Y]。

X〔　　　　〕 Y〔　　　　〕

(2) 1月20日の午後7時に観察すると，恒星Sと金星はどの位置に見えるか，次の**ア～エ**から1つ選び，記号で答えなさい。(6点)　〔　　〕

(3) 1月20日から5月20日にかけて，地球から見える金星の見かけの大きさはどのように変化するか，書きなさい。また，5月20日に見える金星の形を次の**ア～エ**から1つ選び，記号で答えなさい。なお，**ア～エ**は肉眼で見たときと同じ向きである。(7点×2)

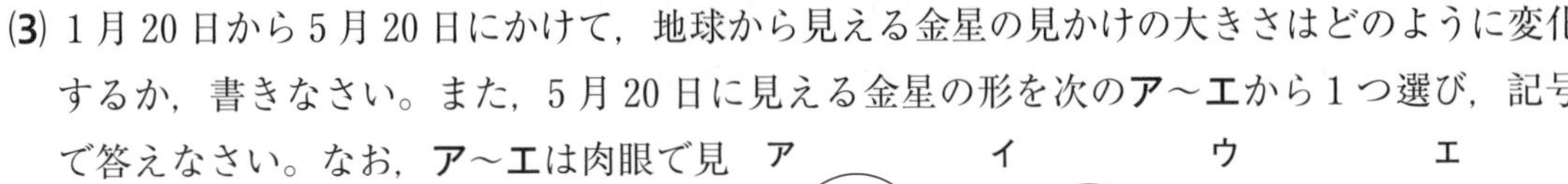

大きさ〔　　　　〕 形〔　　〕

(4) みずがめ座は図2の星座A～Dのどれか，1つ選び，記号で答えなさい。(7点)　〔　　〕

(5) 地球から見て，図2の星座Cが太陽と同じ方向になるのは，星座Bが真夜中に南中することを観察できた日から約何か月後か，書きなさい。(7点)　〔　　　　〕〔秋田−改〕

ヒント

1 (3) 北の空の星は，同時刻に観測した場合，1か月後に30°反時計まわりに動いた位置に見える。

2 (1) 春分の日は，昼の長さと夜の長さが等しくなる。

3 (3) 金星の見かけの大きさは，地球からの距離によって変わる。
(4) 1月20日の午後6時に金星と恒星Sはほぼ同じ方向に見えている。

高校入試 予想問題 (1)

時間30分 合格点70点 得点 /100点

月 日

解答▶別冊 p.39

❶ 図のように，質量2kgの2つの物体を，次の2つの方法でそれぞれ高さ3mまでゆっくりと引き上げる。質量が100gの物体にはたらく重力の大きさを1Nとして，あとの問いに答えなさい。ただし，ひもの重さおよび物体と斜面(しゃめん)との間の摩擦(まさつ)は考えないものとする。

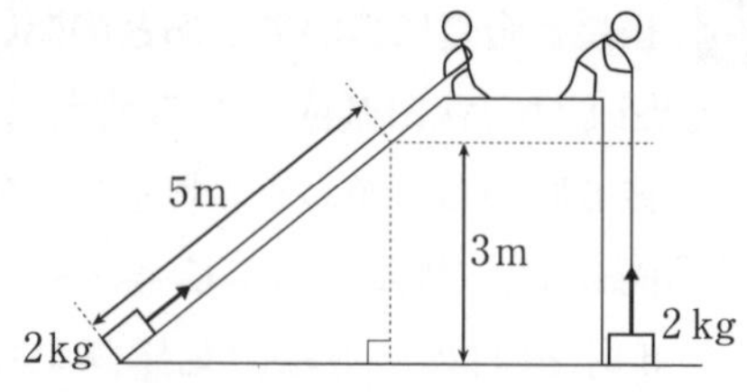

・物体を真上に引き上げる。

・物体を斜面にそって引き上げる。

(1) 物体を真上に引き上げるときの力の大きさは何Nか，求めなさい。(3点)

(2) 物体を真上に3m引き上げるのに必要な仕事は何Jか，求めなさい。(4点)

(3) 物体を斜面にそって5m引き上げるときの引く力の大きさは何Nか，求めなさい。(4点)

(4) いろいろな道具を使っても使わなくても仕事の大きさは変わらない。このことを何というか，書きなさい。(4点)

(1)	(2)	(3)	(4)

❷ 透明(とうめい)なポリエチレン袋(ぶくろ)A，Bにタンポポの葉を入れ，袋C，Dには何も入れずに，袋A～Dに息を吹(ふ)き込(こ)んでから，それぞれの袋の中の二酸化炭素の割合(濃度(のうど))を測定した。この後，袋A～Dを輪ゴムで密閉し，図のように袋A，Cを光があたる場所に，袋B，Dを暗所に放置した。数時間後，袋A～Dの中の二酸化炭素の割合を測定し，放置する前と比べると表のようになった。次の問いに答えなさい。

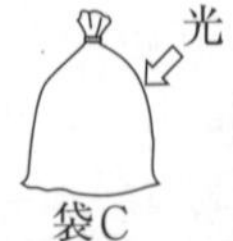

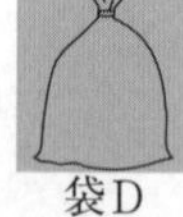

	袋A	袋B	袋C	袋D
二酸化炭素の割合(濃度)	減少した	増加した	変化なし	変化なし

(1) 葉の表皮にある二酸化炭素などの気体の出入り口となっているすきまを何というか，書きなさい。(3点)

(2) 袋C，Dを用意した目的について，次の文の空欄(くうらん)にあてはまる言葉を書きなさい。(3点×2)

袋を置く場所にかかわらず，（　①　）の変化が，（　②　）によることを確かめるため。

(3) 袋A，Bのタンポポの葉のはたらきについて述べたものとして適切なものを，次の**ア**～**エ**から1つずつ選び，記号で答えなさい。(4点×2)

ア 光合成だけを行っていた。

イ 呼吸だけを行っていた。

ウ 光合成と呼吸の両方を行っていたが，光合成の方が盛(さか)んであった。

エ 光合成と呼吸の両方を行っていたが，呼吸の方が盛んであった。

(4) タンポポが種子によってふえるのに対して，ゼニゴケは何によってふえるか，書きなさい。

（3点）

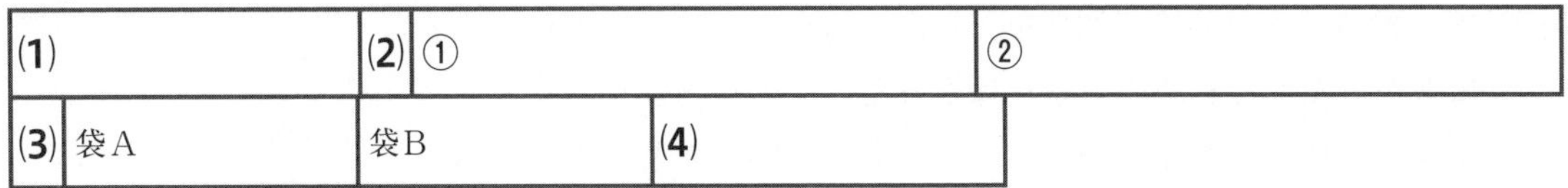

(1)		(2) ①	②
(3) 袋A	袋B	(4)	

❸ **右の図のように，三角フラスコに石灰石（せっかいせき）とうすい塩酸を加えて気体を発生させ，はじめに出てきた気体を試験管2本分捨てた。その後，発生している気体を試験管に集め，水中でゴム栓（せん）をしてとり出した。ゴム栓をとり，石灰水を加え，再びゴム栓をしてよく振（ふ）ると白く濁（にご）った。次の問いに答えなさい。**（5点×3）

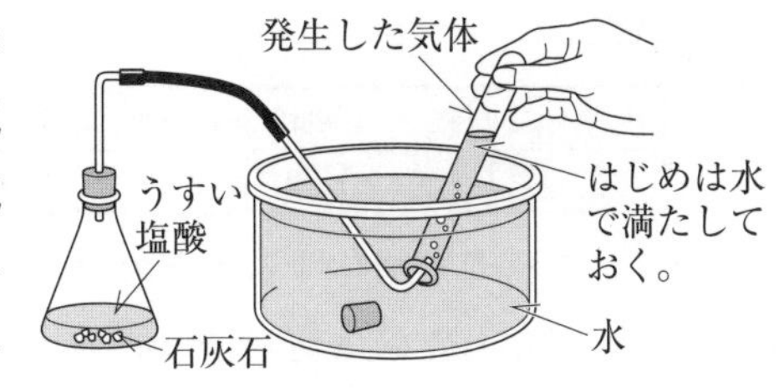

(1) 図のような気体の集め方を何というか，書きなさい。

記述式 (2) はじめに出てきた気体を捨てたのはなぜか，その理由を簡単に書きなさい。

(3) 実験の結果より，発生した気体は何か，書きなさい。

(1)	(2)
(3)	

❹ **学校周辺の2地点A，Bで，地層を調べ，観察記録をもとに図1，図2の柱状図をつくった。なお，この地域の地層では，しゅう曲や断層は見られない。次の問いに答えなさい。**

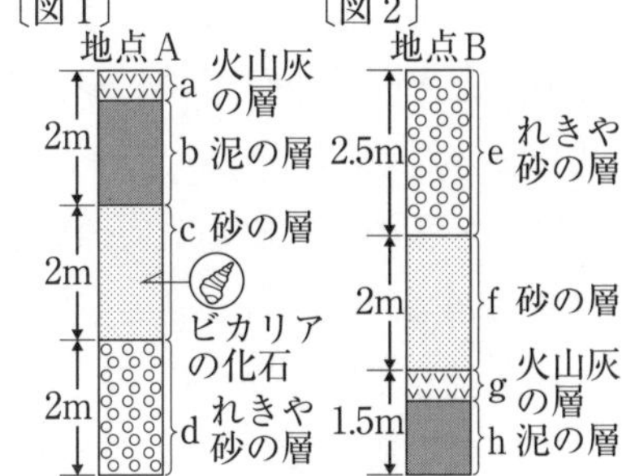

(1) cはビカリアの化石を含（ふく）んでいたので，新生代に堆積（たいせき）したとわかる。このように，地層の堆積した年代を決めるのに役立つ化石を何というか，書きなさい。（4点）

(2) れき，砂，泥（どろ）のうち，海岸から最も遠い海底に堆積するものはどれか，書きなさい。（4点）

(3) 図1の地層の重なり方から，b，c，dが堆積した期間の地点Aの環境の変化として考えられるものを，次の**ア**～**エ**から1つ選び，記号で答えなさい。（4点）

ア 浅い海から，深い海となり，再び浅い海へと変わっていった。

イ 深い海から，浅い海となり，再び深い海へと変わっていった。

ウ 浅い海から，深い海へと変わっていった。

エ 深い海から，浅い海へと変わっていった。

(4) aの火山灰と，gの火山灰を調べたところ，同じ火山の同じ噴火による火山灰であることがわかった。c，d，e，fを，堆積した時代が古い順に並べなさい。（5点）

(1)	(2)	(3)	(4)

❺ 次の実験について，あとの問いに答えなさい。（5点×3）

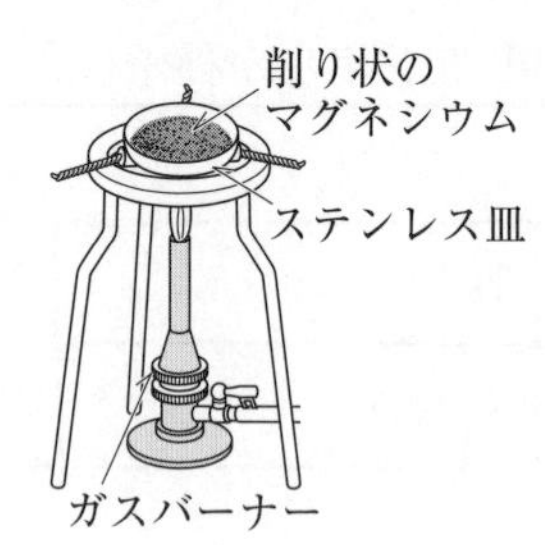

〔実験〕 1.44 g の削り状のマグネシウムを，ステンレス皿全体に広げ，図のような装置で加熱を行った。ステンレス皿の温度が十分に下がったあと物質の質量をはかった。その後再び加熱をし，ステンレス皿の温度が十分に下がったあとの物質の質量をはかる操作を繰り返して，その変化を調べたところ，下の表の結果が得られた。

加熱した回数	1回目	2回目	3回目	4回目	5回目
物質の質量〔g〕	1.92	2.16	2.34	2.40	2.40

(1) マグネシウムが酸化するときの化学反応式を書きなさい。

(2) 完全に酸化したのは何回目の加熱と考えられるか，書きなさい。

(3) 表の結果から，マグネシウムの質量と結びつく酸素の質量の比を，最も簡単な整数の比で表しなさい。

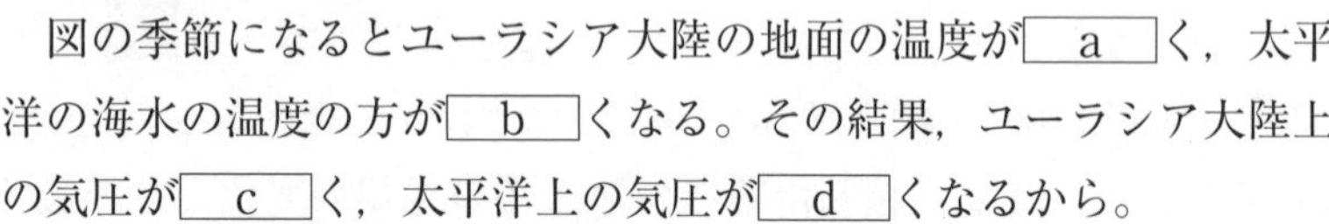

❻ 右の図は，ある日の日本付近の雲のようすである。次の問いに答えなさい。

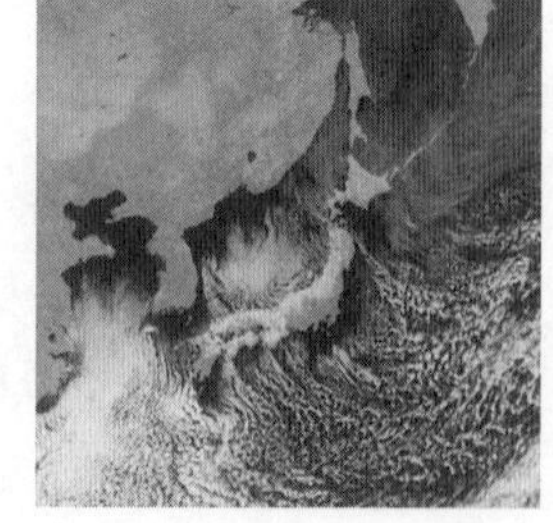

(1) 図は，どの季節の雲のようすか，書きなさい。（4点）

(2) 図のとき，日本付近の気象に大きな影響をあたえている気団の名称を書きなさい。（4点）

(3) 図のときの季節風が吹く原因について，次の文中の空欄にあてはまることばの組み合わせとして正しいものを，表の**ア**～**エ**から1つ選び，記号で答えなさい。（5点）

図の季節になるとユーラシア大陸の地面の温度が［ a ］く，太平洋の海水の温度の方が［ b ］くなる。その結果，ユーラシア大陸上の気圧が［ c ］く，太平洋上の気圧が［ d ］くなるから。

	a	b	c	d
ア	高	低	高	低
イ	高	低	低	高
ウ	低	高	高	低
エ	低	高	低	高

(4) 図のような気象現象が起こる層の厚さは，地球を直径 12.8 cm の球とすると球の表面から何 cm か，次の**ア**～**エ**から1つ選び，記号で答えなさい。実際の地球の半径は 6400 km とする。（5点）

ア 0.01 cm
イ 0.5 cm
ウ 1 cm
エ 15 cm

(1)	(2)	(3)	(4)

高校入試 予想問題 (2)

時間 30分　合格点 70点　得点 /100点

解答▶別冊 p.40

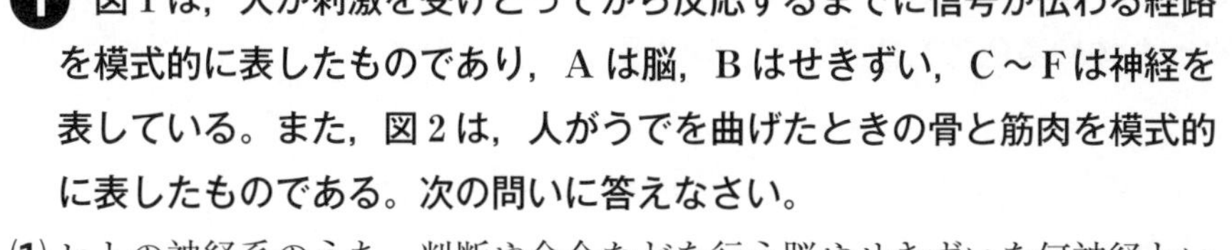

❶ 図1は，人が刺激(しげき)を受けとってから反応するまでに信号が伝わる経路を模式的に表したものであり，Aは脳，Bはせきずい，C～Fは神経を表している。また，図2は，人がうでを曲げたときの骨と筋肉を模式的に表したものである。次の問いに答えなさい。

〔図1〕

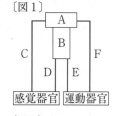

A　B　C　D　E　F　感覚器官　運動器官

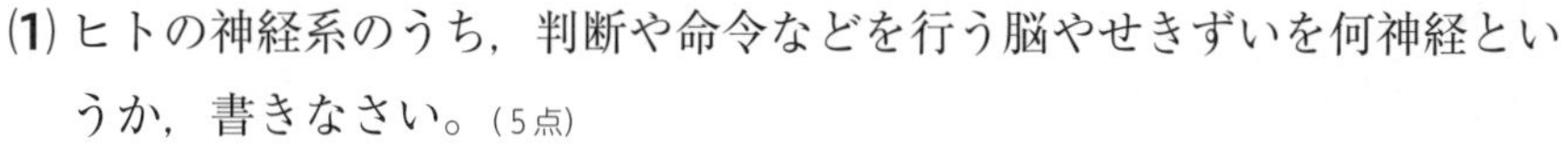

(1) ヒトの神経系のうち，判断や命令などを行う脳やせきずいを何神経というか，書きなさい。(5点)

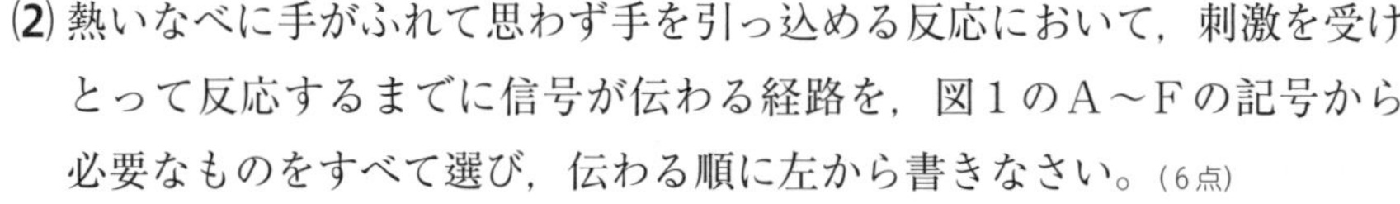

(2) 熱いなべに手がふれて思わず手を引っ込(こ)める反応において，刺激を受けとって反応するまでに信号が伝わる経路を，図1のA～Fの記号から必要なものをすべて選び，伝わる順に左から書きなさい。(6点)

〔図2〕

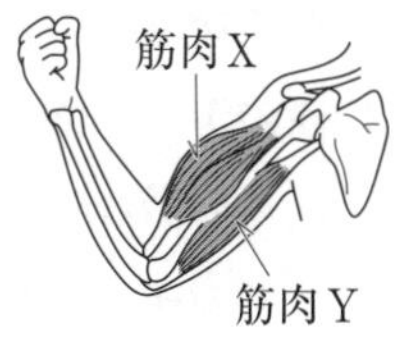

(3) 図2の状態からうでをのばすとき，図2の筋肉Xと筋肉Yはどうなるか。次のア～エから1つ選び，記号で答えなさい。(5点)

ア 筋肉Xも筋肉Yも縮む。　**イ** 筋肉Xも筋肉Yもゆるむ。

ウ 筋肉Xはゆるみ，筋肉Yは縮む。　**エ** 筋肉Xは縮み，筋肉Yはゆるむ。

(1)	(2)	(3)

❷ 図1のように，電熱線aと電気抵抗(てんきていこう)35Ωの電熱線bを用いた回路で，電熱線aの電圧と電流を調べると，表の結果が得られた。次の問いに答えなさい。(5点×4)

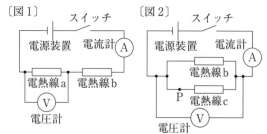

〔図1〕 スイッチ　電源装置　電流計　A　電熱線a　電熱線b　V　電圧計

〔図2〕 スイッチ　電源装置　電流計　A　電熱線b　P　電熱線c　V　電圧計

電圧〔V〕	0	2.0	3.0	4.0	6.0
電流〔mA〕	0	80	120	160	240

(1) 電熱線aの電気抵抗は何Ωか，求めなさい。

(2) 図1の回路の電圧計が7.0Vを示しているとき，電熱線bの両端(りょうたん)に加わる電圧は何Vか，求めなさい。

(3) 図2のように，電熱線bと電熱線cを用いた回路のスイッチを入れると，電圧計は1.4Vを，電流計は120mAを示した。このとき，回路のP点を流れる電流は何mAか，求めなさい。

(4) 図1，図2の回路のスイッチを入れ，電流計がいずれも180mAを示すように電源装置を調整した。このとき，消費する電力が最も大きい電熱線はどれか，次の**ア**～**エ**から1つ選び，記号で答えなさい。

ア 図1の電熱線a　**イ** 図1の電熱線b

ウ 図2の電熱線b　**エ** 図2の電熱線c

(1)	(2)	(3)	(4)

3 **右の図のように，タマネギの根に等間隔に印をつけ，1日後の成長のようすを観察した。次に，根の先端を5mmほど切りとり，約60°Cの塩酸に入れて数分間おいた。これをスライドガラスにのせ，柄つき針でほぐし，酢酸カーミン液を加えてプレパラートをつくり，顕微鏡で赤く染まった核や染色体を観察した。次の問いに答えなさい。**

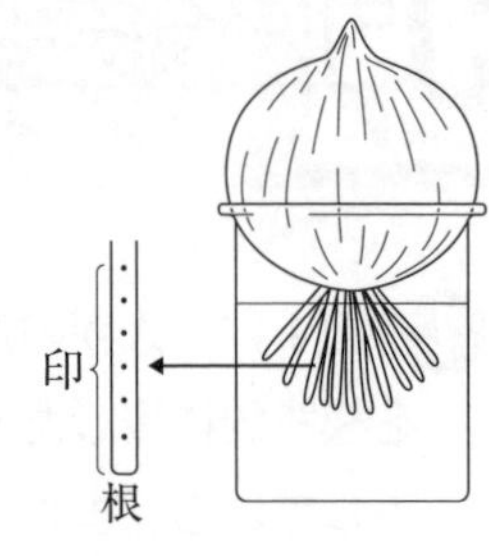

(1) 根が成長すると，はじめにつけた印の間隔はどのようになると考えられるか，右の**ア**～**エ**から1つ選び，記号で答えなさい。(5点)

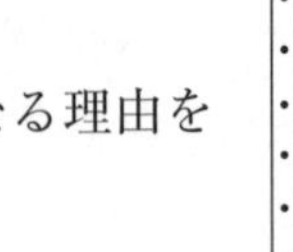

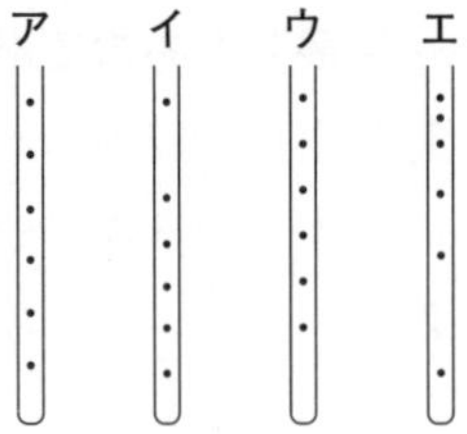

記述式 (2) 下線部の処理を行うと，細胞分裂のようすが観察しやすくなる理由を書きなさい。(6点)

(3) 根の1つの細胞が2つの細胞に分裂する過程で，1つの細胞がもつ染色体の数はどのように変化するか，次の**ア**～**エ**から1つ選び，記号で答えなさい。ただし，タマネギの1つの細胞がもつ染色体の数を16本とする。(5点)

ア 16本⟶32本⟶16本　**イ** 16本⟶32本⟶64本

ウ 16本⟶ 8本⟶ 8本　**エ** 16本⟶ 8本⟶16本

(1)	(2)	(3)

4 **図1のような振り子をつくり，おもりをA点から静かにはなすと，おもりはB，C，D点を通って反対側の最高点であるE点に達した。摩擦や空気の抵抗は考えないものとして，次の問いに答えなさい。(5点×3)**

〔図1〕

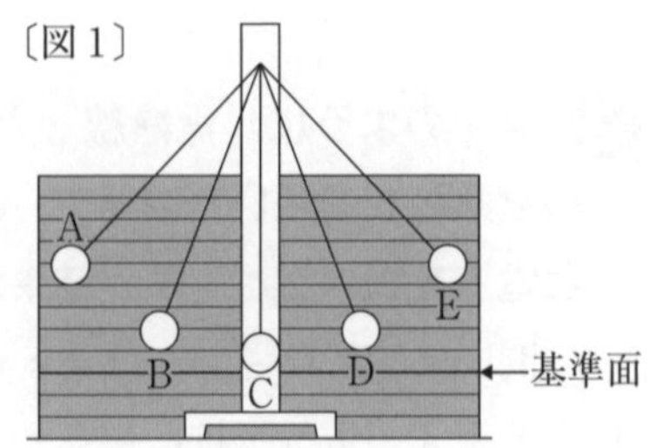

(1) A点でおもりをはなした瞬間のおもりにはたらく力を矢印で表した図として最も適切なものを，図2の**ア**～**エ**から1つ選び，記号で答えなさい。

(2) 図1のB，C，D，Eの各点のうち，おもりの速さが最大になる位置はどの点か，記号で答えなさい。

〔図2〕

ア

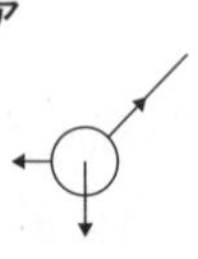

イ

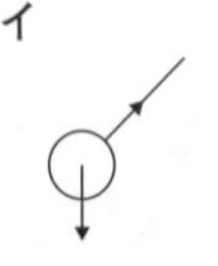

ウ

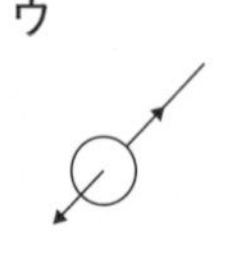

エ

(3) おもりの「水平方向の位置」と「位置エネルギーと運動エネルギーの大きさ」の関係を表す模式図を，図3の**ア**～**エ**から1つ選び，記号で答えなさい。ただし，破線は位置エネルギーを，実線は運動エネルギーをそれぞれ表している。

〔図3〕

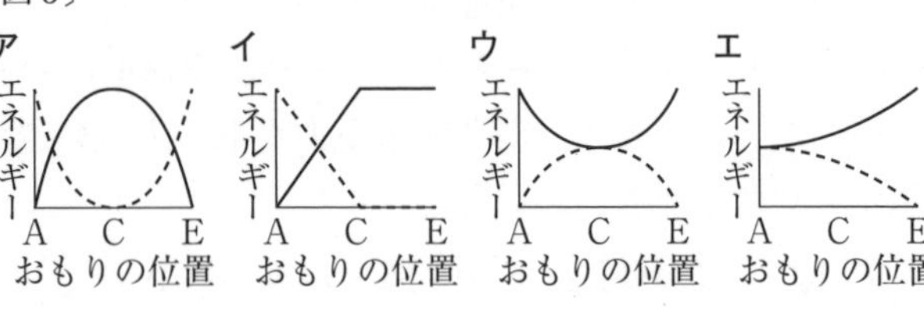

(1)	(2)	(3)

5 **図1は，地球，太陽，黄道付近にある主な星座の位置を模式的に表したものである。また，図中のAは春分の地球の位置を示している。次の問いに答えなさい。**（5点×3）

〔図1〕

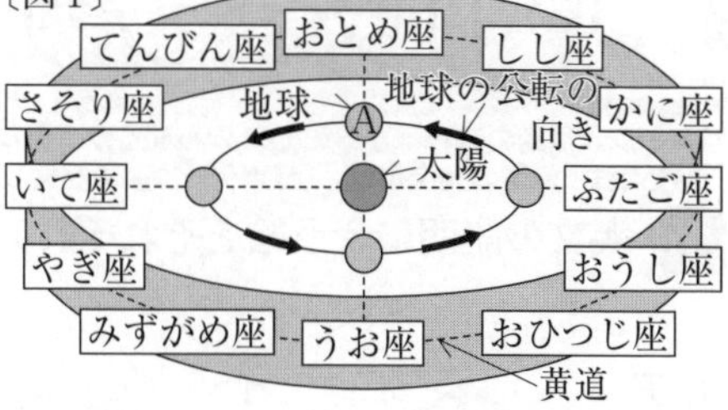

(1) 図1のAの位置にある地球の北極側を，公転面に対して垂直な方向から見たときの北極点の位置を，図2の**ア**～**エ**から1つ選び，記号で答えなさい。

(2) 日本のある地点で夏至の南の空に図3のような形の半月が見えた。このとき月は，地球から見てどの星座の方向にあるか，次の**ア**～**エ**から1つ選び，記号で答えなさい。

ア いて座　　**イ** うお座
ウ ふたご座　　**エ** おとめ座

〔図2〕

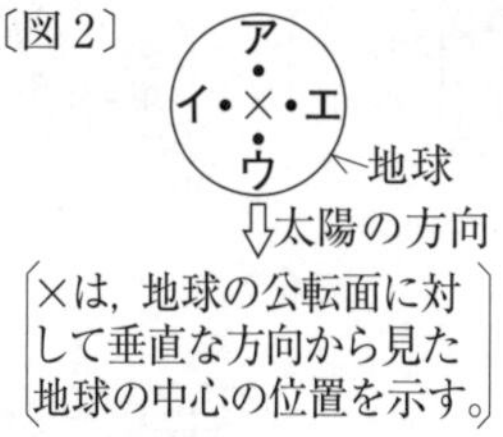

〔図3〕

(3) 日本のある地点で，ふたご座を観察した。午前0時に南中しているふたご座が，午前6時に南中するのは何か月後か，次の**ア**～**エ**から1つ選び，記号で答えなさい。

ア 3か月後　　**イ** 6か月後
ウ 9か月後　　**エ** 12か月後

(1)	(2)	(3)

6 **硫酸マグネシウム水溶液，硫酸亜鉛水溶液，硫酸銅水溶液の3種類の水溶液と，マグネシウム，亜鉛，銅の3種類の金属板を用意し，マイクロプレートに次の表のような組み合わせで入れて反応のようすをまとめた。X～Yは変化が見られた組み合わせである。あとの問いに答えなさい。**（6点×3）

	マグネシウム(Mg)	亜鉛(Zn)	銅(Cu)
硫酸マグネシウム水溶液	－	変化なし	変化なし
硫酸亜鉛水溶液	X	－	変化なし
硫酸銅水溶液	Y	Z	－

(1) 表のXではマグネシウムに金属が付着した。マグネシウムに付着した金属は何か，名称を書きなさい。

記述式
(2) 表のY，Zでは，反応が進むにつれて水溶液の色がうすくなった。その理由を簡単に書きなさい。

(3) 表のXでは灰色の固体が，YとZでは赤色の固体が現れた。マグネシウム，亜鉛，銅をイオンになりやすい順に，元素記号で左から並べなさい。

(1)	(2)
(3)	

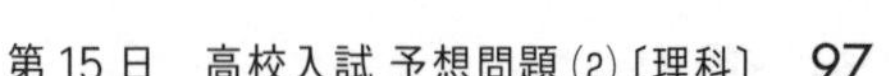

第1日

英語 English

リスニング (1)

月　日

時間30分　合格点70点　得点 /100点

リスニング問題の音声は左下のQRから聞くか，無料でデータをダウンロードいただけます。
「高校入試　5科の完全復習」「音声データ」で検索してください。

解答▶別冊 p.41

♪1 **1** 英文の説明に合う絵をそれぞれア～エから１つずつ選び，記号で答えなさい。(4点×3)

〔奈良〕

(1) ア 　イ 　ウ 　エ 　(　　)

(2) ア 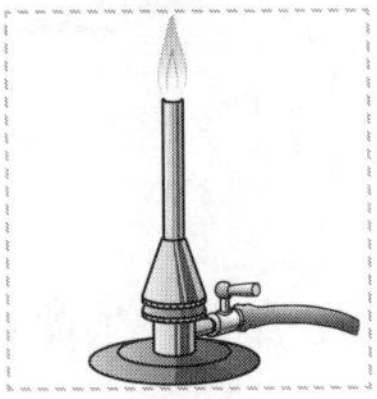　イ 　ウ 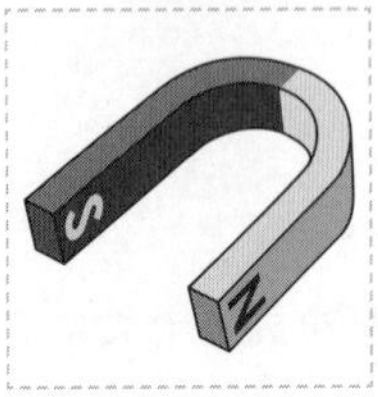　エ 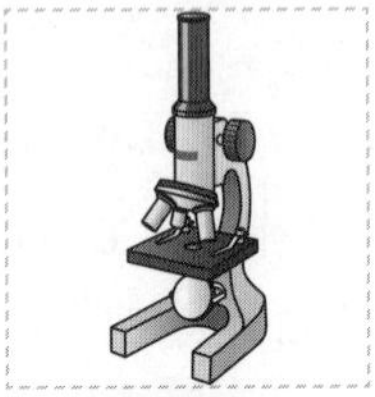　(　　)

(3) ア 　イ 　ウ 　エ 　(　　)

♪2 **2** トムとミカの会話を聞いて，それに続く２つの質問に対する答えとして最も適しているものを，それぞれア～エから１つずつ選び，記号で答えなさい。(4点×2)

〔大阪〕

(1) ア Two.　イ Three.　ウ Five.　エ Nine.　(　　)

(2) ア Living with her family.
イ Coming back to London.
ウ Talking with people from different countries.
エ Sending e-mails to her friends.　(　　)

♪3 **3** カズオと留学生のリンダとの会話を聞いて，次の質問に日本語で答えなさい。(6点×3)

〔埼玉〕

(1) リンダの母は，日本に何週間滞在する予定ですか。
(　　　)週間

(2) カズオがリンダに沖縄をすすめた理由は，そこに何があるからですか。
美しい(　　　)

(3) リンダが図書館に行くのは，何のためのどのような場所を見つけたいからですか。
(　　　　　　)場所

傾向と対策

▶ メモは**カタカナ**か**ひらがな**で書くこと。
▶ **人の名前，場所，時を表す語**などが聞こえたら，メモすること。
▶ 絵のある問題では，音声が始まる前に，**絵がちがうところに注目**しておくこと。

♪4
4 ヒロシはアメリカで短期間の留学をしています。これから留学担当の先生が今週の予定などについて説明をします。その説明について，4つの質問をします。その質問の答えとなるように，それぞれの空欄に入る1語を英語で書きなさい。(6点×4) 〔新潟〕

(1) He will listen to some (　　　　) American songs.

(2) He will watch a (　　　　) game.

(3) They have studied it for (　　　　) months.

(4) He will talk about his (　　　　).

♪5 記述式
5 あるラジオ放送で流れたニュースの一部を聞いて，それについての英語の質問に対する答えを英語で書きなさい。(7点×2) 〔東京〕

(1) ______________________________

(2) ______________________________

♪6
6 ALT の Ms. Jenny がアメリカと日本の学校の夏休みのちがいについて授業で話します。英文の内容に合うように，メモの中のそれぞれの空欄に入る1語を英語で書きなさい。(8点×3) 〔山梨〕

〈メモ〉
(1) Summer vacation in America is (　　　　) than summer vacation in Japan.
(2) Students in America can do many different things in their (　　　　) time.
(3) Students in Japan can (　　　　) the things they have learned easily because of their homework during summer vacation.

ヒント

4 (3) 前の for，あとの months から，「数」が入ることがわかる。
6 (1) あとの than から，比較級の文であることがわかる。

月　日

リスニング (2)

時間 30分　合格点 70点　得点 /100点

解答▶別冊 p.44

♪7 **1** 飛行機の出発直後の機内放送を聞き，メモを完成させなさい。（5点×2）〔富山〕

〈メモ〉
(1) (　　　)月(　　　)日(　　　)曜日の
(2) 朝(　　　)時(　　　)分に到着

♪8 **2** それぞれの会話の最後の発言に対する受け答えとして最も適当なものを，それぞれア～エから1つずつ選び，記号で答えなさい。（5点×3）〔佐賀〕

(1) ア How about Chinese food?　イ I'll wait for you in front of the restaurant.
ウ That sounds nice to me.　エ The restaurant opens at 6 o'clock.　(　　)

(2) ア It is important to do volunteer work.　イ I have a lot of housework to do.
ウ I don't know what to do.　エ I cleaned the station near my house.
(　　)

(3) ア To Sydney.　イ My sister.　ウ From Fukuoka.　エ One week.　(　　)

♪9 **3** 中学生のユミと留学生のマークの会話を聞いて，それに続く質問の答えとして最も適している絵を，それぞれア～エから1つずつ選び，記号で答えなさい。（6点×3）〔静岡〕

(1) ア

イ

ウ

エ

(　　)

(2) ア　イ

ウ

エ

(　　)

(3) ア

イ

ウ

エ

(　　)

▶ 日本語のメモや選択肢は必ず先に見て，**読まれる内容を予想**すること。
▶ **時計の絵**があったら，必ず**数字**をメモすること。
▶ 英文の空欄から，入れるべき語の**品詞**をまちがえないように書くこと。

♪10 **4** **オーストラリアから留学に来ているアダムが書いた英文を読みます。次にその内容について，3つ質問をします。それぞれの質問に対する答えとして最も適しているものを，それぞれア～エから1つずつ選び，記号で答えなさい。**（7点×3） 〔北海道〕

(1) ア In Japan.　イ From his friend.　ウ Last month.　エ At a Japanese school.　(　　)

(2) ア By talking with a student from Australia.
イ By learning about the history of comics in Australia.
ウ By making comics with his classmate.
エ By reading comics about old Japanese stories.　(　　)

(3) ア He wants them to go to Japan for comics about history.
イ He wants them to learn about the history of Australia.
ウ He wants them to give comics to people in Australia.
エ He wants them to make comics about the history of Australia.　(　　)

♪11 **5** **中学生のミキが夏休みに参加したオーストラリアでの語学研修についてスピーチしたものを聞いて，あとの問いに答えなさい。** 〔岐阜〕

(1) 次の①～③の質問に対する答えを，スピーチの内容に即して，英語で書きなさい。ただし，____の部分には1語ずつ書くこと。（8点×3）

① At first, how did Miki feel when she was asked simple questions?
— She felt it was _________ to answer the simple questions.

② Why did Miki feel sorry?
— Because she could not tell the things other students wanted to _________ .

③ What does Miki want to do in the future?
— She wants to go _________ again and tell people more about Japan in better English.

(2) スピーチの内容に合うものを，次の**ア～エ**から1つ選び，記号で答えなさい。（12点） (　　)

ア Miki was happy because she was able to answer every question about Japan in English.
イ Miki found that she should know more about her own country.
ウ Miki was born in Australia and grew up in Japan.
エ Miki is not studying about Japanese culture because she is not interested in it.

ヒント

5 (1) ② wanted to のあとなので，動詞の原形が入る。
③ go のあとなので，行く場所が入る。

月　日

語句の選択・補充 (1)

時間30分　合格点70点　得点　/100点

解答▶別冊 p.47

よく出る **1** 次の各文が完成するように，(　)内で最も適する語句を1つずつ選び，記号で答えなさい。(6点×4)

(1) I (ア will　イ do　ウ did　エ have) never been to that country.　(　　)

(2) The boy (ア draws　イ drawing　ウ can draw　エ will draw) a picture under the tree is my brother.　(　　)

(3) Do you think tennis is (ア much　イ more　ウ most　エ the most) exciting than baseball?　(　　)

(4) *A* : We're a family of three. How (ア about　イ large　ウ many　エ much) are there in your family?
B : There are five in my family.　(　　)　〔函館ラ・サール高〕

2 次の対話文や英文の(　)内に最も適する1語を書き，文を完成しなさい。(6点×5)

(1) *A* : I have a headache. I think I have a cold.
B : That's too (　　　).

(2) *A* : Hello. Can I speak to Mr. Green, please?
B : I'm sorry. He's out right now. Can I take a (　　　)?

(3) *A* : Lunch is ready. Please (　　　) yourself.
B : Thank you.　〔以上　広島大附高〕

(4) A (　　　) is a book that gives a list of words and tells us what they mean.

(5) Japanese is the (　　　) that they speak in Japan.　〔以上　関西学院高〕

3 意味が通る文になるように，次の(　)に[　]内の定義にあてはまる1語を書きなさい。ただし，指定された文字で始めること。(7点×2)　〔明治大付属中野高〕

(1) In Kyoto, many tourists enjoy walking across the wooden (b　　　).
[a road, railway, or path that goes over a river, over another road etc.]

(2) He is a big man, too (h　　　) for the nurses to lift.
[with a lot of weight]

傾向と対策

▶ 選択の問題では，**選択肢のちがい**をよく確認する。
▶ 穴埋め問題では，空欄の前後から**品詞**を考える。
▶ 対話文での**決まった応答**をできるだけ多く覚える。

4 次の対話文が成り立つように，(　)内に最も適する文を１つずつ選び，記号で答えなさい。

(8点×4)〔福岡〕

(1) *A* : Let's go shopping.
B : Could you wait for ten minutes?
A : (　　　　　) I'll wait.
ア I'm not free.　イ I'm afraid I can't.　ウ No, thank you.　エ No problem.

(2) *A* : I need your help. I have to carry a lot of books.
B : Sure, Mr. Brown. (　　　　　)
A : To your classroom, thank you.
ア Did I tell you what to carry?　イ How many books do I have to carry?
ウ Please ask me how to carry them.　エ Please tell me where to carry them.

(3) *A* : Did you watch the soccer game last night?
B : Well, I wanted to watch it, but I couldn't.
A : (　　　　　)
B : I was sleeping in bed because I was sick.
ア I'm glad you watched it.　イ What were you doing?
ウ Why were you watching it?　エ I enjoyed the game with you.

差がつく
(4) *A* : May I help you?
B : Yes. I'm looking for a T-shirt for my brother.
A : (　　　　　)
B : Well, he is a little smaller than you.
ア Can I ask you his size?　イ Did you buy anything else?
ウ What size are you wearing now?　エ How many T-shirts do you need?

ヒント

1 (2) The boy ～ the tree が文の主語。
2 (5) that は目的格の関係代名詞。
4 (1) *A* が最後に「待つ」と言っていることから考える。
(2) *A* が最後に場所を答えていることから考える。

月　日

語句の選択・補充 (2)

時間30分 合格点70点 得点 /100点

解答▶別冊 p.48

1 次の絵の内容に合うように，(　)内に入れるのに最も適する語をア～エから1つずつ選び，記号で答えなさい。(5点×4)　〔秋田〕

Dear Tomoya,
How are you?
I have big news for you.

(1) The girl is Tomoya's sister.　She is (　　　　) with the dog.
ア slept　イ sleeping　ウ sleeps　エ sleep

(2) On the table, there is a piece of cake (　　　　) the cup.
ア through　イ over　ウ under　エ by

よく出る (3) Two cats are on the bed.　The black cat is not as (　　　　) as the white one.
ア small　イ smaller　ウ big　エ bigger

(4) Tomoya's aunt lives in Canada.　He just got a letter (　　　　) in English from her.
ア reading　イ writing　ウ read　エ written

よく出る **2** 次の各組の(　)内に共通して入る1語を書きなさい。(5点×6)

(1)
- (　　　　) was very difficult for me to stand up.
- Is (　　　　) beautiful outside today?

(2)
- I don't like (　　　　) cats or dogs.
- I don't like cats.　I don't like dogs, (　　　　).　〔以上　大阪女学院高〕

(3)
- I usually have bread and milk (　　　　) breakfast.
- I have wanted to go to Hokkaido (　　　　) a long time.

(4)
- He went to Africa (　　　　) a volunteer.
- She went home (　　　　) soon as she got a phone call.　〔以上　穎明館高〕

(5)
- If you are going abroad, you should study English (　　　　).
- It is (　　　　) to finish reading this book by tomorrow morning.　〔愛光高〕

(6)
- I came (　　　　) my teacher at the station.
- The bank is not on this side.　It is (　　　　) the street.　〔立教新座高〕

▶ 1つの単語の別の意味や使い方を一緒に覚えておくこと。
▶ 前置詞の使い方に慣れておくこと。
▶ 連語をできるだけ多く覚えておくこと。

3 ①，②の英文が入る最も適する場所を，対話文中のア～エの中からそれぞれ1つ選び，記号で答えなさい。(9点×2) 〔鹿児島〕

① That's OK.　② I will go shopping.

Ms. Jones : Do you have any plans for this weekend?
Yukio : Yes. (ア)
Ms. Jones : Oh, what will you buy? (イ)
Yukio : I'm going to buy a pair of running shoes. (ウ) I want to start running.
Ms. Jones : That's a good idea. It is good for you. Shall I go with you?
Yukio : Oh, I'm sorry. My friends will go with me.
Ms. Jones : (エ) I hope you can find a pair of nice shoes.

①(　　) ②(　　)

4 次の対話文の(　)に入れるのに最も適する1語を書きなさい。(8点×4)

(1) *A* : (　　) (　　) times have you been to Kyoto?
B : I've been there three times. In fact, I'm going to go there again in March with my parents.

(2) *A* : I've just started learning Spanish.
B : Oh, really? Why Spanish?
A : Because it (　　) (　　) in South American countries. I'd like to visit those countries someday.

差がつく (3) *A* : My favorite subject is math. What is (　　)?
B : I like English best. I like it better than (　　) (　　) subject.

〔以上　成城学園高〕

(4) *A* : What (　　) do people in Australia speak?
B : Many people there speak English. 〔島根〕

ヒント
1 (3) 黒いネコと白いネコのどちらが大きいかを考える。
2 (3)「長い間」を表す語句から考えるとよい。
(5) 上の文は副詞，下の文は形容詞。

第5日

英語 English

語形変化

月　日

時間30分　合格点70点　得点　／100点

解答▶別冊 p.49

1 次の(　)内にあてはまるものを選び，記号で答えなさい。(4点×3)

(1) I couldn't answer the question (　　　) by the teacher. 〔神奈川〕

ア asks　イ asking　ウ will ask　エ asked

(2) *Kenji* : I don't know what you (　　　). Can you tell me more?

Kate : No problem. 〔宮城〕

ア mean　イ means　ウ meaning　エ to mean

(3) 〔*After school*〕

A : Does your sister work in Kyoto?

B : Yes. She is a teacher. She (　　　) math at high school now. 〔福島〕

ア teach　イ teaching　ウ teaches　エ taught

2 各文のあとの(　)内の語は，文中のどの位置に，どんな形で入れると正しい文になるか。記号とその形を答えなさい。(4点×3)

よく出る (1) September ア is イ the ウ month エ of オ the カ year キ. (nine)　(　・　)

(2) Jack ア has イ collected ウ about エ two オ thousand カ stamps キ. (use)　(　・　)

(3) Thank ア you イ for ウ me エ a オ nice カ present キ on ク my ケ birthday コ. (send)　(　・　)

〔東京学芸大附高〕

3 次の各文の(　)内の語をそれぞれ適する形に直して書きなさい。(8点×3)

(1) The player ①(feel) happy when he thought of ②(visit) the United States to play baseball.　①(　)　②(　)

(2) He is one of the ①(good) baseball players that we have ever ②(see). 〔以上　国立工業高専〕　①(　)　②(　)

(3) He did not want to lose his place at the office. There was a new girl ①(work) there and she was even ②(pretty) than Ruby Trent. 〔大阪教育大附高(池田)〕　①(　)　②(　)

▶ **不規則動詞の活用**をしっかり覚えておくこと。
▶ **分詞**(現在分詞・過去分詞)の用法を理解しておくこと。
▶ 比較の文中での**形容詞・副詞**の変化を整理しておくこと。

差がつく

4 **次の(1)～(3)の2文の(　)内には同じ動詞が入る。その動詞を書きなさい。ただし，必要があれば適当な形に直しなさい。(4点×3)** 〔関西学院高〕

(1) ① The woman (　　) off her jacket and began to work.
② Some drinks were given to us after the plane (　　) off. (1)(　　　　)

(2) ① Will you tell me how to (　　) to the station?
② We need to (　　) off the bus at the next bus stop. (2)(　　　　)

(3) ① I always (　　) on the computer as soon as I get home.
② To go to the library, you should go straight and (　　) at the second corner.
(3)(　　　　)

5 **次の文の(　)内に，下に与えられた動詞の中から1語を選び，必要があれば変化させて書きなさい。(5点×8)**

(1) ① We had a party for our son yesterday. So there (　　　　) many children in this room.
よく出る ② I'm (　　　　) in Japanese *manga*. I want to go to Japan in the future.
③ The girl (　　　　) in the park is my sister.
④ My mother (　　　　) me this watch as a birthday present last year.
〔 run, know, become, like, interest, be, give, begin 〕 〔沖縄〕

(2) ① The gentleman (　　　　) to our teacher is Mr. Smith.
② The garden (　　　　) with fallen leaves is famous for its beauty.
③ We enjoyed (　　　　) on the pond.
④ You had better (　　　　) your hands before you have a meal.
〔 catch, cover, wash, talk, skate, leave, make 〕 〔大阪女学院高−改〕

ヒント

2 (3) 〈send＋人＋もの〉で「(人)に(もの)を送る」という意味。
3 (2)「今までに会った中で最高の～」という文にする。
4 (1) ①「脱いだ」，②「離陸した」

月　日

文の書きかえ

時間30分 合格点70点 得点 /100点

解答▶別冊 p.50

1 次の各組の文の意味がほぼ同じになるように，(　)に最も適する語を書きなさい。(5点×6)

よく出る (1) Do you know Mr. White's address?
Do you know (　　　) Mr. White (　　　)?　〔立教新座高〕

(2) The singer died a long time ago.
A long time (　　　) (　　　) since the singer died.　〔慶應義塾志木高〕

差がつく (3) Do you want me to pick you up at the station?
(　　　) (　　　) pick you up at the station?

(4) I can't solve this problem if you don't help me.
I can't solve this problem (　　　) your (　　　).　〔以上　慶應義塾高〕

よく出る (5) When was Horyuji Temple built?
(　　　) (　　　) is Horyuji Temple?

よく出る (6) My brother's birthday is September 18th.
My brother (　　　) (　　　) (　　　) September 18th.

〔以上　城北高〕

記述式 **2** 次の文を〔　〕内の指示にしたがって書きかえなさい。(4点×5)

(1) Study hard now, or you will not pass the exam.
〔下線部を If を用いて同じ意味の文に〕

(2) She likes tea better than coffee. 〔下線部をたずねる疑問文に〕

(3) What did he say about it? 〔Do you know に続けた文に〕　〔以上　高知学芸高〕

(4) He has stayed in Hokkaido for fourteen days. 〔下線部をたずねる文に〕

(5) She said to him, "Wash your hands." 〔不定詞を用いて同じ意味の文に〕

〔以上　日本大学高〕

傾向と対策

▶ 同じ内容をちがった表現で書けるように，できるだけ多くの問題を解いて，**書きかえのパターン**を身につけておくこと。
▶ 連語を覚えるときは，**似た語を使った表現と区別**して整理すること。

3 次のような状況のときに英語で何と言うか。（　）に最も適する語を書きなさい。（5点×4）

(1) You are in a hospital. Some boys are running there. You don't want them to run.
→ "(　　　　) run in the hospital, boys."

(2) You are waiting for your friend, David, at a movie theater. He has just come and says, "I'm sorry, I'm late." but the movie has not started yet.
→ "That's all (　　　　). The movie has not started yet."

(3) You want to send an important letter, but you have something to do. So you can't go to the post office now. Your sister Kate is not busy.
→ "Can you go to the post office (　　　　) me, Kate? I have something to do."

(4) Mary is speaking English too fast. So you don't understand her.
→ "Mary, please speak more (　　　　)."

〔長崎〕

差がつく **4** 次の各文には抜けている単語が１つあり，文法的にまちがっているか，意味が通らない文になっています。最も適切な文となるよう，前後の単語１語ずつを含めて，抜けている単語を書きなさい。（6点×5）

〔青山学院高〕

(1) Masaya finally decided go abroad to study English.
(　　　　　　　　)

(2) This box is too heavy! Can you me to carry it down the street?
(　　　　　　　　)

(3) I like vegetables, but my parents say I must eat them.
(　　　　　　　　)

(4) Hundreds people were watching the final moments of the baseball game.
(　　　　　　　　)

(5) I try to meet my grandparents a week, either on Saturday or Sunday.
(　　　　　　　　)

ヒント

1 (6)「誕生日」は「生まれた日」のこと。
3 (1) 病院内で走らないように注意をうながす文にする。
(2) デイビッドが遅刻したのを謝っていることに対して，「大丈夫ですよ」と伝える文にする。

整序・結合 (1)

時間30分　合格点70点　得点 /100点

解答▶別冊 p.52

記述式 **1** 次の(　)内の語を並べかえて，日本文の意味を表す英文を作りなさい。(4点×2)　〔城北高〕

(1) これは，世界の多くの地域で女性たちが共有する問題です。

(have / in / the / question / of / many / women / is / this / parts) the world.

______________________________ the world.

差がつく (2) 次のバスを待っている人の中には，眠そうな人もいます。

(the / look / for / some / sleepy / people / bus / waiting / next / of / the).

______________________________.

2 次の英文は，それぞれある場面での会話文です。2人の会話が自然につながるように，ア～エの文を正しく並べかえ，記号を書きなさい。(4点×3)　〔沖縄〕

(1) (電話での会話)

ア I'm very sorry, but she is out now.
イ Hello, this is Robert speaking.　May I speak to Jane?
ウ O.K.　I will.
エ Then, would you ask her to call me later?　(　→　→　→　)

(2) (先生と生徒の会話)

ア Why do you want to be a doctor?
イ What do you want to be in the future?
ウ I want to be a doctor.
エ I want to save people.　(　→　→　→　)

(3) (生徒同士の会話)

ア No, I don't have anything to do.　How about you?
イ Sure!
ウ I'm going to the beach with my brother tomorrow.　Do you want to come with us?
エ Do you have any plans tomorrow?　(　→　→　→　)

3 次の(　)内の語を並べかえて英文を作り，記号を書きなさい。(6点×4)

よく出る (1) *A* : What are you doing?

B : I'm (ア written　イ book　ウ by　エ a　オ reading) a famous American doctor.　(　→　→　→　→　)

(2) *A* : Peter is very tall!

B : Yes.　He (ア student　イ in　ウ tallest　エ is　オ the) this school.

(　→　→　→　→　)　〔以上　千葉〕

▶ **文の骨組み**をまず考えること。
▶ 英文を前から組み立てようとせず，必ず**セットになる部分**を少しずつ組み合わせて考えること。

(3) *A* : How was the lesson? Was it difficult to play tennis?
B : Yes, it was. I played (ア the イ it ウ for エ first) time. But I enjoyed it.
(→ → →)

(4) *A* : Do you remember (ア she イ come ウ when エ will)?
B : Yes. Next Friday. (→ → →) 〔以上 愛媛〕

4 **次の日本文の意味に合うように( )内の語句を並べかえ，(1)・(2)は( )内で3番目と6番目に，(3)・(4)は3番目と5番目にそれぞれくるものの記号を書きなさい。**(8点×4)

よく出る **(1)** 私は何か温かいものが食べたいです。 3番目( ) 6番目( )
(ア to イ something ウ would エ hot オ I カ like) eat.

(2) 私はボブがくれた指輪が好きです。 3番目( ) 6番目( )
I (ア ring イ Bob ウ like エ gave オ which カ the キ me). 〔以上 成城学園高〕

(3) このプログラムは私たちの学校に導入される予定です。 3番目( ) 5番目( )
(ア be イ going ウ into エ introduced オ is カ to キ this program) our school.

(4) 1ケ月以上もほとんど雨が降っていません。 3番目( ) 5番目( )
(ア for イ had ウ have エ little オ more カ rain キ than ク we) one month.
〔以上 立教新座高－改〕

5 **次の(1)〜(4)の各文に下の[A群]と[B群]のどれとどれを組み合わせると最も自然な文になるか。その組み合わせを[A群]，[B群]から選んで，それぞれ記号を書きなさい。ただし，同じ語句を2度使ってはいけません。**(6点×4) 〔上宮太子高〕

(1) We'll go to the zoo A群( ) B群( )
差がつく **(2)** Get up at once, A群( ) B群( )
(3) It was very hot, A群( ) B群( )
(4) They have known each other A群( ) B群( )

[A群]		[B群]	
ⓐ	so	ア	you'll be late for school.
ⓑ	since	イ	it is fine tomorrow.
ⓒ	if	ウ	they were children.
ⓓ	or	エ	I couldn't sleep well.

ヒント
1 (1)「これは問題だ」を先に置く。
3 (2) 最上級の文。 (3)「初めて」の意味。
4 (4) 継続を表す現在完了の文。

第8日

英語 English

月　日

整序・結合 (2)

時間30分　合格点70点

得点　/100点

解答▶別冊 p.53

よく出る　記述式

1 次の( )内の語を並べかえて，英文を完成しなさい。(8点×3)

(1) *A* : (many / have / how / you / countries) visited?
B : Three. They are Germany, Canada, and Australia. 〔宮崎〕

______________________________ visited?

(2) *Bill* : What are these cloths?
Megumi : They are *furoshiki*. They (used / something / wrap / when / are / you). 〔山形〕

They ______________________________.

(3) *A* : How about going to see a movie together?
B : Sure. When will we go?
A : I'll (the / in / free / afternoon / be) tomorrow. How about you? 〔石川〕

I'll ______________________________ tomorrow.

よく出る　記述式

2 次の( )内の語を並べかえて，英文を完成しなさい。(8点×2)

(1) *Masato* : You play the guitar so well, Sara.
Sara : Thank you, Masato. I just love playing it.
Masato : Well, (have / played / long / you / how) the guitar?
Sara : For about 10 years. 〔高知〕

Well, ______________________________ the guitar?

(2) (教室で)
Mark : Hiroshi, I really enjoyed your guitar performance at the school festival yesterday.
Hiroshi : Thank you, Mark.
Mark : Why can you play the guitar so well?
Hiroshi : My father helps me a lot. He is always busy with his work, but he teaches me every day. So (he / I / happy / when / felt) came to see me and listened to my guitar performance yesterday.
Mark : That's nice. 〔岐阜〕

So ______________________________ came to see me and listened to my guitar performance yesterday.

▶ 会話の中の並べかえは，**前後の話の内容をよく読む**こと。
▶ 文を並べかえるときは，**接続詞から時の流れ**を考え，**代名詞が指す語句から人やものの動き**を考えること。

よく出る **3** 次の日本文を（　）内の語を並べかえて英文にするとき，1語だけ不足している。その語を書きなさい。ただし，文頭にくる語も小文字で書いてあります。(8点×3)

(1) 今，手紙を書き終えたところです。　（　　　）
(I / a / letter / just / have / writing).

(2) 彼は音楽には興味がないと思います。　（　　　）
(he / music / think / is / don't / I / interested).

(3) 寝る前に歯をみがきなさい。　（　　　）
(you / clean / go / your / to / teeth / bed).　〔東海大付属浦安高〕

差がつく **4** 次の英文のあと，ア～キの文を正しく並べかえて意味が通るようにするとき，2番目，5番目，7番目に入る文を記号で答えなさい。(12点×3)　〔豊島岡女子学園高〕

Soccer is the number one sport in Brazil. How did it begin there?

ア So he made a great effort to make a soccer team and the first soccer league in the country.
イ In 1894, he went back to Brazil with two soccer balls and a book about soccer rules to teach soccer in Brazil.
ウ While he was in England, he studied and also learned to play soccer.
エ By the 1920s soccer was everywhere in the country, and today people think that Miller is the father of soccer in Brazil.
オ Charles Miller, a boy from *São Paulo, was sent to school in England in 1884.
カ After he came back, he tried to make soccer popular in Brazil.
キ It was because his father was from Scotland and he wanted his son to study in the U.K.

(注) São Paulo　サンパウロ

2番目（　　）　5番目（　　）　7番目（　　）

ヒント
2 (1) 期間を答えていることから考える。
3 (2)「興味がないと思う」は「興味があると思わない」と表す。

内容に関する設問 (1)

⏱時間30分 👍合格点70点 得点 /100点 月 日

解答▶別冊 p.55

1 アメリカに留学しているユウジは友人のジョンから次の e-mail を受け取りました。この中でジョンがユウジに頼んでいることを１つ選び，記号で答えなさい。(7点) 〔高知〕

> Hi, Yuji.
> I'm sorry, I can't meet you at three this afternoon because I haven't finished my homework yet. Now I have to go to the library and borrow some books.
> Can you meet me at seven this evening? I'll finish it by then. I'll call you later.
> Thanks.
> John

ア 終わっていない宿題を手伝うこと。　イ 図書館から本を借りること。
ウ 待ち合わせの時間を変更すること。　エ あとで電話をかけること。 (　　)

よく出る **2** 次のコンピュータの製品比較表を見て，下の(1)，(2)の質問の答えとして最も適切なものを１つ選び，記号で答えなさい。(6点×2) 〔島根〕

	Price	Portable	More than 4GB memory	Long battery life
Sofia	$500		○	
Lukas	$600	○		○
Com 10	$800	○	○	
Force pro	$1,200	○	○	○

(1) You want the cheapest computer that you can use outside the house. Which computer are you going to buy?
ア Sofia　イ Lukas　ウ Com 10　エ Force pro (　　)

(2) Which is true about the computers?
ア Sofia's battery works for a long time.　イ Lukas has more memory than Sofia.
ウ Com 10 is the most expensive of the four.　エ Force pro is easy to carry around.
(　　)

よく出る **3** 次の英文の表題として最も適切なものを１つ選び，記号で答えなさい。(9点) 〔高知〕

Some people say that they can't sleep well at night and can't get up early in the morning. I think this is a *serious problem because sleeping well is important for your *health. If you have this kind of problem, please try these three things. First, when you get up, please get the morning *sunlight. Then your *body clock will work better and you will sleep well at night. Second, you should *exercise every day. Then you can sleep better. Third, before you go to bed, it is good to do *relaxing things, for example, listening to CDs you like. I hope you will try these things.

(注) serious 重大な　health 健康　sunlight 日光　body clock 体内時計
exercise 運動する　relaxing くつろがせる

ア 年齢に応じた睡眠時間の重要性について　イ よい睡眠を得るための方法について
ウ 睡眠の種類とそれぞれの特徴について　エ 体内時計と睡眠時間の関係について (　　)

傾向と対策
▶ 会話文の完成は，**問いと答えの関係**や，**決まった受け答え**の部分からまず考えること。
▶ 日本語の選択肢があれば先に読み，**文章の内容を推測**すること。

4 次の対話文の（ 1 ）～（ 4 ）にあてはまる最も適切な単語を，下の〔 〕内からそれぞれ選んで書きなさい。（8点×4） 〔群馬〕

Mr. Brown : Winter vacation will come soon. What are you going to do（ 1 ）your vacation?
Mariko : I'm going to visit my grandmother's house with my family on New Year's Day. Every year, my uncle's family also visits her and we eat *osechi* together.
Mr. Brown : Oh, that's good. I think you'll be（ 2 ）to see them.
Mariko : Yes. It's fun for me to talk with them.
Mr. Brown : It's like Christmas Day in America. All my *relatives visit my house on Christmas Day. My sister lives in（ 3 ）city, and she also comes back. We enjoy the day together.
Mariko : Oh, we do the same thing for different events. That's interesting.
Mr. Brown : I agree. In both countries, all our relatives come together every year. We can（ 4 ）a very good time with them. （注）relative 親戚

〔 another both during exciting happy have take while 〕

(1)（ ） (2)（ ） (3)（ ） (4)（ ）

差がつく **5** 次の対話文の（ 1 ）～（ 5 ）に最も適切な表現を，下から1つずつ選び，記号で答えなさい。ただし，同じ記号を2度用いないこと。（8点×5） 〔実践学園高〕

A : I've just got back from Singapore.
B :（ 1 ）
A : Oh, I like the place, but the weather was terrible.
B :（ 2 ）I heard it's a good place for shopping.
A :（ 3 ）I spent too much money.
B : You don't have to care about it. That's what vacations are for. By the way, what was the most *impressive?
A : The night safari.（ 4 ）
B : Great. Did you see many animals?
A :（ 5 ）I saw a lot of elephants there.
B : That's great. Anything else?
A : There are many kinds of temples. I visited Islamic, Hindu and Buddhist temples.
B : Hmm, I didn't know that. （注）impressive 印象的な

ア That's too bad. イ What happened there? ウ How was it? エ Yes, it is.
オ That was so exciting. カ Sounds exciting. キ Of course.

(1)（ ） (2)（ ） (3)（ ） (4)（ ） (5)（ ）

ヒント
1 Can you ～？は依頼する表現。

月　日

内容に関する設問（2）

時間30分　合格点70点　得点　／100点

解答▶別冊 p.56

1 次の英文はオーストラリアでホームステイをすることになったヒロキさんと滞在先のニックさんが交換したEメールです。これを読んで，あとの質問に対する答えを，（　）にそれぞれ適切な英語1語を入れて完成させなさい。(10点×4)　〔兵庫〕

From : Hiroki
"Hello"

Hi Nick,
My name is Hiroki. I am going to stay with your family during my trip to Australia. Thank you very much.
I am 15 years old. I love soccer. I am in the soccer club at my school. I started playing it six years ago.
I heard one of the most popular sports in your country is *Australian football. Is it like soccer? I want to know how to play it.
I also want to know how many people there are in your family. I am going to bring a present for everyone.
Please write to me soon.
Hiroki

From : Nick
"Thanks"

Hi Hiroki,
Thank you for your e-mail. I am Nick. I am 16 years old. There are four people in my family: my *parents, one sister, and me. We are all very happy about your stay with us.
You don't have to bring a present for each of us. If you can bring something, can you bring pictures of your school? We want to hear a lot about it.
I will be happy to teach you Australian football. It's like *rugby. I play it with my friends every weekend, so please join us!
Nick

(注) Australian football　オーストラリアン・フットボール（オーストラリア発祥の球技）
parent(s)　親　　rugby　ラグビー

(1) When did Hiroki start playing soccer?
He started playing soccer (　　　) (　　　) (　　　).

(2) How many brothers or sisters does Nick have?
He (　　　) (　　　) (　　　).

傾向と対策

▶文章を読むときは，**わからない単語にこだわらず**，語注や，わかる単語などから，**全体の内容をまずつかむこと。**

▶英問英答では，**質問の英文にある表現を文章内からさがしてみること。**

(3) What does Nick want Hiroki to bring?
He wants Hiroki to bring (　　　)(　　　)(　　　)(　　　).

差がつく (4) What will Nick do for Hiroki on the weekend?
He will (　　　) Hiroki (　　　)(　　　) play Australian football.

2 次の英文を読んで，あとの問いに答えなさい。〔高知－改〕

Today I watched an English *debate among students from many countries on TV. It was about how to stop *global warming. Some of the students didn't speak English well, but they all gave their ideas with many examples. I felt that I couldn't talk like them *even in Japanese. <u>I always thought that speaking English well was the most important thing for me.</u> But now I have learned that [　　　]

（注）debate　討論会　global warming　地球温暖化　even in Japanese　日本語でさえ

(1) 本文の[　　]に入る最も適切な英文を次から１つ選び，記号で答えなさい。(14点)
ア I must speak good English to know people from other countries.
イ I must have my own ideas about many problems.
ウ I must learn Japanese more to talk with people from other countries in Japanese.
エ I must read English books about the world to speak good English.
(　　)

(2) 本文の内容と合うように，次の対話文を完成させなさい。(14点)
"Did all the students speak English well?"
"(　　　), they (　　　)."

記述式 (3) 下線部の意味を日本語で書きなさい。(14点)
(　　　　　　　　　　)

(4) 本文の内容と合わないものを次から１つ選び，記号で答えなさい。(18点)
ア The English debate was about how to stop global warming.
イ The English debate was done by students from many countries.
ウ The English debate was listened on the radio.
エ All the students gave their ideas with many examples. (　　)

ヒント

1 (1)「サッカーを始めた時期」，(2)「兄弟[姉妹]の数」，(3)「ニックが持ってきてほしいもの」，(4)「ニックがヒロキのためにすること」。

2 (3) 最上級の文。

英作文 (1)

時間30分 合格点70点 得点 /100点 月 日

解答▶別冊 p.57

1 次の英文は，ある中学生の日記の一部です。(1)~(4)にあてはまるものを，〔 〕の中からそれぞれ1つずつ選んで，英語1語に直して書きなさい。(4点×4) 〔秋田〕

Today we had a special class with Mr. Sato. He talked about his job. He is a famous (1). He has read many books (2) he was a child. He said he (3) making short stories almost every day. I don't think it was (4) to do. His speech was very useful. I'd like to think about my own future.

〔容易な　作家　練習した　～以来〕

(1)(　　　) (2)(　　　) (3)(　　　) (4)(　　　)

記述式 **2** 次の対話の日本語の部分を英語に直しなさい。ただし，(1)~(3)は与えられた語句を使うこと。(6点×4)

よく出る (1) *A* : あそこで子どもたちと話をしている背の高い男の人はだれですか。(Who, with)
B : He is our new teacher.

____

(2) *A* : How was the math test today?
B : I can't say it was easy. In fact, 難しくて50分では終わらなかった。(too, in fifty)

In fact, ________________________.

(3) *A* : You talk a lot about her.
B : Actually, 私たちは10年前からの知り合いです。(we, ten) 〔以上 成城学園高〕

Actually, ________________________.

(4) *Misa* : What's the matter with you, Tom?
Tom : I'm very hungry. I didn't have enough time to eat breakfast this morning.
Misa : Oh, that's not good for you.
Tom : I know. 母はいつもぼくにもう少し早く起きるように言うんだ。 〔筑波大附高〕

____

傾向と対策

▶ 日本語をそのまま英語にしにくいときは，**ちがった表現**を考えてみること。
▶ 対話文中での和文英訳は，**前後の関係**をよく見て，**書きやすい表現**を考えること。

よく出る 記述式

3 次のような場面では，あなたは英語でどう言うか。それぞれ 3 語以上の英語で書きなさい。ただし，(4)～(6)は与えられた語を使うこと。(6 点× 6)

(1) 相手に手伝ってほしいことがあるとき。

(2)「明日，何か予定があるか」と相手に聞くとき。

(3)「この物語はいつ書かれたか」と相手に聞くとき。 〔以上　富山-改〕

(4) 一度も東京(Tokyo)へ行ったことがないことを，相手に伝えるとき。 (been)

(5) 自分が遅刻したことをあやまるとき。 (late)

(6) 何か飲み物を相手にすすめるとき。 (something) 〔富山〕

記述式

4 以下の指示に従って英語で書きなさい。

地球温暖化(global warming)は我々の生活にどのような影響を及ぼしていると思いますか。以下の指示に従い，自分の考えを 40 語以上 50 語以内の英語で述べなさい。

① 第 1 文は，Global warming の書き出しで「地球温暖化は日本で最も深刻な問題の 1 つである」という文を英訳しなさい。この第 1 文は使用した語数に含めないこととします。

② 続けて，「あなたの身の回りでどのような問題が実際に起こっているのか」，「それに対してあなたはどのような対策を考えているか」の 2 点について英語で書きなさい。

③ 最後に，②で使用した語数を数え，記入しなさい。(24 点) 〔筑波大附駒場高〕

(　　語)

ヒント

2 (1)「背の高い男の人はだれですか」「あそこで子どもたちと話をしている」の順。
(3)「10年間知っている」とする。

3 (6) 相手にすすめる表現は，Would you like ～?

英作文(2)

月　日

時間30分　合格点70点　得点 ／100点

解答▶別冊 p.58

1 次のⅠとⅡは，英語の授業で職場体験についてのレポートを作成するために，トモミが書いたものです。Ⅰはレポートを作成するためのメモで，Ⅱはそれをもとに書いた英文です。あとの問いに答えなさい。〔福島〕

Ⅰ.
- 最初は，緊張していて，子どもたちと遊ぶのが難しかった。
- 親切な先生たちが何をしたらよいか教えてくれた。
- 最後の日，子どもたちにまた来てほしいと言われた。
- とても疲れていたが，彼らと楽しい時間をわかちあった。…A

Ⅱ.

I visited a *kindergarten for three days in July. There were twenty children in my class. At first, I was *nervous, and it was difficult to play with the children. But the teachers were very kind, and they told me [①]. When I played the piano for the children, they enjoyed singing and dancing. On the last day, they said to me, "Please come again!" I was very happy because they liked me very much. [②].

(注) kindergarten　幼稚園　　nervous　緊張して

(1) [①]に入る適当な英語3語を書きなさい。(4点)(　　　)(　　　)(　　　)

記述式 (2) [②]にメモのAの内容を表す英語を1文で書きなさい。(8点)

____

2 次の対話文を読んで，あとの問いに答えなさい。〔山梨〕

Yumi : Hi, Jane.　How are you?

Jane : I'm fine, thank you.　And you?

Yumi : Very good.　Jane, I have good news today.　My father's friend, Mr. Smith, will come to my house next Sunday.　He is also from Canada.

Jane : Oh, is he?　①(　　　)(　　　)(　　　)(　　　) in Canada?

Yumi : He lives in Toronto.

Jane : Really?　②私は，来年そこへ行くつもりです。(6語以上)

Yumi : How nice!　③トロントについて，彼にたずねたらどうですか。(3語以上)

(1) 下線部①の(　)内に適語を1語ずつ入れなさい。(6点)

記述式 (2) 下線部②，③を英語にしなさい。語の数に符号(.,?!など)は入れないものとする。(8点×2)

② ______________________________

③ ______________________________

▶ 難しい英文を書こうとせず，**自分で書ける文**を考えること。
▶ **つづりのミス**がないように，よく確認すること。
▶ **基本文型**や**定型の会話表現**をたくさん覚えておくこと。

記述式 **3** 次の母親(Mother)と息子(Son)の対話において，(　)内に示されていることを伝える場合，どのように言えばよいか。(1)～(3)の［　　］の中に適する文を，英語で書きなさい。(8点×3)

〔静岡〕

Son　: Mom, I'm back.
Mother : Oh, hi. ［ (1) ］ (具合が悪そうね。)
Son　: ［ (2) ］ (風邪をひいちゃった。)
Mother : That's too bad. I'll give you some hot milk. ［ (3) ］ (あたたまるわよ。)
Son　: Thanks.

(1) ____________________
(2) ____________________
(3) ____________________

記述式 **4** あなたが海外へ行って，日本のことを新しい友達に紹介するとしたら，何について話したいですか。また，それをどのように説明しますか。次の(1)，(2)に適する英語を入れて，英文を完成しなさい。ただし，(2)は2文の英文とします。〔滋賀〕

I want to talk about (1). I will say to my new friends, "(2)"

(1) ____________________ (6点)
(2) ____________________ (12点)
____

記述式 **5** 次の〔意見〕に対して，〔条件〕にしたがい，自分の考えなどを含め，まとまった内容の文章を英文で書きなさい。((1)8点，(2)16点)〔埼玉〕

〔意見〕 We should read books.
〔条件〕 (1) 1文目は think という語を使い，〔意見〕に対する自分の考えを書きなさい。
(2) 2文目以降は，なぜそのように考えるかが伝わるように，4文以上で書きなさい。

(1) ____________________
(2) ____________________
____
____
____

ヒント

1 (1)「何をしたらよいか」の部分。
3 (3)「それはあなたをあたたかくするでしょう。」と考える。
4 (2) 2文という条件を守る。

第13日　英語 English　　月　日

発音・文の読み方

時間30分　合格点70点　得点　／100点

解答▶別冊 p.59

1 次の問いに答えなさい。（5点×6）

よく出る (1) 下線部の発音がほかの3つの発音と異なる語を1つずつ選び，記号で答えなさい。〔長崎〕

① ア Sunday　イ subject　ウ such　エ sure　（　　）

② ア example　イ exciting　ウ excuse　エ next　（　　）

③ ア girl　イ work　ウ nurse　エ park　（　　）

(2) 最も強く発音する部分の発音がほかとは異なる語を1つずつ選び，記号で答えなさい。

〔駿台甲府高〕

① ア cross　イ cold　ウ throw　エ won't　（　　）

② ア island　イ invite　ウ idea　エ bicycle　（　　）

③ ア famous　イ change　ウ dangerous　エ classmate　（　　）

2 次の語の中で，第2音節を最も強く発音する語を2つ選び，記号で答えなさい。（5点×2）

〔実践学園高〕

ア el-e-phant　イ sud-den-ly　ウ for-eign　エ tel-e-vi-sion

オ mu-se-um　カ bi-cy-cle　キ na-tion-al　ク com-mu-ni-ca-tion

ケ ham-burg-er　コ va-ca-tion　（　　）（　　）

よく出る **3** 次の英文の下線部と同じ発音を下線部に含む語を1つずつ選び，記号で答えなさい。

（8点×3）

(1) I have nothing to say about the news.

ア happy　イ shop　ウ hungry　エ hope　（　　）

(2) His speech after dinner was very good.

ア market　イ question　ウ school　エ finish　（　　）

〔以上　長崎〕

差がつく (3) Ken read this book when he was ten years old.

ア teach　イ ready　ウ east　エ meet　（　　）

〔高知学芸高－改〕

▶ **同じつづりで発音がちがう**語，**ちがうつづりで発音が同じ**語を整理しておくこと。
▶ **カタカナ語**として使っている単語は**正しい発音**で覚えること。
▶ 長い文は**内容のまとまりで区切る**習慣をつけること。

4 次の対話文において，下線部の語のうち，ふつう最も強く発音される語を 1 つずつ選び，記号で答えなさい。（5点×4）

(1) *A* : How do you go to school? Do you take a bus? (　　)

B : No. I(ア) walk(イ) to(ウ) school(エ).

(2) *A* : What do you want to eat for lunch? (　　)

B : Let's see.... What(ア) do you(イ) want(ウ) to eat(エ)? 〔以上 長崎〕

(3) *A* : Excuse me. I'd like to see Yamada. I hear he is studying here. (　　)

B : He(ア) was(イ) studying(ウ) here(エ). But now he is in the library. 〔城北高〕

(4) *A* : Can you run faster than Bill? (　　)

B : No. Jack(ア) can run(イ) faster(ウ) than Bill(エ). 〔高知〕

5 次の文を 2 か所区切って読むとすれば，それはどこか。区切るところを 2 つ選び，記号で答えなさい。（4点×4）

(1) Finally ア the boy and the girl イ walking ウ in the dark forest エ saw オ the warm light カ of a house.

(　　)(　　) 〔岡山〕

(2) I was ア sent to Colorado イ with some other ウ students エ from all over オ Yamagata.

(　　)(　　) 〔山形〕

ヒント

1 (1) ②にごる音とにごらない音を区別する。
4 強調したいところが強く読まれる。
5 長い主語や，意味が切れる修飾語句のところで区切る。

英語 English　　月　日

高校入試 予想問題 (1)

時間40分　合格点70点　得点　／100点

解答▶別冊 p.60

1 ♪12 高校生のエミと友達のケンとの英語による対話を聞いて，それぞれの質問に対する答えとして最も適当なものを1つ選び，記号で答えなさい。(4点×3)

(1) ア Yes, he does.　イ No, he doesn't.
ウ Yes, he did.　エ No, he didn't.

(2) ア Last week.　イ Two years ago.
ウ Last winter.　エ One month ago.

(3) ア She enjoyed skiing on the mountain.
イ She visited a famous park and saw some beautiful birds.
ウ She saw a lot of animals at the popular zoo in Hokkaido.
エ She went to a museum with her friend.

(1)	(2)	(3)

2 3つの単語の下線部の発音がすべて同じものを3組選び，記号で答えなさい。(3点×3)

ア { great / break / bread }　イ { April / all / apron }　ウ { bad / take / same }　エ { soon / foot / book }　オ { most / autumn / fall }

カ { looked / stopped / watched }　キ { heard / girl / world }　ク { chain / chocolate / choice }　ケ { mouth / country / would }　コ { together / those / everything }

3 次の語について，最も強く発音する部分が，ほかの3つとは異なるものを1つ選び，記号で答えなさい。(3点×3)

(1) ア com-pa-ny　イ In-ter-net　ウ dan-ger-ous　エ ex-am-ple

(2) ア mu-si-cian　イ ham-burg-er　ウ im-por-tant　エ to-mor-row

(3) ア es-pe-cial-ly　イ en-vi-ron-ment　ウ in-for-ma-tion　エ ex-pe-ri-ence

(1)	(2)	(3)

4 次の(1)～(4)の文の（　）の中に入れるのに最も適するものを，あとのア～エの中からそれぞれ１つずつ選び，その記号を答えなさい。（3点×4）

(1) Whose pencils are (　　)?
ア that　イ those　ウ them　エ yours

(2) Can Mt. Fuji (　　) from your classroom?
ア see　イ seen　ウ be seen　エ be seeing

(3) Mr. Suzuki (　　) us to bring lunch this week.
ア told　イ said　ウ spoke　エ talked

(4) This is a camera (　　) is popular in Japan.
ア what　イ it　ウ who　エ which

(1)
(2)
(3)
(4)

5 次の対話文の（　）内に最も適する英語をそれぞれ１語ずつ書きなさい。（5点×4）

(1) *Ms. Kato* : Shinji, what is the month between May and July?
Shinji : It's (　　).

(2) *Atsuko* : Meg was talking with someone in Chinese. Does she speak Chinese, too?
Sam : Yes, she speaks three (　　), Japanese, Chinese, and English.

(3) *Tomomi* : Would you like some milk in your tea?
Emily : No, thank you. I always have tea (　　) milk.

(4) *A* : Where is Becky?
B : She is in her room. I think she is (　　) to her new CD now. She bought it yesterday.

(1)
(2)
(3)
(4)

6 外国人の先生の家族が休暇で日本に来ることになりました。次の英文はその先生とあなたの会話です。会話文が完成するように（ 1 ），（ 2 ）にそれぞれふさわしい英語を書きなさい。ただし，（ 1 ）は3語以上で15語以内，（ 2 ）は15語以上で25語以内とします。（ 1 ），（ 2 ）ともに2文以上になってもかまいません。（. , ? ! などの記号は語数に含めない）（(1)5点，(2)7点）

Teacher : My family will come to Japan this year. What should I do for them?
You : (1)
Teacher : That sounds interesting. Tell me more about it.
You : (2)

(1)
(2)

7 タクヤが英語の授業で行ったスピーチを読んで，あとの問いに答えなさい。

My family *runs a small *inn. One Saturday, my father came to my room and said, "Two foreign *women came and talked to me, but I can't speak English! Takuya, ①[　　] you help me?" So I went to the *entrance and met them. One of them said to me, "Hello, I'm Kate and this is Becky. We're from America. We want to stay here tonight. Do you have a room for two people?" I couldn't understand ②[　　] she said, so I asked, "Could you say that again, please?" ③(a / asked / it / I / question / was) many times in my English class. Then, she asked me again slowly. This time it was easier to understand her English. I ④(tell) my father about her question, and he said to them, "*OK, OK. Please, please.*" Then he *served tea to them. Becky said, "I have never had such a wonderful tea ⑤[　　]."

After that, my father said to me, "Thank you, Takuya. Now we can welcome foreign people because you can speak English. Our inn is becoming *international." When I heard this, I *was very proud of myself.

After dinner, my father and I served tea to Kate and Becky. ⑥私たちはアメリカと日本の間のちがいについて話しました。 Becky said, "I like Japanese *hospitality very much. For example, when we came here this afternoon, we didn't say anything about tea, but you served it to us. I was moved by your hospitality." This time I was very proud of my father.

Through this experience, I decided to study English more. And in the future, I want to welcome a lot of foreign people to our inn with our best hospitality.

(注) run(s)　経営する　　inn　旅館　　women　woman の複数形　　entrance　玄関
served tea　お茶を出した　　international　国際的な
was very proud of ～　～をとても誇りに思った　　hospitality　おもてなし

(1) ①の[　　]内にあてはまる最も適当な語を１つ選んで，記号で答えなさい。(3点)

ア should　　イ must　　ウ may　　エ can

(2) ②の[　　]内にあてはまる最も適当な語を１つ選んで，記号で答えなさい。(3点)

ア what　　イ who　　ウ which　　エ where

(3) 下線部③の(　)内のすべての語を，意味が通るように正しく並べかえて書きなさい。(7点)

(4) ④の(　)内の tell を，最も適当な形に直して１語で書きなさい。(3点)

(5) ⑤の[　　]内にあてはまる最も適当な語を１つ選んで，記号で答えなさい。(3点)

ア soon　　イ later　　ウ ago　　エ before

(6) 下線部⑥の日本文を英語で書きなさい。(7点)

(1)	(2)	(3)
(4)	(5)	(6)

月　　日

高校入試 予想問題 (2)

時間 40分　合格点 70点

得点
/100点

解答▶別冊 p.63

♪13

1 次のそれぞれの対話と質問を聞いて，質問の答えとして最も適切なものを１つ選び，記号で答えなさい。（4点×3）

(1) ア  イ  ウ  エ 

(2) ア  イ  ウ  エ 

(3) ア 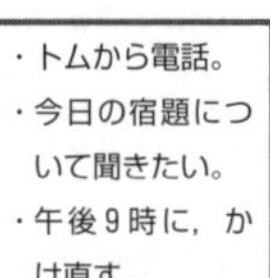
・トムから電話。
・今日の宿題について聞きたい。
・午後９時に，かけ直す。

イ
・トムから電話。
・今日の宿題について聞きたい。
・午後８時に，かけ直す。

ウ 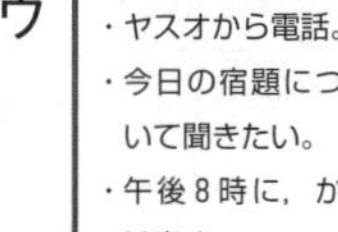
・ヤスオから電話。
・今日の宿題について聞きたい。
・午後８時に，かけ直す。

エ
・ヤスオから電話。
・明日の予定について聞きたい。
・午後９時に，かけ直す。

(1)
(2)
(3)

2 ［　］の語を文意が通じる同じ発音の語にかえなさい。（3点×3）

(1) The nearest bank? Okay, go along this street, and turn ［ write ］ at the first corner. You'll see it on your left.

(2) There were a lot of students from many different countries, and they understood each other ［ threw ］ English.

(3) I ［ eight ］ *natto* today for the first time. It was sticky, but it tasted good.

(1)
(2)
(3)

3 次の(　)内の語句を意味が通じるように並べかえなさい。（6点×3）

(1) *A* : When will your soccer game start on Saturday?
B : It'll start at 8:30 a.m., so (to / I / home / have / leave) early in the morning.

(2) *A* : Did you go to the speech contest yesterday?
B : Yes. It was great. I (Ken's speech / happy / think / us / made).

(3) *A* : I am thirsty. Is there anything to drink, Mom?
B : Yes. A (water / bottle / is / of / on) the table.

(1) so		early in the morning.
(2) I		.
(3) A		the table.

4 次の(　)内に入る最も適切な語を1つ選び，記号で答えなさい。(4点×3)

(1) *A* : Richard, have you finished your homework (　　)?
B : Yes, I have.　Can I watch TV now?
ア never　イ ever　ウ just　エ yet

(2) I don't know (　　) to get to the museum.　I have to ask someone.
ア which　イ where　ウ how　エ what

(3) My family has three cats.　This is the cat (　　) was born last week.
ア which　イ it　ウ whose　エ and

(1)
(2)
(3)

5 信州市は，地域在住の外国人と交流する祭りを計画し，そのポスターを英語で作成した。(4点×2)

Shinshu City Festival
Date: May 3　Place: Shinshu City Hall
Time: From 1:00 p.m.

Room 1	Room 2	Room 3
Cooking *Soba*	Making *Origami*	Singing Japanese Songs

- You can choose only one program.
- You need to come to the room 15 minutes before the starting time.
- Only for the *soba* cooking program, you'll need 300 yen.
- Japanese people can also join the programs.

(1) 次の質問の答えとして最も適切な英文を，下のア～エから1つ選び，記号を書きなさい。
What time should you get to the room if you want to join a program?
ア At 12:45 p.m.　イ At 1:00 p.m.
ウ At 1:15 p.m.　エ At 1:30 p.m.

(2) ポスターの内容と合っている最も適切な英文を，下のア～エから1つ選び，記号を書きなさい。
ア You can enjoy both Cooking *Soba* and Making *Origami* in the same room.
イ Japanese people can't join the Shinshu City Festival on May third.
ウ People can choose one from the three kinds of programs about Japanese culture.
エ For all programs in the Shinshu City Festival, you don't have to bring any money.

(1)
(2)

6 次の文は中学3年生のケン(Ken)さんが英語の授業で行ったスピーチの原稿です。これを読んで，あとの各問いに答えなさい。

I have a very good friend.　His name is Takuya.　We have been friends since we were in *elementary school.　In junior high school, we played tennis together.　Now I am going to tell you about our tennis days.

"Which club will you join, Ken?"　Takuya asked me when we entered our junior high school in April.　"*Actually, I haven't decided yet, but have you…"　I answered and was going to ask him about his plan.　He stopped me and said, "Let's play tennis together.　I want you to be my *partner."　He started playing it one year ago in elementary school.　He continued, "I've got a new racket, so you can use this old one."　I was surprised to hear <u>that</u> because I knew he took great care of it.　A few days later I went to the tennis club with it and became a member.

Almost every day we practiced tennis together. Everything was new to me, and it was a lot of fun. In the summer of that year, Takuya became my partner, and we entered a *tournament for the first time. I decided to try my best on that day, but I made many mistakes and we lost. I didn't know what to say to Takuya. I thought, "What do Takuya and other members think about me?" I didn't want to play tennis any more. Then I did not even speak to him. Things did not change *for a while.

Then one day, Takuya talked to me, "Hi, Ken! We haven't practiced tennis together after the tournament finished. [A]" I said, "If you play with me, I will make mistakes and we will lose again..." He said, "If you do nothing, things will not change and you won't be a better player." Then he smiled and said, "Making mistakes is OK if you are trying!" I was surprised and couldn't say anything. I was afraid of playing tennis after the tournament and did nothing. It was the biggest mistake that I have made. His words changed my mind. After that, I practiced harder, made many mistakes, and became a better player.

Our junior high school tennis days have just finished, but I learned a lot from Takuya through tennis. One thing is *for sure. Trying something and making mistakes is better than doing [B]. I will have chances to find something new if I try.

（注）elementary school　小学校　　actually　実は　　partner　パートナー
　　tournament　大会　　for a while　しばらく　　for sure　確かな

(1) 下線部の that は，どのようなことを指しているか，日本語で書きなさい。（6点）

(2) 本文中の[A]の中に，5語以上の適切な内容の英文を書きなさい。（6点）

(3) 本文中の[B]の中に，1語の適切な内容の語を本文中から抜き出して書きなさい。（6点）

(4) このスピーチを聞いて，アキラさんが次のようにケンさんの経験をまとめました。次の①～③に入る最も適切な語を，下から1つずつ選び，記号で答えなさい。（5点×3）

Ken started playing tennis in junior high school. Then, he entered his first tournament with his friend Takuya. However, Ken made mistakes and they couldn't (①). He felt very (②) and couldn't talk with Takuya. He didn't even play tennis with him. But Takuya was (③) and told him something nice. This changed his mind, and he started to practice harder.

ア happen　イ kind　ウ practice　エ short　オ sorry　カ win

(5) 次のうち，このスピーチのタイトルとして最も適切なものを1つ選び，記号で答えなさい。（8点）

ア How to Be a Good Tennis Player

イ My Friend Takuya and His Favorite Things

ウ My Happiest Time in Junior High School

エ Things I Learned from Takuya through Tennis

(1)					
(2)					
(3)	(4)	①	②	③	(5)

ことになる。

そのように心を働かせられるようになれば、もう頭をぶつけない。ただ、こうした心の働きは、幾度も頭をぶつけて、そのあとやっとできてくる。あの子がさかんに頭をぶつけている時、親がなにかいっても役に立たないのじゃないか？

母はそれでも、こういってみました。

——あの暗い所に、黒いはりが出ている、というてやることはできるでしょう？

——ⓑあれに、その知識がないだろうか？

母はそのように話すうち、久しぶりに楽しそうな顔になっていたのでした。

身長が伸びるにつれて、かえって私もはりに頭をぶつけることがなくなりました。しかも、母から聞いた父の言葉は、とくに高校から大学に入るころ、私にとって大切なものになって行ったのです。

若者になった私は、身体を動かすことでもそうでしたが、もっと心に結びついたことでよく失敗して、それこそ頭をガーンとぶつけるような経験をしました。

そのうち、若かった私にも、心の働きについていうのですが、このまま駆けていれば頭をぶつけるとわかる、すぐ先の情景が目に見えてくるようになった、と思います。そして、ⓒその心の働きで自分の駆け方を修正するようになりました。少なくとも、駆けていること自体に注意深くなった、と思います。

（大江健三郎『「新しい人」の方へ』一部省略等がある。）

＊クド場＝かまどのある炊事場。

＊はり＝柱の上に横たえ、屋根を支える大きな木材。

---

(1) ——線部ⓐが指している内容を、本文中の言葉を用いて簡潔に答えなさい。

〔　　　〕

(2) ——線部ⓑとあるが、このとき父はどのようなことを言おうとしているのか。最も適切なものを次から選び、記号で答えなさい。

ア 息子が暗い通路の上に張り出しているはりの存在を知らないのであれば、是非とも教えてやらないと危険だということ。

イ 息子ははりの存在を知らないわけではないのだから、頭をぶつけなくなるまで親はただ待ってやればよいということ。

ウ 息子はいつも勉強したり本を読んだりしているのだから、はりの存在を推測するだけの知識はあるはずだということ。

エ 息子がはりの存在を知っているかどうか判断できないが、言うほどのことでもないので放っておくしかないということ。

〔　　　〕

(3) ——線部ⓒについて、次の問いに答えなさい。

① 「その心の働き」は、どのような意味合いで用いられているか。最も適切なものを次から選び、記号で答えなさい。

ア 予測　**イ** 意図　**ウ** 選択　**エ** 工夫　〔　　　〕

② 「自分の駆け方」とあるが、この「駆け方」とは、何をたとえた表現か。十字程度で答えなさい。

（和歌山）

時間 30分　合格点 80点　得点 /100点　月　日

解答▼別冊 p.72

❶ 次の文章を読んで、あとの問いに答えなさい。（25点×4）

そうやって裏座敷へ向かう時、私は、クド場*へ出る境目の、通路の上に張り出している黒いはり*に、頭をガーンとぶつけることがあったのでした。それはひどい衝撃で、引っくり返ったり涙を流したりこそしませんが、暗いなかで唸(うな)り声をこらえ、呼吸をととのえてから、やっと仕事場の障子を開けて挨拶したものです。

そういう時、父は不思議そうな、また面白がってもいるような目をして、私を見ました。だからといって、私に大丈夫か、と声をかけるような人ではありません。私の方も、痛みはあるし、またもや失敗をした自分に腹を立てていることもあり、早々と本を読む場所に引きあげました。

――どうして自分はまた、頭をガーンとぶつけたのだろう？　あすこにははりがあることはわかっているのに！

そのように、私は自分を情けなく思いました。しかも一月たたないうちに、同じ失敗をしていたのでした。

父が亡(な)くなって一年もたってからのこと。母の話から、私は自分が繰り返していた失敗について両親が気にかけていたと知りました。まだお葬式の名残(なごり)が残っていた間は、家のなかで走るようなことをしなかった私が、同じ失敗をやったのです。もう障子を開けて挨拶する人は居ませんから、ガーンとやった後、ひとり脇の小部屋に入って自分に腹を立てていると、クド場から上がって来た母が父の話をしました。

以前から、母は、あのようにひどく頭をぶつけていると、脳に悪い影響が起こるかも知れない、暗い所で駆けないようにいってもらいたい、と父に頼んでいたのだそうです。ところが父は、頭蓋骨が脳をしっかり保護しているはず、と答えた。また、あれだけ勢いよく駆け込んでくるのには、それだけの気持ちがあるのだから、自分でⓐそれをとめることはできないのだろう、ともいったということなのです。

父は、それだけ話せば自分の仕事に戻ったはず。しかし母は私が頭をぶつけるたび、そのことを相談するのをやめなかったのでしょう。

――そのうち、本当にお父さんらしい考えをいわれた、と母は話しました。

私の今の言葉でまとめると、次のようになります。

自分も子供の時、あのような過(あやま)ちをしては痛い目にあった。年をとるにつれて、それが少なくなった。どうしてそうなることができたかと、考えてみたことがある。大人の背たけなら、頭をかがめねば通り抜けられない所を、子供はそのまま通過できる。ところが、足にはずみがついて、わずかでも跳び上がると、頭をぶつける。

それを何度もやると、身体を動かしている今よりも、少し先へ心が働いて、このままだと頭をぶつける、と目に見えるように感じる

けれど「⑤明けない夜はない」。過ぎてみると「そんなこともあったっけなあ」という感じ。感傷に浸るまもなく、目の前には、さらに成長を続ける子どもがいる。

（俵万智「たんぽぽの日々」）

＊桜前線＝日本国内各地の桜の開花日をつないだ線。
＊へろへろ＝弱々しく威力のない様子。
＊渦中＝ごたごたした事件の中。もめ事などの中心。

(1) ――線部①「在原業平の一首を紹介した」とあるが、筆者が平安時代の歌人在原業平の歌を引用したのはどのようなことを述べるためか。最も適切なものを次から選び、記号で答えなさい。（10点）

ア　昔の人のほうが、自然の捉え方が巧みであること。
イ　今の人のほうが、細やかな感受性をもっていること。
ウ　昔から、日本人は落ち着きがない国民であること。
エ　古今を問わず、日本人に通じる感じ方があること。

〔　　〕

(2) ――線部②「ぽかんとしていた」とあるが、このようになったのはどのような気持ちからか。本文中の言葉を用いて説明しなさい。（20点）

〔　　〕

(3) ――線部③「大喜び大騒ぎ」とあるが、どのようなことに対して大喜び大騒ぎをするのか。本文中の例を用いて答えなさい。（20点）

〔　　〕

(4) □に入る短歌として最も適切なものを次から選び、記号で答えなさい。（15点）

ア　逆光に桜花びら流れつつ感傷のうちにも木は育ちゆく
イ　夕光（ゆふかげ）のなかにまぶしく花みちてしだれ桜は輝（かがや）きを垂る
ウ　よきものは一つにて足る高々と老木の桜咲き照れる庭
エ　さくら花幾春かけて老いゆかん身に水流の音ひびくなり

〔　　〕

(5) ――線部④「典型」の本文中の意味として最も適切なものを次から選び、記号で答えなさい。（10点）

ア　最も世間で評価されていること。
イ　最も容易に思いつきやすいこと。
ウ　最もその特徴を備えていること。
エ　最も古くから使われてきたこと。

〔　　〕

(6) ――線部⑤「明けない夜はない」とあるが、これはどのようなことをたとえているか、説明しなさい。（25点）

〔　　〕

（富山）

第1日 第2日 第3日 第4日 第5日 第6日 第7日 第8日 第9日 第10日 第11日 第12日 第13日 第14日 第15日

❶ 次の文章を読んで、あとの問いに答えなさい。

さくらさくら
さくら咲き初(ぞ)め咲き終(お)わり
なにもなかったような公園

デンマークの高校生に、短歌の話をしたことがある。学校の教室だったが、きちんと椅子に座ってではなく、生徒たちは思い思いのスタイルだった。床で膝を抱えていたり、机の上にぴょんと腰掛けて足を組んでいたり。それだけで私にはカルチャーショックだったが、みな熱心に話を聞いてくれて、結果、何の問題もなかった。

古典の短歌は古めかしく見えても、そこに詠(よ)まれた心情は、今に通じるものがある……その例として「世の中にたえて桜のなかりせば春の心はのどけからまし(この世に桜というものがなかったなら、春の心はどんなにのどかなことだろう)」という①在原業平(ありわらのなりひら)の一首を紹介した。日本人は今でも、桜の季節が近づくとそわそわし、咲いたら咲いたで高揚し、散ればまた気がぬけたようになる。まさに、この花のために、のどかではない春を過ごしている。

だが、彼(か)の地の高校生たちは、②ぽかんとしていた。なぜ大の大人が、花ごときにそんなに振り回されるのか、という顔をしている。補足のために「*桜前線」のことを話すと、ゲラゲラ笑い出す始末。「花が咲きそうかどうかがニュースになるなんて」というわけだ。

考えてみれば、ずいぶん呑気(のんき)な話かもしれない。しかし春の私たちは、呑気というよりやはり、桜に心乱されているというのが実感だ。桜の季節が過ぎると、なんだか夢から覚めたような気分になる。

子どもとの時間にも、似たようなことを感じる時がある。いつになったら歩くんだろう、いつになったらしゃべるんだろう。そわそわ待っていた時期から、③大喜び大騒ぎの時期がきて、やがては何もなかったように日常に戻ってゆく。成長した姿のほうが、当たり前になるからだ。

小学生になる、中学生になる、そういう節目節目にも、きっと同じような「桜騒動」があるのだろうなと思う。そんな時間を重ねながら、若木だった子どもも、いつしか大木になってゆくのだろう。

[　　　　]

子育ての「桜騒動」には、嬉(うれ)しいこと楽しいことばかりではなく、辛いこと大変なことも多い。私はまだ経験していないけれど、子どもの受験などは、その④典型かもしれない。

夜中に何度も起こされ、寝不足で*へろへろになっていた時期。どうしてもオムツでないと、ウンチができなかった時期。何を言っても「イヤイヤ」ばかりの反抗期……。*渦中(かちゅう)にいるときは、振り回されるばかりで「いつまでもこの状態が続くのだろうか」と悲観的になってしまう。心に余裕がなくて、先が見えない不安でいっぱいだ。

Bさん　そうなの。だからそんな李白の（　ⓓ　）がこの漢詩に表現されているのね。

① （ⓐ）に入る作品名を答えなさい。（10点）〔　　〕

② （ⓑ）・（ⓒ）にあてはまる二字の言葉を、それぞれ漢詩中から抜き出して答えなさい。（完答10点）ⓑ［　　］ⓒ［　　］

③ （ⓓ）にあてはまる李白の気持ちとして最も適切なものを次から選び、記号で答えなさい。（10点）

ア 眼前に迫り来る山々に自分の生涯を重ねて誇らしく思う気持ち
イ 両岸から聞こえてくる猿の声にくつろいでゆったりとした気持ち
ウ 色鮮やかな雲に見送られ解放感と喜びにあふれた爽快な気持ち
エ 美しい白帝城との別れを惜しみ今の境遇に心から感謝する気持ち

〔　　〕

（徳島）

2 次の漢文の書き下し文は、中国の三国時代末期に政治家として活躍した王戎（おうじゅう）の少年時代の話である。これを読んで、あとの問いに答えなさい。

王戎、七歳のとき、嘗（かつ）て諸小児（しょせうじ）と遊び（子供たちと遊んでいると）、道辺（だうへん）（道ばた）の李樹（りじゅ）（すももの木に）、子（し）多くして（実が多くて）枝を折れるを（枝が折れそうになっているのを）看（み）る。諸児（しょじ）（子供たちは）競ひ走りて①之（これ）を取るも、唯（ただ）戎のみ動かず。人之を問へば、答へて②曰（いは）く、樹、③道辺に在（あ）りて子多し、④此（こ）れ必ず苦李（くり）ならん（だろう）、と。之を取れば信（まこと）に然（しか）り（果たしてそのとおりであった）。

（「世説新語（せせつしんご）」）

(1) ――線部①「之を取るも」とあるが、「之」は何を指すか。書き下し文中から一字で抜き出して答えなさい。（10点）［　　］

(2) ――線部②「曰く」の主語として最も適切なものを次から選び、記号で答えなさい。（10点）

ア 王戎　イ 諸小児　ウ 李樹　エ 人

〔　　〕

(3) ――線部③「道辺に在りて」は漢文「在道辺」を書き下し文に直したものである。書き下し文を参考に「在（リテ） 道 辺（ニ）」に返り点を補いなさい。（15点）

〔在（リテ）　道　辺（ニ）〕

(4) 記述式　――線部④「此れ必ず苦李ならん」とあるが、なぜこの実を苦いと判断したのか。その理由を説明した次の文の［　］に入る適切な内容を考えて答えなさい。（15点）

すももの木が道端にあるのに、［　　］から。

［　　　　］

（山口）

ヒント

1 (1) 漢詩の形式は、一句が何文字でつくられているか、その句がいくつあるかによって決まる。

2 (4) ――線部④の直前の「道辺に在りて子多し」に着目する。

古典の読解（2）（漢詩・漢文）

時間 30分　合格点 80点

得点　　／100点

月　日

傾向と対策

▼**返り点**のきまりを正しく理解すること。
▼漢詩の**形式**や**技法**を覚えること。
▼内容を捉えるには、**現代語訳**などを手がかりにするとよい。

1 次の漢詩を読んで、あとの問いに答えなさい。

早（つと）に＊白帝城（はくていじょう）を発す　＊李白（りはく）

朝ニ辞ス白帝彩雲ノ間

千里ノ＊江陵（こうりょう）一日ニシテ還（かヘ）ル

両岸ノ猿声啼（な）イテ不ルニレ住（や）マ

軽舟已（すで）ニ過グ万（ばん）重（ちょう）ノ山

朝に辞す白帝彩雲の間
千里の江陵一日にして還る
両岸の猿声［　　］
軽舟已に過ぐ万重の山

〈現代語訳〉

朝早く、朝日に彩（いろど）られた雲の美しくたなびく白帝城の下を船出して、千里も離れた江陵にわずか一日で帰っていく。両岸に群れをなす猿の鳴き声が絶え間なく聞こえるうちに、私の乗った舟は軽やかに、もう幾重にも重なる山の間を通り過ぎていく。

＊白帝城＝白帝山上にあった古城。
＊李白＝唐代の代表的な詩人の一人。
＊江陵＝今の湖北（こほく）省江陵県。長江（ちょうこう）の北岸に位置する。

解答▼別冊 p.71

よく出る **(1)** この漢詩の形式を漢字四字で答えなさい。(10点)

［　　　　］

(2) ［　］には、――線部の書き下し文が入る。――線部「啼（な）イテ不（ルニ）レ住（や）マ」を書き下し文に直し、すべてひらがなで答えなさい。(10点)

〔　　　　〕

(3) 次は、Aさんたちがこの漢詩について調べたあと、話し合った内容の一部である。あとの①～③について答えなさい。

Aさん 私は「彩雲」という言葉から、清少納言の「（ ⓐ ）」の冒頭、「春はあけぼの。やうやう白くなりゆく山ぎは、すこしあかりて、紫だちたる雲のほそくたなびきたる。」という部分を思い出したよ。美しい表現だね。Bさんがいいと思った表現はどんなところ。

Bさん 言葉の対比が上手なことね。特に、空間を表す（ ⓑ ）と、時間を表す（ ⓒ ）の対比で、一気に川を下る舟の速さを感じたわ。

Aさん そうだね。確かにスピード感やリズム感があるね。ところで一説によると、この漢詩は、罪に問われた李白が奥地に流されている途中の白帝城で赦（ゆる）されて、江陵に戻ったときの作品らしいよ。

にくしにくしと思ひけれども、物もいはで（何も言わずに）うちゐたりけるに、この僧さかしらしさして（するのを途中でやめて）立ちぬ。②かへりぬと思ひて、亭主、「この越前房は③よき程の者かな。」といひたりけるに、かの僧いまだ帰らで、亭主のうしろに立ちたりけり。かたき、また物いはせじ（言わせまい）とて、亭主のひざをつきたりければ、うしろへ見むきて④見れば、この僧いまだありけり。この時⑤とりもあへず、「越前房は高くもなし。低くもなし。よき程の者な。」といひなほしたりける、心はやさ、⑥いとをかしかりけり。

（橘成季（たちばなのなりすえ）「古今著聞集（ここんちょもんじゅう）」）

(1) ――線部①・⑤の古文中の意味として最も適切なものをそれぞれ次から選び、記号で答えなさい。（5点×2）

① ア 的確な助言　イ 余計な口出し　ウ 親切な説明　エ 根拠のないうわさ　〔　　〕

⑤ ア 仕方なく　イ おもむろに　ウ うろたえて　エ 即座に　〔　　〕

(2) よく出る ――線部②と④の主語の組み合わせとして最も適切なものを次から選び、記号で答えなさい。（10点）

ア ②孝道入道　④「或人」
イ ②孝道入道　④孝道入道
ウ ②越前房　④「或人」
エ ②越前房　④孝道入道　〔　　〕

(3) ――線部③の現代語訳として最も適切なものを次から選び、記号で答えなさい。（15点）

ア いい加減な人だなあ。　イ 頭の良い人だなあ。
ウ 気配りのできる人だなあ。　エ 頑固な人だなあ。　〔　　〕

(4) 差がつく ――線部⑥は、何について述べたものか。最も適切なものを次から選び、記号で答えなさい。（20点）

ア 皮肉を言われたことに対して、同じ言葉を使ってうまく言い返し、相手をやり込めた機転。
イ 悪口を本人に聞かれてしまったので、同じ言葉を使ってはぐらかし、その場を切り抜けた機転。
ウ 自分の言葉が誤解されていると気づき、同じ言葉を効果的に用いて全員を納得させてしまった機転。
エ 相手の言葉が嫌味であることに気づき、その言葉を褒め言葉として受け止めて場を丸く収めた機転。　〔　　〕

（兵庫）

1 ヒント

(2) 歴史的仮名遣いを、現代仮名遣いに直すときは、語中・語尾の「は・ひ・ふ・へ・ほ」は「わ・い・う・え・お」に、「ゐ・ゑ・を」は「い・え・お」に直す。

古典の読解 (1)（古文）

月　日

時間 30分　合格点 80点　得点　／100点

解答▼別冊 p.70

傾向と対策

▼**主語**が省略されている場合は、すでに古文中に出ていることが多い。
▼**誰が・何を・どうした**ということを、常に頭に入れて読む習慣をつけること。

1 次の古文を読んで、あとの問いに答えなさい。

*曽参（そうしん）ある時山中へ、薪（たきぎ）を取（とり）に行侍り（ゆきはんべり）。（行きました。）母留主（るす）にゐたりけるに、（留守番をしていたところ、）親しき友来（きた）れり。（（曽参の）親しい友人がやって来た。）これをもてなしたく思へども、（もてなしたいと思うけれども、）曽参は内にあらず、（家にいなくて、）①もとより家貧しければかなはず、曽参が帰れかしとて、（（母は）曽参が帰ってほしいと思って、）自ら指をかめり。（自ら指をかんだ。）曽参山に薪を拾ひゐたるが、にはかに胸騒ぎしける程に、（胸騒ぎがしたので、）急ぎ家に帰りたれば、（帰ったところ、）母ありすがたをつぶさに語り侍り。（母はありのままをくわしく語りました。）かくの如（ごと）く（このように）指をかみたるが、（かんだのが、）遠きにこたへたるは、一段孝行にして、（とりわけ孝行であって、）②親子の情（なさけ）深きしるしなり。（証拠である。）そうじて曽参のことは、（一般に曽参のことは、）人にかはりて心と心との（ほかの人の孝行と違って）上のことをいへり。奥深きことわりあるべし。（奥深い道理があるにちがいない。）

（「御伽草子（おとぎぞうし）」）

＊曽参＝中国の春秋時代の人。孔子の弟子として有名。

(1) ——線部①の現代語訳として最も適切なものを次から選び、記号で答えなさい。（10点）

ア もちろん家は貧しいが、もてなすことは簡単だと思い
イ もともと家が貧しいので、もてなすことができず
ウ 昔ほどは家が貧しくなく、もてなすこともできるので
エ 前よりも家は貧しくないが、もてなすことが面倒で

〔　　〕

(2) よく出る ＝線部を現代仮名遣いに直して答えなさい。ただし、漢字はそのまま書くこと。（10点）

〔　　〕

(3) 記述式 ——線部②「親子の情深きしるし」とは具体的にどういうことを指しているか。古文の内容にしたがって、四十字以内で答えなさい。（25点）

〔長崎〕

2 次の古文を読んで、あとの問いに答えなさい。

孝道入道（かうだうにふだう）、仁和寺（にんなじ）の家にて（自分の家で）或人（ある）と双六（すごろく）をうちけるを、隣にある（隣に住んでいる）越（あち）前房（ぜんばう）といふ憎きたりて、見所すとて、（勝ち負けの判定をするといって）様々の①さかしらをしけるを、

2 次の短歌を読んで、あとの問いに答えなさい。

A ゆく秋の大和の国の薬師寺の　塔の上なる一ひらの雲　佐佐木信綱

B みづうみの氷は解けてなほ寒し　三日月の影波にうつろふ　島木赤彦

C いつしかに春の名残となりにけり　昆布干場のたんぽぽの花　北原白秋

D ＊つばくらめ飛ぶかと見れば消え去りて　空あをあをとはるかなるかな　窪田空穂

E ＊いちはつの花咲きいでて我目には　今年ばかりの春行かんとす　正岡子規

F みづからの光のごとき明るさを　ささげて咲けりくれなゐの薔薇　佐藤佐太郎

＊つばくらめ＝つばめ。　＊いちはつ＝アヤメ科の植物。

(1) 三句切れで、かつ、体言止めの技法が用いられている短歌はどれか。A～Fから選び、記号で答えなさい。(5点)　〔　　〕

(2) 次の文章は、A～Fの中の一つの短歌の鑑賞文である。□に入る最も適切な言葉を、その短歌の中から抜き出して答えなさい。(10点)

今年もこの花が咲いたが、次の年には再び見ることができないだろうという気持ちが「□」という表現に込められている。そして、それが過ぎゆく季節を惜しむ気持ちとともに作者の感慨となって、痛いほど読む者の心に迫ってくる。

〔　　〕(福島)

3 次の俳句を読んで、あとの問いに答えなさい。

A 遠山に日の当りたる枯野かな　高浜虚子

B をりとりてはらりとおもきすすきかな　飯田蛇笏

C 南北にとどきて阿蘇の天の川　伊藤通明

D 流れゆく大根の葉のはやさかな　高浜虚子

E ゆけどゆけどゆけども虹をくぐり得ず　高柳重信

(1) よく出る　A～Eの俳句の季語と季節をそれぞれ答えなさい。(完答4点×5)

〈季語〉〈季節〉　〈季語〉〈季節〉

A〔　〕〔　〕　B〔　〕〔　〕

C〔　〕〔　〕　D〔　〕〔　〕

E〔　〕〔　〕

(2) A～Eの俳句を、作者と対象との距離が近いものから順に並べ、記号で答えなさい。(完答5点)

〔　〕→〔　〕→〔　〕→〔　〕→〔　〕

(3) Eの俳句の形式や表現上の特色を二つ答えなさい。(10点×2)

〔　　〕〔　　〕

(4) 次の寸評にあてはまる俳句として最も適切なものをA～Eからそれぞれ選び、記号で答えなさい。(5点×2)

① 思ってもみなかった感触に新鮮な驚きを感じている。

② 句の背景に日々の暮らしや生活までもがうかがえる。

①〔　〕②〔　〕(高知学芸高)

ヒント

3 (2) 何を対象として詠んだ句なのかを読み取り、それを作者がどこから見ているか考える。

第11日

国語 Japanese

詩・短歌・俳句の読解

時間 30分　合格点 80点

月　日

得点　　/100点

解答▼別冊 p.70

傾向と対策

▼詩・短歌・俳句それぞれの**表現技法**を確実に理解すること。

▼作者の**感動の中心**はどこにあるのかを、常に意識しながら鑑賞する。

1 次の詩と鑑賞文を読んで、あとの問いに答えなさい。(15点×2)

針は銀色

久々に針を運んでいる
陽当(ひあた)りのよい縁側に坐(すわ)って

針は銀色
針は銀色

歌のように心にくり返しながら
針の光をたのしんでいる

糸を布目にくぐらせる
この小さな道具の
愛らしい働き

一目一目を小さく進んで
小さな一目をくぐりぬける度に
針は　きらりっと
陽をうけて　光ってみせる

ある日、久々に針を持ったとき、□の美しさが心にしみました。私はすらすらと詩が書けるたちではありません。筆を持って、何時間もかけて、やっとまとまるのですが、そのまとまるまでの時間、一本の針についてもいろいろに思い考えて、書き上げた後で「ああ、このことに気付いたのだわ」という思いになります。

(高田敏子(たかだとしこ)「暮らしの中の詩」)

よく出る (1) この詩に用いられている表現についての説明として誤っているものを次から一つ選び、記号で答えなさい。

ア　第一連では、自分と針を対句で表現することで、情景を鮮明に描き出している。

イ　第二連では、心の中で反復している言葉の表現が、詩にリズムを生んでいる。

ウ　第三連では、体言止めを用いることによって、余韻を残す表現になっている。

エ　第四連では、擬態語を使って、小さな針の存在の魅力を印象的に表現している。

〔　　〕

差がつく (2) □に入る最も適切な言葉を、詩の中から三字で抜き出して答えなさい。

□□□

(高知)

英雄なし」である。

心の遠近法は絵画的透視法とは逆で、遠くが大きく近くが小さく見える。④それによって人間の世界は広がるけれども、近いものについての不明をまぬがれるのは難しい。

（外山滋比古「あたまの目　人生の見かた」）

＊寸言＝短いが意味の深い言葉。

＊混沌＝物事の区別や成り行きがはっきりしないさま。

＊大町桂月＝明治生まれの詩人、評論家。

(1) ＝線部**ア**～**エ**の「ない」の中から、次の**例**の文中の「ない」と同じ意味・用法のものを選び、記号で答えなさい。（5点）

例　どんなことでも最後まであきらめない。

〔　　〕

(2) ～線部「妙である」のここでの意味として最も適切なものを次から選び、記号で答えなさい。（5点）

ア　変である　**イ**　純粋である

ウ　見事である　**エ**　現実的である

〔　　〕

(3) よく出る　記述式　―線部①「すこし……気がする」とあるが、「水魚の交わり」という言葉に対して筆者がこのように感じているのはなぜか、答えなさい。（15点）

〔　　〕

(4) A に入る最も適切な言葉を次から選び、記号で答えなさい。（10点）

ア　遠すぎて　**イ**　近すぎて

ウ　大きすぎて　**エ**　小さすぎて

〔　　〕

(5) 記述式　―線部②「近い人は……いけない」とあるが、その理由を説明しなさい。（15点）

〔　　〕

(6) 記述式　―線部③「同じこと」とはどのようなことを意味しているか、説明しなさい。（15点）

〔　　〕

(7) B に入る言葉を、漢字一字で答えなさい。（10点）

〔　　〕

(8) 差がつく　記述式　―線部④「それによって……難しい」とはどういうことか。六十字以上八十字以内で説明しなさい。（25点）

（群馬―改）

1 ヒント

(2)「すばらしい」「おかしい」「ふしぎ」などの意味を持つ「妙」が、本文中ではどのような意味合いで用いられているのかを考える。

国語 Japanese

文学的文章の読解 (3)

時間 30分　合格点 80点

得点　　/100点

月　　日

解答▼別冊 p.70

傾向と対策

▼随筆は、筆者独自の**ものの見方や考え方**が、経験や見分に基づいて書かれている。
▼**指示語**は、それが何を指しているのか理解しながら読み進めること。

1 次の文章を読んで、あとの問いに答えなさい。

「水魚の交わり」という。魚が水なくしては生きられないように離れられない親友のつき合い、といった意味だが、①すこし窮屈で、息がつまりそうな気がする。もとの中国では、夫婦相睦(あいむつ)むのたとえ、さらには、君臣の親密なさまの比喩だったらしい。それならいくらか落ちつく。

それにしても、このことば、やはりいかにも息苦しい感じである。魚にとっては水は切っても切れぬ関係だが、それだけにうとましいのではないか。昔の中国人はそれに目をつむって、この表現を生み出した。

「水を発見したのはだれか知らないが、魚でなかったことだけははっきりしている」という寸言*がヨーロッパにある。水をいちばんよく知っているのは魚だが、［A］水を水として認めることができない。ア そこを衝(つ)いていて妙である。

禅家の語に脚下照顧(きゃっかしょうこ)とある。他に向かって理屈を言う前に自分の足もとをよく見よ、と自己反省を促すのである。目はもともと足もとを見つめたりするためについているのではない。前方、向こうにあるものを見るのが普通、自然である。それだからこそ、脚下を照顧するのは難しく、すれば価値がある。

心の目も向こうを向いている。あまり近いところは、死角に入って、見れども見えず、灯台もと暗し、になる。何でも知っているつもりでいるが、親には子のことがわかっていない。どうして近いものが、近いために、見えないのか、不思議だというほかはない。イ

本人のことを生前あまりよく知らなかったような人が伝記を書く。だいじょうぶかと思うが、すくなくとも、近親や親しい友人などの書いたものより優れている。②近い人は近い人の伝記を書こうなどと思ってはいけない。

③同じことが歴史についても言える。百年前のことがはっきりしている。昨日今日のことは、もっとよくわかるはずなのに、かえって混沌(こんとん)*として、とらまえどころがない。ウ 現代史というものが成立しにくいわけである。

所在を示す案内図というものがあまり役に立たないことがあるのも、よく知っているつもりの人がかくからである。青森の奥入瀬(おいらせ)渓谷はいまでこそ天下の景勝であるが、その美しさを見いだしたのは東京から訪れた大町桂月(おおまちけいげつ)*であった。何百年来住みなれた土地の人たちにとっては、ただの渓流でしかなかった。美しいと見るには、よその人の目が必要だったのである。

自分のうちにも花がさいているのに、［B］もくれない。同じ花でも隣家のはきれいに見える。「遠くより眺むればこそ白妙(しろたえ)の富士も富士なり筑波嶺(つくばね)もまた」というわけだ。

遠くから仰ぎみるからこそ偉くも思われる。日ごろ身のまわりの世話をする召使いにとっては、すこしもありがたくない。エ「従僕に

も、また家を継ぐことから逃げている元司に対する、父のいら立ちもよくわかるようであった。

父は俳諧に凝っているが、元司は日ごろ、さほどうまいとは思っていない。だがそのつたなさを笑ってはいけないのだ、と元司は思った。父は父で、すでに決められた枠の中で、精いっぱい自由でありたいと思ってしていることなのだ。そしてそれが、古い家系の守護者としての、あるべき姿勢なのだろう。

──おれは家系に対する反逆者か。

元司はそう思った。祖父や父は、古い血の重圧に堪えて、つつましい生き方を選んだ。だがその重さに畏敬を感じるよりも、反発を感じる者も出るのだ。それがおれだ、と元司は思った。

おそらくそれが古い血自身の宿命なのだ。そういう反逆者は前にもいたかも知れないし、かりに自分がおとなしく家業を継いだとしても、その後にもそういう人間は出るかも知れない。古い血自身が、その古さのために自分にむかって反逆をくわだてるのだ。多分それがおれだ。

そう思ってみると、自分が外に出ると心も身体もいきいきとしてくるのは、古い血が②新しい生き方をもとめているようにも思えてくるのだった。

（藤沢周平「回天の門」）

＊ひとかど＝ひときわすぐれていること。
＊行燈＝昔の照明具。
＊遊学＝故郷を離れ、よその土地に行って勉強すること。
＊諒解＝事情をわかって承知すること。
＊ご破算＝今までやってきたことを、最初の状態に戻すこと。
＊いとい＝いやがって。

---

(1) よく出る ──線部①とあるが、このときの元司の心情を説明したものとして最も適切なものを次から選び、記号で答えなさい。（30点）

ア 自分のことよりも子の幸福を願う父の姿を見て感動している。
イ 弟の分までしっかり親孝行をしようと心に固く誓っている。
ウ 自分の願いがかない、将来への期待で気持ちが高ぶっている。
エ 母に事情を説明する必要がなくなり、内心ほっとしている。

〔　　〕

(2) 元司から見た祖父や父の生き方を次のようにまとめた。A・Bにあてはまる語句を、Aには八字で、Bには六字で、本文中からそれぞれ抜き出して答えなさい。（完答30点）

Aとしての宿命を受け入れ、Bでもよいとする生き方。

A □□□□□□□□
B □□□□□□

(3) 差がつく 記述式 ──線部②とあるが、それはどのように生きることか。次の文のに合うように、二十五字以内で答えなさい。（40点）

古い血の重圧があるからこそ、□生きること

（秋田）

1 ヒント
(2) Aには、元司のことを表す「反逆者」とは対になる、祖父や父のような生き方をする人物を表す言葉が入る。

文学的文章の読解(2)

時間 30分　合格点 80点

月　日

得点　/100点

解答▼別冊 p.69

傾向と対策

- ▼描かれた場面の状況や状態を押さえる。
- ▼**比喩**などの特徴的な表現に着目する。
- ▼場面の状況や状態、人物の心情を踏まえ、表現された内容を捉える。

1 **次の文章を読んで、あとの問いに答えなさい。**

〔旧家の長男である斎藤元司は、江戸で学問を修めることを父に願い出て、ようやく許された。〕

「ありがとうございます」

「母には、私の口からは言えませんので、うまく言ってください」

と元司は言った。

「納得させるまで、ひと苦労だの」

「そのかわりに、勉強させて頂くことは決してむだにはしません。必ず*ひとかどの者になって戻ります」

父親の書斎から自分の部屋に帰るとき、元司は①足が躍るような気がした。部屋に入って*行燈に灯を入れると、元司は障子を開いて外を見た。

火鉢の炭火であたたまっていた部屋の中に、冷たい空気が流れこんできたが、元司の頬のほてりはおさまらなかった。部屋のあかりが照らし出す外の闇を横切って、雪が流れるように降りしきっている。元司は膝を抱いて夜の雪を眺めた。

――家を離れることを、父は許している。

それを確かめた喜びが、元司の胸をふくらませていた。最初の江戸*遊学のとき、父との間に暗黙の*諒解がついた気がした時期があったが、それは弟熊次郎の死で*ご破算になった。だがここまできて、父はようやく再びおれを手ばなす気になったのだ、と思った。

雪が降りしきる暗黒のむこうに、ひろびろとひろがる野をみる気がした。そこに解きはなされる自分を感じた。

だが、その喜びの中に、微かに痛みを胸に伝えるものが含まれていることも事実だった。父と母を悲しませ、それでもこうして外に自分を駆りたてるものは何なのか、という思いだった。

――精いっぱい生きたいということか。

芽は単純に学問に対する好奇心のようなものだったと思う。だが、だんだんに家の中で書物を読むだけの境遇にあきたらず、家業を*いとい、心はしきりに外にむかうようになったのだ。家にいると落ちつかず、気分がいら立った。そして諸国の風物に触れたり、一歩ずつ学問を深めながら、師や友人とまじわっているとき、元司は心がのびやかに働き、身体もいきいきと動くようだったのだ。

――結局はそういうことだ。一人の人間として、自由に生きたいためにあがいてきた。

旧家の血は重く、それを継ぐ者は、一人の人間であるよりは家系の守護者としての役割を強いられるのだ。父が言ったように、家業を繁昌させ、次の時代の者に血を伝え、そして朽ちる。あたえられる自由は少ない。

祖父も父も、当然の義務としてその役割を*果し、自分をおさえ、わずかな自由に甘んじてきたのだ。そう思うと、熊次郎が死んで元司が帰郷したとき、待っていたように諸国見物に出て行った父の気持

「いいえ。街の文房具屋さんへ行けば、必ず売っています」

必ずという言葉を強調するように、キリコさんは大きくうなずいた。

キリコさんは正しかった。私は万年筆を壊してなどいなかった。約束どおり彼女は新しいインクを買ってきて、補充してくれた。ケースの裏に書いてある説明書は外国語だったから、二人とも読めなかったけれど、彼女は慎重に方向を見定め、崇高な*儀式の仕上げをするように、万年筆の奥にインクを押し込めた。

「ほらね」

それがよみがえったのを確かめると、キリコさんは得意そうに唇をなめた。

（小川洋子「キリコさんの失敗」）

＊キリコ＝「私」の家の若いお手伝い。　＊崇高な＝気高く尊い。

(1) よく出る 記述式 ――線部①「不用意にノートの中身に……気をつかっている」とあるが、ここには「キリコさん」のどのような気持ちが表れているのか。二十字以内で答えなさい。（30点）

(2) □に入る最も適切な内容を次から選び、記号で答えなさい。（15点）

ア 万年筆を使いこなす　イ 自分で話を作り出す

ウ 大学ノートに書き付ける　エ 他人の文章を書き写す

〔　　〕

(3) 記述式 ――線部②「だから初めてインクが切れた時は、うろたえた」とあるが、「私」はなぜ「うろたえた」のか。四十字以上五十字以内で答えなさい。（35点）

(4) 差がつく 「私」にとっての「キリコさん」とは、どのような存在か。その説明として最も適切なものを次から選び、記号で答えなさい。（20点）

ア 私に引け目を感じて日ごろは遠慮がちにふるまっているが、大事な時には勇気をふるい、力になってくれる心強い存在。

イ 私をいつも注意深く観察してすきのない接し方をすると同時に、どんなことでも冷静に処理していく近寄りがたい存在。

ウ 私を子ども扱いしないで温かく見守りつつ、困ったときには手をさしのべて解決に導いてくれる頼もしい存在。

エ 私をわざと突き放すことで自立を促し、苦しみを一人で乗り越えるのをじっと待ち続ける理解しがたい存在。

〔　　〕

（島根―改）

1 ヒント

(3)「うろたえる」とは、予想外の事態に、驚いたり慌てたりして取り乱すこと。

(4) 本文中に描かれている、「私」に対する「キリコさん」の接し方に着目して考える。

第8日

国語 Japanese

文学的文章の読解 (1)

時間 30分　合格点 80点

得点　　/100点

月　日

解答▼別冊 p.69

傾向と対策

▼小説問題は**登場人物の気持ち**が重要。

▼エピソードや会話などから登場人物が何を考え、感じているか、またその**気持ちの変化**を意識して読む。

1 **次の文章は、「私」が十一歳の夏休みに父親からスイス製の万年筆をもらい、書き物をすることに夢中になっている日々を過ごす場面である。これを読んで、あとの問いに答えなさい。**

私はまず手始めに、自分の好きな本の一節を書き写してみた。『ファーブル昆虫記』のフンコロガシの章。『太陽の戦士』の出だしのところ。『アンデルセン童話集』から『ヒナギク』と『赤いくつ』。アン・シャーリーが朗読する詩。『恐竜図鑑』のプテラノドンの項。『世界のお菓子』、トライフルとマカロンの作り方。……

想像したよりずっとわくわくする作業だった。

そしてふと気がついて手を休めると、ノート一面びっしり文字で埋め尽くされていた。

〝書き物〟に対する態度が、他の大人と唯一違っていたのがキリコ*さんだった。干渉しない点については同じだが、彼女は明らかにこの作業を、勉学とは違う種類のものとして認めていた。敬意さえ払っていたと言ってもいい。

子ども部屋やダイニングテーブルで作業に熱中している私を見つけると、一瞬キリコさんは立ち止まり、姿勢をただし、邪魔しないように注意を払いながら通り過ぎた。あるいはおやつを運んでくる時は、①不用意にノートの中身に目をやって盗み見をしていると誤解されないよう、気をつかっているのが分かった。自分の手元に視線を落とし、一切声は掛けず、ノートからできるだけ遠いところにジュースを置いた。コップに付いた水滴で、ページが濡(ぬ)れてはいけないと思ったからだろう。

やがて私は[　　]だけでは満足できなくなり、作文とも日記ともお話ともつかないものを書き付けるようになった。クラスメイト全員の人物評と先生の悪口、一週間の食事メニュー、百万円あったら買いたい品物のリスト、テレビ漫画の予想ストーリー、自分の生いたち、無人島への架空の旅行記。とにかく、ありとあらゆるものだった。

今日は何にも書くことがないという日は、一日もなかった。キャップさえ外せば、万年筆はいつでも忠実に働いた。

②だから初めてインクが切れた時は、うろたえた。

「どうしよう、万年筆が壊れちゃった」

私は叫び声を上げた。

「もう壊しちゃったの？せっかくのパパのお土産なのに。新しいのは買いませんからね。壊したあなたが悪いんです」

新しいのは買いませんからね――これが母の口癖であり、得意の台詞(せりふ)だった。私は自分の不注意を呪い、絶望して泣いた。

「大丈夫。インクが切れただけなんだから、補充すれば元通りよ」

救ってくれたのは、やはりキリコさんだった。

「スイスのインクなのよ。パパがまたスイスへ行くまで待たなきゃならないの？」

がやりたいことが可能かを考える。でも、それは自分が節約した時間と同じ考え方なので、いつまでたっても満たされることがない。それればかりか、自分の時間が増えれば増えるほど、孤独になって時間をもてあますようになる。

それは、そもそも人間がひとりで時間を使うようにできていないからである。700万年の進化の過程で、人間は高い□力を手に入れた。他者のなかに自分を見るようになり、他者の目で自分を定義するようになった。ひとりでいても、親しい仲間のことを考えるし、隣人たちの喜怒哀楽に大きく影響される。ゴリラ以上に、人間は時間を他者と重ね合わせて生きているのである。

（山極寿一（やまぎわじゅいち）「ゴリラからの警告『人間社会、ここがおかしい』」）

＊固執＝心がとらわれること。　＊隔絶＝かけ離れていること。

(1) ――線部①「人は時間に追われて生活している」とあるが、筆者がこのように考えるのはなぜか。その理由を述べている部分を、本文中から四十字以内の一文で探し、初めの五字を抜き出して答えなさい。（20点）

(2) ――線部②「互いの存在を認め合っている時間の大切さ」とあるが、具体的にどういうことか。最も適切なものを次から選び、記号で答えなさい。（20点）

ア ゴリラは、人間に敵意をもっているので、人間が信頼されることはないということ。

イ いっしょに暮らす時間が経過するにしたがい、ゴリラとの信頼関係が増すということ。

ウ ゴリラは互いの存在を認め合う時間を好むため、人間を信頼したがる傾向があるということ。

エ ゴリラは信頼できる仲間といっしょに暮らし、その群れから決して離れることはないということ。

〔　　〕

(3) 差がつく 記述式 ――線部③「せっかく得た自分だけの時間をも同じように効率化の対象にしてしまった」とあるが、それはどういうことか。七十字以内で説明しなさい。（40点）

(4) よく出る □に入る最も適切な言葉を次から選び、記号で答えなさい。（20点）

ア 技術　イ 創造　ウ 表現　エ 共感

〔　　〕（新潟）

1 ヒント

(3) 「自分だけの時間」をどのようにして得たのかということと、その時間を「効率化の対象にしてしまった」とはどういうことかを考える。

説明的文章の読解 (4)

国語 Japanese

時間 30分　合格点 80点

得点　　/100点

月　日

解答▼別冊 p.69

傾向と対策

▼文章の冒頭では、**問題提起**をしたり、その後の**展開の筋道**を示したりしていることがある。
▼**キーワード（重要語）**に着目しながら、文章の話題を捉える。

1 次の文章を読んで、あとの問いに答えなさい。

今、私たちは経済的な時間を生きている。そして、自分が自由に使える時間を欲しがっている。しかし、自分の時間とはいったいどういう状態のことをいうのだろう。それをどう過ごしたら、幸せな気分になれるのだろうか。

どこの世界でも、①人は時間に追われて生活している。私がゴリラを追って分け入ったアフリカの森でもそうだ。晩に食べる食料を集めに森へ出かけ、明後日に飲む酒を今日仕こむ。昨日農作業を手伝ってもらったので、そのお礼として明日ヤギをつぶす際に肉をとり分けて返そうとする。それは、つきつめて考えれば、人間の使う時間が必ず他者とつながっているからである。時間は自分だけでは使えない。ともに生きている仲間の時間と速度を合わせ、どこかで重ね合わせなければならない。だから、森の外から流入する物資や人の動きに左右されてしまう。

ゴリラといっしょに暮らしてみて私が教わったことは、②互いの存在を認め合っている時間の大切さである。野生のゴリラは長い間人間に追い立てられてきたので、私たちに強い敵意をもっている。しかし、辛抱強く接近すれば、いつかは敵意を解き、いっしょにいることを許してくれる。それは、ともにいる時間が経過するにしたがい、信頼関係が増すからである。

ゴリラたち自身も、信頼できる仲間といっしょに暮らすことを好む。食物や繁殖相手をめぐるトラブルによって信頼が断たれ、離れていくゴリラもいるが、やがてまた別の仲間といっしょになって群れをつくる。とくに、子どもゴリラは周囲のゴリラたちを引きつける。子どもが遊びにくれば、大きなオスゴリラでも喜んで背中を貸すし、悲鳴をあげれば、すっ飛んでいって守ろうとする。ゴリラたちには、自分だけの時間がないように見える。

人間も実はつい最近まで、自分だけの時間にそれほど固執*していなかったのではないだろうか。とりわけ、木や紙でつくられた家に住んできた日本人は、隣人の息遣いから完全に隔絶*することはできず、常にだれかと分かち合う時間のなかで暮らしてきた。それが原因で、うっとうしくなったり、ストレスを高めたりすることがあったと思う。だからこそ、戦後に高度経済成長をとげた日本人は、他人に邪魔されずに自分だけで使える時間をひたすら追い求めた。そこで、効率化や経済化の観点から時間を定義する必要が生じた。つまり、時間はコストであり、金に換算できるという考え方である。

しかし、物資の流通や情報技術の高度化を通じて時間を節約した結果、③せっかく得た自分だけの時間をも同じように効率化の対象にしてしまった。自分の欲求を最大限満たすために、効率的な過ごし方を考える。映画を見て、スポーツを観戦し、ショッピングを楽しんで、ぜいたくな食事をする。自分で稼いだ金で、どれだけ自分

含んでいるのが、漢字である。

（阿辻哲次「日本人のための漢字入門」）

＊フォルム＝形。形状。　＊槍ヶ岳＝長野県と岐阜県の境界にある山。

(1) □に入る言葉として最も適切なものを次から選び、記号で答えなさい。（10点）

ア なぜなら　イ しかし　ウ まして　エ つまり　〔　　〕

(2) 記述式 ——線部①「絵画はそのままでは文字になりえない」とあるが、それは「絵画」がどのようなものであるからだと筆者は述べているか。次の文がそれを説明したものとなるよう、□に入る適切な内容を、二十五字以内で答えなさい。（20点）

絵画は□ものであるから。

(3) 差がつく 記述式 ——線部②「文字が成立する場」とあるが、筆者はどのような場合に文字が成立すると述べているのか。五十字以内で説明しなさい。（30点）

(4) Ⅹの段落が本文中で果たしている役割の説明として最も適切なものを次から選び、記号で答えなさい。（20点）

ア これまで述べてきた「文字」について内容を整理する事柄を示し、「絵画」との差異を改めて明確にしている。

イ これまで述べてきた「文字」について異なる視点からの説明を補足し、「絵画」との共通点を強調している。

ウ これまで述べてきた「文字」と「絵画」の両方の性質をあわせもつ記号を示し、これまでの論を否定している。

エ これまで述べてきた「文字」と「絵画」について新たな具体例を挙げて対比し、問題提起を繰り返している。〔　　〕

(5) ——線部③「具体的な事物の特徴をうまくつかんだ文字」について、本文の内容を踏まえた「象形文字」の例として最も適切なものを次から選び、記号で答えなさい。（20点）

ア 「中」という字は、あるものを一線で貫く様子を記号化して示すことで抽象的な「なか」という意味を表す。

イ 「湖」という字は、「水」を表す「氵」と「コ」という音を表す「胡」から成り「みずうみ」という意味を表す。

ウ 「雨」という字は、雲から水滴が降ってきている様子を模式的に描いて示すことで「あめ」という意味を表す。

エ 「計」という字は、「いう」を表す「言」と数の「十」を組み合わせることで「かぞえる」という意味を表す。〔　　〕

（山口—改）

1 ヒント
(3)「特定の山ではなく、どの山でもかまわない」という内容に着目して、どのような場合に「文字が成立する場」となるのかをまとめる。

説明的文章の読解(3)

時間 30分　合格点 80点

得点　　　／100点

月　　日

解答▼別冊 p.68

傾向と対策

▼どのような事実をもとに、どのような意見を筆者が述べているか、**事実と意見**を見分ける。
▼指示語や段落初めにある接続語を手がかりにして、**段落相互の関係**を捉える。

1 次の文章を読んで、あとの問いに答えなさい。

文字の起源は絵画であると一般に信じられている。そしてその理解はおおむね正しい。山があれば、それを表す文字として人々は山の絵を描き、水が流れるさまを描いたものを、川を表す文字とした。

文字の萌芽(ほうが)期の段階では、世界の文字は非常によく似た形のものだった。しかし①絵画はそのままでは文字になりえない。絵画として描かれる事物は、原則的に世界中でただそれ一つしか存在しない。だからこそ肖像画というジャンルが成立するのであり、ごく普通の絵画でも、たとえば渓流を泳ぐ魚の絵は、水槽に飼われている金魚や、マーケットに売られている鯛(たい)を描いたものではないし、カゴに盛られたリンゴは画家の目の前（あるいは脳裏）にあるリンゴであって、果物屋の店頭に並んでいるそれではない。

それに対して文字では、指し示す実体に対する普遍性が要求される。「魚」という漢字は、正月の膳を飾った鯛というような特定の魚ではなく、世界中のあらゆる魚類を指し示すことができなければならない。［　　］文字とは絵画として描かれる*フォルムに普遍性をあたえたものと定義できるだろう。

実際の例をあげる。ある人がこれから山登りに出かけるとする。その人が登ろうとする山は、富士山のように左右均等になだらかに広がった山かもしれないし、*槍ヶ岳(やりがたけ)のように頂上が鋭く尖(とが)っている山かもしれない。標高三千メートルを超える高い山かもしれないし、たかだか五百メートルくらいの、山よりむしろ丘と呼ぶべきものかもしれない。だからその人が登ろうとする山を絵に描くなら、富士山と槍ヶ岳とでは、あるいは高山と丘程度の低い山とでは描き方がちがって当然である。

しかしそれが山である限りは、地表から隆起した土塊であることは確実で、そのことは山をかたどったフォルムで表現することができる。だから「山」というフォルムを見れば、だれでも山という事物を思い浮かべることが可能となる。そしてこの場合、「山」が示しているのは富士山などの特定の山ではなく、どの山でもかまわない。ここに②文字が成立する場がある。

X 目に見える実体のある事物を表す文字を作ろうとして、事物のもっとも端的な特徴を抽出し、具体的かつ「絵画的」に描いたものを象形文字という。ただしこれはあくまで「絵画的」に描いたものであって、絵画そのものではない。なぜならばそこに呈示されるフォルムは、指し示す実体に対しての普遍性をもつものでなければならないからである。そして普遍性をあたえられるがゆえに、その描写は必ずしも写実的である必要はない。「山」という漢字で表される山の峰が、必ずしも三つあるとは限らない。

このように③具体的な事物の特徴をうまくつかんだ文字を特に多く

アメリカ人と同様に話し合えると思っていた日本の外交官が、①いざというときにまったく「日本的」に行動するのを見て驚いたりされたのではなかろうか。

何しろ、この現象は、大切なときに生じる上に、それが生じていることを本人が気がつかない場合があるので、なかなか厄介なのである。このようなために、取り返しのつかない失敗が起こることもある。

しかし、野球での投手のけん制球が、不用意に盗塁されてしまうのを防ぐように、②自分の心のなかで、「回帰現象に注意」というけん制球を投げていると、これもだいぶ防げるようである。あるいは、回帰現象を起こしても、自分で気づいて、それについて相手に説明して了解してもらったり、自分の姿勢を立て直すなりすることによって、決定的な失敗を免(まぬか)れることができるようにも思う。③スポーツと同様、人間関係も訓練によって少しずつ上達するようである。

（河合隼雄(かわいはやお)「おはなしおはなし」）

＊マンスフィールド・センター＝マイク・マンスフィールド元駐日大使の功績を明らかにするために設立された民間非営利団体。

(1) ――線部①「いざというとき」とあるが、これはどのようなときか。具体的に述べている部分を――線部①より前の本文中から二か所探し、それぞれ二十字程度で抜き出して答えなさい。(20点×2)

(2) 差がつく 記述式 ――線部②「自分の心のなかで、『回帰現象に注意』というけん制球を投げている」とあるが、このようにすることで、どのような効果が得られると筆者は考えているのか。本文の内容にしたがって、四十五字以内で答えなさい。(30点)

(3) よく出る ――線部③「スポーツと同様、……上達するようである」とあるが、ここでの筆者の考えとして最も適切なものを次から選び、記号で答えなさい。(30点)

ア スポーツでは楽しみながら体を鍛えることでプレーが上達していくように、人間関係でも体を使って一緒に汗を流すことで互いのコミュニケーションがとりやすくなるということ。

イ スポーツでは同じ練習を繰り返すことでミスを減らせるように、人間関係でも自分の言動の傾向に気をつけることでコミュニケーションがうまくとれるようになるということ。

ウ スポーツでは多くの練習をこなすことで技術や体力が向上するように、人間関係でもできるだけ海外で多くの人に会うとコミュニケーションがうまくとれるようになるということ。

〔　　〕（島根）

1 ヒント

(2) 「知らぬ間に以前の型にかえってしまう」ことを、筆者は「回帰現象」という言葉で述べている。

(3) スポーツの例によって筆者が主張したいことは何かを考える。

説明的文章の読解(2)

時間 30分　合格点 80点　得点 /100点　月　日

解答▼別冊 p.68

傾向と対策

▼ある事柄についての具体的な内容を読み取り、文章の流れを理解する。
▼筆者の考えを、**文末表現**などを踏まえて捉え、内容を理解する。

1 **次の文章を読んで、あとの問いに答えなさい。**

人間には人それぞれの基本的な行動のパターンがあるようだ。たとえば、何か新しい場面に出合うと、はしゃいでしまって、ついしなくてもよいようなことまでやってしまうとか、逆に、どうしてもひっこみ思案になってしまうとか。しかし、このようなことに気がつくと、あんがいそれは変えられるもので、他人にもあまり気づかれないくらいにはなる。

だが、自分もだいぶ変わったかな、などと思っていても、いざという場面——緊急のときとか思いがけないことが生じたとき——になると、知らぬ間に以前の型にかえってしまうということはよくある。それは無意識的に起こり、自分でも気がつかないときさえあるが、傍(かたわ)らで見ている人には明瞭に見えるものだ。このような人間の行動の「回帰現象」とでも言えるようなことがあるのを知っておくと、便利であると思われる。

個人の行動の型だけでなく、ある程度は文化的な型もあると思われるが、ここでも同様のことが生じる。たとえば、日本人だと、すぐには自己主張をせずに、全体との関係を考えたり雰囲気に合わせたりしながら、ゆっくりと間接的に自分の考えを表明してゆくが、欧米では自分の意見を最初から明確に表現することが期待される。あるいは、日常的な例をあげると、贈り物をするときでも、日本人は「お気に入らないかと心配しています」というような表現をするが、欧米だと「お気に入っていただくとうれしいです」という表現になる。

こんなことがわかってくると、私などは欧米に行くと、必要に応じて「スイッチ」の切り替えをして、ある程度は欧米式でやってゆくようにしている。しかし、むしろ大切なときとか何か圧力を感じるときなど知らぬ間にスイッチが切り替わって、「回帰現象」を起こしているのに気づき愕然(がくぜん)とすることがある。このようなことは、相当ベテランの外交官やビジネスマンでも外国人相手の交渉のときに経験するのではないだろうか。

先日、マンスフィールド・センター*から招かれて話をしたとき、このような「回帰現象」についても少し触れようと思った。しかし、それほど一般的なこととして言えるかどうか心配でもあったので、栗(くり)山(やま)駐米大使の招宴の際に、前駐日大使のマンスフィールドさんの横に座ったので、以上のことについてどう思われるかを、お聞きしてみた。「それは当然のことです」と彼は言われ、「私自身も経験しました」と静かにつけ加えられた。

それ以上は言わなかったが、この短い言葉のなかに、マンスフィールドさんが日米の間の架け橋として相当に苦労されたことが、私には強く感じられて、さすがは、と感心させられた。おそらく、日本式の考え方や感じ方もよくわかり、ときにはそれに合わせてゆこうとしつつ、知らぬ間に回帰現象を起こしている自分に気づいたり、

をなやますのは限られた一部の人であったのが、いまはほとんどすべての人が多少とも頭をなやますことになった。

（外山滋比古「忘却の整理学」）

＊十全＝全く欠点のないこと。

＊一致符合＝二つ以上のものがぴったりと合うこと。

＊いわんや＝ましてや。

(1) よく出る Ⅰ～Ⅲに入る言葉の組み合わせとして最も適切なものを次から選び、記号で答えなさい。(20点)

ア Ⅰ知的　Ⅱ機械的　Ⅲ整合的

イ Ⅰ質的　Ⅱ道徳的　Ⅲ整合的

ウ Ⅰ知的　Ⅱ道徳的　Ⅲ社会的

エ Ⅰ質的　Ⅱ機械的　Ⅲ社会的

〔　　〕

(2) この文章には、次の一文が抜けている。本文中の（Ａ）～（Ｄ）のうち、どこに入るか。最も適切な箇所を選び、記号で答えなさい。(30点)

選択的記憶・忘却は、こうしてみると、きわめて人間的性格のつよい心的作用であることがわかる。

〔　　〕

(3) 記述式 ――線部①「人間の記憶の特質もまさに、その選択的記憶という点にある」とあるが、人間の記憶が「選択的記憶」になるのはなぜか。三十字以上三十五字以内で説明しなさい。ただし、「興味、関心、欲望など」という言葉を用いて、「人間は」という書き出しに続けて答えること。(30点)

(4) 差がつく ――線部②「何が忘却されるかでその人間の精神構造を知ることができる」とあるが、その説明として最も適切なものを次から選び、記号で答えなさい。(20点)

ア 人間の記憶は忘却にさらされるが、忘却は人間の個性と結びついているので、忘却される内容によって、その人が何を重視しているかを推測することができる。

イ 人間の記憶は忘却にさらされるが、忘却される内容には個人差がないので、忘却される内容に関係なく、どの人でも同じようなものの考え方になることがわかる。

ウ 人間の記憶は忘却にさらされるが、できるだけ多くを機械的に記憶できる人のほうが、現代的な精神の持ち主であると判断される。

エ 人間の記憶は忘却にさらされるが、忘却される記憶の量には個人差があり、忘却される記憶量が少ないほど機械に近い精神構造の持ち主だと考えられる。

〔　　〕

（岐阜）

1 ヒント

(3)「興味、関心、欲望など」という指定語句そのものか、似た言葉を本文から探し、その付近から解答に使えそうな表現を探す。

説明的文章の読解（1）

時間 30分　合格点 80点　得点 ／100点　月　日

解答▼別冊p.68

傾向と対策
- ▼各段落の要点を押さえること。
- ▼筆者の意見とその理由に着目すること。
- ▼文章の論理的な構成や展開を的確に捉えて要旨をつかむこと。

1 次の文章を読んで、あとの問いに答えなさい。

あるがままを記憶する、全記憶などというのは生身の人間には考えられないこと。かならず、興味、関心、欲望などが複雑に入り組んだネットがあり、それを通して、記憶されるのであるから、完全・十*全の記憶は考えることもできない。

同じ光景を忠実に再現したと思われる記録を比べてみると、見た人の個人的特色というものによって、十人十色に異なる。同じ光景を見ているようで、実は、各人各様に見、めいめい違った記憶をしている。それにもとづいた記憶、表現がもし一*致符合したらそれこそ異常である。（Ａ）

われわれは、完全記憶というものを人間にあてはめるのは誤りである、と考える必要があるように思われる。部分的記憶、歪(ゆが)みを内蔵した記憶、選択的記憶が、正常な記憶であるということになる。

①人間の記憶の特質もまさに、その選択的記憶という点にあることを昔の人はともかく、現代の人間は見落としてはならない。（Ｂ）

別な言い方をすれば、人間の記憶は、生理的・心理的であって物理的ではないということである。それがはっきりするのはコンピューターが出現してからである。コンピューターは記憶する機械として人間の能力をはるかに超越するが、量的問題ではなく、［Ｉ］に人間とコンピューターはまったく別々の記憶をする。（Ｃ）

人間の記憶は、生理・心理的であるのに、コンピューターは物理的記憶である。人間の記憶は忘却にさらされるが、コンピューターは、機械という物体が存在し、電気というエネルギーが存在する限り、消滅したりすることはない。忘却はおきない。い*わんや選択的忘却などははじめから問題にならない。百パーセントの記憶が可能なばかりでなく、それ以外の記憶はおきない。完全記憶で、そしていったん記憶されたものは物理的条件が激変しない限り忘却されることはありえない。（Ｄ）

人間の記憶は選択的であり、個人差が大きく影響するが、それ以上に、忘却は個人差が大きいと考えられる。したがって、コンピューターとの違いも、記憶よりいっそう顕著でなくてはならない。忘却は個人の心理的歴史を反映しているから、②何が忘却されるかでその人間の精神構造を知ることができるはずである。

これまで、忘却は悪者扱いされてきたから、人間のもっとも深い個性と結びついているといったことを真剣に考える人もなかったであろうが、超個性的［Ⅱ］記憶万能のコンピューターがあらわれたのだから、新しい目で見る必要がある。

比喩は適当でないが、忘却はゴミ出しに似ている。かつての、物資が不足気味な社会においては、ゴミはたいした量ではない。自然に近い形で処理されていた。ところが、モノが豊かになり、近代的都市生活をするようになると自然のゴミ処理では間に合わなくなって、ゴミの収集、処分が［Ⅲ］事業になる。昔は、ゴミの処分に頭

(7) 「国中が平和になる」の「に」を文法的に説明したものとして最も適切なものを次から選び、記号で答えなさい。(6点)

ア 形容動詞の一部　イ 格助詞
ウ 接続助詞の一部　エ 助動詞の一部　〔　〕

(8) よく出る 「信じて疑わない」の「ない」と品詞の分類が同じものとして最も適切なものを次から選び、記号で答えなさい。(6点)

ア お互いに面識がない関係。
イ 斜面に置かれた机は安定しない。
ウ 旅立ちの場面で切ない気持ちになる。
エ 人口は増加傾向にはない。　(静岡)　〔　〕

(9) 次の――線部の中で品詞が他とは異なるものを一つ選び、記号で答えなさい。(6点)

ア これは、今朝釣ったばかりの新鮮な魚だ。
イ そんなおかしな話は信じられないよ。
ウ のどかな村に引っ越して三年が経(た)った。
エ 君の作品は、いつ見ても見事なものだ。　〔　〕

(10) 次の――線部「そうだ」の中で意味が他とは異なるものを一つ選び、記号で答えなさい。(5点)

ア 雨が降るそうだ。
イ 明日は寒いそうだ。
ウ 午後から晴れるそうだ。
エ 夜には雨があがりそうだ。　〔　〕

2 次の問いに答えなさい。(5点×9)

(1) 次の言葉の謙譲語として最も適切なものをそれぞれあとから選び、記号で答えなさい。

① 会う　② する　③ もらう　④ 聞く　⑤ 見る

ア 拝見する　イ いたす　ウ ちょうだいする
エ お目にかかる　オ うかがう

①〔　〕②〔　〕③〔　〕
④〔　〕⑤〔　〕

(2) 差がつく 次の①・②の――線部は、(　)の中の指示にしたがうとどのような表現になるか。それぞれあとから最も適切なものを選び、記号で答えなさい。

① お客様が、もうすぐ来ます。(尊敬語を用いた表現に)
ア 参ります　イ 訪問します
ウ 伺います　エ いらっしゃいます　〔　〕

② 先生から本をもらった。(謙譲語を用いた表現に)
ア いただいた　イ 受け取った
ウ 渡された　エ くださった　〔　〕　(三重)

(3) 次の文章の――線部①・②の表現を適切な敬語表現に直しなさい。

先日は父がたいへんお世話になりました。よろしくと①おっしゃっていました。これは父から預かってきたものですが、生ものですので、どうぞ、早目に②いただいてください。

①〔　〕②〔　〕　(新潟)

第3日

文法(2)

国語 Japanese

時間 30分　合格点 80点

得点　　/100点

月　日

解答▼別冊 p.67

傾向と対策

▼**品詞ごとの特徴**をしっかりと押さえ、**意味や用法**、**接続**などから判別できるようにする。

▼**尊敬語・謙譲語**は、**主語**をヒントにして見分けるとともに、それぞれの表現を押さえる。

1 次の問いに答えなさい。

(1) 「彼の意見に賛成する」の「の」と同じ用法で用いられているものとして最も適切なものを次から選び、記号で答えなさい。(5点)

ア ああだのこうだのと理屈を述べる。

イ 山の上から見下ろしている。

ウ あの画家の描いた絵だ。

エ その消しゴムは私のだ。

〔　　〕

(2) 次の文の——線部「ある」と同じ用法で用いられているものとして最も適切なものをあとから選び、記号で答えなさい。(5点)

やがて、ある秘密を共有した。

ア ある晴れた日に出かけた。

イ 飾ってある絵を見る。

ウ 心の中にある思いを伝える。

エ 今話したことは紛れもない事実である。

〔　　〕

(3) 次の文の——線部「が」と同じ用法で用いられている「が」を含む文として最も適切なものをあとから選び、記号で答えなさい。(5点)

新しい電子辞書が欲しい。

ア 彼は足も速いが力も強い。

イ 友達を訪ねたが留守だった。

ウ 授業で我が国の歴史を学ぶ。

エ 先月公開された映画が見たい。

〔　　〕(神奈川)

(4) 次の——線部の中で用法が他とは異なるものを一つ選び、記号で答えなさい。(5点)

ア 月が山の陰に隠れる。

イ 椅子にもたれるような姿勢をとる。

ウ 花が枯れる前に水をやろう。

エ 良い印象を持たれるようにする。

〔　　〕

(5) 次の文の——線部「らしい」と同じ用法で用いられているものとして最も適切なものをあとから選び、記号で答えなさい。(6点)

どうやらその国の季節は春らしい。

ア 夏らしい服装を心がける。

イ 彼女の言い方はとてもわざとらしいものだった。

ウ あのうわさは真実らしい。

エ もっともらしい言い訳をする。

〔　　〕

(6) 次の文の——線部「だ」と同じ意味・用法で用いられているものとして最も適切なものをあとから選び、記号で答えなさい。(6点)

舞台となったのはこの公園だ。

ア 子供たちはみな変わらず元気だ。

イ 食生活に気を配っているのでいたって健康だ。

ウ かけ声とともに全員で丸太を担(かつ)いだ。

エ その弁当箱は私のものだ。

〔　　〕

(2) 次の文の――線部が修飾する言葉を一文節で抜き出しなさい。

彼女は、ふと弾くのをやめて、こちらをふりかえった。

〔　　〕（石川）

(3) 次の――線部を修飾する言葉をそれぞれ一文節で抜き出しなさい。

① 私は明日の天気を知りたい。

② 彼の作品を多くの人々が見た。

①〔　　〕②〔　　〕

よく出る

(4) 次の――線部の文節相互の関係として最も適切なものをあとから選び、記号で答えなさい。

① 近くのお店でパンと ケーキを買った。

② 室内の明かりがついて いる。

ア 主語・述語の関係　イ 修飾・被修飾の関係

ウ 接続の関係　エ 並立の関係

オ 補助の関係　カ 独立の関係

①〔　　〕②〔　　〕

4 次の問いに答えなさい。

(1) 「生きる」と活用の種類が同じ動詞として最も適切なものを次から選び、記号で答えなさい。（5点）

ア 試みる　イ 笑う　ウ 食べる　エ 努力する　〔　　〕（富山）

差がつく

(2) 次の文中の――線部の活用の種類と活用形として最も適切なものを、あとの①・②からそれぞれ選び、記号で答えなさい。（5点×2）

「ありがとう、友よ。」二人同時に言い、それからうれし泣きにおいおい声を放って泣いた。

（太宰治「走れメロス」）

① 活用の種類

ア 五段活用　イ 上一段活用　ウ 下一段活用

エ カ行変格活用　オ サ行変格活用

② 活用形

a 未然形　b 連用形　c 終止形　d 連体形

e 仮定形　f 命令形

①〔　　〕②〔　　〕（滋賀）

(3) 次の文中の――線部と同じ品詞の言葉として最も適切なものをあとから選び、記号で答えなさい。（6点）

昨日見た空は美しかった。

ア とても信じられない。　イ ゆったりとくつろぐ。

ウ 心に重くのしかかる。　エ 静かに本を読む。　〔　　〕

(4) 次の文の「とても」とは品詞が異なるものをあとから一つ選び、記号で答えなさい。（6点）

今日はとてもよい天気になったので、私の妹は近くの公園へ遊びに行った。

ア いつもより少し明るい夜だ。

イ 部屋の外で大きな声を出す。

ウ 空でカラスがカアカア鳴く。

エ 赤ちゃんがにっこりと笑う。

〔　　〕（鳥取）

第2日

国語 文法(1)

Japanese

月　日

時間30分　合格点80点　得点　/100点

解答▼別冊p.67

傾向と対策

▼言葉の単位の中でも、**文節と単語の分け方**は特にしっかりと押さえる。

▼文の成分の働きを理解し、文がどのような組み立てでできているのかをつかめるようにする。

1 次の問いに答えなさい。（4点×3）

(1)「予定よりもずっと早い列車で帰ることになる」は、いくつの文節から成っているか。文節の数を漢数字で答えなさい。〔佐賀〕〔　〕

(2) 次の文の――線部はいくつの単語に区切ることができるか。単語の数を漢数字で答えなさい。

解決の糸口が、なかなか見つからないとき、別の視点を持ち込む。〔高知〕〔　〕

(3)「メガネをかけて帰ってくる」を単語に分けたものとして最も適切なものを次から選び、記号で答えなさい。〔三重―改〕〔　〕

ア メガネを|かけて|帰って|くる　イ メガネ|を|かけて|帰って|くる

ウ メガネを|かけ|て|帰っ|て|くる　エ メガネ|を|かけ|て|帰っ|て|くる

2 次の問いに答えなさい。

(1) 次の文の主語と述語をそれぞれ一文節で抜き出しなさい。（完答5点×3）

① 時折(ときおり)さわやかな風が南の方角から吹く。

② 今日の三時のおやつは、僕の大好物のプリンだ。

③ たとえどんなにつらくても、あなたはあきらめてはいけない。

①主語〔　〕述語〔　〕
②主語〔　〕述語〔　〕
③主語〔　〕述語〔　〕

(2) 次の――線部の文の成分の種類として最も適切なものをあとから選び、記号で答えなさい。（4点×4）

① はい、私が学級委員長です。

② 寒い。だから、セーターを着よう。

③ たくさんの花が公園に咲いている。

④ 見えた、夜空に花火が上がるのが。

ア 主語　イ 述語　ウ 修飾語
エ 接続語　オ 独立語

①〔　〕②〔　〕③〔　〕④〔　〕

3 次の問いに答えなさい。（5点×6）

(1) 次の文の――線部が修飾している言葉として最も適切なものをあとから選び、記号で答えなさい。

昨日、私は放課後に図書館で本を借りた。

ア 図書館で　イ 本を　ウ 借りた　〔大阪〕〔　〕

で答えなさい。

〈枝葉末節〉

ア 本質から外れたささいなこと。　イ 広く果てしがないこと。
ウ 状態などが変化し続けること。　エ 少しも欠点がないこと。

〔　　〕

(2) 「言動がでたらめで根拠のないこと」という意味の四字熟語として最も適切なものをあとから選び、記号で答えなさい。

ア 旧態依然　イ 当意即妙
ウ 虚々実々　エ 荒唐無稽

〔　　〕（高知）

(3) 差がつく 次の四字熟語のうち、〈漢字〉・〈読み方〉・〈意味〉の組み合わせが最も適切なものをあとから選び、記号で答えなさい。

	〈漢字〉	〈読み方〉	〈意味〉
ア	言語道断	げんごどうだん	あまりにひどくて何とも言いようがないこと。
イ	無我無中	むがむちゅう	ある物事に熱中して我を忘れてしまうこと。
ウ	以心伝心	いしんでんしん	言葉にしなくても相手と心が通じ合うこと。
エ	我田引水	がでんいんすい	自分のためにすることが他人のためにもなること。

〔　　〕（鳥取）

5 次の□にあてはまる、身体の部分を表す言葉をそれぞれ漢字一字で答えなさい。（3点×4）

(1) 揚げ□を取る
(2) □によりをかける
(3) 木で□をくくる
(4) □車に乗る

(1)□　(2)□　(3)□　(4)□

6 「あとは野となれ山となれ」と反対の意味のことわざとして最も適切なものをあとから選び、記号で答えなさい。（4点）

ア 旅の恥はかき捨て
イ 立つ鳥跡を濁さず
ウ 火のない所に煙は立たぬ
エ 後悔先に立たず

〔　　〕

7 次の故事成語の意味として最も適切なものをあとから選び、記号で答えなさい。（4点×4）

(1) 漁夫の利　(2) 五十歩百歩　(3) 五里霧中　(4) 他山の石

ア どんなことでも自分をみがく助けになること。
イ 実際にはそこまで大差がないこと。
ウ 何が何やらさっぱりわからないこと。
エ 二人が争っている間に第三者が利益を得ること。

(1)〔　　〕　(2)〔　　〕　(3)〔　　〕　(4)〔　　〕

語句

時間 30分　合格点 80点

得点　　／100点

月　　日

解答▼別冊 p.66

傾向と対策

▼**同訓異字**や**同音異義語**は、文全体を踏まえて考える。

▼**四字熟語**は漢字の書き間違いに注意して、意味とともに正しく捉える。

1 **次の熟語の組み合わせが類義語の関係になるように、それぞれカタカナを漢字に直しなさい。**（2点×8）

(1) 円満―オン厚　(2) 思慮―フン別　(3) 進歩―コウ上
(4) 賛成―ドウ意　(5) 屋外―コ外　(6) 収入―ショ得
(7) 地味―カン素　(8) 外見―体サイ

(1)〔　　〕 (2)〔　　〕 (3)〔　　〕
(4)〔　　〕 (5)〔　　〕 (6)〔　　〕
(7)〔　　〕 (8)〔　　〕

2 **次の熟語の対義語をそれぞれあとから選び、漢字に直して答えなさい。**（2点×8）

(1) 延長　(2) 物質　(3) 現実　(4) 困難
(5) 必然　(6) 生産　(7) 冷静　(8) 権利

ぐうぜん　せいしん　ぎむ　しょうひ
たんしゅく　こうふん　ようい　りそう

(1)〔　　〕 (2)〔　　〕 (3)〔　　〕
(4)〔　　〕 (5)〔　　〕 (6)〔　　〕
(7)〔　　〕 (8)〔　　〕

3 よく出る **次の問いに答えなさい。**（2点×12）

(1) 次の――線部をそれぞれ漢字に直しなさい。

① ア 鳥が一斉になく。〔　　〕
　 イ 子供がなく。〔　　〕

② ア 国をおさめる。〔　　〕
　 イ 税金をおさめる。〔　　〕

③ ア 教室の窓をかいほうする。〔　　〕
　 イ 病気がかいほうに向かう。〔　　〕

④ ア 音楽かんしょうをする。〔　　〕
　 イ 満開の桜をかんしょうする。〔　　〕

(2) 次の――線部の漢字を、同訓の正しい漢字に直しなさい。

① 早朝に目が冷める。〔　　〕
② 会議の司会を勤める。〔　　〕

(3) 次の――線部の熟語を、同音の正しい熟語に直しなさい。

① 反対意見が体制を占める。〔　　〕
② 国の季刊産業にたずさわる。〔　　〕

4 **次の問いに答えなさい。**（4点×3）

(1) 次の四字熟語の意味として最も適切なものをあとから選び、記号

装丁・本文デザイン　ブックデザイン研究所
図　版　デザインスタジオエキス.／ユニックス
イラスト　京田クリエーション
写真提供　平等院／米沢市（上杉博物館）　（敬称略）

高校入試 5科の完全復習

編著者　高校入試問題研究会
発行者　岡　本　泰　治
印刷所　寿　印　刷

発行所　受験研究社

© 株式会社 増進堂・受験研究社

〒550-0013 大阪市西区新町２丁目19番15号
注文・不良品などについて：(06)6532-1581(代表)／本の内容について：(06)6532-1586(編集)

注意 本書を無断で複写・複製(電子化を含む)して使用すると著作権法違反となります。

Printed in Japan　高廣製本
落丁・乱丁本はお取り替えします。

学習記録表

高校入試／5科の完全復習

●テストの結果を棒グラフで記録していくと，自分の弱点項目が一目でわかります。弱点は教科書・参考書で再確認しましょう。

●満点がとれなかった項目は必ず再学習をし，完全に理解しておきましょう。

●実際の高校入試にそなえて，制限時間内に解答できるようにがんばりましょう。

数学

	目次	時間	合格点	60点 70 80 90 100
第1日	数と計算	30分	70点	
第2日	式と計算	30	70	
第3日	方程式	30	70	
第4日	比例と反比例，1次関数	30	70	
第5日	関数 $y=ax^2$	40	70	
第6日	関数の利用	30	70	
第7日	平面図形，空間図形	30	70	
第8日	図形の性質と合同	40	70	
第9日	相似な図形	40	70	
第10日	円	40	70	
第11日	平面図形と三平方の定理	40	70	
第12日	空間図形と三平方の定理	40	70	
第13日	データの活用，確率	30	70	
第14日	高校入試 予想問題 (1) 数学	50	70	
第15日	高校入試 予想問題 (2) 数学	50	70	

社会

	目次	時間	合格点	60点 70 80 90 100
第1日	世界と日本のすがた	30分	70点	
第2日	世界のさまざまな地域	30	70	
第3日	地域調査，日本の地域的特色と地域区分	30	70	
第4日	日本の諸地域	30	70	
第5日	古代までの日本	30	70	
第6日	中世の日本	30	70	
第7日	近世の日本	30	70	
第8日	近・現代の日本と世界 (1)	30	70	
第9日	近・現代の日本と世界 (2)	30	70	
第10日	基本的人権と日本国憲法	30	70	
第11日	政治のしくみ	30	70	
第12日	国民生活と経済	30	70	
第13日	現代の国際社会	30	70	
第14日	高校入試 予想問題 (1) 社会	50	70	
第15日	高校入試 予想問題 (2) 社会	50	70	

数学 Mathematics

第1日 数と計算

⇒ p.4〜p.5

1 (1)ア (2)8 個 (3)イ，オ

2 (1)-6 (2)$\frac{7}{5}$ (3)-31 (4)2 (5)-10 (6)$-\frac{1}{6}$

3 (1)$4\sqrt{2}$ (2)$5\sqrt{3}$ (3)$-6\sqrt{3}$ (4)$\frac{2\sqrt{6}}{3}$

4 (1)$2+\sqrt{2}$ (2)$7+2\sqrt{6}$ (3)$5-\sqrt{7}$ (4)-11 (5)3 (6)3

5 (1)ア (2)2，3，4 (3)4 個 (4)$n=75$ (5)$n=9$，16，25

解説

1 (1)それぞれの絶対値は，ア…7，イ…1，ウ…0，エ…4 より，アが最も大きい。

(2)下の数直線から，全部で 8 個ある。

-5.8 〜 $\frac{7}{3}$

$-6\ -5\ -4\ -3\ -2\ -1\ 0\ 1\ 2\ 3\ 4$

解き方のコツ $-6<-5.8<-5$，$\frac{7}{3}=2\frac{1}{3}$ であるので，この 2 数を数直線上にとると整数の個数を求めやすい。

(3)イ $b<0$ だから，$-b>0$ となるので，
$a-b=a+(-b)>0$
オ $a^2>0$，$b^2>0$ となるから，$a^2+b^2>0$

2 (1)$21-3\times9=21-27=-6$

(2)$1-\frac{6}{5}\div(-3)=1-\frac{6}{5}\times\left(-\frac{1}{3}\right)=1+\frac{2}{5}=\frac{7}{5}$

(3)$7\times(-2)^3+(-5)^2=7\times(-8)+25$
$=-56+25=-31$

(4)$4-18\div(-3)^2=4-18\div9=4-2=2$

(5)分配法則を利用する。
$\left(\frac{1}{3}+\frac{2}{9}\right)\times(-18)=\frac{1}{3}\times(-18)+\frac{2}{9}\times(-18)$
$=-6+(-4)=-6-4=-10$

(6)$-\frac{3}{10}\div\frac{4}{5}\times\left(-\frac{2}{3}\right)^2=-\frac{3}{10}\times\frac{5}{4}\times\frac{4}{9}=-\frac{1}{6}$

3 (1)$\sqrt{18}+\sqrt{2}=3\sqrt{2}+\sqrt{2}=4\sqrt{2}$

(2)$\sqrt{72}\div\sqrt{6}+\sqrt{27}=\sqrt{12}+\sqrt{27}=2\sqrt{3}+3\sqrt{3}$
$=5\sqrt{3}$

(3)$\sqrt{27}-\frac{12}{\sqrt{3}}-\sqrt{75}=3\sqrt{3}-\frac{12\times\sqrt{3}}{\sqrt{3}\times\sqrt{3}}-5\sqrt{3}$
$=3\sqrt{3}-4\sqrt{3}-5\sqrt{3}=-6\sqrt{3}$

(4)$\frac{\sqrt{2}}{3}\div\frac{\sqrt{3}}{6}=\frac{\sqrt{2}}{3}\times\frac{6}{\sqrt{3}}=\frac{\sqrt{2}}{3}\times\frac{6\times\sqrt{3}}{\sqrt{3}\times\sqrt{3}}$
$=\frac{\sqrt{2}}{3}\times2\sqrt{3}=\frac{2\sqrt{6}}{3}$

4 (1)$\sqrt{2}(\sqrt{2}-1)+\sqrt{8}=2-\sqrt{2}+2\sqrt{2}=2+\sqrt{2}$

(2)$(\sqrt{6}+1)^2=6+2\sqrt{6}+1=7+2\sqrt{6}$

(3)$(\sqrt{7}+1)(\sqrt{7}-2)=7-\sqrt{7}-2=5-\sqrt{7}$

(4)$(3+2\sqrt{5})(3-2\sqrt{5})=9-20=-11$

(5)$(\sqrt{2}+1)^2-\sqrt{8}=2+2\sqrt{2}+1-2\sqrt{2}=3$

(6)$\sqrt{2}(2\sqrt{3}-\sqrt{2})+(\sqrt{3}-\sqrt{2})^2$
$=2\sqrt{6}-2+(3-2\sqrt{6}+2)$
$=2\sqrt{6}-2+5-2\sqrt{6}=3$

5 (1)ア…$\frac{2}{\sqrt{3}}=\frac{2\times\sqrt{3}}{\sqrt{3}\times\sqrt{3}}=\frac{2\sqrt{3}}{3}=\frac{\sqrt{12}}{3}$

イ…$\frac{\sqrt{2}}{3}$

ウ…$\sqrt{\frac{2}{3}}=\frac{\sqrt{2}}{\sqrt{3}}=\frac{\sqrt{2}\times\sqrt{3}}{\sqrt{3}\times\sqrt{3}}=\frac{\sqrt{6}}{3}$

エ…$\frac{2}{3}=\frac{\sqrt{4}}{3}$

分母がすべて 3 なので，分子の数が大きいものほど大きい。よって，最も大きいのは，ア

(2)$\frac{\sqrt{7}}{2}$ より大きく $2\sqrt{5}$ より小さい整数を n とすると，$\frac{\sqrt{7}}{2}<n<2\sqrt{5}$

これより，$\frac{7}{4}<n^2<20$

n は整数なので，これを満たす n^2 は，$n^2=4$，9，16
よって，$n=2$，3，4

(3)$n=3\times1^2$ のとき，$\sqrt{3\times3}=3$
$n=3\times2^2=12$ のとき，$\sqrt{3\times12}=\sqrt{36}=6$
$n=3\times3^2=27$ のとき，$\sqrt{3\times27}=\sqrt{81}=9$
$n=3\times4^2=48$ のとき，$\sqrt{3\times48}=\sqrt{144}=12$
これより大きいときは，$n>50$ なので，問題に合わない。

ひっぱると，はずして使えます。

(4) $\sqrt{3n}$ が整数であるとき，$n=3a^2$（a は自然数）と表せる。また，$\frac{n}{15}$ が整数であることより，n は 15 の倍数，つまり，$3a^2$ は 15 の倍数である。
$15=3\times5$ より，$a=5$ であり，$n=3\times5^2=75$ となる。

(5) $\sqrt{25-n}$ が整数となるので，$n\leqq25$
25 以下の自然数で，$\sqrt{n}$ が整数となる n は，
$n=1^2=1$，$n=2^2=4$，$n=3^2=9$，$n=4^2=16$，
$n=5^2=25$
この中で，$\sqrt{25-n}$ も整数となる n は，
$n=9$，16，25

重要ポイント　整数になる平方根
$\sqrt{n}$ が整数になるとき，$n=a^2$ と表される。

第2日 式と計算

⇒ p.6～p.7

1 (1) $7a-6$　(2) $x+6$　(3) $\frac{7a+11b}{15}$
(4) $2xy^2$　(5) $2x^2+5x-10$　(6) $-9y^2$

2 (1) $(x+7)(x-4)$　(2) $-2(x-4)(x-1)$
(3) $m(x+9)(x-9)$　(4) $(x+7y)(x-4y)$
(5) $m(x+3)(x-2)$　(6) $(x-3)(x-5)$

3 (1) 4　(2) 3　(3) 1

4 (1) $-6a+6$　(2) $\frac{2a+3b}{5}$ 円

5 (1) n を整数とし，中央の奇数を $2n+1$ とする。最も小さい奇数は $2n-1$，最も大きい奇数は $2n+3$ と表せる。これより，
$(2n+1)(2n+3)-(2n+1)(2n-1)$
$=4n^2+8n+3-(4n^2-1)$
$=4n^2+8n+3-4n^2+1$
$=8n+4=4(2n+1)$
$2n+1$ は中央の奇数だから，$4(2n+1)$ は中央の奇数の 4 倍である。
したがって，小さい順に並べた連続する 3 つの奇数において，中央の奇数と最も大きい奇数の積から，中央の奇数と最も小さい奇数の積をひいた差は，中央の奇数の 4 倍に等しくなる。
(2)（理由）A さんの証明は連続する 2 つの奇数の場合のみを示していて，すべての場合を証明してはいないから。
（証明）m，n を整数とすると，2 つの奇数は，$2m+1$，$2n+1$ と表される。
このとき，2 つの奇数の積は，
$(2m+1)(2n+1)=4mn+2m+2n+1$
$=2(2mn+m+n)+1$
$2mn+m+n$ は整数だから，これは奇数である。よって，2 つの奇数の積は奇数である。

解説

1 (1) $8a-5-(a+1)=8a-5-a-1=7a-6$
(2) $(4x+6)\div2-(x-3)=2x+3-x+3=x+6$
(3) $\frac{2a+b}{3}-\frac{a-2b}{5}=\frac{5(2a+b)-3(a-2b)}{15}$
$=\frac{10a+5b-3a+6b}{15}=\frac{7a+11b}{15}$
(4) $18xy\times x^2y\div(-3x)^2=18xy\times x^2y\div9x^2$
$=\frac{18xy\times x^2y}{9x^2}=2xy^2$
(5) $(x+4)(x-4)+(x+3)(x+2)$
$=x^2-16+x^2+5x+6=2x^2+5x-10$
(6) $(2x+y)(2x-5y)-4(x-y)^2$
$=4x^2-8xy-5y^2-4(x^2-2xy+y^2)$
$=4x^2-8xy-5y^2-4x^2+8xy-4y^2=-9y^2$

弱点チェック (2)では，$(4x+6)\div2=2x+6$ としないようにしよう。
$(4x+6)\div2=(4x+6)\times\frac{1}{2}=\frac{4x}{2}+\frac{6}{2}=2x+3$
(3)では，方程式の解き方のように，15 倍して分母をはらわないように気をつけよう。

2 (1) $x^2+3x-28=(x+7)(x-4)$
(2) 共通因数 -2 でくくって，
$-2x^2+10x-8=-2(x^2-5x+4)$
$=-2(x-4)(x-1)$
(3) 共通因数 m でくくって，
$mx^2-81m=m(x^2-81)=m(x^2-9^2)$
$=m(x+9)(x-9)$
(4) $x^2+3x-28=(x+7)(x-4)$ と同様に考えて，
$x^2+3xy-28y^2=(x+7y)(x-4y)$
(5) 共通因数 m でくくって，
$m(x^2-6)+mx=m(x^2+x-6)$
$=m(x+3)(x-2)$
(6) $(x-3)^2$ を展開して整理すると，
$(x-3)^2-2x+6=x^2-6x+9-2x+6$
$=x^2-8x+15=(x-3)(x-5)$

解き方のコツ 因数分解では，次の順に考えるとよい。
1. まず**共通因数**をさがし，あればそれでくくる。
$ma+mb=m(a+b)$
2. 次に，**因数分解の公式を使う**ことを考える。
① $x^2+(a+b)x+ab=(x+a)(x+b)$
② $x^2+2ax+a^2=(x+a)^2$
③ $x^2-2ax+a^2=(x-a)^2$
④ $x^2-a^2=(x+a)(x-a)$

3 (1) $a^2-6ab+9b^2=(a-3b)^2$
この式に，$a=5$，$b=\frac{7}{3}$ を代入すると，
$\left(5-3\times\frac{7}{3}\right)^2=(5-7)^2=(-2)^2=4$
(2) $a^2-4a+4=(a-2)^2$
この式に $a=2-\sqrt{3}$ を代入すると，
$\{(2-\sqrt{3})-2\}^2=(-\sqrt{3})^2=3$

解き方のコツ 式の値を求める問題では，与えられた**式を変形するか，式を簡単にしてから代入する**などのくふうが大切である。

(3) $\sqrt{9}<\sqrt{10}<\sqrt{16}$ より，$3<\sqrt{10}<4$
よって，$\sqrt{10}$ の整数部分は 3，小数部分は $\sqrt{10}-3$
$a=\sqrt{10}-3$ を代入して，
$(\sqrt{10}-3)(\sqrt{10}-3+6)=(\sqrt{10}-3)(\sqrt{10}+3)$
$=10-9=1$

4 (1) ある式を P とすると，$P+(2a+1)=7-4a$
だから，
$P=(7-4a)-(2a+1)=7-4a-2a-1=-6a+6$
(2) 金額の平均＝合計金額÷人数
合計金額は，$a\times4+b\times6=4a+6b$ (円)
よって，金額の平均は，$\frac{4a+6b}{10}=\frac{2a+3b}{5}$ (円)

第3日 方程式

⇒ p.8〜p.9

1 (1) $x=\frac{2}{7}$ (2) $x=2$ (3) $x=-5$
(4) $x=-11$

2 (1) $a=8$ (2) 学さんが走った道のり
(3) 5 人の班の数を x 班とすると，
$5x+6(x+8)=158$
$5x+6x+48=158$
$11x=110$
$x=10$
よって，6 人の班の数は，
$x+8=10+8=18$ (班)
したがって，6 人の班の人数の合計は，
$6\times18=108$ (人)

3 (1) $x=2$，$y=-1$ (2) $x=-3$，$y=7$
(3) $x=2$，$y=-1$

4 $a=3$，$b=1$

5 $x=6$，$y=22$

6 (1) $x=2$，5 (2) $x=13$，-7
(3) $x=\frac{3\pm\sqrt{13}}{2}$ (4) $x=\frac{3\pm\sqrt{17}}{2}$

7 (1) $a=-3$ (2) 1

8 (1) 10，11，12 (2) 8 m

解説

1 (1) $8-5x=2x+6$ $-5x-2x=6-8$
$-7x=-2$ $x=\frac{2}{7}$
(2) $3x-\frac{2}{3}(2x-1)=4$
両辺を 3 倍して，$9x-2(2x-1)=12$
かっこをはずして，$9x-4x+2=12$
$5x=10$ $x=2$
(3) $\frac{3}{10}x-\frac{3}{2}=\frac{4}{5}x+1$
両辺を 10 倍して，
$10\left(\frac{3}{10}x-\frac{3}{2}\right)=10\left(\frac{4}{5}x+1\right)$
$3x-15=8x+10$ $-5x=25$ $x=-5$
(4) $3:5=9:(4-x)$ $3\times(4-x)=5\times9$
$12-3x=45$ $-3x=33$ $x=-11$

弱点チェック 方程式では，**移項(符号を変えて，他方の辺へ移すこと)**がきちんとできることがいちばん大切である。
係数に分数や小数があれば，両辺を何倍かして係数を整数に直すこと。

2 (1) $6-x=x+2a$ に $x=-5$ を代入して，
$6-(-5)=-5+2a$ $11=-5+2a$ $-2a=-16$
$a=8$
(2) 学さんが歩いた時間を x 分とすると，自宅から駅まで 12 分かかったので，走った時間は，$(12-x)$ 分と表せる。道のり＝速さ×時間 だから，学さんが走った道のりは，
$160\times(12-x)=160(12-x)$ (m)

3 (1) $\begin{cases} 2x-y=5 & \cdots\cdots① \\ -x+3y=-5 & \cdots\cdots② \end{cases}$

加減法で解く。

①+②×2 より，

$$\begin{array}{rr} & 2x-\ \ y=5 \\ +) & -2x+6y=-10 \\ \hline & 5y=-5 \\ & y=-1 \end{array}$$

①に代入して，$2x-(-1)=5$

$2x+1=5$　$2x=4$　$x=2$

(2) $\begin{cases} 3x+2y=5 & \cdots\cdots① \\ y=-2x+1 & \cdots\cdots② \end{cases}$

代入法で解く。

②を①に代入して，

$3x+2(-2x+1)=5$

$3x-4x+2=5$　$-x=3$　$x=-3$

$y=-2\times(-3)+1=6+1=7$

(3) $\begin{cases} 5x+3y=7 & \cdots\cdots① \\ 3x-y=7 & \cdots\cdots② \end{cases}$

加減法で解く。

①+②×3 より，

$$\begin{array}{rr} & 5x+3y=7 \\ +) & 9x-3y=21 \\ \hline & 14x\ \ \ \ \ =28 \\ & x=2 \end{array}$$

②に代入して，$3\times2-y=7$

$-y=1$　$y=-1$

4 $\begin{cases} 2ax+by=-4 & \cdots\cdots① \\ ax-by=-5 & \cdots\cdots② \end{cases}$

連立方程式の解が $(x,\ y)=(-1,\ 2)$ なので，それぞれの式に $x=-1$，$y=2$ を代入する。

①に代入して，

$-2a+2b=-4$ ……③

②に代入して，

$-a-2b=-5$ ……④

③+④ より，

$$\begin{array}{rr} & -2a+2b=-4 \\ +) & -a\ -2b=-5 \\ \hline & -3a\ \ \ \ \ =-9 \\ & a=3 \end{array}$$

④に代入して，

$-3-2b=-5$　$-2b=-2$　$b=1$

5 バス停Bから学校までにかかった時間は，自宅からバス停Aまでにかかった時間の2倍なので，バス停Bから学校までにかかった時間は，

$x\times2=2x$ (分)

かかった時間についての方程式を考えると，自宅からバス停Aまでの時間と，バス停Aからバス停Bまでの時間と，バス停Bから学校までの時間の和が40分なので，

$x+y+2x=40$　$3x+y=40$ ……①

進んだ道のりについて考えると，自宅からバス停Aまでは，$50\times x=50x$ (m)

15 km=15000 m より，

バスの速さは，分速 $15000\div60=250$ (m)

よって，バス停Aからバス停Bまでは，

$250\times y=250y$ (m)

バス停Bから学校までは，

$50\times2x=100x$ (m)

以上により，道のりについての方程式

$50x+250y+100x=6400$

$150x+250y=6400$　$3x+5y=128$ ……②

が成り立つ。

①−② より，

$$\begin{array}{rr} & 3x+\ \ y=40 \\ -) & 3x+5y=128 \\ \hline & -4y=-88 \\ & y=22 \end{array}$$

①に代入して，$3x+22=40$　$x=6$

6 (1) $x^2-7x+10=0$　$(x-2)(x-5)=0$

$x=2,\ 5$

(2) $(x-3)^2=100$　$x-3=\pm10$　$x=3\pm10$

$x=13,\ -7$

(3) 解の公式より，

$$x=\frac{-(-3)\pm\sqrt{(-3)^2-4\times1\times(-1)}}{2\times1}$$

$$=\frac{3\pm\sqrt{13}}{2}$$

(4) $(x-2)(x+2)=3x-2$

$x^2-4=3x-2$　$x^2-3x-2=0$

解の公式より，

$$x=\frac{-(-3)\pm\sqrt{(-3)^2-4\times1\times(-2)}}{2\times1}$$

$$=\frac{3\pm\sqrt{17}}{2}$$

> **重要ポイント**　**解の公式**
>
> 2次方程式 $ax^2+bx+c=0$ の解は，
>
> $$x=\frac{-b\pm\sqrt{b^2-4ac}}{2a}$$

7 (1) $(x-1)^2=ax+3$ に $x=-2$ を代入して，

$(-2-1)^2=a\times(-2)+3$

$9=-2a+3$　$2a=-6$　$a=-3$

(2) $(x-1)^2=-3x+3$

$x^2-2x+1=-3x+3$　$x^2+x-2=0$

$(x-1)(x+2)=0$　$x=1,\ -2$

よって，もう1つの解は1

> **解き方のコツ**　**解が与えられている方程式**
> **2**(1)，**4**，**7**のように，方程式の解が与えられていて定数を求める問題では，方程式に解の値を代入する。

8　(1)連続する3つの自然数のうち，真ん中の自然数を n とすると，残りの自然数は $n-1$，$n+1$ と表すことができる。

よって，$(n-1)^2+n^2+(n+1)^2=365$

$n^2-2n+1+n^2+n^2+2n+1=365$　$3n^2=363$

$n^2=121$　$n=\pm11$

$n>0$ だから，$n=11$

(2)土地の縦の長さを x m とすると，横の長さは $(x+2)$ m と表せる。

右の図のように，道を端に移動させると，

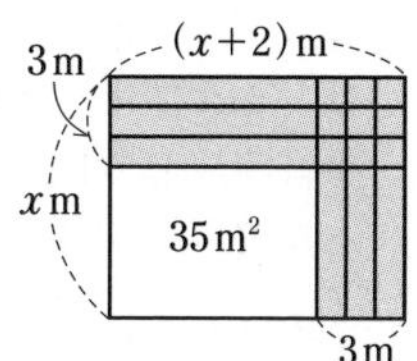

$(x-3)(x+2-3)=35$　$x^2-4x+3=35$

$x^2-4x-32=0$　$(x-8)(x+4)=0$　$x=8,\ -4$

$x>3$ だから，$x=8$

> **弱点チェック**　方程式を使って文章題を解く場合は，**8**のように，方程式の解がそのまま答えになるとは限らない。**不適当な解は除くこと。**

第4日　比例と反比例，1次関数

⇒ p.10～p.11

1　(1) $y=9$　(2) $y=-9$　(3) $y=3x-5$　(4) $y=2$

2　$a=-3,\ b=2$

3　(1) $y=-\frac{1}{2}x+5$　(2)① $a=8$　② $\left(\frac{8}{3},\ 3\right)$

(3) $P\left(-\frac{12}{5},\ -\frac{9}{5}\right)$

4　(1) $a=\frac{2}{5},\ b=10$　(2) $y=-x+7$　(3) $\frac{7}{4}$

5　(1) 6　(2)① $S=4t+24$　② $t=\frac{3}{2},\ 9$

解説

1　(1) y は x に比例するから，$y=ax$

$x=8,\ y=-6$ を代入して，$-6=8a$

$a=-\frac{6}{8}=-\frac{3}{4}$　よって，$y=-\frac{3}{4}x$

この式に $x=-12$ を代入して，

$y=-\frac{3}{4}\times(-12)=9$

(2) y は x に反比例するから，$y=\frac{a}{x}$

$x=3,\ y=-6$ を代入して，$-6=\frac{a}{3}$

$a=-6\times3=-18$　よって，$y=-\frac{18}{x}$

この式に $x=2$ を代入して，

$y=-\frac{18}{2}=-9$

(3)傾き3の直線なので，式は $y=3x+b$ とおける。

この式に，通る点の座標である，

$x=2,\ y=1$ を代入して，

$1=3\times2+b$　$1=6+b$　$b=-5$

よって，求める式は，$y=3x-5$

(4) x 軸に平行な直線の式は，$y=k$ となる。

直線が通る点の y 座標は2なので，求める式は，$y=2$ である。

この直線は，(1，2)，(2，2)，(4，2)，(0，2)，(−2，2) などの点も通る。

2　$a<0$ より，グラフは右下がりの直線になる。したがって，右の図より，$x=-1$ のとき $y=11$，$x=2$ のとき $y=b$ である。

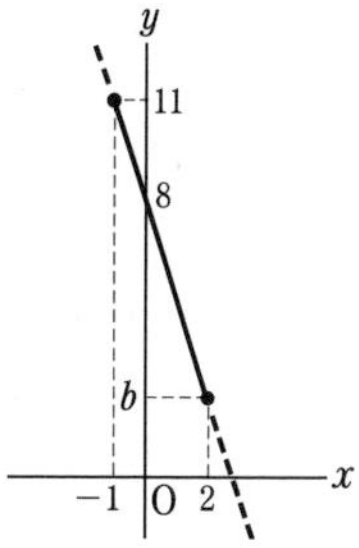

$y=ax+8$ に，

$x=-1,\ y=11$ を代入すると，

$11=-a+8$ ……①

$x=2,\ y=b$ を代入すると，

$b=2a+8$ ……②

①より，$-a+8=11$　$-a=3$　$a=-3$

②に代入して，

$b=2a+8=2\times(-3)+8=-6+8=2$

> **解き方のコツ**　このような直線の式や変域を求める問題では，変化の割合 a の正負や切片をもとに，まずおおよそのグラフをかく。次に変域から対応する点の座標をかき込んで，グラフから方程式を考える。

3 (1)2点A(2, 4), B(4, 3)を通る直線の式を $y=mx+n$ とおく。

$x=2$, $y=4$ を代入すると,

$4=2m+n$ ……①

$x=4$, $y=3$ を代入すると,

$3=4m+n$ ……②

①−②より,

$$\begin{array}{rl} & 4=2m+n \\ -) & 3=4m+n \\ \hline & 1=-2m \end{array}$$

よって, $m=-\frac{1}{2}$

①に代入して, $4=-1+n$ $n=5$

(2)① $y=\frac{a}{x}$ に $x=2$, $y=4$ を代入して,

$4=\frac{a}{2}$ $a=8$

②B(4, 3), C(0, 3)より,

直線BCの式は, $y=3$

これを, $y=\frac{8}{x}$ に代入して,

$3=\frac{8}{x}$ $x=\frac{8}{3}$ よって, $\left(\frac{8}{3},\ 3\right)$

(3)右の図のように, 点Cを通り, 直線OAに平行な直線をひき, 直線OBとの交点をPとすればよい。すると, △OACと△OAPは底辺OAを共有し, さらにOA//PCであるから, △OAC=△OAPとなり,

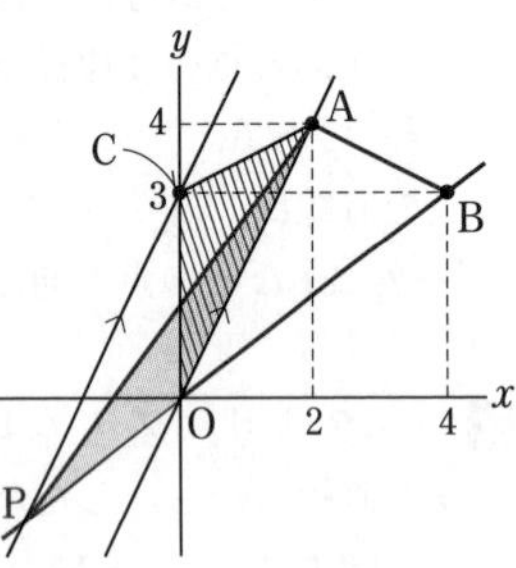

四角形OBAC=△OAB+△OAC

=△OAB+△OAP=△ABPとなる。

このPの座標を求める。

直線OAは, 2点(0, 0), (2, 4)を通る。

傾きは, $\frac{4}{2}=2$ より, 式は $y=2x$

よって, 直線PCの式は, $y=2x+3$ ……①

直線OBは, 2点(0, 0), (4, 3)を通るので, 式は,

$y=\frac{3}{4}x$ ……②

①, ②の交点Pの x 座標は,

$2x+3=\frac{3}{4}x$ $8x+12=3x$

$8x-3x=-12$ $5x=-12$ $x=-\frac{12}{5}$

これを②に代入して,

$y=\frac{3}{4}\times\left(-\frac{12}{5}\right)=-\frac{9}{5}$

よって, $P\left(-\frac{12}{5},\ -\frac{9}{5}\right)$

4 (1) $y=ax$ に $x=5$, $y=2$ を代入して,

$2=5a$ $a=\frac{2}{5}$

$y=\frac{b}{x}$ に $x=5$, $y=2$ を代入して,

$2=\frac{b}{5}$ $b=10$

(2)直線 n は点C(0, 7)を通るので, 式を $y=px+7$ とおいて, $x=5$, $y=2$ を代入すると,

$2=5p+7$ $p=-1$

よって, $y=-x+7$

(3) $\triangle OAC=\frac{1}{2}\times7\times5=\frac{35}{2}$

ここで, 点Pの y 座標を t とすると, 点Qの y 座標は $-t$ となり, $PQ=t-(-t)=2t$

平行四辺形APBQの面積は,

△APQ+△BQP

$=\frac{1}{2}\times2t\times5+\frac{1}{2}\times2t\times5=10t$

よって, $10t=\frac{35}{2}$ $t=\frac{7}{4}$

5 (1)直線 ℓ は傾きが $\frac{3}{4}$ なので, 式は,

$y=\frac{3}{4}x+b$

この式に, C(−8, 0)より, $x=-8$, $y=0$ を代入して,

$0=\frac{3}{4}\times(-8)+b$ $0=-6+b$ $b=6$

よって, 直線 ℓ の切片は, 6

(2)①点Pの y 座標を t とすると, P(−8, t)

直線 ℓ の傾きは $\frac{3}{4}$ なので, x の増加量が $0-(-8)=8$ のときの y の増加量を s とすると,

$\frac{s}{8}=\frac{3}{4}$ $s=6$

よって, 点Qの y 座標は, $t+6$

$\triangle OQP=\frac{1}{2}\times OQ\times OC$ より,

$S=\frac{1}{2}\times(t+6)\times8$

$=4(t+6)=4t+24$

②点Qが辺OA上にあるとき, $0\leqq t\leqq6$ で, ①より,

$30=4t+24$ $4t=6$ $t=\frac{3}{2}$

点Qが辺 AB 上にあるとき，
$6 \leqq t < 12$ で，$CP = t$
$BP = BC - CP = 12 - t$
直線 ℓ の傾きについて，
y の増加量が $12-t$ のとき
の x の増加量を u とすると，

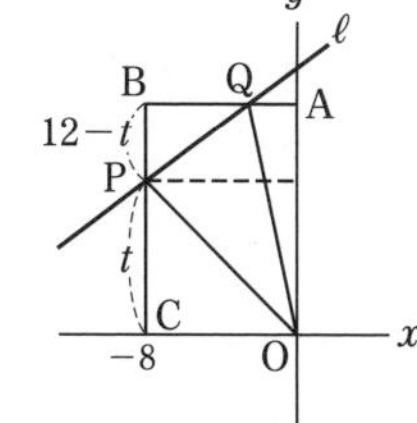

$\frac{12-t}{u} = \frac{3}{4}$　$12 - t = \frac{3}{4}u$

$u = (12-t) \div \frac{3}{4} = 16 - \frac{4}{3}t$

よって，$BQ = 16 - \frac{4}{3}t$

$AQ = 8 - \left(16 - \frac{4}{3}t\right) = -8 + \frac{4}{3}t$

△OQP＝長方形 ABCO−(△OAQ＋△OCP＋△BPQ)
より，

$$S = 12 \times 8 - \left\{\frac{1}{2} \times \left(-8 + \frac{4}{3}t\right) \times 12 + \frac{1}{2} \times 8 \times t + \frac{1}{2} \times \left(16 - \frac{4}{3}t\right) \times (12 - t)\right\}$$

$$= -\frac{2}{3}t^2 + 4t + 48$$

$S = 30$ のとき，

$-\frac{2}{3}t^2 + 4t + 48 = 30$　$t^2 - 6t - 27 = 0$

$(t-9)(t+3) = 0$　$t = 9,\ -3$

$6 \leqq t < 12$ より，$t = 9$

解き方のコツ　**図形問題の場合分け**
5(2)②のような問題では，条件に合う場合が1つであるとは限らない。実際に図にかき込んで考えよう。

第5日　関数 $y = ax^2$

⇒ p.12～p.13

1　(1)$y = 8$　(2)$a = -\frac{1}{3}$
(3)$a = -1$，グラフは下の図　(4)ア，エ

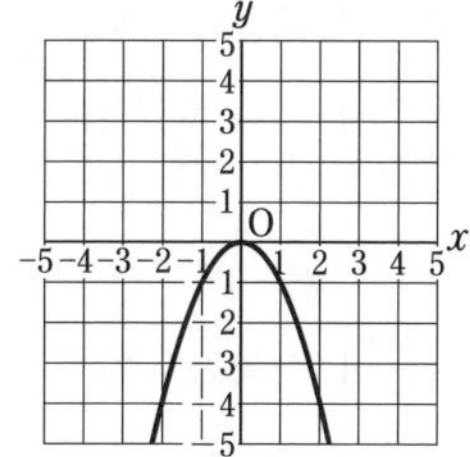

2　(1)$\left(4,\ \frac{8}{3}\right)$　(2)$\frac{9}{4}$

3　(1)$a = -\frac{3}{4}$　(2)$y = \frac{3}{2}x - 3$
(3)$\left(-\frac{10}{3},\ 0\right)$

4　(1)$\frac{27}{2}$　(2)$y = -\frac{1}{2}x + 6$
(3)$\frac{64 + 32\sqrt{2}}{3}\pi$

解説

1　(1)y が x の2乗に比例しているから，$y = ax^2$
$x = 3$，$y = 18$ を代入して，
$18 = a \times 3^2$　$9a = 18$　$a = 2$
よって，$y = 2x^2$
$x = 2$ を代入して，$y = 2 \times 2^2 = 8$

(2)y の変域が $-3 \leqq y \leqq 0$
だから，$a < 0$
右の図より，$x = 3$ のとき
$y = -3$ だから，
$-3 = a \times 3^2$　$9a = -3$
$a = -\frac{1}{3}$

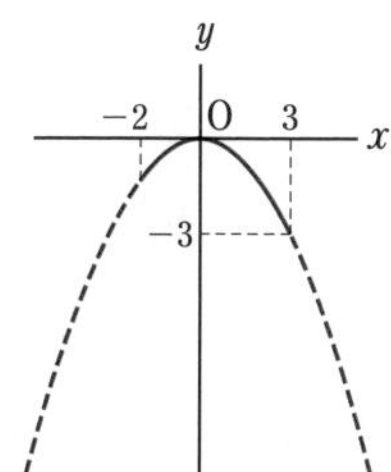

(3)$x = 1$ のとき，$y = a \times 1^2 = a$
$x = 3$ のとき，$y = a \times 3^2 = 9a$ で，変化の割合が -4 だから，
$\frac{9a - a}{3 - 1} = -4$　$\frac{8a}{2} = -4$　$4a = -4$　$a = -1$

(4)**イ**は比例定数が正の反比例，**ウ**は右下がりのグラフになるため，x の値が増加すると y の値は減少する。

2　(1)点Aから x 軸に引いた垂線と x 軸との交点をH，点Bから x 軸にひいた垂線と x 軸との交点をIとする。

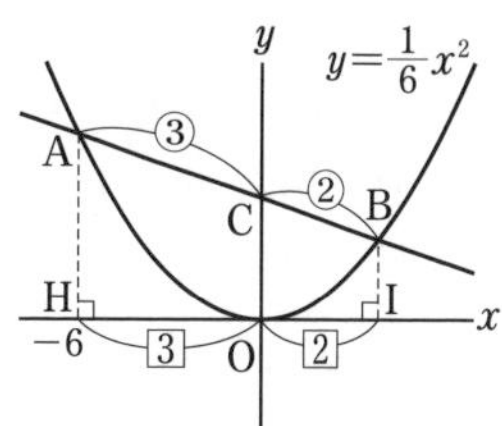

HO：OI＝AC：CB
＝3：2
HO＝6 なので，
6：OI＝3：2　OI＝4
よって，点Iの x 座標は4であり，点Bの x 座標もこれと等しく4である。
点Bは関数 $y = \frac{1}{6}x^2$ のグラフ上の点なので，この式に $x = 4$ を代入して，
$y = \frac{1}{6} \times 4^2 = \frac{8}{3}$
よって，点Bの座標は，$\left(4,\ \frac{8}{3}\right)$ である。

(2)点Bの x 座標は -3 で，関数 $y=-\frac{1}{4}x^2$ のグラフ上の点なので，この式に $x=-3$ を代入して，

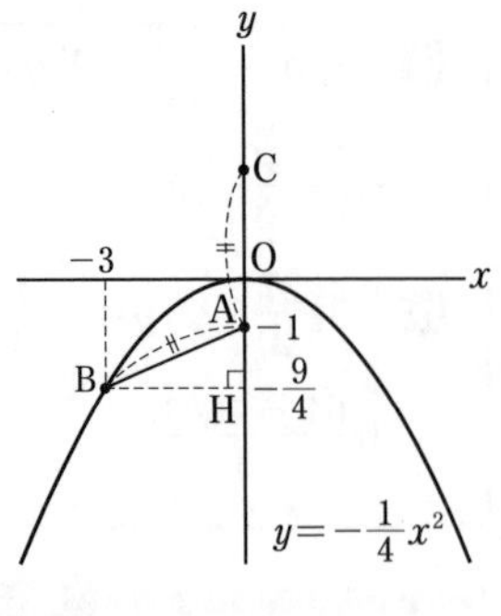

$y=-\frac{1}{4}\times(-3)^2=-\frac{9}{4}$

よって，$B\left(-3,\ -\frac{9}{4}\right)$

点Bから y 軸にひいた垂線と y 軸との交点をHとする。点Aの y 座標は -1 なので，

$AH=-1-\left(-\frac{9}{4}\right)=\frac{5}{4}$

BH は点Bの x 座標の絶対値と等しく，3

△ABH において，三平方の定理より，

$AB=\sqrt{AH^2+BH^2}=\sqrt{\left(\frac{5}{4}\right)^2+3^2}=\sqrt{\frac{25}{16}+9}$

$=\sqrt{\frac{169}{16}}=\frac{13}{4}$

よって，$CA=BA=\frac{13}{4}$ であり，点Aの y 座標は -1 なので，点Cの y 座標は，

$-1+\frac{13}{4}=\frac{9}{4}$

3 (1)点Aの x 座標は2であり，関数 $y=x^2$ のグラフ上の点なので，この式に $x=2$ を代入して，

$y=2^2=4$　よって，A(2, 4)

点Dの x 座標は点Aと等しく，2

また，AE：ED=4：3 で，AE=4 なので，ED=3

よって，点Dの y 座標は，$0-3=-3$

したがって，D(2, −3)

点Dは関数 $y=ax^2$ のグラフ上の点なので，この式に $x=2$，$y=-3$ を代入して，

$-3=a\times2^2$　$4a=-3$　$a=-\frac{3}{4}$

(2)点Eの x 座標は，点Dの x 座標と等しく，2

よって，E(2, 0)

点Fの y 座標は，点Dの y 座標と等しく，−3

よって，F(0, −3)

2点E, Fを通る直線の切片は，F(0, −3)を通るので，−3

よって，直線EFの式は，$y=mx-3$ とおける。

この式に，E(2, 0)より，$x=2$，$y=0$ を代入して，

$0=2m-3$　$m=\frac{3}{2}$

以上より，直線EFの式は，$y=\frac{3}{2}x-3$

(3)△ABCと△ABGは底辺ABを共有しているので，AB∥CGとなるとき面積が等しくなる。

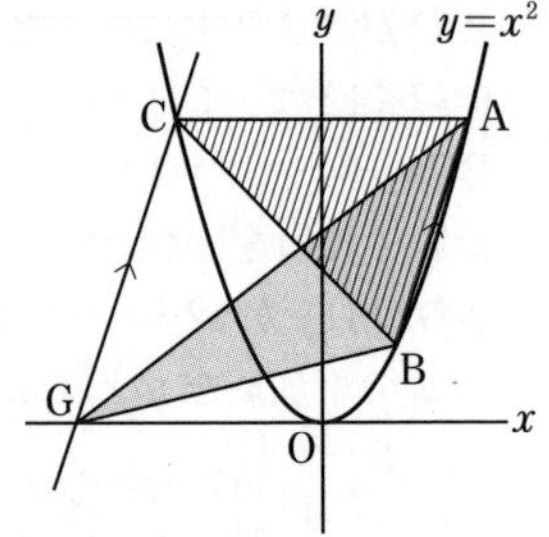

AB∥CG のとき，直線ABと直線CGの傾きは等しいので，直線ABの傾きを求めてから直線CGの式を求め，最後に直線CGと x 軸との交点の座標を求めればよい。

点Bの x 座標は1であり，関数 $y=x^2$ のグラフ上の点なので，この式に $x=1$ を代入して，

$y=1^2=1$　よって，B(1, 1)

2点A(2, 4)，B(1, 1)を通る直線の傾きは，

$\frac{4-1}{2-1}=3$

よって，直線CGの傾きも3とわかるので，直線の式は，$y=3x+b$ とおける。

線分ACは x 軸と平行なので，C(−2, 4)

点Cは直線CG上の点なので，$y=3x+b$ に $x=-2$，$y=4$ を代入して，

$4=3\times(-2)+b$　$b=10$

よって，直線CGの式は，$y=3x+10$

点Gは，この直線と x 軸との交点なので，$y=0$ を代入して，

$0=3x+10$　$x=-\frac{10}{3}$

以上より，点Gの座標は，$\left(-\frac{10}{3},\ 0\right)$

4 (1)点Aの x 座標は3で，関数 $y=\frac{1}{2}x^2$ のグラフ上の点なので，この式に $x=3$ を代入して，

$y=\frac{1}{2}\times3^2=\frac{9}{2}$　よって，$A\left(3,\ \frac{9}{2}\right)$

点Bは点Aと y 軸について対称な点なので，

$B\left(-3,\ \frac{9}{2}\right)$

よって，AB=3×2=6 で，△OABの辺ABを底辺とみたときの高さは点Aの y 座標と等しく，$\frac{9}{2}$

したがって，求める面積は，$\frac{1}{2}\times6\times\frac{9}{2}=\frac{27}{2}$

(2)点Bの x 座標は -4 で，関数 $y=\frac{1}{2}x^2$ のグラフ上の点なので，この式に $x=-4$ を代入して，

$y=\frac{1}{2}\times(-4)^2=8$　よって，B(−4, 8)

点Cは x 軸上の点なので，C(12, 0)

2点B，Cを通る直線の傾きは，

$\frac{0-8}{12-(-4)}=-\frac{1}{2}$

よって，直線BCの式は $y=-\frac{1}{2}x+b$ とおける。

この式に，C(12，0) より，$x=12$，$y=0$ を代入して，

$0=-\frac{1}{2}\times12+b$　$b=6$

よって，直線BCの式は，$y=-\frac{1}{2}x+6$

(3)△OPB と △OCP について，それぞれの底辺を PB，PC とみると高さが等しい。さらに，面積も等しいので，PB=PC となる。

点Bの y 座標は4で，関数 $y=\frac{1}{2}x^2$ のグラフ上の点なので，この式に $y=4$ を代入して，

$4=\frac{1}{2}x^2$　$x^2=8$　$x=\pm2\sqrt{2}$

点Bの x 座標は負なので，$x=-2\sqrt{2}$

よって，B$(-2\sqrt{2}，4)$

点Bから x 軸にひいた垂線と x 軸との交点をH，点Pから x 軸にひいた垂線と x 軸との交点をIとする。

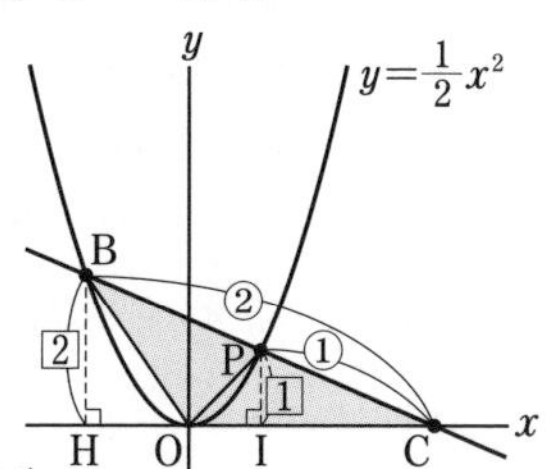

BH：PI=BC：PC=2：1

よって，点Pの y 座標は，$4\times\frac{1}{2}=2$

点Pは関数 $y=\frac{1}{2}x^2$ のグラフ上の点なので，この式に $y=2$ を代入して，

$2=\frac{1}{2}x^2$　$x^2=4$　$x=\pm2$

点Pの x 座標は正なので，$x=2$

よって，P(2，2)

H$(-2\sqrt{2}，0)$ より，

$CI=IH=2-(-2\sqrt{2})=2+2\sqrt{2}$

よって，$CO=OI+CI=2+(2+2\sqrt{2})=4+2\sqrt{2}$

したがって，$CH=CO+OH=(4+2\sqrt{2})+2\sqrt{2}$

$=4+4\sqrt{2}$

△OCB を，x 軸を軸として1回転させてできる立体は右の図のようになり，その体積は，底面の円の半径が4，高さが $CH=4+4\sqrt{2}$ の円錐(えんすい)の体積から，底面の円の半径が4，高さが $OH=2\sqrt{2}$ の円錐の体積をひいて求められる。よって，

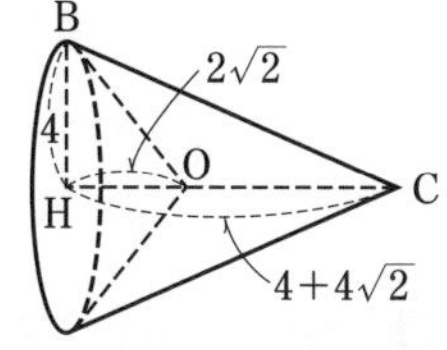

$\frac{1}{3}\times\pi\times4^2\times(4+4\sqrt{2})-\frac{1}{3}\times\pi\times4^2\times2\sqrt{2}$

$=\frac{1}{3}\times\pi\times4^2\times\{(4+4\sqrt{2})-2\sqrt{2}\}$

$=\frac{16}{3}\pi\times(4+2\sqrt{2})$

$=\frac{64+32\sqrt{2}}{3}\pi$

第6日 関数の利用

⇒ p.14〜p.15

1 **(1)毎分 2.5 L　(2)$y=-2.5x+120$**

(3)48 分後

2 **(1)7 分間　(2)毎分 150 m**

(3)時刻 午後1時23分，道のり 2400 m

3 **(1)9 cm^2**

(2)① $y=x^2$

② $y=-4x+32$

グラフは右の図

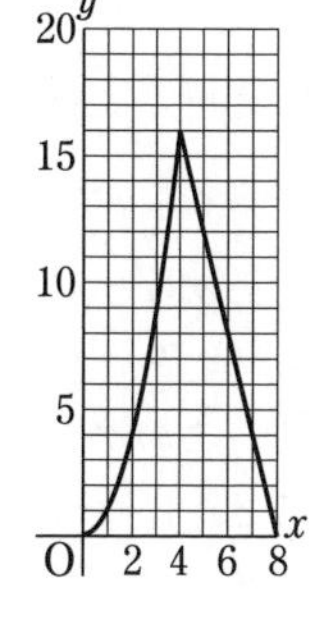

4 **(1)グラフは下の図**

(2)14 km 未満のとき

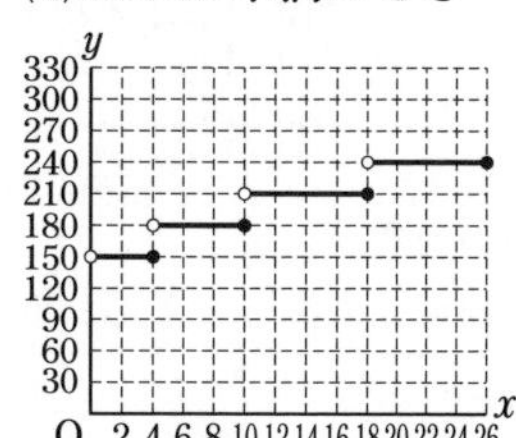

解説

1 (1)8分間で 120−100=20 (L) の水を抜いたので，1分間あたりには，$\frac{20}{8}=2.5$ (L) の水を抜いていることになる。

(2)1分間あたりに抜く水の量の値から，直線のグラフの傾きは −2.5 で，切片は 120 である。

よって，$y=-2.5x+120$

(3)(2)の式に $y=0$ を代入して，

$0=-2.5x+120$　$2.5x=120$　$x=48$

2 (1)グラフより，15−8=7 (分間)

(2)8分間で 1200 m 走ったので，

1200÷8=150 より，毎分 150 m

(3)Aさんの $15\leqq x\leqq45$ におけるグラフの式は，

$y=60x+300$

午後1時35分のAさんの家からの道のりは，この式に $x=35$ を代入して，

$y=60\times35+300=2400$ (m)
Aさんの兄の速さは毎分 200 m だから，兄が家を出発した時刻は，$2400\div200=12$ より，午後1時35分の12分前である。
よって，午後1時23分となる。

3 (1)BP=3 cm のとき，正方形PQRSは台形ABCDの中にあるので，重なっている部分の面積は，正方形PQRSの面積である。
PQ=BP=3 cm より，求める面積は，
$3\times3=9$ (cm²)
(2)① $0\leqq x\leqq4$ のとき，重なっている部分は正方形PQRSだから，PQ=BP=x cm より，$y=x^2$
② $4\leqq x\leqq8$ のとき，重なっている部分は，横PC，縦DCの長方形だから，
$y=4(8-x)$　$y=-4x+32$

4 (2)車で x km 走行したときのガソリン代を y 円とすると，$y=\frac{x}{10}\times150$　$y=15x$ と表される。
このグラフを(1)のグラフにかき込むと，右の図のようになる。このグラフより，$x=14$ のときに鉄道の運賃と車のガソリン代が同じになるので，車のガソリン代が鉄道の運賃よりも安くなるのは，14 km 未満のときである。

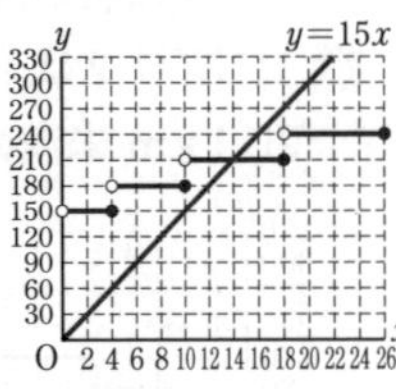

第7日 平面図形，空間図形

⇒ p.16～p.17

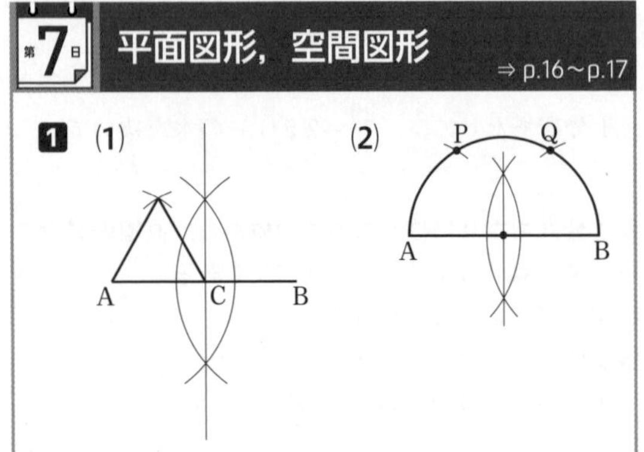

2 (1)19 cm　(2)42π cm³　(3)$h=\frac{27}{4}$

3 (1)4π cm　(2)6 cm

4 (1)$\frac{5\sqrt{2}}{9}\pi$ cm　(2)$\frac{25}{4}\pi$ cm²
(3)$\frac{125}{3}\pi$ cm³，$\frac{1}{4}$ 倍

解説

1 (1)線分ABの垂直二等分線と線分ABとの交点が点Cとなる。線分ACを1辺とする正三角形は，ACの長さをとって，点A，点Cをそれぞれ中心とした弧の交点とA，Cをそれぞれ結べばよい。
(2)弧の長さと中心角の大きさは比例するので，2点P，Qが弧ABを3等分するとき，$\overset{\frown}{AP}$，$\overset{\frown}{PQ}$，$\overset{\frown}{QB}$ を弧にもつおうぎ形の中心角は，いずれも $180°\div3=60°$ になる。よって，(1)と同様に，A，Bからの距離が $\frac{1}{2}$AB である点P，Qを $\overset{\frown}{AB}$ 上にとればよい。

2 (1)辺ABとねじれの位置にある辺は，辺DH，辺CG，辺EH，辺GH，辺FGだから，これらの辺の長さの和は，$4+4+6+3+2=19$ (cm)
(2)できる回転体は右の図のようになり，これは底面の円の半径3 cm，高さ4 cm の円柱と，底面の円の半径3 cm，高さ2 cm の円錐（えんすい）とを組み合わせた図形である。求める体積は，

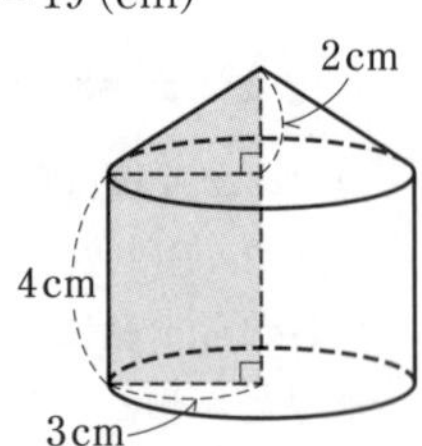

$\pi\times3^2\times4+\frac{1}{3}\times\pi\times3^2\times2=36\pi+6\pi$
$=42\pi$ (cm³)
(3)それぞれの投影図が表す立体は，
アは底面の円の半径4 cm，高さ h cm の円錐，
イは半径3 cm の球である。
イの球の体積は，$\frac{4}{3}\pi\times3^3=36\pi$ (cm³)
アの円錐の体積について，方程式をつくると，
$\frac{1}{3}\times\pi\times4^2\times h=36\pi$　$\frac{16}{3}\pi h=36\pi$
$h=\frac{27}{4}$

3 (1)図2の側面の展開図のおうぎ形について，弧の長さは，底面の円の円周の長さと等しい。
よって，その長さは，$2\pi\times2=4\pi$ (cm)
(2)母線OAの長さは，図2のおうぎ形の半径に等しい。
図2のおうぎ形は，中心角が120°，弧の長さが 4π cm なので，半径を x cm とすると，
$2\pi\times x\times\frac{120}{360}=4\pi$　$\frac{2}{3}\pi x=4\pi$
よって，$x=6$

4 (1)点Bが動いてできる弧の長さは，半径 $5\sqrt{2}$ cm，中心角20°のおうぎ形の弧の長さに等しい。
$2\pi\times5\sqrt{2}\times\frac{20}{360}=\frac{5\sqrt{2}}{9}\pi$ (cm)

(2)辺 AB が動いてできる図形は，右の図の色のついた部分となる。
求める面積は，
おうぎ形 OB′B＋△OA′B′
−(△OAB＋おうぎ形 OA′A)
＝おうぎ形 OB′B−おうぎ形 OA′A
$=\pi\times(5\sqrt{2})^2\times\frac{90}{360}-\pi\times5^2\times\frac{90}{360}$
$=\frac{25}{2}\pi-\frac{25}{4}\pi=\frac{25}{4}\pi$ (cm^2)

(3)立体Pは，底面の円の半径 5 cm，高さ 5 cm の円錐で，体積は，$\frac{1}{3}\times\pi\times5^2\times5=\frac{125}{3}\pi$ (cm^3)

直線 BO と直線 ℓ との交点を C，直線 BA と直線 ℓ との交点を D，点 O を通る直線 ℓ の垂線と直線 ℓ との交点を E とする。△BCD を直線 ℓ を軸として 1 回転させてできる立体を R とする。立体 R は，底面の円の半径 10 cm，高さ 10 cm の円錐になる。

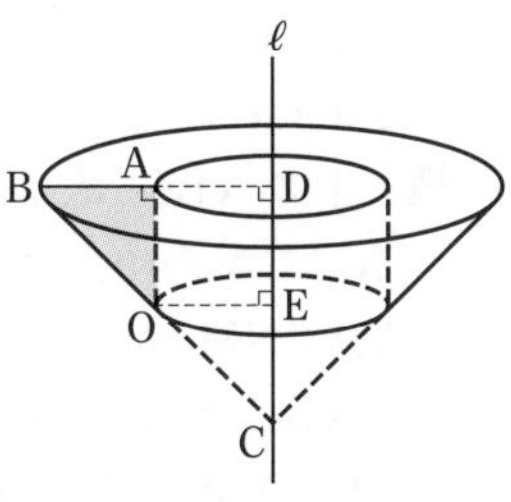

上の図より，立体 Q は，立体 R から，線分 CO を母線とする円錐と，AD を底面の半径，DE を高さとする円柱を除いたものになる。

立体 R の体積は，$\frac{1}{3}\times\pi\times10^2\times10=\frac{1000}{3}\pi$ (cm^3)

円錐の体積は，立体 P と等しく，$\frac{125}{3}\pi$ cm^3

円柱の体積は，$\pi\times5^2\times5=125\pi$ (cm^3)

よって，立体 Q の体積は，

$\frac{1000}{3}\pi-\frac{125}{3}\pi-125\pi=\frac{500}{3}\pi=4\times\frac{125}{3}\pi$ (cm^3)

よって，立体 P の体積は立体 Q の体積の $\frac{1}{4}$ 倍である。

第8日 図形の性質と合同

⇒ p.18〜p.19

1 (1)105° (2)130° (3)59° (4)35° (5)33° (6)40°

2 **△ABF と △EDF において，**
長方形の向かい合う辺は等しいから，
AB＝CD ……①
折り返した図形の性質から，
CD＝ED ……②
①，②より，AB＝ED ……③
対頂角は等しいから，
∠AFB＝∠EFD ……④
また，∠BAF＝∠DEF＝90° ……⑤
④，⑤より，∠ABF＝∠EDF ……⑥
③，⑤，⑥より，1 組の辺とその両端の角がそれぞれ等しいから，
△ABF≡△EDF

3 **3 cm**

4 **6：1**

5 **△ABF と △DAG において，仮定より，**
∠AFB＝∠DGA＝90° ……①
四角形 ABCD は正方形だから，
AB＝DA ……②
∠BAF＋∠DAG＝90°
∠ADG＋∠DAG＝90°
よって，∠BAF＝∠ADG ……③
①，②，③より，直角三角形の斜辺と 1 つの鋭角がそれぞれ等しいから，
△ABF≡△DAG

6 **四角形 ABCD は長方形だから，**
ED∥BF ……①
AB∥DC ……②
②より，∠ABD＝∠CDB (錯角) ……③
△ABE≡△GBE だから，
∠EBD＝$\frac{1}{2}$∠ABD ……④
同様に，∠FDB＝$\frac{1}{2}$∠CDB ……⑤
③，④，⑤より，∠EBD＝∠FDB
したがって，錯角が等しいから，
EB∥DF ……⑥
①，⑥より，2 組の向かい合う辺がそれぞれ平行だから，四角形 EBFD は平行四辺形である。

解 説

1 (1)右の図のように，点 C を通る直線 ℓ，m と平行な直線をひいて考える。
平行線の錯角は等しいから，
∠ACD＝∠EAC
＝180°−130°＝50°
∠BCD＝∠FBC＝55°
∠x＝∠ACD＋∠BCD＝50°＋55°＝105°

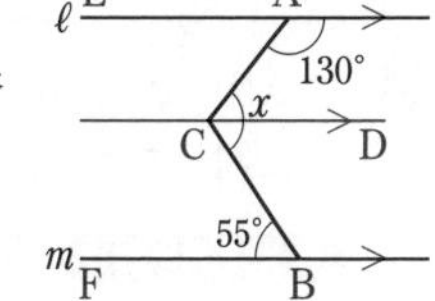

(2)右の図で，
$\angle BAC=\angle EDC$
$=180°-150°=30°$
$\angle ACB=75°+25°=100°$
$\angle x=\angle BAC+\angle ACB=30°+100°=130°$

(3)正五角形の１つの内角は，
$180°\times(5-2)\div5=108°$
だから，右の図のように考える。

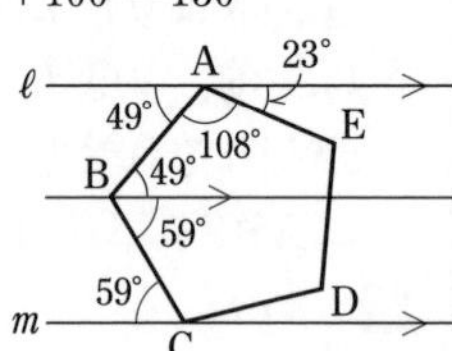

(4)三角形の１つの外角はそのとなりにない２つの内角の和に等しいので，$\angle x=105°-70°=35°$

(5)$55°+40°+\angle x=128°$　$\angle x=128°-55°-40°=33°$

(6)右の図で，
$\angle FGE=\angle DCG+\angle CDG$
$=30°+50°=80°$
$\angle GFE=\angle BAF+\angle ABF$
$=25°+35°=60°$
△FGE で，内角の和は 180° だから，

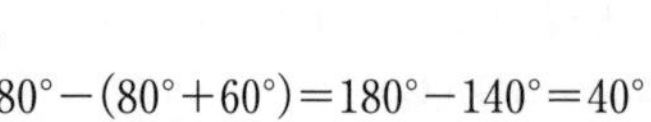

$\angle x=180°-(80°+60°)=180°-140°=40°$

3　右の図のように，平行線の錯角は等しいから，△BAE，△CDF は二等辺三角形である。

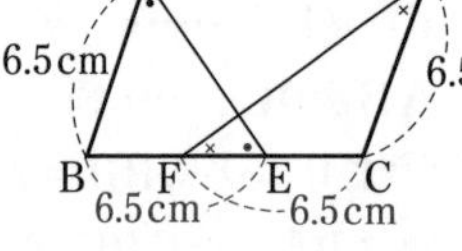

よって，BE=AB=6.5 cm，FC=CD=6.5 cm
したがって，EF=(BE+FC)−BC
=6.5+6.5−10=3 (cm)

4　△ADC：△DBC=1：2 だから，△ABC の面積を S とすると，$\triangle ADC=\frac{1}{1+2}\triangle ABC=\frac{1}{3}S$
△ADE：△AEC=1：1 だから，
$\triangle AEC=\frac{1}{1+1}\triangle ADC=\frac{1}{2}\times\frac{1}{3}S=\frac{1}{6}S$
よって，$\triangle ABC:\triangle AEC=S:\frac{1}{6}S=6:1$

重要ポイント　高さが等しい三角形の面積比は，底辺の長さの比に等しい。

6　△ABE と △GBE，△CDF と △HDF は，折り返した図形だから，それぞれ合同である。

解き方のコツ　三角形や四角形の図形の証明では，**三角形の合同条件や平行四辺形になるための条件**を用いることを考える。仮定をどのように使うかということも大切である。

第9日　相似な図形

⇒ p.20〜p.21

1　**(1)$x=\frac{12}{5}$　(2)$x=4$**

2　**(1)1.6 m　(2)9 cm　(3)3：2　(4)16 倍**

3　**(1)△ABC と △DAC において，**
仮定より，
∠ABC=∠DAC ……①
∠C は共通 ……②
①，②より，2 組の角がそれぞれ等しいから，
△ABC∽△DAC
(2)4：3
(3)6 cm

4　**(1)△ABC で，点 M，N はそれぞれ辺 BC，CA の中点なので，中点連結定理より，**
AB∥NM
△ABE と △DME において，
AB∥NM より，平行線の同位角は等しいから，
∠BAE=∠DME ……①
∠ABE=∠DME ……②
①，②より，2 組の角がそれぞれ等しいから，
△ABE∽△DME
(2)5：1
(3)$\frac{1}{60}$ 倍

解説

1　(1)PQ∥BC より，PQ：BC=AP：AB である。
$x:6=2:(2+3)$　$5x=12$　$x=\frac{12}{5}$
(2)$6:x=9:6$　$9x=36$　$x=4$

2　(1)太郎さんの身長を x m とする。
$x:5.6=4:(4+10)$　$x:5.6=2:7$
$7x=11.2$　$x=1.6$
(2)△ABC と △AED において，
∠BCA=∠EDA=90°
∠A は共通より，2 組の角がそれぞれ等しいから，
△ABC∽△AED
対応する辺の比は等しいから，
AB：AE=AC：AD　AB：3=6：2
2AB=18　AB=9 (cm)

(3) △ABF∽△EDF であり，
AB：ED＝3：2
よって，
AF：FE＝3：2

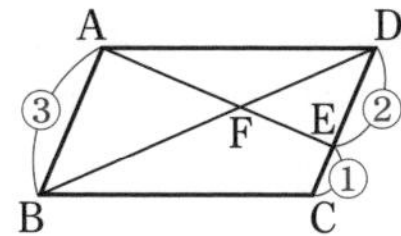

(4) △DPQ の面積を S とする。
DP＝PE，DQ＝QC より，
△DPQ と △DEC の相似比は，1：2
よって，面積比は，$1^2：2^2＝1：4$ で，△DEC＝4S
BE＝EC より，△DBC＝2△DEC
よって，△DBC＝2×4S＝8S
AD＝DB より，△ABC＝2△DBC
よって，△ABC＝2×8S＝16S

3 (2) AB：DA＝12：9＝4：3
(3) AC：DC＝4：3　8：CD＝4：3　CD＝6 (cm)

解き方のコツ 相似な2つの三角形が重なっているときは，対応する辺が平行になるように抜き出すと対応がわかりやすい。

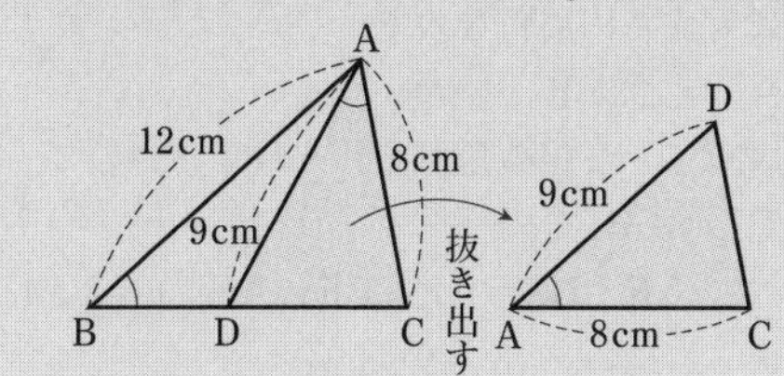

4 (2) AB＝3 cm，AC＝2 cm より，
AB：AC＝3：2
線分 AE は ∠BAC の二等分線だから，
BE：EC＝AB：AC＝3：2
また，点 M は辺 BC の中点なので，
BM：MC＝1：1
ここで，BC＝5t とすると，BE＝3t

$BM=\frac{1}{2}BC=\frac{1}{2}\times 5t=\frac{5}{2}t$

$ME=BE-BM=3t-\frac{5}{2}t=\frac{1}{2}t$

よって，$BM：ME=\frac{5}{2}t：\frac{1}{2}t=5：1$

(3) △DME の面積を S とする。
DM∥AB，ME：EB＝ME：(BM＋ME)＝1：6
よって，△ABE と △DME の相似比は 6：1 であり，面積比は，△ABE：△DME＝$6^2：1^2$＝36：1
よって，△ABE＝36S
BE：BC＝3：5 より，△ABE と △ABC の面積比は，△ABE：△ABC＝3：5

$\triangle ABC=\frac{5}{3}\triangle ABE=\frac{5}{3}\times 36S=60S$

第10日 円

⇒ p.22～p.23

1 **(1) 56°　(2) 100°　(3) 61°　(4) 40°　(5) 39°　(6) 32°**

2 **∠x＝35°，∠y＝20°**

3 **135°**

4 **7π cm**

5 **(1) △ABD と △BFC において，**
$\overset{\frown}{AB}$ に対する円周角は等しいから，
∠ADB＝∠BCF＝∠AEB ……①
$\overset{\frown}{CD}$ に対する円周角は等しいから，
∠CAD＝∠CBD ……②
また，BA＝BC より，
∠BAF＝∠BCF ……③
AE∥BD より，
∠DBE＝∠AEB (錯角) ……④
①，③，④より，
∠BAF＝∠DBE ……⑤
よって，②，⑤より，
∠BAD＝∠FBC ……⑥
①，⑥より，2組の角がそれぞれ等しいから，△ABD∽△BFC
(2) $\frac{9}{2}$ cm

6 **(1) △ABC と △ACF において，**
共通の角だから，
∠BAC＝∠CAF ……①
BE∥CD で，平行線の同位角は等しいから，
∠ABE＝∠AFC ……②
$\overset{\frown}{AB}=\overset{\frown}{AE}$ で，等しい弧に対する円周角は等しいから，
∠ACB＝∠ABE ……③
②，③より，
∠ACB＝∠AFC ……④
①，④より，2組の角がそれぞれ等しいから，△ABC∽△ACF
(2) ① $\frac{9}{2}$ cm　② 36：49

解 説

1 (1) 円周角の定理より，
∠AOB＝2∠ACB＝2×32°＝64°
よって，24°＋64°＝∠x＋32°
∠x＝24°＋64°－32°＝56°

(2)円周角の定理より，
$\angle ADB=\angle ACB=32°$
三角形の内角の和は 180° だから，
$\angle x=180°-(48°+32°)=100°$

(3)2 点 C，F を直線で結ぶと，円周角の定理より，
$\angle BFC=\angle BAC=36°$
$\angle CFD=\angle CED=25°$
よって，$\angle x=36°+25°=61°$

(4)半円の弧に対する円周角は 90° だから，
$\angle BAD=90°$
また，円周角の定理より，
$\angle BDA=\angle BCA=50°$
よって，$\angle x=180°-(90°+50°)=40°$

(5)円周角の定理より，
$\angle DOC=2\angle DAC=2\times 56°=112°$
△DOC は二等辺三角形より，
$\angle OCD=\frac{1}{2}\times(180°-112°)=34°$
ここで，$\angle DCA=\angle CAO=\angle ACO$ より，
$\angle ACO=\frac{1}{2}\angle OCD=\frac{1}{2}\times 34°=17°$
$\angle BCA=\angle DAC=56°$ より，
$\angle x=\angle BCA-\angle ACO=56°-17°=39°$

(6)$90°-40°=50°$
右の図で，二等辺三角形の底角は等しいから，
$\angle x=50°-18°=32°$

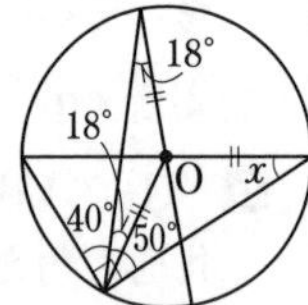

2 $\overset{\frown}{PQ}$ に対する円周角なので，
$\angle x=35°$
$OP\perp \ell$ で，
$\angle POQ=2\angle x=70°$ だから，
$\angle y=90°-70°=20°$

3 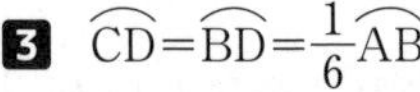
$\overset{\frown}{CD}=\overset{\frown}{BD}=\frac{1}{6}\overset{\frown}{AB}$
だから，
$\angle COD=\angle DOB$
$=\frac{1}{6}\times 180°=30°$
よって，$\angle AOC=180°-30°\times 2=120°$
円周角の定理より，
$\angle DAB=\frac{1}{2}\angle DOB=\frac{1}{2}\times 30°=15°$
△AOE で内角と外角の関係より，
$\angle x=15°+120°=135°$

4 円周角の定理より，

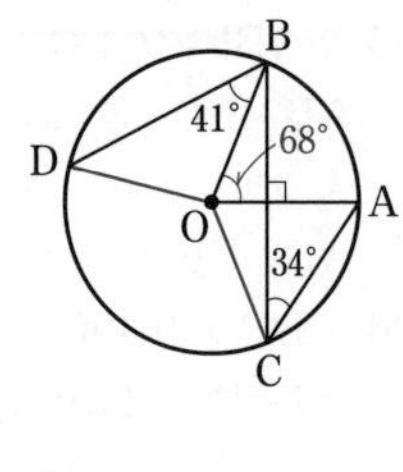

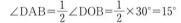

$\angle BOA=2\angle BCA$
$=2\times 34°=68°$
よって，
$\angle OBC=90°-68°=22°$
だから，
$\angle DBC=41°+22°=63°$
円周角の定理より，
$\angle DOC=2\angle DBC=2\times 63°=126°$
よって，$\overset{\frown}{CD}$ の長さは，
$2\pi\times 10\times\frac{126}{360}=7\pi$ (cm)

5 **(2)**△ABD∽△BFC だから，
AD : BC=AB : BF　9 : 6=6 : BF
9BF=36　BF=4 (cm)
次に，△AFE と △BFC において，
$\overset{\frown}{AB}$ に対する円周角なので，
$\angle AEF=\angle BCF$ ……①
$\overset{\frown}{CE}$ に対する円周角なので，
$\angle EAF=\angle CBF$ ……②
①，②より，2 組の角がそれぞれ等しいので，
△AFE∽△BFC
よって，AE : BC=AF : BF　AE : 6=3 : 4
4AE=18　$AE=\frac{18}{4}=\frac{9}{2}$ (cm)

6 **(2)**①△ABC∽△ACF だから，
AB : AC=AC : AF　AB : 6=6 : 8
8AB=36　$AB=\frac{36}{8}=\frac{9}{2}$ (cm)
②右の図のように，点 C と点 E を結ぶ。
BE∥CD より，
T=△EGD=△EGC
△ABC と △EGC において，$\overset{\frown}{BC}$ に対する円周角より，$\angle BAC=\angle GEC$ ……㋐

$\overset{\frown}{AB}=\overset{\frown}{AE}$ より，$\angle ACB=\angle ECG$ ……㋑
㋐，㋑より，2 組の角がそれぞれ等しいので，
△ABC∽△EGC
よって，$S:T=BC^2:GC^2$ で求められる。
△ABC∽△ACF だから，
AC : BC=AF : CF　6 : BC=8 : 3
8BC=18　$BC=\frac{9}{4}$ (cm)
また，BE∥CD より，AG : GC=AB : BF である。
$BF=AF-AB=8-\frac{9}{2}=\frac{7}{2}$ (cm)

よって，$AG:GC=AB:BF=\frac{9}{2}:\frac{7}{2}=9:7$

$AG+GC=AC=6$ cm より，

$GC=6\times\frac{7}{9+7}=\frac{21}{8}$ (cm)

よって，$BC:GC=\frac{9}{4}:\frac{21}{8}=18:21=6:7$

以上より，

$S:T=BC^2:GC^2=6^2:7^2=36:49$

第11日 平面図形と三平方の定理

⇒ p.24～p.25

1 **(1)** $5\sqrt{10}$ **cm** **(2)** $\frac{25}{4}$ **cm** **(3)** $2\sqrt{3}$ **cm²**

2 **(1)** 60° **(2)** $2\sqrt{3}$ **cm** **(3)** $\left(\frac{4}{3}\pi-\sqrt{3}\right)$ **cm²**

3 **(1)△ABE と △ACD において，**

仮定より，AB＝AC ……①

AE＝AD ……②

共通の角だから，∠BAE＝∠CAD ……③

①，②，③より，2組の辺とその間の角がそれぞれ等しいから，

△ABE≡△ACD

(2) 15° **(3)** 2 cm **(4)** $(2+\sqrt{3})$ **cm²**

4 **(1)** 例 **△ABE**

△FCD と △ABE において，

$\overset{\frown}{DE}=\overset{\frown}{AE}$ で，等しい弧に対する円周角は等しいから，

∠FCD＝∠ABE ……①

同様に，$\overset{\frown}{BC}=\overset{\frown}{AB}$ で，

∠FDC＝∠AEB ……②

①，②より，2組の角がそれぞれ等しいから，

△FCD∽△ABE

(2) $(12+4\sqrt{3})$ **cm²**

解説

1 (1)右の図のように，点Aから辺BCに垂線AHをひくと，

$AH=15$ cm，$CH=15$ cm だから，

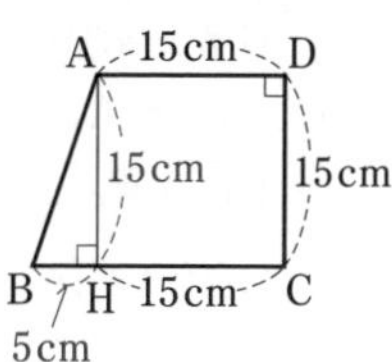

$BH=BC-CH=20-15=5$ (cm)

△ABH で三平方の定理より，

$AB=\sqrt{15^2+5^2}=\sqrt{250}=5\sqrt{10}$ (cm)

(2)△AFG≡△EFG より，EF＝AF である。

EF＝x cm とおくと，AF＝x cm より，

FB＝$(10-x)$ cm

△BEF は直角三角形だから，三平方の定理より，

$x^2=(10-x)^2+5^2$

$x^2=100-20x+x^2+25$

$20x=125 \quad x=\frac{25}{4}$

(3)右の図のように，

四角形 ABCG

＝△ABC＋△ACG……①

ここで △ABC は1辺 2 cm の正三角形 OBC の面積に等しいから，

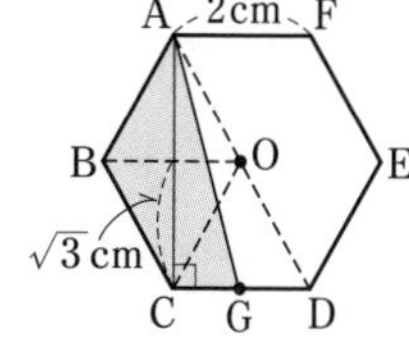

$\triangle ABC=\frac{1}{2}\times2\times\sqrt{3}=\sqrt{3}$ (cm²) ……②

△ACG は ∠ACG＝90° の直角三角形で，

$AC=\sqrt{3}\times2=2\sqrt{3}$ (cm)，$CG=\frac{1}{2}\times2=1$ (cm)

だから，

$\triangle ACG=\frac{1}{2}\times1\times2\sqrt{3}=\sqrt{3}$ (cm²) ……③

①，②，③より，

四角形 $ABCG=\sqrt{3}+\sqrt{3}=2\sqrt{3}$ (cm²)

> **重要ポイント** **特別な直角三角形**の辺の比は，次のとおりである。
>
> **①直角二等辺三角形** **②30°，60° の角をもつ直角三角形**
>
> 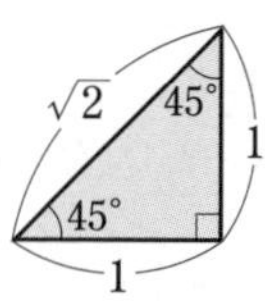
>
>
> 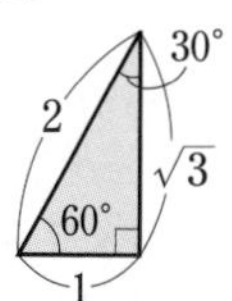
>
>
> また，②より，1辺の長さ a の正三角形の高さを h，面積を S とすると，
>
> $h=\frac{\sqrt{3}}{2}a$，$S=\frac{1}{2}\times a\times h=\frac{\sqrt{3}}{4}a^2$

2 (1)$\overset{\frown}{BP}=\frac{1}{3}\overset{\frown}{AB}$ だから，

$\angle POB=\frac{1}{3}\times180°=60°$

(2)円周角の定理より，$\angle PAB=\frac{1}{2}\angle POB=30°$

ここで，右の図のように，Oから線分 AP に垂線 OH をひくと，△AOH は 90°，30°，60° の角をもつ直角三角形だから，辺の長さの比は $1:2:\sqrt{3}$ である。

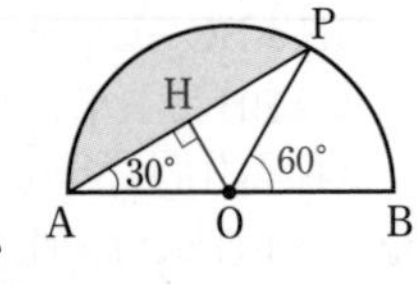

よって，$OA:AH=2:\sqrt{3}$

$OA=2$ cm だから，$AH=\sqrt{3}$ cm

したがって，$AP=2AH=2\sqrt{3}$ (cm)

(3) $\angle AOP=180°-60°=120°$ より，おうぎ形 OAP の面積は，$\pi\times2^2\times\dfrac{120}{360}=\dfrac{4}{3}\pi$ (cm^2)

また，$OA:OH=2:1$ より，$OH=1$ cm

△OAP の面積は，$\dfrac{1}{2}\times2\sqrt{3}\times1=\sqrt{3}$ (cm^2)

したがって，影のついた部分の面積は，

おうぎ形 OAP−△OAP$=\dfrac{4}{3}\pi-\sqrt{3}$ (cm^2)

3 **(2)(1)**より，$\angle ABE=\angle ACD$

$AB=AC$ より，$\angle ABC=\angle ACB$

よって，$\angle FBC=\angle FCB=(180°-60°)\div2=60°$

$\angle ABC=(180°-30°)\div2=75°$

したがって，$\angle ABE=75°-60°=15°$

(3)(2)より，$\angle ABF=\angle BAF=15°$

よって，$AF=FB=2$ cm

(4)正三角形 FBC の高さは $\sqrt{3}$ cm だから，

$\triangle ABC=\dfrac{1}{2}\times2\times(2+\sqrt{3})=2+\sqrt{3}$ (cm^2)

4 **(1)**△ABE の他，△DCE，△FBE も相似である。

(2) $\angle AED=90°$ のとき，線分 AD は円Oの直径となる。△ADE は直角二等辺三角形で，$AD=8$ cmより，

$DE=\dfrac{1}{\sqrt{2}}AD=\dfrac{1}{\sqrt{2}}\times8=4\sqrt{2}$ (cm)

また，$\angle DBE=\angle DAE=45°$

$\overset{\frown}{AD}$ は半円の弧で，$\overset{\frown}{AB}=\overset{\frown}{BC}=\overset{\frown}{CD}$ だから，

$\angle BEC=\angle CED=30°$ で，

$\angle BED=\angle BEC+\angle CED=30°+30°=60°$

ここで，△BDE において，点Dを通る線分 BE の垂線と線分 BE との交点をHとする。

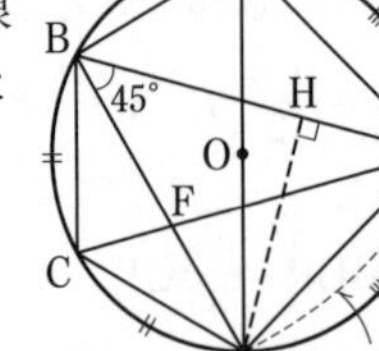

△DEH は，$\angle DHE=90°$，$\angle DEH=60°$ だから，

$HE=\dfrac{1}{2}DE=\dfrac{1}{2}\times4\sqrt{2}$

$=2\sqrt{2}$ (cm)

$DH=\sqrt{3}HE=\sqrt{3}\times2\sqrt{2}=2\sqrt{6}$ (cm)

△BDH は，$\angle BHD=90°$，$\angle DBH=45°$ だから，

$BH=DH=2\sqrt{6}$ cm

以上より，△BDE の面積は，

$\dfrac{1}{2}\times(HE+BH)\times DH=\dfrac{1}{2}\times(2\sqrt{2}+2\sqrt{6})\times2\sqrt{6}$

$=2\sqrt{2}\times\sqrt{6}+2\sqrt{6}\times\sqrt{6}=12+4\sqrt{3}$ (cm^2)

第12日 空間図形と三平方の定理

⇒ p.26～p.27

1 **(1)**① $\sqrt{13}$ **cm** ② $3\sqrt{13}$ **cm^2** **(2)**54 **cm^3**

2 **(1)** $\sqrt{29}$ **cm**

(2)① **体積** $\dfrac{\sqrt{35}}{3}\pi$ **cm^3，表面積** 7π **cm^2**

② $2\sqrt{7}$ **cm**

3 $\dfrac{512}{3}$ **cm^3**

4 **(1)** $16\sqrt{3}$ **cm^3** **(2)** $\sqrt{11}$ **cm**

5 **(1)** $2\sqrt{3}$ **cm** **(2)** $\dfrac{8\sqrt{2}}{3}$ **cm^3**

解説

1 **(1)**①△ACD で三平方の定理より，

$AC=\sqrt{2^2+3^2}=\sqrt{13}$ (cm)

② $AC=EG=\sqrt{13}$ cm，$\angle AEG=90°$ だから，

△AEG で三平方の定理より，

$AE=\sqrt{7^2-(\sqrt{13})^2}=\sqrt{36}=6$ (cm)

よって，△AEG の面積は，

$\dfrac{1}{2}\times EG\times AE=\dfrac{1}{2}\times\sqrt{13}\times6=3\sqrt{13}$ (cm^2)

(2)辺の長さは，右の図のようになるから，三角柱の高さは，

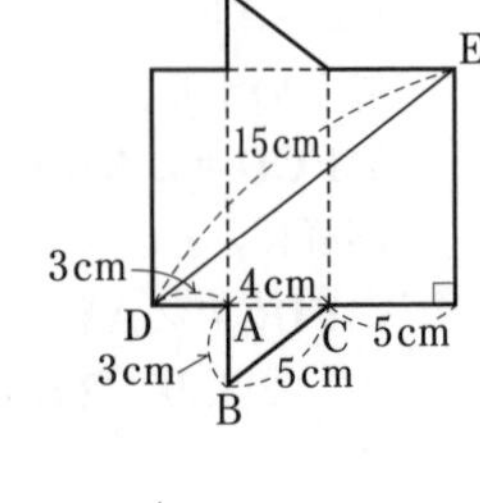

$\sqrt{15^2-(3+4+5)^2}$

$=\sqrt{225-144}$

$=\sqrt{81}=9$ (cm)

よって，三角柱の体積は，

$\left(\dfrac{1}{2}\times3\times4\right)\times9=54$ (cm^3)

2 **(1)**右の図のような展開図で考えると，AP+PG が最小になるのは，A，P，G が一直線になるときである。

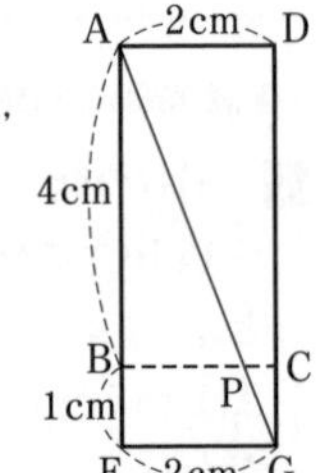

$AP+PG=AG=\sqrt{(4+1)^2+2^2}$

$=\sqrt{25+4}=\sqrt{29}$ (cm)

(2) ①3点A，B，Cを通る平面でこの円錐（えんすい）を切ると，その断面は右の図のようになる。円錐の高さは，

$\sqrt{6^2-1^2}=\sqrt{35}$ (cm) だから，

円錐の体積は，

$\frac{1}{3}\times\pi\times1^2\times\sqrt{35}=\frac{\sqrt{35}}{3}\pi$ (cm^3)

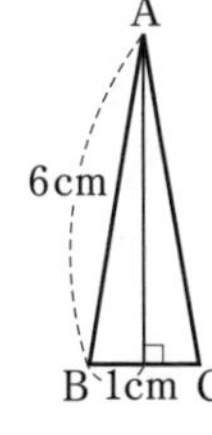

この円錐の展開図は右の図のようになり，側面のおうぎ形の中心角は，

$360°\times\frac{2\pi}{12\pi}=60°$

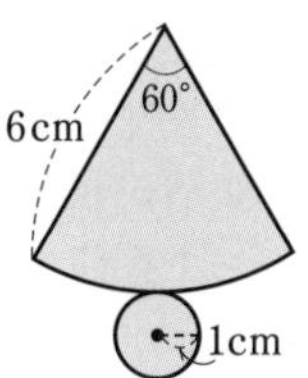

円錐の表面積＝側面積＋底面積

だから，

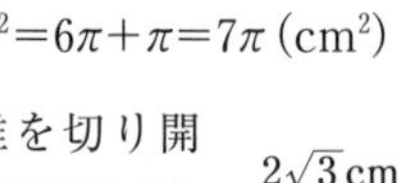

$\pi\times6^2\times\frac{60}{360}+\pi\times1^2=6\pi+\pi=7\pi$ (cm^2)

②母線ABで円錐を切り開いたときの側面の展開図は右の図のようになり，PBは最短だから直線となる。点PからABに垂線をひき，ABとの交点をHとする。

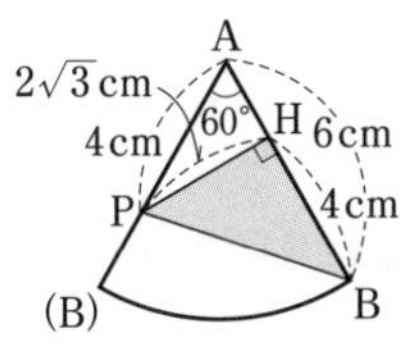

△APHにおいて，∠A＝60°，∠AHP＝90° だから，

AH＝2 cm，PH＝$2\sqrt{3}$ cm

したがって，BH＝6−2＝4 (cm)

△PHBは直角三角形だから，三平方の定理より，

$PB=\sqrt{4^2+(2\sqrt{3})^2}=\sqrt{28}=2\sqrt{7}$ (cm)

3 球を3点A，B，Dをふくむ平面で切断すると，右の図のようになる。頂点Aを通る線分BDの垂線と線分BDとの交点をHとする。

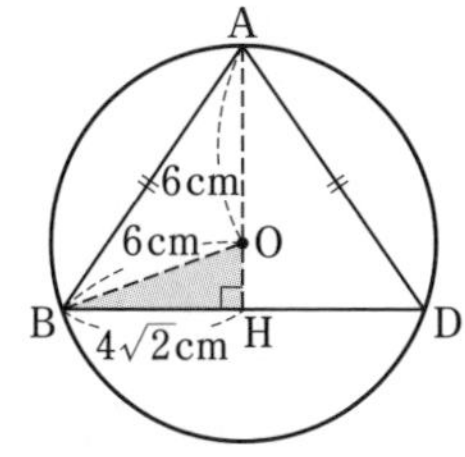

点Hは，正方形BCDEの対角線の交点と一致し，また，球の中心Oは線分AH上にある。

線分BDは，1辺8 cmの正方形BCDEの対角線なので，

$BD=\sqrt{2}BC=\sqrt{2}\times8=8\sqrt{2}$ (cm)

$BH=\frac{1}{2}BD=\frac{1}{2}\times8\sqrt{2}=4\sqrt{2}$ (cm)

球の半径なので，BO＝6 cm

ここで，△BOHは直角三角形なので，三平方の定理より，

$OH=\sqrt{BO^2-BH^2}=\sqrt{6^2-(4\sqrt{2})^2}=\sqrt{4}=2$ (cm)

よって，正四角錐ABCDEの高さAHは，

AH＝AO＋OH＝6＋2＝8 (cm)

よって，求める体積は，

$\frac{1}{3}\times8^2\times8=\frac{512}{3}$ (cm^3)

4 (1)底面は1辺4 cmの正三角形で，面積は，

$\frac{\sqrt{3}}{4}\times4^2=4\sqrt{3}$ (cm^2)

したがって，三角柱ABCDEFの体積は，

$4\sqrt{3}\times4=16\sqrt{3}$ (cm^3)

(2)点Gから辺DFに垂線GPをひくと，GP＝AD＝4 cm，

EP＝$2\sqrt{3}$ cm

また，点Hから線分EPに垂線HQをひくと，

HQ：GP＝HE：GE＝1：2 だから，

$HQ=\frac{1}{2}GP=2$ (cm)

PQ：EP＝GH：EG＝1：2 だから，

$PQ=\frac{1}{2}EP=\sqrt{3}$ (cm)

△DQPで三平方の定理より，

$DQ=\sqrt{2^2+(\sqrt{3})^2}=\sqrt{7}$ (cm)

よって，△DQHで三平方の定理より，

$DH=\sqrt{(\sqrt{7})^2+2^2}=\sqrt{11}$ (cm)

5 (1)直角三角形ABFにおいて，BF＝2 cm，

∠ABF＝60° より，

$AF=\sqrt{3}BF=2\sqrt{3}$ (cm)

(2)右の図のように，底面の対角線の交点をHとする。直角三角形ABHにおいて，

$BH=\frac{1}{2}BD=2\sqrt{2}$ (cm)，

AB＝4 cm だから，

$AH=\sqrt{4^2-(2\sqrt{2})^2}$

$=\sqrt{16-8}=\sqrt{8}=2\sqrt{2}$ (cm)

また，$\triangle DCF=\frac{1}{2}\times2\times4=4$ (cm^2)

よって，三角錐ACDFの体積は，

$\frac{1}{3}\times4\times2\sqrt{2}=\frac{8\sqrt{2}}{3}$ (cm^3)

弱点チェック 空間図形において**三平方の定理**を用いるときは，直角三角形が平面的に表されないことが多いので，**直角三角形の斜辺と，直角をはさむ辺**との区別をしっかりつけること。

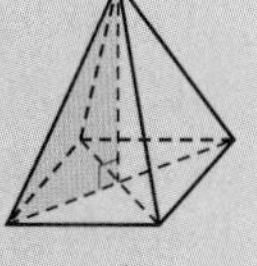

第13日 データの活用，確率

⇒ p.28～p.29

1 およそ300個

2 7回

3 (1)数学　(2)数学
(3)25人以上37人以下

4 (1)$\frac{11}{36}$　(2)$\frac{4}{15}$　(3)$\frac{1}{9}$

5 (1)例 1円硬貨…×，5円硬貨…○，
10円硬貨…×
(2)$\frac{3}{8}$

解説

1 無作為に抽出した56個のうち，35個の黒玉がふくまれていたので，箱の中の黒玉の割合は，
$35 \div 56 = 0.625$
と考えられる。よって，箱の中の黒玉の数は，
およそ $480 \times 0.625 = 300$ (個)

2 Hをx回とすると平均値は，
$\frac{7+6+8+5+10+8+9+x}{8} = \frac{53+x}{8}$ (回) となる。
(i)$x \leqq 7$ のとき，中央値は少ない方から4番目と5番目の数値である7，8の平均値になるので，
$\frac{7+8}{2} = \frac{15}{2} = 7.5$
平均値と中央値は等しいから，$\frac{53+x}{8} = 7.5$
両辺を8倍して，$53+x=60$　$x=7$
これは $x \leqq 7$ の条件に適している。
(ii)$x \geqq 8$ のとき，中央値は少ない方から4番目と5番目の数値である8，8の平均値になるので，
$\frac{8+8}{2} = 8$
平均値と中央値は等しいから，$\frac{53+x}{8} = 8$
両辺を8倍して，$53+x=64$　$x=11$
フリースローは10回なので適さない。
(i)(ii)より，7回

3 テストを受けた人数は50人であるから，中央値は，点数の低い方から25番目と26番目の得点の平均値である。第1四分位数は，点数の低い方から13番目の得点である。第3四分位数は，点数の高い方から13番目の得点である。
(1)箱ひげ図で，箱とひげを合わせた部分の長さは，英語と数学がほぼ同じで，国語より長い。また，箱の長さは数学が最も長い。よって，得点の散らばりが最も大きいといえるのは，数学である。
(2)第3四分位数が80点以上であるのは，数学だけである。よって，80点以上の生徒が13人以上いるのは，数学である。
(3)国語では，第3四分位数が60点より大きく，中央値が60点より小さい。第3四分位数が60点より大きいことから，点数の高い方から1番目～13番目の生徒の得点は60点より大きいことがわかる。中央値が60点より小さいことから，点数の低い方から1番目～25番目の生徒の得点は60点より小さいことがわかる。残りの12人は，全員60点以下である可能性もあれば，全員60点より大きくなる可能性もある。つまり，求める最大の人数は
$25+12=37$ (人)
よって，25人以上37人以下である。

4 (1)玉の取り出し方は全部で，
$6 \times 6 = 36$ (通り)
このうち，2回の数の積が16以上になるのは，
(1回目，2回目)=(3，6)，(4，4)，(4，5)，(4，6)，(5，4)，(5，5)，(5，6)，(6，3)，(6，4)，(6，5)，(6，6)の11通り。
よって，確率は $\frac{11}{36}$
(2)2枚ある1，2のカードに$1a$，$1b$，$2c$，$2d$と区別をつける。

$1a$ ― $1b$, $2c$, $2d$, 3, 5
$1b$ ― $2c$, $2d$, 3, 5
$2c$ ― $2d$, 3, 5
$2d$ ― 3, 5
3 ― 5

2枚の取り出し方は全部で，
$5+4+3+2+1=15$ (通り) で，和が4の倍数になるのは，($1a$，3)，($1b$，3)，($2c$，$2d$)，(3，5)の4通りである。
よって，確率は $\frac{4}{15}$

> **弱点チェック** 2枚のカードを同時に取り出すときは，(3，5)と(5，3)は1通りとして数える。

(3)$a-b=2$ となるのは，
$(a, b)=(3, 1)$，$(4, 2)$，$(5, 3)$，$(6, 4)$の4通り。
目の出方は全部で36通りだから，
確率は $\frac{4}{36} = \frac{1}{9}$

解き方のコツ 確率を求めるときには，**起こりうるすべての場合を１つ１つ書き出すことが大切である。**

5 (1)点Ｐは 2 cm，5 cm，8 cm，11 cm，14 cm 動いたときに頂点Ｃに止まる。このうち，2 cm，8 cm，14 cm 動く硬貨の表裏の出方はない。
1 円硬貨が裏，5 円硬貨が表，10 円硬貨が裏のとき，$0+5+0=5$ となって，Ｐは頂点Ｃに止まる。
また，1 円硬貨が表，5 円硬貨が裏，10 円硬貨が表のとき，$1+0+10=11$ となって，このときもＰは頂点Ｃに止まる。

(2)硬貨の表裏の出方は全部で $2\times2\times2=8$（通り）あり，下の表のような 3 通りの場合に，点Ｐが頂点Ｂに止まる。

1 円硬貨	5 円硬貨	10 円硬貨	点Ｐの動く長さ
○	×	×	$1+0+0=1$
×	×	○	$0+0+10=10$
○	○	○	$1+5+10=16$

よって，確率は $\frac{3}{8}$

第14日 高校入試 予想問題 (1)〔数学〕

⇒ p.30〜p.31

❶ (1) $\frac{5}{12}$ (2) $-a-16b$ (3) $2\sqrt{3}$
(4) $8x-25$ (5) $x=\frac{5\pm\sqrt{13}}{2}$

❷ (1) -16 (2) $n=15$ (3) $x=160°$

❸ (1) 7 (2) $\frac{7}{18}$

❹ (1) $a=2$ (2) $\sqrt{5}$ (3) 2：1

❺ (1)△ABE と △DBC において，
$\overset{\frown}{BC}$ の円周角だから，
∠BAE＝∠BDC ……①
$\overset{\frown}{AD}=\overset{\frown}{CD}$ で，等しい弧に対する円周角は等しいから，
∠ABE＝∠DBC ……②
①，②より，2 組の角がそれぞれ等しいから，△ABE∽△DBC
(2)① $\frac{15}{2}$ cm ② $\frac{14}{5}$ cm

❻ (1) 18 cm^2 (2) $\frac{8\sqrt{3}}{5}$ cm

解説

❶ (1) $-\frac{3}{4}+\frac{7}{6}=-\frac{9}{12}+\frac{14}{12}=\frac{5}{12}$

(2) $-7(a+2b)+2(3a-b)=-7a-14b+6a-2b$
$=-a-16b$

(3) $\sqrt{27}-\sqrt{12}+\sqrt{3}=3\sqrt{3}-2\sqrt{3}+\sqrt{3}$
$=2\sqrt{3}$

(4) $(x+3)(x-3)-(x-4)^2$
$=x^2-9-(x^2-8x+16)$
$=x^2-9-x^2+8x-16=8x-25$

(5) $x=\frac{-(-5)\pm\sqrt{(-5)^2-4\times1\times3}}{2\times1}=\frac{5\pm\sqrt{25-12}}{2}$
$=\frac{5\pm\sqrt{13}}{2}$

❷ (1) y は x に反比例するので，式は $y=\frac{a}{x}$ とおける。この式に $x=4$，$y=8$ を代入して，
$8=\frac{a}{4}$ $a=32$
よって，$y=\frac{32}{x}$ に $x=-2$ を代入して，
$y=\frac{32}{-2}=-16$

(2) $\sqrt{540n}=\sqrt{2^2\times3^3\times5\times n}$ となり，$n=3\times5$
$n=15$ のとき最も小さい数となる。

(3)側面のおうぎ形の弧の長さと底面の円周の長さが等しいので，
$2\pi\times18\times\frac{x}{360}=2\pi\times8$ $\frac{x}{20}=8$ $x=160$ より，160°

❸ (1) a と b の和について右のように表をつくる。この表より，和が 7 になる出方が 6 通りで最も多いので，確率も最も大きくなる。

a＼b	1	2	3	4	5	6
1	2	3	4	5	6	⑦
2	3	4	5	6	⑦	8
3	4	5	6	⑦	8	9
4	5	6	⑦	8	9	10
5	6	⑦	8	9	10	11
6	⑦	8	9	10	11	12

(2) 2 つのさいころを投げるとき，目の出方は全部で，
$6\times6=36$（通り）
$\frac{a}{b}$ が整数となるのは，表より 14 通り。
よって，求める確率は，
$\frac{14}{36}=\frac{7}{18}$

a＼b	1	2	3	4	5	6
1	1					
2	2	1				
3	3		1			
4	4	2		1		
5	5				1	
6	6	3	2			1

❹ (1)点Aは①のグラフ上の点でx座標が2なので，
$y=a\times2^2=4a$ より，A$(2,\ 4a)$
点Bも同様に，
$y=a\times(-1)^2=a$ より，B$(-1,\ a)$
よって，$4a-a=6$　$3a=6$　$a=2$

(2)点Aは関数 $y=\frac{1}{4}x^2$ のグラフ上の点なので，この式に，点Aのx座標2を代入して，
$y=\frac{1}{4}\times2^2=1$　よって，A$(2,\ 1)$
点Aからx軸に垂線をひき，x軸との交点をHとすると，OH=2，AH=1
△OAHにおいて，三平方の定理より，
$OA=\sqrt{2^2+1^2}=\sqrt{5}$

(3)△ABCと△OABの底辺をそれぞれABとみると，底辺が共通なので，高さの比は面積の比と等しくなる。
点Aは関数 $y=x^2$ のグラフ上の点なので，この式に，点Aのx座標2を代入して，
$y=2^2=4$　よって，A$(2,\ 4)$
同様に，$y=x^2$ に点Bのx座標 -1 を代入して，
$y=(-1)^2=1$　よって，B$(-1,\ 1)$
△ABCは，底辺が AC=4 で，高さが，点Aと点Bのx座標の差で，$2-(-1)=3$
よって，その面積は，$\frac{1}{2}\times4\times3=6$
次に，△OABの面積を求めるために，直線ABとy軸との交点の座標を求める。
直線ABの傾きは，$\frac{4-1}{2-(-1)}=1$
A(2, 4)より，$y=x+b$ に $x=2$，$y=4$ を代入して，
$4=2+b$　$b=2$
よって，直線ABとy軸との交点の座標は(0, 2)
直線ABとy軸との交点をIとすると，
△OAB=△OIA+△OIB
$=\frac{1}{2}\times2\times2+\frac{1}{2}\times2\times1=2+1=3$
よって，△ABCと△OABの面積の比は，
6：3=2：1
これが，△ABCと△OABの底辺をABとみたときの高さの比と等しい。

❺ (2)①△ABE∽△DBC より，
AE：DC=AB：DB である。
$\overset{\frown}{DC}=\overset{\frown}{AD}$ より，DC=AD=6 cm
AB=10 cm，AD=6 cm，∠ADB=90° なので，
△ABDにおいて，三平方の定理より，
$DB=\sqrt{10^2-6^2}=\sqrt{64}=8$ (cm)
よって，AE：DC=AB：DB　AE：6=10：8
$8AE=60$　$AE=\frac{15}{2}$ (cm)
②△ABE∽△DBC より，
BE：BC=AB：DB なので，まず，BEの長さを求める。
△ABEと△DCEにおいて，
$\overset{\frown}{BC}$に対する円周角なので，∠BAE=∠CDE
対頂角なので，∠AEB=∠DEC
よって，2組の角がそれぞれ等しいので，
△ABE∽△DCE
したがって，AB：DC=AE：DE
$10:6=\frac{15}{2}:DE$　$10DE=45$　$DE=\frac{9}{2}$ (cm)
$BE=DB-DE=8-\frac{9}{2}=\frac{7}{2}$ (cm)
以上より，BE：BC=AB：DB　$\frac{7}{2}:BC=10:8$
$10BC=28$　$BC=\frac{14}{5}$ (cm)

❻ (1)△BFMにおいて，三平方の定理より，
$BM=\sqrt{BF^2+FM^2}=\sqrt{4^2+2^2}=2\sqrt{5}$ (cm)
△ABDが直角二等辺三角形なので，
$BD=\sqrt{2}AB=\sqrt{2}\times4=4\sqrt{2}$ (cm)
△EMNが直角二等辺三角形なので，
$MN=\sqrt{2}EM=\sqrt{2}\times2=2\sqrt{2}$ (cm)
四角形BDNMは，BD∥MN，BM=DN より等脚台形になる。
点MからBDに下ろした垂線とBDとの交点をIとすると，
$BI=\frac{1}{2}(4\sqrt{2}-2\sqrt{2})=\sqrt{2}$ (cm)
△BMIにおいて，三平方の定理より，
$MI=\sqrt{(2\sqrt{5})^2-(\sqrt{2})^2}=\sqrt{18}=3\sqrt{2}$ (cm)
よって，四角形BDNMの面積は，
$\frac{1}{2}\times(4\sqrt{2}+2\sqrt{2})\times3\sqrt{2}=18$ (cm²)

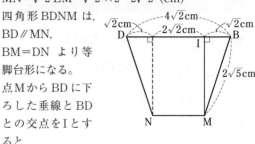

(2)DB，HF，NMの中点をそれぞれJ，K，Lとする。4点A，C，E，Gを通る平面で立方体を切断すると，右の図のようになる。

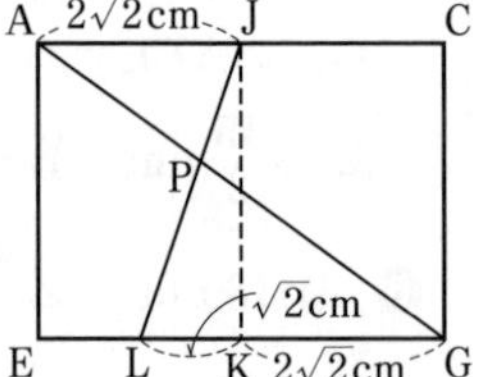

$\mathrm{AJ}=\frac{1}{2}\mathrm{AC}=\frac{1}{2}\times4\sqrt{2}$

$=2\sqrt{2}$ (cm)

$\mathrm{LK}=\frac{1}{2}\mathrm{EK}=\frac{1}{2}\times2\sqrt{2}=\sqrt{2}$ (cm)

$\mathrm{KG}=2\sqrt{2}$ cm

AJ∥LG より，

AP：PG＝AJ：LG

$=2\sqrt{2}:(\sqrt{2}+2\sqrt{2})$

$=2\sqrt{2}:3\sqrt{2}=2:3$

AG は立方体の対角線だから，

$\sqrt{4^2+4^2+4^2}=4\sqrt{3}$ (cm)

よって，$\mathrm{AP}=\frac{2}{2+3}\times\mathrm{AG}=\frac{2}{5}\times4\sqrt{3}=\frac{8\sqrt{3}}{5}$ (cm)

第15日 高校入試 予想問題 (2)〔数学〕

⇒ p.32～p.33

❶ (1) $\boldsymbol{\frac{11x-y}{12}}$ (2) $\boldsymbol{3y(x+2)(x-4)}$

(3) $\boldsymbol{x=-2}$ (4) $\boldsymbol{x=1,\ y=-2}$

❷ (1) $\boldsymbol{4\sqrt{6}}$ (2) **53°**

❸ (1) **A店** (2) **30日**

❹ (1) $\boldsymbol{a=\frac{1}{4}}$ (2) ① $\boldsymbol{D\left(3,\ \frac{9}{4}\right)}$ ② $\boldsymbol{\frac{81}{4}}$

(3) ① **4個** ② $\boldsymbol{\frac{3\sqrt{10}}{2}}$

❺ (1) **4 cm** (2) $\boldsymbol{4\sqrt{3}}$ **cm²** (3) $\boldsymbol{16\pi}$ **cm³**

(4) **8 cm³**

解説

❶ (1) $\frac{2x-y}{3}+\frac{x+y}{4}=\frac{4(2x-y)}{12}+\frac{3(x+y)}{12}$

$=\frac{4(2x-y)+3(x+y)}{12}=\frac{8x-4y+3x+3y}{12}$

$=\frac{11x-y}{12}$

(2) $3x^2y-6xy-24y=3y(x^2-2x-8)$

$=3y(x+2)(x-4)$

(3) 両辺に 12 をかけて分母をはらう。

$\left(\frac{x-2}{4}+\frac{2-5x}{6}\right)\times12=1\times12$

$3(x-2)+2(2-5x)=12$

$3x-6+4-10x=12 \quad -7x=14 \quad x=-2$

(4) $\begin{cases}3x-2y=7 & \cdots\cdots①\\ x+y=-1 & \cdots\cdots②\end{cases}$

①＋②×2 より，

$$\begin{array}{rl} & 3x-2y=7\\ +) & 2x+2y=-2\\ \hline & 5x \quad\ \ =5 \end{array} \qquad x=1$$

これを②に代入して，$y=-2$

❷ (1) $x^2y+xy^2=xy(x+y)$

$xy=(\sqrt{6}+2)(\sqrt{6}-2)=(\sqrt{6})^2-2^2=6-4=2$

$x+y=\sqrt{6}+2+\sqrt{6}-2=2\sqrt{6}$

よって，$2\times2\sqrt{6}=4\sqrt{6}$

(2) AB と CD の交点をEとする。

半円の弧に対する円周角なので，∠ACB＝90°

∠BCD＝∠ACB－∠ACD＝90°－65°＝25°

∠BOD＝2∠BCD＝2×25°＝50°

∠CEO＝∠DOE＋∠ODE＝50°＋28°＝78°

∠ABC＝∠CEO－∠BCD＝78°－25°＝53°

❸ (1) 第 1 四分位数が 250 人未満であるから，A店である。

(2) B店の最小値は 200 人未満であり，第 1 四分位数は 200 人をこえている。

よって，少なくとも 1 日は 200 人未満であるが，それ以外の日は 200 人をこえた可能性がある。したがって，最大で 30 日。

❹ (1) 点Aの座標より，$x=6,\ y=9$ を $y=ax^2$ に代入して，$9=a\times6^2 \quad 36a=9 \quad a=\frac{1}{4}$

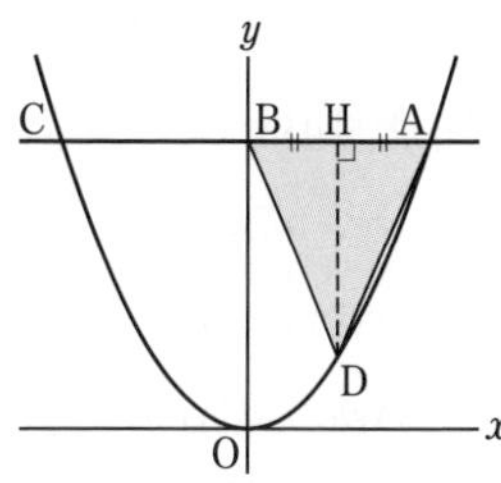

(2) ① AD＝BD となる点Dは，右の図の位置にあり，このとき，△ABD は二等辺三角形となる。よって，頂点D を通り辺 AB に垂直な直線は，辺 AB を 2 等分するので，AB の垂線と AB の交点をHとすると，$\mathrm{BH}=\frac{1}{2}\mathrm{AB}=\frac{1}{2}\times6=3$ である。よって，点Dの x 座標は 3

$x=3$ を $y=\frac{1}{4}x^2$ に代入して，

$y=\frac{1}{4}\times3^2=\frac{1}{4}\times9=\frac{9}{4}$

よって，$\mathrm{D}\left(3,\ \frac{9}{4}\right)$

② DH の長さは，点Aの y 座標と点Dの y 座標の差である。よって，$\mathrm{DH}=9-\frac{9}{4}=\frac{27}{4}$

$\triangle\mathrm{ABD}=\frac{1}{2}\times6\times\frac{27}{4}=\frac{81}{4}$

(3)① △ACP の底辺を AC，△ABD の底辺を AB とみると，△ACP の底辺は △ABD の底辺の 2 倍の長さなので，△ACP の高さが

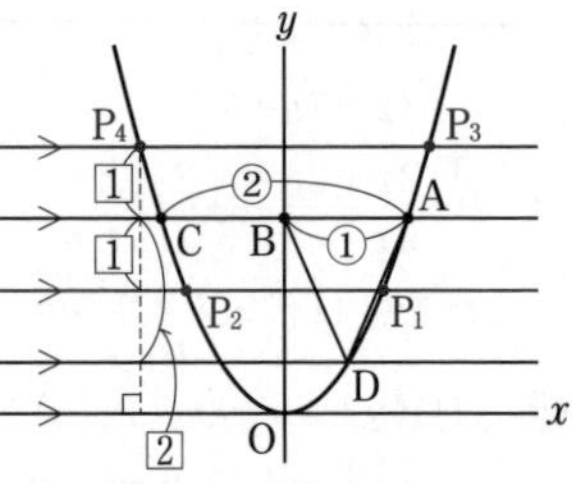

△ABD の高さの $\frac{1}{2}$ になるとき，△ACP＝△ABD となる。このような点Pは，上の図より P_1 ～ P_4 の 4 個ある。

②上の図の P_1 の座標を求める。

$△ACP_1$ の高さは，

$\frac{1}{2}DH=\frac{1}{2}\times\frac{27}{4}=\frac{27}{8}$

よって，P_1 の y 座標は，$9-\frac{27}{8}=\frac{45}{8}$

$y=\frac{45}{8}$ を $y=\frac{1}{4}x^2$ に代入して，$\frac{45}{8}=\frac{1}{4}x^2$

$x^2=\frac{45}{2}$　$x=\pm\sqrt{\frac{45}{2}}=\pm\frac{3\sqrt{5}}{\sqrt{2}}=\pm\frac{3\sqrt{10}}{2}$

$x>0$ より，$x=\frac{3\sqrt{10}}{2}$

5 (1)△DBC は正三角形なので，DB＝BC＝4 cm

また，∠DBC＝60° である。

△ABC は 60° の角をもつ直角三角形なので，

AB＝2BC＝2×4＝8 (cm)

よって，AD＝AB−DB＝8−4＝4 (cm)

(2)AD＝DB＝4 cm より，$△ADC=\frac{1}{2}△ABC$

$AC=\sqrt{3}BC=\sqrt{3}\times4=4\sqrt{3}$ (cm)

よって，$△ADC=\frac{1}{2}\times\frac{1}{2}\times4\times4\sqrt{3}=4\sqrt{3}$ (cm²)

(3)右の図の △AOD において，∠ADO＝180°−120°＝60° なので，この三角形は，内角の大きさが 90°，60°，30° の直角三角形である。

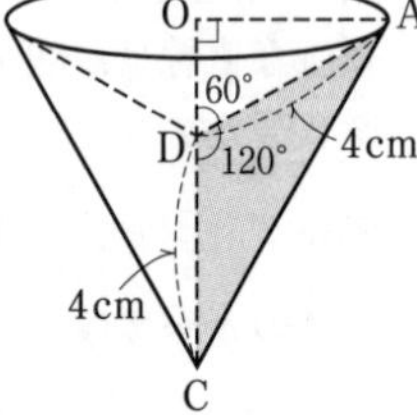

よって，$DO=\frac{1}{2}AD$

$=\frac{1}{2}\times4=2$ (cm)

$AO=\sqrt{3}DO=\sqrt{3}\times2=2\sqrt{3}$ (cm)

よって，求める立体の体積は，

$\frac{1}{3}\times\pi\times(2\sqrt{3})^2\times(4+2)-\frac{1}{3}\times\pi\times(2\sqrt{3})^2\times2$

$=\frac{1}{3}\times\pi\times(2\sqrt{3})^2\times(4+2-2)$

$=\frac{1}{3}\times\pi\times(2\sqrt{3})^2\times4=16\pi$ (cm³)

(4)できる立体は，右の図のようになり，体積が最も大きくなるのは，

△ACD⊥△BCD

となるときである。

点Aを通る直線 CD の垂線と直線 CD との交点をHとする。

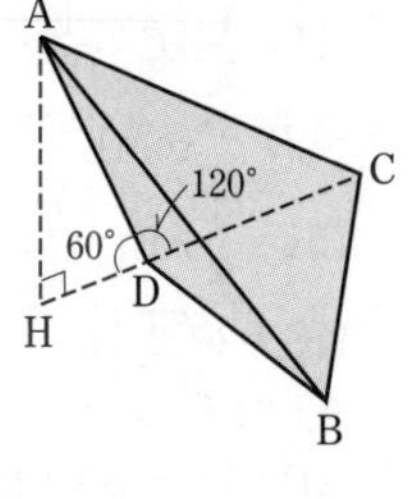

△AHD において，∠ADH＝180°−120°＝60° で，AD＝4 cm なので，

$AH=\frac{\sqrt{3}}{2}AD=\frac{\sqrt{3}}{2}\times4=2\sqrt{3}$ (cm)

これが，三角錐（さんかくすい）ABCD の底面を △BCD とみたときの高さとなる。

よって，求める三角錐 ABCD の体積は，

$\frac{1}{3}\times\frac{1}{2}\times4\times2\sqrt{3}\times2\sqrt{3}=8$ (cm³)

社会 Social Studies

第1日 世界と日本のすがた

⇒ p.34～p.35

1 (1)北アメリカ大陸 (2)ア
(3)①メキシコ ②エ

2 (1)(海洋名)大西洋 (記号)X
(2)c (3)7月7日午前8時 (4)イ
(5)ア，ウ，エ

解説

1 A国は中国，B国はメキシコ，C国はチリ，D国はオーストラリア。

(1)北緯は緯度0度の赤道よりも北側に，西経は経度0度の西側で，経度180度の東側にあたる。これにあてはまるのは北アメリカ大陸のみである。

(2)日本などの北半球の国での小麦の主な収穫時期は5～8月にかけてであるが，C国は南半球に位置しており，日本とは季節が逆になるため，11～2月が収穫時期となる。資料では**ア**と**エ**がこれにあてはまりC国とD国が南半球の国だとわかるが，D国のほうが国土面積が広く，人口密度が低くなるため，**ア**がC国となる。**イ**はA国，**ウ**はB国，**エ**はD国。

(3)①略地図Ⅱを見ると，A国は真西，B国は北東，C国は真東，D国は真南にある。②条件1・2より，東京から10000 km以内にある**オ**と，赤道付近に位置し熱帯に属する**ウ**は条件を満たしていない。また，条件3より，日本より西に位置し，日付変更線を通らない**ア**，**イ**も条件を満たしていない。

2 (1)南北アメリカ大陸とユーラシア大陸・アフリカ大陸の間にある海洋は，大西洋である。Yはインド洋，Zは太平洋である。

(2)地図上で同じ長さの場合，実際の距離は赤道が最も長く，高緯度になるほど短くなる。よって，実際の距離は，赤道上のbが最も長く，最も高緯度に位置するcが最も短くなる。

(3)資料より，標準時子午線におけるブラジリアと東京の経度差は 45＋135＝180〔度〕。経度15度ごとに1時間の時差が生じるため，日本とブラジルの時差は，180÷15＝12〔時間〕。ブラジリアの時刻は東京よりも遅いので，ブラジリアが7月6日午後8時のとき，東京は12時間進んだ7月7日午前8時となる。

(4)Qは日本の北端に位置する択捉島であり，**ア**，**ウ**，**エ**とともに北方領土に含まれる。

(5)**ア**の北海道の道庁所在地は札幌市，**ウ**の岩手県の県庁所在地は盛岡市，**エ**の宮城県の県庁所在地は仙台市である。

第2日 世界のさまざまな地域

⇒ p.36～p.37

1 (1)エ (2)(W)熱帯 (X)例雨季と乾季がある
(3)ウ (4)ア

2 (1)地中海 (2)ユーロ
(3)例ヨーロッパの国々に植民地として支配されていた (4)エ (5)イ
(6)(記号)ア (国名)エジプト

解説

1 (1)環太平洋造山帯には，日本列島，ロッキー山脈，アンデス山脈，ニュージーランドなどが属する。**ア**はアルプス・ヒマラヤ造山帯に属するヒマラヤ山脈，**イ**はスリランカ，**ウ**はグレートディバイディング山脈。

(2)バンコクは熱帯のサバナ気候，シンガポールは熱帯の熱帯雨林気候に属する。1年を通して雨が降る熱帯雨林気候に対して，サバナ気候には，雨季と乾季がある。

(3)中国とB国のインドは，世界有数の米の生産地であるが，中国は国内の人口が多く，自国で消費する量が多いため，米の輸出量は少ない。Zにあてはまる A国はタイである。

(4)C国のサウジアラビアには，イスラム教の聖地メッカがあり，国民の多くがイスラム教を信仰している。また，世界有数の石油輸出国で，**石油輸出国機構**(OPEC)に加盟している。**イ**はB国のインド。国民の多くがヒンドゥー教を信仰している。**ウ**はD国のオーストラリア。鉄鉱石や石炭など鉱産資源が豊富で，牛や羊の放牧が盛ん。**エ**はA国のタイ。国民の多くが仏教を信仰しており，東南アジア諸国連合(ASEAN)に加盟している。

2 A国はフランス，B国はドイツ，C国はアルジェリア，D国はエジプト。

(1)北をヨーロッパ州，南をアフリカ州に囲まれた海を地中海という。

(2)EU加盟国で2002年から共通通貨のユーロが導入されたが，EU加盟国であるデンマークやスウェーデンなどの国は現在も導入を見合わせている。

(3)アフリカ州の国境線は，ヨーロッパの国々によって植民地支配されていた時代に，経線や緯線を利用して人為的に引かれたものが多い。

(4)アフリカ大陸の北部は，1年を通して降水量が少ない乾燥帯に属している。

(5)イスラム教は，聖地のメッカがある西アジアを中心として，北アフリカや東南アジアのインドネシア，マレーシアなどで信仰されている。

(6)**イ**・**エ**には輸出上位国にフランスが入っているため，フランスはあてはまらず，また，**ウ**にはドイツが入っているため，ドイツはあてはまらない。**イ**は輸出上位品目が原油なので，北アフリカの産油国のアルジェリアである。輸出総額が最も多い**エ**は，ヨーロッパ最大の工業国で，輸出額が中国，アメリカに次いで多いドイツである。次いで輸出総額が多く，航空機の輸出総額に占める割合が高い**ウ**はフランスである。残る**ア**がエジプトである。

第3日 地域調査，日本の地域的特色と地域区分

⇒ p.38～p.39

1 (1)①イ ②ア
(2)(名称)リアス海岸 (記号)イ
(3)①(記号)b (都市名)高松(市) ②エ

2 (1)(▲)ア (■)イ (●)ウ
(2)例 中心部の方が周辺部よりも気温が高くなる

3 (1)イ (2)エ

解説

1 (1)Xが接しているのは，福井県，岐阜県，愛知県，三重県，滋賀県，京都府である。このうち，福井県，岐阜県，愛知県は中部地方，三重県，滋賀県，京都府は近畿地方に属する。

(2)**ア**は石川県，**ウ**は鹿児島県，**エ**は静岡県にある。

解き方のコツ 日本のリアス海岸の三陸海岸・志摩半島・宇和海沿岸・若狭湾を覚えておく。

(3)①aは宮崎県，bは香川県，cは富山県，dは長野県の県庁所在地である。②**ア**についてⅠはbの都市(高松市)のグラフである。**イ**についてⅣはcの都市(富山市)のグラフである。**ウ**についてⅡはaの都市(宮崎市)のグラフである。なお，Ⅰは年間の降水量が少なく，冬でも温暖な瀬戸内の気候，Ⅱは夏は高温多雨で冬に乾燥する太平洋側の気候，Ⅲは比較的降水量が少なく冬の気温が低い内陸性気候，Ⅳは冬に降水量の多い日本海側の気候である。

2 (1)▲は内陸部に多く分布していることから，山地に建設されるダムからの水を利用する水力発電。●は九州地方や東北地方に多く分布していることから，火山の熱を利用する地熱発電。残った■は沿岸部や山間部に多く設置され，風の力を利用する風力発電。

重要ポイント 日本の発電

水力発電…山地に建設したダムの水を利用するので内陸部に多く分布している。

火力発電…石油や石炭，天然ガスを燃料とするので，輸送に便利な臨海部に多く分布している。

地熱発電…火山の熱を利用するので，火山の多い地域に集中している。

3 (1)地図の下にあるめもりを使って，市役所からX地点までを測ると3cmとなる。実際の距離は，(地図上の長さ)×(縮尺の分母)で計算されるため，3×25000＝75000〔cm〕＝750〔m〕である。

(2)**ア**は鉄道の線路沿いに学校がある。**イ**は鶏籠山の山頂の標高は218mである。**ウ**は国民宿舎周辺にあるのは果樹園ではなく，広葉樹林である。

第4日 日本の諸地域

⇒ p.40～p.41

1 (1)三角州 (2)ウ
(3)(府県名)兵庫(県) (都市名)神戸(市)
(4)日本アルプス (5)琵琶湖(びわこ) (6)エ (7)ア
(8)例 北西から吹く湿った季節風が，山地をこえると乾いた空気になるから。

2 (1)(河川名)利根川 (平野名)ウ
(2)イ (3)(A)エ (B)ア (C)ウ (D)イ

解説

1 (1)三角州は川が海や湖に注ぐところにできる。水田に利用される場合が多いが，住宅地が広がっているところもある。

(2)8府県は，東京・大阪・名古屋という三大都市を含む都府県のまわりにあることに着目する。**ア**の製造品出荷額の全国上位には愛知県が，**イ**の人口密度の全国上位には東京都，大阪府があてはまることから，これらは誤り。**エ**の第1次産業就業者の割合の全国上位の府県としては，青森県，高知県，宮崎県，岩手県などがあげられ，8府県ともあてはまらない。

(4)飛驒山脈を北アルプス，木曽山脈を中央アルプス，赤石山脈を南アルプスといい，3つを合わせて日本アルプスと呼ぶ。

(5)Dの湖は，滋賀県にある日本最大の湖の琵琶湖であ

る。1970年代に湖岸の開発により，湖水の栄養分が増えすぎてしまう富栄養化が進んだため，滋賀県はリンを含む合成洗剤の使用を禁止する条例を定めた。

(6)Xについて，大阪は「天下の台所」と呼ばれた。「将軍のおひざもと」と呼ばれたのは，江戸である。Yは阪神工業地帯ではなく，中京工業地帯について述べた文である。

(7)**ア**は②の福井県鯖江(さばえ)市，**イ**は①の京都府京都市，**ウ**は④の静岡県富士市，**エ**は③の愛知県瀬戸市について述べた文である。

(8)地図から，たつの市の北西に中国山地が走っていることがわかる。「冬に乾燥」ということから，季節風について山地と関連させながら述べればよい。

2 (1)Xの利根川は流域面積が日本最大の河川。**ア**の富山平野は富山県に広がる平野。**イ**の濃尾平野は岐阜県と愛知県に広がる平野。**エ**の越後平野は新潟県に広がる平野。

(2)**やませ**は，太平洋側から吹く，冷たく湿った夏の風である。やませが吹くと，東北地方は霧や雲が多く発生し，日照時間が短くなるため，冷害がおこることがある。

(3)Aは米と果実の割合が多いことから，山形県。山形県の庄内平野は日本有数の米の産地である。また山形県はさくらんぼの生産が盛ん。Bは果実が多いことから，りんごの生産が盛んな青森県。Cは畜産の割合が最も多いことから，畜産が盛んな岩手県。Dは米の割合が最も多いことから日本有数の米の産地である秋田県。

> **重要ポイント　東北地方の産業**
> **稲作**…秋田平野や庄内平野，仙台平野などで盛ん。
> **果樹栽培**…津軽平野(りんご)，山形盆地(さくらんぼ)，福島盆地(もも)などで盛ん。
> **漁業**…三陸海岸などで盛ん。

第5日　古代までの日本

⇒ p.42～p.43

1 (1)土偶　(2)イ　(3)ウ→ア→イ→エ
2 (1)ウ　(2)平清盛　(3)イ
3 (1)聖徳太子(厩戸皇子(うまやどのおうじ))
(2)①エ　②隋
(3)例天皇が位を譲って上皇となった後も，政治の実権を握るしくみ。

解説

1 (1)土偶は，豊作や家族の繁栄を祈るためなどに使われたとされている。

(2)**イ**の大仙(仁徳陵(にんとくりょう))古墳は，大和政権の時代につくられた。**ア**は鎌倉時代，**ウ**は江戸時代，**エ**は旧石器時代の資料である。

(3)**ア**は大化の改新についての説明で，645年(7世紀中ごろ)におこった。**イ**の聖武天皇の時代は奈良時代(8世紀中ごろ)，**ウ**の聖徳太子の政治は飛鳥時代(6世紀末～7世紀初め)。**エ**の都は平安京のことで，都が移されたのは794年(8世紀後半)である。

> **解き方のコツ**　並べかえの問題では，それぞれのできごとが何時代におこったのかを考えるとよい。

2 (1)大仙(仁徳陵)古墳は，古墳時代の5世紀ごろにつくられた古墳。**ア**は663年の白村江の戦いの前におきたできごと，**イ**は603年，**ウ**は3世紀ごろ，**エ**は645年以降の大化の改新。

(3)聖武天皇が活躍したのは奈良時代である。奈良時代には，国際色豊かな天平文化が栄え，聖武天皇の遺品などが正倉院に納められた。

3 (1)資料Aは，聖徳太子が定めた十七条の憲法。仏教や儒教の考えを取り入れ，「和を大切にすること」，「仏教を信仰すること」などが定められている。

(2)①**エ**の法隆寺は聖徳太子が建てたとされ，現存する世界最古の木造建築として世界文化遺産に登録されている。**ア**は平安時代に平清盛が信仰した厳島神社，**イ**は琉球王国の首里城(写真は2019年焼失前のもの)，**ウ**は室町時代に**足利義満**が建てた**金閣**である。②小野妹子は遣隋使(けんずいし)として，中国の隋に送られた。

(3)下線部cの「新しい政治」とは院政のことである。白河・鳥羽・後白河上皇の3代，約100年間にわたり盛んであった。

第6日　中世の日本

⇒ p.44～p.45

1 (1)(X)禅宗　(Y)一向一揆(いっこういっき)
(2)例死後，極楽浄土に生まれかわることを願う信仰(阿弥陀仏(あみだぶつ)にすがれば，死後，極楽浄土に生まれかわることができるという教え)。
(3)ア
2 (1)元　(2)エ　(3)(永仁の)徳政令
3 (1)勘合貿易　(2)例正式な貿易船と倭寇(わこう)と

を区別するため。 (3)ウ

4 (1)守護 (2)ウ

(3)例有力な農民を中心に寄合(会議)を開いたり，村のおきてを定めるなどして自治を行った。

(4)足利義政

解説

1 (1)(X)禅宗は鎌倉新仏教の1つで，座禅によってさとりを開くものである。**栄西は臨済宗を，道元は曹洞宗**を伝えた。(Y)加賀の一向一揆は1488年に始まり，守護大名を倒した武士や農民たちが，その後，100年近くこの国を支配した。浄土真宗は一向宗とも呼ばれるため，浄土真宗の信者がおこした一揆を一向一揆という。

(2)資料の仏は阿弥陀仏。浄土信仰では，阿弥陀仏にすがり念仏を唱えることで，死後，極楽浄土に生まれかわることができるとする。この信仰にもとづき，平等院鳳凰堂(びょうどういんほうおうどう)や中尊寺金色堂が建てられた。

(3)応仁の乱がおこったのは1467～77年で，室町時代にあたる。**ア**は室町文化(室町時代)，**イ**は桃山文化(安土桃山時代)，**ウ**は鎌倉文化(鎌倉時代)，**エ**は元禄文化(江戸時代)。

2 人物Xはフビライ・ハン。

(2)北条時宗は鎌倉幕府8代執権。執権はもともと将軍を補佐する役職であったが，源頼朝の死後，北条氏が代々執権となり，政治の実権をにぎった。**ア**は室町時代，**イ**は江戸時代の役職。**ウ**は成人した天皇を補佐する役職。

(3)徳政令によって，幕府は御家人の借金を帳消しにしようとしたが，かえって混乱をまねいた。

3 (1)・(2)日明貿易ともいう。正式な貿易船と倭寇を区別するために，勘合という割札が用いられたので勘合貿易と呼ばれた。倭寇とは，朝鮮や中国沿岸に出没した金品などをうばう武装集団。明は室町幕府に倭寇の取り締まりを求め，足利義満はこれにこたえるとともに，正式な国交を開いて貿易を始めた。

(3)足利義満は金閣を京都の北山に建てた。**ア**は平安時代に藤原頼通が京都に建てた。**イ**は平安時代に奥州藤原氏が平泉(岩手県)に建てた。**エ**は室町幕府8代将軍である足利義政が京都の東山に建てた。

4 (1)源頼朝は，1185年に，国内の軍事や警察，御家人の統率を行う守護を国ごとに置いた。また，年貢の取り立てなどを行う地頭を置き，荘園や公領を管理させた。

(2)1206年，チンギス・ハンはモンゴルを統一した。孫のフビライ・ハンは国号を元に改め，のちに日本に2度にわたって攻めてきた。**ア**は紀元前3世紀ごろ，**イ**は1492年，**エ**は1789年のできごと。

(4)Bのカードの慈照寺銀閣は，室町幕府8代将軍足利義政が京都の東山に建てた。

重要ポイント 室町時代の文化

北山文化…3代将軍足利義満のころに栄えた，貴族の文化と武士の文化が融合した文化。義満が京都の北山に金閣を建てた。

東山文化…8代将軍足利義政のころに栄えた，武士を担い手とする簡素で気品のある文化。義政は京都の東山に書院造を取り入れた銀閣を建てた。

第7日 近世の日本

⇒ p.46～p.47

1 (1)千利休 (2)町衆 (3)安土 (4)イ

2 (1)ウ (2)(名称)武家諸法度 (目的)例大名を統制するため。

(3)伊能忠敬 (4)ア (5)蘭学

3 (1)イ (2)徳川吉宗 (3)株仲間 (4)ウ

解説

1 (1)千利休は織田信長，豊臣秀吉に仕えた人物で，茶の湯の作法を整え，茶道として大成させた。

(2)京都の町衆は，自分たちで町の運営を進め，応仁の乱で荒廃した町を復興させるなどした。

(3)「城主の家来だった豊臣秀吉」とあることから，城主は織田信長。織田信長が築いた城は安土城で，近江(滋賀県)にあった。

(4)19世紀初めのころに栄えた文化は化政文化である。江戸を中心にして栄えた町人文化で，浮世絵を描いた歌川広重や葛飾北斎らが活躍した。元禄(げんろく)文化は，17世紀末から18世紀初めに栄えた文化で，京都や大阪など上方を中心に発達した。人形浄瑠璃の近松門左衛門や浮世草子の井原西鶴らが活躍した。

2 (1)1575年，織田信長は武田勝頼と対立し，**長篠の戦い**がおこった。織田信長は鉄砲を有効に使って，武田軍の騎馬隊を破り，1582年に武田氏を滅ぼした。

(2)江戸幕府は，武家諸法度を定めて大名を統制した。参勤交代は，大名が江戸と領地を1年ごとに往復する制度で，3代将軍徳川家光が定めた。

(3)伊能忠敬は，全国の海岸線を測量し，日本で初めて正確な日本地図をつくった。

(5)江戸幕府８代将軍の徳川吉宗が洋書の輸入禁止をゆるめたことから，蘭学が発達した。杉田玄白や前野良沢らがヨーロッパの解剖書を翻訳した『解体新書』を出版したことで，蘭学の発展につながった。

3 (1)狂歌は和歌の形式をかりて，政治や社会，世相を皮肉った文芸。同じころ，川柳も流行したが，これは俳諧の形式をかりたものである。

(2)Ａの享保の改革を行ったのは，江戸幕府８代将軍の徳川吉宗。なお，Ｃの寛政の改革を行ったのは老中の松平定信，天保の改革を行ったのは老中の水野忠邦である。

(3)株仲間は商工業者が結成した同業者団体で，営業の特権が認められるかわりに，幕府や藩に税を納めた。田沼意次は株仲間を結ぶことを奨励し，税収入を増やそうとした。

(4)**ウ**は囲い米のこと。**ア**は上知令のことで天保の改革，**エ**は上げ米の制のことで享保の改革で行われた。**イ**は田沼意次の政策。

第8日 近・現代の日本と世界 (1)

⇒ p.48～p.49

1 (1)自由民権運動　(2)立憲改進党
(3)ドイツ(プロイセン)

2 (1)ウ→イ→ア　(2)イ　(3)イ

3 (1)①ア，ウ
②例満20歳以上の男子に兵役を課す。
③例領事裁判権(治外法権)の撤廃
(2)①エ→イ→ウ→ア　②イ
(3)ウ，エ

解説

1 (1)人物Ａは板垣退助で，1874年に**民撰議院設立の建白書**を提出するとともに，郷里の土佐(高知県)に立志社をつくり，自由民権運動を進めた。

(2)人物Ｂは大隈重信。現在の早稲田大学を創設した。

(3)人物Ｃは伊藤博文で，君主権の強いドイツ(プロイセン)の憲法を参考に憲法草案を作成した。

2 (1)**ア**は1858～59年に行われた安政の大獄，**イ**は1854年，**ウ**は1842年のできごと。

(2)下関条約は，日清戦争の講和条約として結ばれた。この条約で，日本は遼東半島，台湾，澎湖諸島を清から譲り受けた。遼東半島はのちにロシアがドイツ・フランスとともに，清に返還するように求め，日本はこれに応じた。これを三国干渉という。

3 (1)①神奈川と長崎は，日米修好通商条約の締結(1858年)によって開かれた。②富国強兵の一環として，近代的で強力な軍隊をつくることを目的とした。③不平等条約改正の内容としては，領事裁判権の撤廃のほか関税自主権の回復があげられ，これは1911年までに達成された。

(2)①**エ**の民撰議院設立の建白書は1874年に提出された。**イ**の西南戦争は，西郷隆盛を中心に，鹿児島の士族が，1877年におこした。**ウ**の政府による国会開設の約束は1881年になされ，**ア**の内閣制度は1885年に創設された。②**イ**の八幡製鉄所は，日清戦争の賠償金の一部などをもとにしてつくられ，1901年から操業を開始した。**ア**と**エ**は1872年，**ウ**は1871年。

(3)**ア**は辛亥革命直後の1912年のできごと。**イ**は1875年におこった江華島事件。その翌年，日本は朝鮮に不利な日朝修好条規を結ばせ，朝鮮を開国させた。**ウ**は日清戦争の講和条約である下関条約を締結した直後，1895年におこった。**エ**は日露戦争前の1902年のできごと。

第9日 近・現代の日本と世界 (2)

⇒ p.50～p.51

1 (1)ウ　(2)エ
(3)例政府が地主の土地を買い上げ，小作人に安く売りわたした。
(4)ウ→エ→ア→イ

2 (1)サンフランシスコ
(2)(景気)好景気
(労働者の生活)例賃金の上昇が物価の上昇に追いつかず，労働者の生活は苦しかった。
(3)ア　(4)イ→エ→ウ→ア　(5)ア

解説

1 (1)ソ連は，「五か年計画」を立て，1928年から独自の経済政策を行っていたため，世界恐慌の影響を受けることなく，経済成長を進めた。

(2)**二・二六事件**は，陸軍の青年将校が当時の大臣などを殺害して，東京の中心部を占拠したできごと。この事件はすぐに鎮圧されたが，この事件の後，軍部の政治への発言力が強まった。

(3)連合国軍最高司令官総司令部(GHQ)の戦後改革の中で，農村では農地改革が行われた。この改革では，政府が地主のもつ小作地を強制的に買い上げて，小作人に安く売りわたした。これにより，多くの小作農が自作農となった。

重要ポイント **戦後改革**
財閥解体…経済を独占してきた財閥を解体した。
農地改革…政府が地主のもつ小作地を強制的に買い上げて，小作人に安く売りわたした。
日本国憲法の制定…国民が主権をもつようになった。
教育基本法の制定…義務教育を9年と定めた。
普通選挙法の改正…満20歳以上のすべての男女に選挙権が与えられた。

2 (1)サンフランシスコ平和条約により，日本は独立を回復し，同時に日米安全保障条約も締結した。
(2)図Ⅰでは，輸出額が輸入額を上回っていることがわかる。輸出の方が多いと，日本に入ってくるお金が多くなるため，好景気となる。図Ⅱでは，賃金の上昇率よりも物価の上昇率の方が高くなっていることがわかる。物価の上昇率の方が高いと，物を買う場合，今までよりも負担が大きくなるため，労働者の生活は苦しくなる。
(3)治安維持法は，共産主義や労働運動などを取り締まるために制定された。
(4)**ア**は1937年。**イ**は第一次世界大戦中の1915年に出したもので，日本は中国に対し，山東半島のドイツ権益を日本が引きつぐことなどを要求した。**ウ**は1931年に始まり，翌年，日本は満州国を建国した。**エ**は，1919年に始まった民族運動で，「二十一か条の要求」反対運動から発展した。
(5)**ア**は1980年代後半～1990年代初め，**イ**は1965年，**ウ**は高度経済成長期の1968年，**エ**は1956年。

第10日 基本的人権と日本国憲法

⇒ p.52～p.53

1 (1)イ (2)イ (3)ウ
(4)例 核兵器を「もたず，つくらず，もちこませず」という内容の非核三原則。
2 (1)(a)大日本帝国 (b)基本的人権
(c)間接(代表) (2)①イ ②ア

解説

1 (1)日本国憲法を改正するには，国会の発議に加えて，国民の承認が必要である。この承認には国民投票において，過半数の賛成を必要とする。
(2)**ア**は教育を受ける権利で社会権，**イ**は職業選択の自由で，自由権のうちの経済活動の自由，**ウ**は平等権，**エ**は団結権で社会権にあてはまる。
(3)新しい人権の1つであるプライバシーの権利とは，個人情報をみだりに公開されない権利という意味と，自己に関する情報を自分で管理する権利という意味がある。知る権利とは，国や地方公共団体などがもっている情報を公開するよう求める権利。
(4)非核三原則は，1960年代に当時の佐藤栄作内閣によって初めて表明された。
2 (1)a 大日本帝国憲法は明治憲法ともいう。国民主権を三原則の1つとする日本国憲法とは異なり，主権は天皇にあった。b 基本的人権は，日本国憲法では侵すことのできない永久の権利として，すべての国民に与えられている。c 間接民主制に対して，国民のすべてが直接，政治に参加する制度を直接民主制という。日本国憲法では，憲法改正の国民投票や最高裁判所裁判官に対する国民審査などに，この制度が取り入れられている。
(2)①独立宣言はアメリカ独立戦争のときに出された宣言。②**ア**は自由権のうちの身体の自由に属する。**ウ**は社会権，**エ**は平等権。

第11日 政治のしくみ

⇒ p.54～p.55

1 (1)①ア ②イ ③ア
(2)総辞職
(3)ア (4)エ
(5)例 少数の意見を尊重すること。
2 (1)例 法律などが憲法に違反していないかどうかを最終的に判断する権限をもっているため。
(2)エ
(3)(X)控訴 (Y)上告
(4)裁判員制度
3 (1)ウ (2)比例代表制 (3)イ

解説

1 (1)①③衆議院は参議院よりも任期が短く，解散もあるため，国民の意見を反映させやすいことから，参議院に対する優越が認められている。②**両院協議会**は，衆議院と参議院の意見が一致しない場合に，意見調整のために開かれる会議。**公聴会**は，特に重要な事項を決定する際，学識経験者などから意見を聞くために開かれる会である。
(2)衆議院議員の総選挙後，初めて国会の召集があった場合にも，内閣は総辞職する。
(3)イの国政調査権により調査することができるのは両議院で，国会ではなく国政に関する調査を行う。**ウ**は野党ではなく与党。野党は政権を担当していない政党である。**エ**は司法権ではなく行政権。司法権は裁判所が担当している。
(4)ア～ウは国会の仕事。条例とは，法律の範囲内で地方議会が定めるきまりである。

2 **(1)**法律などが憲法に違反していないかどうかを判断する権利を**違憲立法審査権**(法令審査権，違憲審査権)という。下級裁判所もこの権限をもつが，最終的には最高裁判所が決定する。
(2)検察官と被告人がいるので，刑事裁判である。刑事裁判では，裁判官は証拠を調べ，被告人と検察官の言い分を聞くなどした後，刑法などの法律を適用して有罪・無罪を決定する。**ア～ウ**は民事裁判。
(3)三審制は，裁判を慎重に行うことによって裁判の誤りを防ぎ，人権を守るためのしくみである。
(4)裁判員制度は，殺人など重大な刑事事件の第一審で導入されている。

3 **(1)ア**，**イ**，**エ**の被選挙権は満25歳から与えられる。
(2)衆議院議員選挙は，小選挙区制と比例代表制を組み合わせた小選挙区比例代表並立制で行われている。
(3)地方議会の首長・議員の解職を求める場合も，有権者の3分の1以上の署名が必要。

第12日 国民生活と経済

⇒ p.56～p.57

1 **(1)発券** **(2)①ウ** **②ア**
③例国民の生活に大きな影響を与えるため。

2 **(1)①利潤(利益)** **②株主総会** **(2)多国籍** **(3)イ**

3 **(1)①政府** **②公衆衛生**
(2)例間接税の1つであり，税を負担する人と納める人が異なる。所得にかかわらず税率は同じである。

解説

1 **(1)**日本銀行が発行する紙幣を日本銀行券という。
(2)①供給量とは売り手がある商品を売る量，需要量とは買い手がその商品を買う量のこと。(X)図を見ると，P円では，供給曲線が需要曲線の右にあり，供給量が需要量を上回っている。(Y)価格が下がると，その商品を欲しいと思う人は増えるので需要量は増加する。(Z)独占価格とは，生産を独占している企業によって，一方的に決定される価格のこと。②独占禁止法では，市場の独占や不公正な取引を制限・禁止している。③電気やガスなど日常生活に欠かせないサービスにかかる公共料金については，値上げした場合，国民生活に大きな影響を与えるため，国や地方公共団体が監督する必要がある。

2 **(1)**①企業は，利潤(利益)を得ることを目的とする私企業と，利潤を目的としない公企業に分類される。株式会社は，私企業の1つである。②株主総会は，株式会社の最高議決機関で，出資者である株主によって組織される。株主総会では，経営方針や配当の決定，役員の選出などを行う。
(2)海外の国々に現地籍をもつ企業を多国籍企業という。多国籍企業は近年増加している。
(3)労働基本権(労働三権)は団結権・団体交渉権・団体行動権(争議権)の3つ。**ア**は自分の生き方について自分で決定するという，新しい人権の1つである。**ウ**は公務員の行為によって受けた損害について賠償を求める，請求権の1つである。**エ**は国や地方公共団体に要望を伝える権利である。

> **重要ポイント　労働基本権(労働三権)**
> **団結権**…労働者が団結して労働組合をつくる権利。
> **団体交渉権**…労働組合が労働条件の改善を求めて，賃金や労働時間などを雇い主と交渉する権利。
> **団体行動権(争議権)**…ストライキなどを行う権利。

3 **(1)**①経済主体は，家計・企業・政府の3つ。②公衆衛生は，国民の健康維持や増進を目的とする。
(2)消費税は間接税である。

第13日 現代の国際社会

⇒ p.58～p.59

1 **(1)イ** **(2)①ア**
②例常任理事国のうち，1か国でも反対すると否決されるしくみ。

2 **(1)(A)ア** **(B)ウ** **(C)イ**
(2)例環境を保全し，現在と将来の世代の必要をともに満たすように開発すること。

(3)例二酸化炭素の**排出量**を削減し，地球**温暖化**を防止する効果。

3 (1)エ (2)ユーロ (3)南北 (4)NIES
(5)例**年少人口**の割合が高く，**老年人口**の割合が低い。 (6)イ

解説

1 (1)**ア**は東南アジア諸国連合，**イ**はNAFTAを見直し，結ばれた米国・メキシコ・カナダ協定，**ウ**は国連教育科学文化機関，**エ**は世界貿易機関の略称である。

(2)②安全保障理事会の**常任理事国**は，アメリカ合衆国，イギリス，フランス，ロシア，中国の5か国からなる。

2 (1)Aの地球温暖化の原因物質は，石油・石炭といった化石燃料の大量消費などにより発生する二酸化炭素などの温室効果ガス。Bの酸性雨の原因物質は，自動車の排気ガスや工場の排煙に含まれる硫黄酸化物や窒素酸化物。Cのオゾン層の破壊の原因物質は，冷蔵庫の冷媒やスプレーなどのフロンガス。

(2)「持続可能な開発」は，1992年にブラジルのリオデジャネイロで開催された**国連環境開発会議**(地球サミット)における基本理念とされた。

(3)鉄道やバスなどの公共交通機関は，自家用車に比べて二酸化炭素の排出量が少ないため，地球温暖化防止につながる。

3 (1)**ア**は内閣が制定。**イ**は国会の議決で，**ウ**は地方議会の議決で制定。

(2)EUに加盟する27か国中，スウェーデンなどをのぞき19か国が導入している(2021年8月現在)。

(3)先進工業国は北半球に多く，発展途上国は南半球に多いことから，南北問題と呼ばれる。

(4)新興工業経済地域のこと。

(5)経済の発展とともに，人口ピラミッドの形は，富士山型からつりがね型，つぼ型に変化する。

(6)**ア**の略称はUNCTADで，南北問題を解決するために設立された国連の補助機関。**ウ**の略称はAPEC。**エ**は1972年にスウェーデンのストックホルムで開催された，国連主催による環境についての初の国際会議。

第14日 高校入試 予想問題 (1)〔社会〕

⇒ p.60～p.62

❶ (1)(a)3 (b)太平洋
(2)(記号)エ (時差)15時間 (3)①ア ③エ
(4)(記号)C (宗教)ヒンドゥー教
(5)ASEAN(東南アジア諸国連合)

❷ (1)ウ (2)防人 (3)エ→イ→ウ→ア (4)イ
(5)イ

❸ (1)①ウ ②(衆議院)25 (参議院)30
(2)①(Ⅰ)オ (Ⅱ)イ ②例国会・内閣・裁判所の間に相互に**抑制**関係をつくり，国家**権力**の濫用を防ぐため。
(3)①公的扶助 ②例少子高齢化が進み，**保険料**を納める**働く世代**が減少する一方，年金を受ける**高齢者**が増えており，社会保険の収支バランスが悪くなっている。
(4)①エ ②ア

解説

❶ (1)地球の表面上の陸と海の割合はおよそ3：7となる。3つの大洋(海洋)は，面積が広い順に太平洋，大西洋，インド洋である。

(2)地図には30度ごとに経線が引かれていることから，ニューオーリンズの経度は西経90度。東経135度を標準時としている日本との経度差は，90＋135＝225で225度となる。経度差15度ごとに1時間の時差が生じることから，225÷15＝15で15時間の時差があることがわかる。

(3)①は温帯の西岸海洋性気候に属するパリ，②は冷帯に属するモスクワ，③は熱帯に属するバンコク，④は温帯の温暖湿潤気候に属する東京である。温帯の西岸海洋性気候に属する①は，偏西風の影響で降水量が1年を通して比較的少ないことから，月降水量の差が最も少ない**ア**があてはまる。熱帯に属する③は雨季と乾季があるため，月降水量の差が大きい。また，1年を通して気温が高いことから，月平均気温の差が最も少ない**エ**があてはまる。

(4)ヒンドゥー教はインドを中心に信仰されている宗教で，インドのおよそ8割の人が信仰している。ヒンドゥー教の教えとして，一般的に牛肉は食べない。

❷ (1)資料1の**埴輪**(はにわ)は，古墳の周りや頂上に並べられた素焼きの土製の人形で，家や馬，人の形をしたものが出土している。資料2は，埼玉県**稲荷山古墳**(いなりやま)から出土した鉄剣で，「ワカタケル大王」の名が刻まれている。

(2)奈良時代，律令のきまりに基づいて，人々には税や兵役が課されていた。防人は，九州北部の警備を3年間行う兵役である。このころに編纂(へんさん)された和歌集『万葉集』には，天皇や貴族だけでなく，農民や防人の歌も収められている。

重要ポイント　奈良時代の人々の負担

租	稲の収穫の約3％を納める
調	地方の特産物を都に納める
庸	労役のかわりに布を納める
出挙	稲を借りて利息つきで返す
雑徭	1年に60日以内の労役
防人	九州北部を3年間警備

(3)アは1560年の桶狭間(おけはざま)の戦いで安土桃山時代のできごと。**イ**は1167年で平安時代後期のできごと。**ウ**は1232年で鎌倉時代のできごと。**エ**は935～940年で平安時代中期のできごと。

(4)元軍と戦い，費用を負担した御家人に対し，元寇(げんこう)後，鎌倉幕府は十分な土地を御家人たちに与えることはできなかった。そのため，御家人たちの幕府に対する不満が高まった。

(5)Y 菱垣廻船(ひがきかいせん)や樽(たる)廻船は，大阪から大消費地の江戸へ定期的に木綿や菜種油，酒などの品々を輸送したので，誤りである。

重要ポイント　江戸時代の文化

元禄(げんろく)文化…17世紀後半から18世紀初めにかけて栄えた，上方(大阪・京都)の町人を担い手とする文化。井原西鶴や近松門左衛門，松尾芭蕉(まつおばしょう)，菱川師宣(ひしかわもろのぶ)などが活躍した。

化政文化…18世紀末から19世紀初めにかけて栄えた，江戸の町人を担い手とする文化。川柳や狂歌が流行し，葛飾北斎や歌川広重などによる浮世絵も人気を集めた。

❸ (1)①自由権は，精神活動の自由，生命・身体の自由，経済活動の自由に分けることができ，居住・移転の自由は，経済活動の自由に含まれる。

(2)②三権分立は，フランスの思想家**モンテスキュー**が著書『法の精神』で説いた考え。

弱点チェック　三権分立のしくみについては，それぞれの機関の役割と合わせておさえておこう。

(3)①公的扶助は，生活に困っている人に対して，最低限度の生活を保障し，自立を助けるしくみである。生活保護法に基づいて，生活費や住宅費などが支給される。

(4)①1948年に**エ**の**世界人権宣言**が採択されたが，効力はなく，この宣言を具体化するために1966年に人権保障を義務付ける**ウ**の**国際人権規約**が採択された。**ア**は1989年，**イ**は1965年に採択された。

②**イ**は国連平和維持活動，**ウ**は世界保健機関，**エ**は政府開発援助の略称。

第15日　高校入試　予想問題(2)〔社会〕

⇒p.63～p.65

❶ (1)エ　(2)イ　(3)ア　(4)二期作
(5)例 自然環境の保全と観光の両立

❷ (1)富岡製糸場　(2)ア
(3)例 賠償金が得られなかった
(4)孫文　(5)エ　(6)エ

❸ (1)①普通選挙　②例 東京都第5区は，長崎県第3区と比べて，一票の価値は約半分である。
(2)①ウ　②エ
(3)(a)ア　(b)イ　(c)エ　(4)イ

解説

❶ (1)アは山形県，**イ**は長野県，**ウ**は滋賀県，**エ**は沖縄県。第3次産業は，ものの生産に直接かかわらない運輸業や金融業，情報通信業，観光業などのことである。沖縄県は豊かな自然を生かした観光業が盛んである。

(2)瀬戸内工業地域は，倉敷市の水島や周南市などに石油化学コンビナートが建設されており，全国の中でも化学工業が盛んである。

(3)イの能登半島は石川県，**ウ**の房総半島は千葉県，**エ**の三浦半島は神奈川県にある。渥美(あつみ)半島では温暖な気候を生かして，ビニールハウスを利用した電照ぎくの栽培が盛んである。電照ぎくの栽培は，照明を当てて開花時期をずらす抑制栽培が行われる。

(4)同じ耕地で同じ作物を1年に2回収穫することを**二期作**という。高知平野では，現在ピーマンなどの促成栽培が盛んである。

弱点チェック　二期作と二毛作，促成栽培と抑制栽培の違いをおさえておこう。

(5)エコツーリズムとは，地域の自然環境を体験しながら学び，その地域の自然環境の保全に責任をもつ観光のことである。

❷ (1)富岡製糸場は，2014年に世界文化遺産に登録された。

(2)アの大日本帝国憲法は，1889年に発布され，天皇が国の元首として統治することなどが定められた。**イ**は日中戦争中の1938年，**ウ**は明治時代末の1911年，**エ**は江戸時代末の1858年のできごとである。

(3)日露戦争では，戦争による被害や国民の負担が日清戦争に比べてはるかに大きかったにもかかわらず，賠償金が得られなかったことから，東京の日比谷などで暴動をともなう民衆運動がおこった。

(5)国際連盟の設立を提唱したのは，アメリカ大統領のウィルソンである。しかし，議会の反対でアメリカは国際連盟に加入することができなかった。また，国際連盟の常任理事国は，イギリス・フランス・イタリア・日本である。

(6) a は1967年，b は1945年，c は1925年のできごとである。

❸ (1)①一定の年齢以上のすべての国民に選挙権が与えられるしくみを普通選挙という。2016年7月の参議院選挙から，選挙権が与えられる年齢が満20歳以上から満18歳以上に引き下げられた。②各選挙区で議員1人あたりの有権者数が異なるため，一票の価値に差が生じる，**一票の格差**が問題となっている。

> **重要ポイント** 選挙制度の4つの原則
>
> **普通選挙**…一定の年齢以上のすべての国民に選挙権が与えられる。
>
> **平等選挙**…1人が1票を投票する。
>
> **直接選挙**…選挙権をもつ人が直接代表を選出する。
>
> **秘密選挙**…どの政党や候補者に投票したのかがわからないように無記名で投票する。

(2)①天皇は政治を行う権限はもたず，内閣の助言と承認により国事行為のみを行う。**ウ**の最高裁判所長官の指名は内閣が行い，天皇はその指名に基づき，任命を行う。②日本国憲法を改正する際には，ほかの法律よりも慎重な手続きが定められている。各議院の総議員の3分の2以上の賛成により国会で憲法の改正が発議されると，国民投票が行われ，有効投票数の過半数の賛成によって憲法の改正が成立する。

(4)政府の経済活動を財政という。財政の収入は，家計や企業から得る税金で，これをもとに，私企業では提供できないような道路や水道などの社会資本や社会保障などの公共サービスを提供する。

理科 Science

第1日 光・音・力

⇒ p.66〜p.67

1 (1) a −60　b −全反射　(2)ア

2 (1)屈折　(2)イ

(3)(右図)

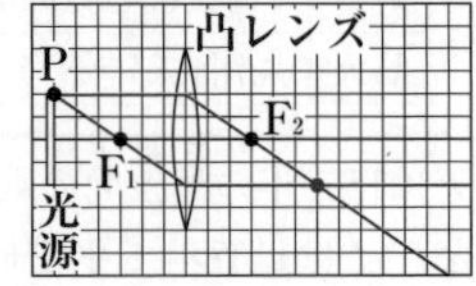

(4)①ア　②イ

3 (1)①エ　②ア

(2)弦が細くなると音が高くなり，音を低くするためには，PQ 間を長くすればよいから，a の向きに動かせばよい。

4 (1)**おもりの下面にはたらく水圧のほうが，上面にはたらく水圧より大きいから。**

(2)0.9 N　(3)エ

解説

1 (1)入射角は水面に垂直な線と入射光のなす角なので，90°−30°＝60° と求めることができる。反射角＝入射角である。

(2)ガラスを通った光は右の図のように屈折して点Pに達するため，ガラスを通さずに見た部分とずれて見える。

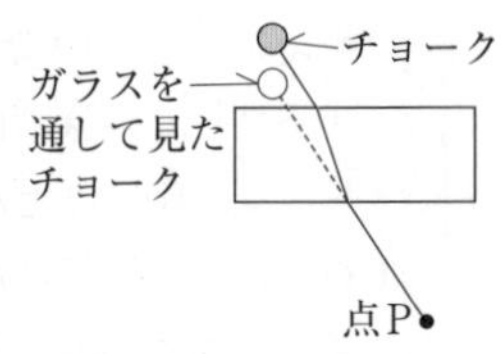

2 (2)上下左右が逆向きの像ができる。この問題は，凸レンズ側から見ていることに注意して考える。

(3)F_1 を通った光は凸レンズを通過すると光軸に対して平行に進む。光軸に対して平行に進んだ光が凸レンズを通過すると F_2 を通る。

(4)とりかえた凸レンズの焦点を F_1'，F_2' として，下の図のように考えるとよい。

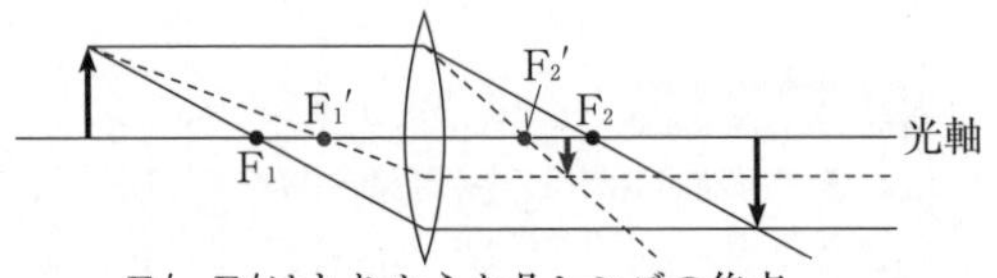

F_1'，F_2' はとりかえた凸レンズの焦点

3 (1)強くはじくと**振幅**が大きくなる。弦を短くすると**振動数**が多くなる。

(2)弦を細くすると振動数が多く，音が高くなるので，振動数を少なくするには弦のはじく部分を長くする。

4 (1)水中にある物体には水圧がはたらき，深さが深いほど水圧は大きい。

(2)ばねは，240÷8.0＝30〔g〕で 1.0 cm のびるから，おもりが水中にあるときに加わった浮力は，

$240-30\times5.0=90$〔g〕

(3)おもりには，おもりを引くばねの力，おもりが水から受ける浮力，地球がおもりを引く重力が加わっている。

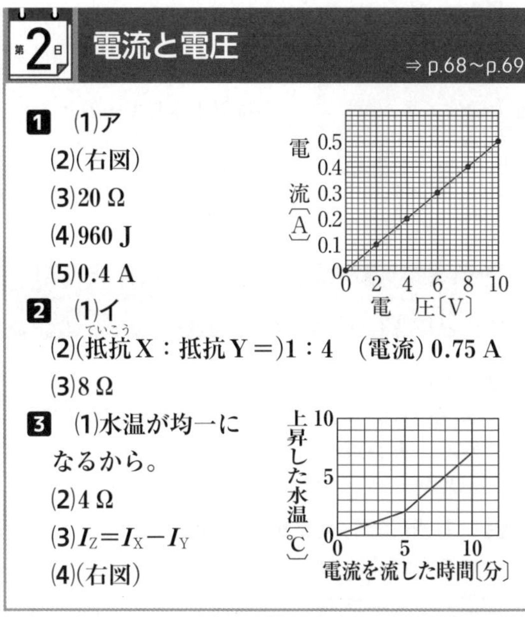

第2日 電流と電圧

⇒ p.68〜p.69

1 (1)ア
(2)(右図)
(3)20 Ω
(4)960 J
(5)0.4 A

2 (1)イ
(2)(抵抗X：抵抗Y＝)1：4　(電流) 0.75 A
(3)8 Ω

3 (1)水温が均一になるから。
(2)4 Ω
(3)$I_Z=I_X-I_Y$
(4)(右図)

解説

1 (1)電圧計は測定する部分に対して並列につなぐ。

(3)表より，$\dfrac{10.0\ \text{V}}{0.5\ \text{A}}=20\ \Omega$

(4)8.0 V の電圧を加えると 0.4 A の電流が流れるから，5分間に消費された電力量は，
$8.0\ \text{V}\times0.4\ \text{A}\times5\times60\ \text{s}=960\ \text{J}$

(5)2個の電熱線を並列に接続したときの全体の抵抗を R とすると，$\dfrac{1}{R}=\dfrac{1}{20}+\dfrac{1}{20}=\dfrac{1}{10}$
よって，全体の抵抗 R は 10 Ω である。回路に流れる電流は，$\dfrac{4.0\ \text{V}}{10\ \Omega}=0.4\ \text{A}$

> **重要ポイント**　オームの法則
> $V\,[\text{V}]=I\,[\text{A}]\times R\,[\Omega]$
> $I\,[\text{A}]=\dfrac{V\,[\text{V}]}{R\,[\Omega]}$，　$R\,[\Omega]=\dfrac{V\,[\text{V}]}{I\,[\text{A}]}$

2 (1)電源装置の記号は長いほうが＋極である。電流計の－端子は 500 mA のものが使われているので，目盛り板の下側の数値を読みとる。

(2)抵抗X，抵抗Yの電気抵抗の大きさから，流れる電流の大きさの比は，
抵抗X：抵抗Y＝$\dfrac{1}{40}:\dfrac{1}{10}=1:4$
抵抗Xを流れる電流の大きさが 150 mA＝0.15 A だから，抵抗Yを流れる電流は，$0.15\times4=0.60$〔A〕
よって，点Zを流れる電流は，$0.15+0.60=0.75$〔A〕

(3)電源装置の電圧は，$0.15\times40=6$〔V〕
全体の電気抵抗の大きさは，$\dfrac{6}{0.75}=8$〔Ω〕

3 (2)6 V÷1.5 A＝4 Ω

(3)電熱線1と電熱線2が並列つなぎとなり，流れる電流の和が，I_X で表される。

(4)図2より，電熱線1のみに5分間電流を流すと，3℃上昇する。5分〜10分の間で上昇している5℃のうち，3℃は電熱線1による上昇なので，電熱線2は，5分間で2℃だけ上昇させることができる。

第3日 電流のはたらき

⇒ p.70〜p.71

1 (1)ア　(2)ウ

2 (1)エ
(2)U字形磁石のN極とS極を逆にする。
(3)(電気抵抗の大きさ)小さくする。
(理由)大きい電流が流れるから。

3 (1)ア
(2)〔解答例〕コイルの巻き数を多くする。棒磁石をはやく動かす。など

4 (1)陰極線(電子線)　(2)イ

解説

1 (1)コイルのXの部分には，下から上へ電流が流れ，電流の進行方向に対して右回りに**磁界**ができる。

(2)導線のまわりに，同心円状の磁界ができる。

2 (1)電圧計の＋端子は，はかりたい部分に並列に，電源の＋極側につなぐ。

(2)磁石の磁界の向きを逆にすればよい。

(3)電気抵抗を小さくすれば，流れる電流が大きくなり，磁界から受ける力も大きくなる。

3 (1)**誘導電流**の流れる向きは，磁石の同じ極が近づくときと遠ざかるときとでは反対向きになる。また，近づけたり遠ざけたりする磁石の極を変えても反対向きになる。

(2)コイルの巻き数を多くしたり，磁石をはやく動かしたりすると，磁界の変化が大きくなり，誘導電流も大きくなる。

4 (1)真空にした放電管に蛍光板を入れ，高い電圧をかけると電流の道筋にそって明るい線が見られる。この線を陰極線(電子線)という。

(2)陰極線の正体は，－の電気をもつ電子の流れである。よって，電極Qを電源装置の－極につなぐと，陰極線は図2のように上のほうに曲がる。

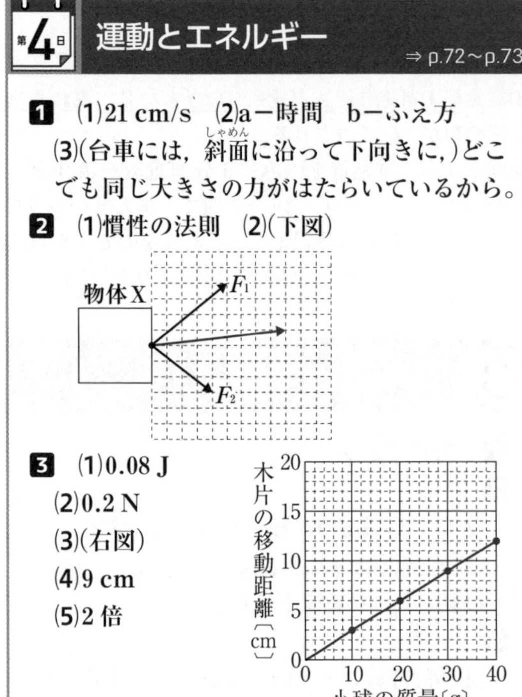

第4日 運動とエネルギー

⇒ p.72～p.73

1 **(1)21 cm/s (2)a－時間 b－ふえ方**
(3)(台車には，斜面(しゃめん)に沿って下向きに，)どこでも同じ大きさの力がはたらいているから。

2 **(1)慣性の法則 (2)(下図)**

3 **(1)0.08 J**
(2)0.2 N
(3)(右図)
(4)9 cm
(5)2 倍

解説

1 (1)6 打点するのにかかる時間は，

$\frac{1}{60}\times6=0.1$〔s〕

P点からQ点までの平均の速さは，

$\frac{1.2+2.1+3.0\ \text{cm}}{0.1\ \text{s}\times3}=21\ \text{cm/s}$

(2)6 打点ごとに切ったテープの長さは，台車の 0.1 秒間の速さを表している。

(3)台車にはたらく斜面に沿って下向きの力は，重力の斜面方向の分力であり，この力は斜面上のどこでも一定の大きさである。

2 (2)F_1 と F_2 を 2 辺とする平行四辺形の対角線が，F_1 と F_2 の合力を表す。

3 (1)0.4 N×0.2 m＝0.08 J

(2)右図のように角度 30° の斜面を三角形 ABC の斜辺(しゃへん)と考えると，小球にはたらく重力と斜面に沿う力がつくる三角形 QPO は三角形 ABC と相似である。BC：AC＝1：2＝PO：QO

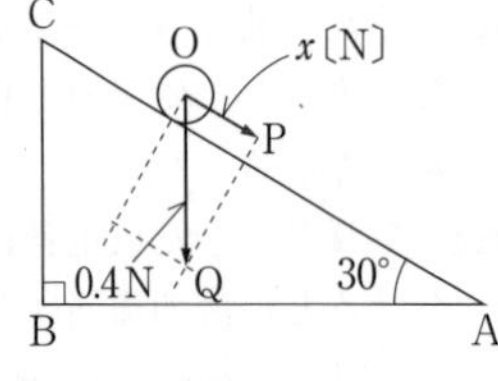

だから，$0.4\times\frac{1}{2}=0.2$〔N〕 よって，0.2 N に等しい力で押し上げればよい。

(4)位置エネルギーは，質量と高さにそれぞれ比例する。10 g の小球を高さ 15 cm からはなしたとき，木片が 3 cm 動くことから，

$3\times\frac{25}{10}\times\frac{18}{15}=9$〔cm〕

(5)力学的エネルギーの $\frac{1}{3}$ が**位置エネルギー**のとき，残りの $\frac{2}{3}$ は**運動エネルギー**である。

第5日 身のまわりの物質

⇒ p.74～p.75

1 **(1)密度 (2)エ**
(3)〔解答例〕においを調べる。皮膚(ひふ)につけてみる。火を近づける。など
(4)蒸留

2 **(1)〔解答例〕電気をよく通す。たたくとうすく広がる。など**
(2)アルミニウム
(3)(体積) 7.0 cm³ (密度) 8.2 g/cm³

3 **(1)①飽和水溶液(ほうわすいようえき) ②65°C (2)ウ**
(3)水温が変化しても，100 g の水に溶(と)ける質量(溶解度(ようかいど))がほとんど変化しない。

解説

1 (1)10 cm³ のエタノールの質量は，混合物の質量－水の質量で求めることができ，17.9－10.0＝7.9〔g〕である。

(2)水も少量蒸発し，いっしょに出てくる。

(3)火を近づける場合は，脱脂綿(だっしめん)などに少量しみこませて調べるようにする。

2 (1)磁石につくのは，鉄など一部の金属だけであることに注意する。

(2)A は 8 cm³ で 21.6 g だから，図 1 より，4 cm³ でおよそ 10.8 g のアルミニウムと考えられる。

(3)液面のへこんだところの目盛りを読みとると 57.0 cm³ だから，Bの体積は，57.0－50.0＝7.0〔cm³〕表より，Bの質量は 57.5 g だから，密度は，

$\frac{57.5\ \text{g}}{7.0\ \text{cm}^3}=8.21\cdots$より，8.2 g/cm³

3 (1)②グラフの曲線は，100 g の水に溶ける物質の限度量を表す。ミョウバン 80 g が水にすべて溶け

る温度は，グラフより，およそ65°Cと読みとれる。

(2)10°Cでは，食塩が最も多く水に溶けることができる。よって，硝酸(しょうさん)カリウムとミョウバンのビーカーでは**結晶**(けっしょう)が得られ，食塩のビーカーでは結晶が出ないという条件に合う質量を考える。10°Cでは硝酸カリウムはおよそ22g，ミョウバンはおよそ8g，食塩はおよそ36g溶けることから，36gより少なく，22gより多いものを選ぶ。

解き方のコツ　溶解度
水温の変化とともに，溶解度が大きく変化する物質は，冷却(れいきゃく)することによって結晶を得やすい。

第6日　化学変化と原子・分子

⇒ p.76～p.77

1 (1)①青　②赤(桃(もも))
(2)①二酸化炭素　②H，C，O(順不同)
(3)ウ

2 (1)Fe+S ⟶ FeS
(2)(試験管C)エ　(試験管D)ア
(3)〔解答例〕磁石につくか調べる。電流が流れるか調べる。みがくと光沢(こうたく)が出るか調べる。など

3 (1)石灰水(せっかいすい)の逆流を防ぐため。
(2)①イ　②イ
(3)①H_2　②Cu　③H_2O(②，③は順不同)

4 (1)(マグネシウム：酸素＝)3：2　(2)0.53g

解説

1 (1)透明(とうめい)の液体は水である。**塩化コバルト紙**は，乾(かわ)いているときは青色。

(2)炭酸水素ナトリウムが熱分解し，3つの物質に分かれる実験である。物質Bは炭酸ナトリウムであり，水に溶(と)かすと水溶液(すいようえき)は強いアルカリ性の性質を示す。
①石灰水が白く濁(にご)るので，二酸化炭素が発生したとわかる。
②水はH_2O，二酸化炭素はCO_2である。すなわち，H，C，Oの原子よりできている。

(3)Cを含(ふく)むものは炭酸水素ナトリウムだけである。

弱点チェック　指示薬
▶**BTB液**…酸性で黄色，中性で緑色，アルカリ性で青色を示す。
▶**フェノールフタレイン液**…アルカリ性の水溶液で赤色を示す。
▶**塩化コバルト紙**…水にふれると青から赤(桃)に変化する。

2 (1)鉄原子と硫黄(いおう)原子が1：1の割合で結びつき，硫化鉄(りゅうかてつ)ができる。

(2)硫化鉄にうすい塩酸を加えると，刺激臭(しげきしゅう)のある硫化(りゅうか)水素(すいそ)が発生する。一方，試験管Dでは鉄とうすい塩酸が反応し，水素が発生する。

(3)硫化鉄には鉄の性質がないので，磁石につかず，金属に共通の性質ももたない。

3 (1)ガラス管を石灰水からとり出さずに火を消すと，試験管内の圧力が下がり，石灰水が**逆流**して危険である。

(2)酸化物から酸素をとり去る化学変化を還元(かんげん)という。

(3)矢印の右側と左側で，原子の種類と数が変わらないようにする。

4 (1)マグネシウム1.20gを加熱すると2.00gの酸化マグネシウムができているので，このとき結びついた酸素の量は，2.00−1.20=0.80〔g〕
よって，マグネシウムと酸素の質量の比は，
1.20：0.80=3：2

(2)結びついた酸素の質量を求めると，
3.15−2.10=1.05〔g〕
そこで，(1)の比より，酸素と結びついたマグネシウムの質量を求めると，$1.05\times\frac{3}{2}=1.575$〔g〕
これより，反応しなかったマグネシウムの質量は，
2.10−1.575=0.525〔g〕　四捨五入して，0.53g

第7日　化学変化とイオン

⇒ p.78～p.79

1 (1)化合物　(2)イ
(3)$CuCl_2$ ⟶ Cu+Cl_2　(4)エ

2 (1)a−7　b−ア
(2)a−H_2SO_4 ⟶ $2H^+ + SO_4^{2-}$
b−$BaSO_4$

3 (1)A−Zn^{2+}　B−Cu^{2+}
(2)亜鉛板(あえんばん)−表面がぼろぼろになる。
銅板−銅が付着する。
(3)銅板　(4)Q　(5)①化学　②電気　③運動

解説

1 (1)1種類の元素からなる物質を単体という。

(2)+極側に発生する気体は塩素である。塩素は，塩化物イオン(Cl^-)により生じる。

(3)塩化銅 ⟶ 銅+塩素

(4)塩素は，プールの消毒剤のようなにおいである。

2 (1)a pHの値が7のとき，水溶液は中性である。
b 水酸化ナトリウム水溶液に塩酸を加えることにより，$H^+ + OH^- \longrightarrow H_2O$ の反応が起こっている。加えたうすい塩酸の体積が10 cm^3 になるまでの間は，水溶液中の OH^- のほうが多く，H^+ は残らない。水溶液が中性になった後は，うすい塩酸を加えた分だけ H^+ の量がふえる。

(2)b $Ba(OH)_2 + H_2SO_4 \longrightarrow BaSO_4 + 2H_2O$

> **✔弱点チェック** 水溶液中で酸性を示すものは水素イオン H^+，アルカリ性を示すものは水酸化物イオン OH^- である。

3 (1)(2)ダニエル電池では，銅原子より陽イオンになりやすい亜鉛原子が**電子**を失って**亜鉛イオン**になるので，亜鉛板の表面はぼろぼろになる。また，水溶液中の**銅イオン**が銅板の表面で電子を受けとって銅原子になるので，あらたな銅が銅板に付着する。

(3)(4)亜鉛原子が失った電子は，導線の中を通って銅板へ移動し，亜鉛板が－極，銅板が＋極となる。電流の流れは電子の流れとは逆のQの方向である。

第8日 身のまわりの生物と分類

⇒ p.80〜p.81

1 (1)子房 (2)e－c f－d (3)①イ ②エ

2 (1)ウ (2)A，C，D(順不同)

3 (1)エ (2)シダ (3)むき出しになっている
(4)イ，エ
(5)記号－ア，イ 特徴－花弁が分かれている。

4 (1)背骨があるかないか。
(2)b －両生類，イモリ・カエル
e －ホ乳類，ウサギ・ネコ (3)ウ

解説

1 (2)eは雌花のりん片の**胚珠**，fは雄花のりん片の花粉のうである。

(3)イネ，トウモロコシ，ユリなどの単子葉類は，葉脈は平行に通り，根はひげ根である。

> **✔弱点チェック** 受粉が行われると，胚珠は種子，子房は果実になる。

2 (1)A，Dは種子で，B，Cは**胞子**でふえる。Dのマツは胚珠がむき出しである(裸子植物)。花が咲くのは種子でふえるA，Dである。

(2)Cについては，地上に出ている部分は葉で，茎は地下にある(地下茎)。

3 (1)イヌワラビなどの**シダ植物**には，根・茎・葉の区別があるが，コケ植物にはない。

(3)**裸子植物**は**子房**がないので**果実**ができない。**被子植物**は，胚珠が子房の中にあり，受粉後，果実ができる。

4 (1)Aは背骨をもたない**無セキツイ動物**，Bは背骨をもつ**セキツイ動物**のなかまである。無セキツイ動物は，節足動物や軟体動物，その他の動物に分類される。

(2)aは魚類，cはハ虫類，dは鳥類である。

(3)ハ虫類や鳥類の卵は，卵が陸上の乾燥にたえられるように殻でおおわれている。魚類や両生類は，水中に卵を産むので殻がない。

重要ポイント 動物の分類(成体)

種類	コイ	イモリ	ヤモリ	ニワトリ	ネコ
種類	魚類	両生類	ハ虫類	鳥類	ホ乳類
特徴	卵生(水中)		卵生(陸)		胎生
特徴	えら呼吸	肺呼吸 皮膚呼吸	肺呼吸		

第9日 生物のからだのつくり

⇒ p.82〜p.83

1 (1)ウ (2)X－イ Y－オ
(3)(名称)アミラーゼ (記号)エ

2 (1)赤血球 (2) 9 cm^3 (3)イ (4)肝臓 (5)k

3 (1)対照実験 (2)オ (3)CO_2
(4)光が十分にあたるところでは，光合成によって吸収される二酸化炭素のほうが，呼吸によって出される二酸化炭素より多いから。

解説

1 (1)**ベネジクト液**を反応させるためには，加熱する必要がある。

(2)ヨウ素液はデンプンを検出する。ベネジクト液はブドウ糖やブドウ糖がいくつかつながったもの(麦芽糖など)を検出する。

(3)唾液には**アミラーゼ**が含まれ，デンプンにはたらく。消化酵素はそれぞれ1種類の決まった物質にしかはたらかない。

2 (1)赤血球に含まれるヘモグロビンが酸素を運ぶ。

(2)ヘモグロビンと結びついた酸素のうち，

$95-50=45$〔%〕

の酸素が他の全身の細胞にわたされたので，

$20\times\frac{45}{100}=9$〔cm^3〕

(3)小腸を通った血液は肝臓に送られ，心臓にもどる。
(4)アンモニアは肝臓で無害な**尿素**(にょうそ)につくり変えられる。
(5)尿素などの不要な物質は腎臓(じんぞう)でこしとられ，尿になって体外へ排出される。

3 (1)調べたい条件だけを変えて，それ以外の条件はすべて同じにして行う実験を**対照実験**という。
(2)袋(ふくろ)C，Dは，ホウレンソウの有無だけが異なっていて他の条件は同じなので，石灰水が白く濁(にご)ったか濁らなかったかという結果のちがいは，ホウレンソウの有無によるものであったことがわかる。
(4)**光合成**は，二酸化炭素と水を材料にして，デンプンをつくるはたらきである。また，**呼吸**は，栄養分と酸素を材料にして，活動のエネルギーを得るはたらきである。光が十分にあたっているところでは，呼吸のはたらきより光合成のはたらきのほうが大きい。よって，ホウレンソウが吸収する二酸化炭素のほうが，空気中に放出する二酸化炭素より多いので，袋の中の二酸化炭素が減っていく。

重要ポイント 光合成のしくみ

水＋二酸化炭素 $\xrightarrow[\text{(葉緑体)}]{\text{光}}$ デンプン＋酸素

第10日 生命の連続性，自然と人間

⇒ p.84～p.85

1 (1)顕性(けんせい)(の)形質 (2)ア (3)エ (4)オ
2 (1)ウ→エ→ア→イ (2)胚(はい) (3)A，B
3 (1)相同器官 (2)A－鳥 B－ハ虫 (3)始祖鳥(シソチョウ)
4 (1)エ (2)イ (3)d，e，g
(4)呼吸によって酸素が移動し，光合成によって二酸化炭素が移動する。

解説

1 (1)子に現れないほうの形質を潜性(せんせい)(の)形質という。
(2)丸形としわ形の純系のエンドウの遺伝子の組み合わせは，それぞれAAとaaなので，**減数分裂**(げんすうぶんれつ)でできる生殖細胞(せいしょくさいぼう)の遺伝子は，それぞれAとaになる。
(3)遺伝のしかたは右の図のようになる。
全体の数が1068個であるから，丸形の種子は，

$1068\times\frac{3}{4}=801$〔個〕

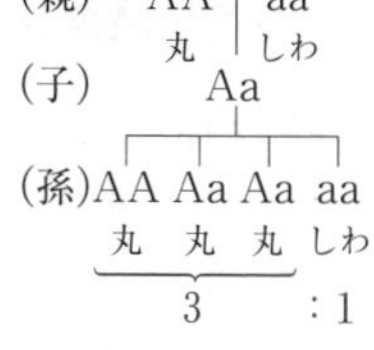

(4)孫の4通りの遺伝子の組み合わせについて，それぞれにできるひ孫の種子を考えると，AAからは丸形，aaからはしわ形しかできない。Aaからできるひ孫の種子は，それぞれ丸形：しわ形$=\frac{3}{4}:\frac{1}{4}$となる。
よって，ひ孫の種子では，

丸形：しわ形$=\left(1+\frac{3}{4}+\frac{3}{4}\right):\left(1+\frac{1}{4}+\frac{1}{4}\right)=5:3$

2 (2)受精卵は，胚の時期を経て，成体へと育っていく。この過程を，**発生**という。
(3)生殖細胞をつくるときに行われ，1組の染色体が2つに分かれて，別々の細胞に入っていく細胞分裂(さいぼうぶんれつ)のしかたを，減数分裂という。

3 (1)相同器官は，同じ基本的なつくりをもつ過去のセキツイ動物から進化したことを示す証拠と考えられている。
(2)ハ虫類のあるものが進化して始祖鳥のような中間的な性質をもつ生物になり，それから鳥類が進化したと考えられている。

4 矢印がBからAに向かっているので，Bが**生産者**，Aが**消費者**である。
(1)生産者は光合成を行う植物である。
(2)植物はふえた草食動物に食べられて減るが，草食動物の数が安定すればもとの状態にもどっていく。
(3)バッタのからだに含まれる炭素は，まず分解者にとり入れられ(g)，分解されて大気中の二酸化炭素となる(d)。その後，生産者である植物が光合成により二酸化炭素をとり入れる(e)。
(4)植物は呼吸と光合成を行うので，矢印eは酸素と二酸化炭素の両方の移動を表すことに注意する。

重要ポイント 食物連鎖(しょくもつれんさ)

(太陽エネルギー)→(緑色植物)→(草食動物)→(小型肉食動物)→(大型肉食動物)

生物どうしのつながりは，緑色植物が太陽エネルギーをとりこむことから始まる。

第11日 大地の変化

⇒ p.86～p.87

1 (1)主要動 (2)活断層
(3)①120 km ②16時22分53秒
(4)7.5秒
2 (1)図3 (2)チョウ石 (3)石灰岩(せっかいがん) (4)ウ
(5)イ→ア→ウ
3 (1)ウ (2)(標高)50 (岩石)エ

解説

1 (1)P波による**初期微動**に続いて，S波が届くと**主要動**が始まる。

(3)①図1で，初期微動継続時間は15秒である。よって，図2より，観測地点Aの震源からの距離は120 kmであることがわかる。

②観測地点AにP波が届いて初期微動が始まったのは，図2より，地震発生から20秒後とわかる。

(4)図2より，震源から30 kmの地点にP波が届くのは地震発生から5秒後で，その5秒後に震源から60 kmの地点で**緊急地震速報**が受信された。また，図2より，震源から60 kmの地点にS波が届くのは地震発生から17.5秒後である。

よって，17.5−(5+5)=7.5〔s〕

解き方のコツ 地震発生後，震源からの距離が60 kmの地点にS波が届くまでの時間から，30 kmの地点にP波が届くまでの時間と緊急地震速報を受信するまでの時間(5秒)を引いて求める。

2 (1)地下深くでゆっくり冷え固まることにより，鉱物が大きな結晶をつくることができる。

(2)無色鉱物のチョウ石は，どの火成岩にも含まれる。

(3)石灰岩は，生物の死がいなどが堆積し，固まった岩石で主成分は炭酸カルシウムである。

(4)反対方向に引く大きな力がはたらくことで，ずり落ちるように地層が上下にずれたものである。

(5)堆積岩Cの層よりあとに火山灰層Aが堆積し，全体が断層でずれたと読みとれる。

3 (1)アンモナイトとティラノサウルスの化石は中生代の**示準化石**。ナウマンゾウの化石は新生代，サンヨウチュウとフズリナの化石は古生代の示準化石である。

(2)C地点の標高は65 m，境界面の地表からの深さは15 mだから，65−15=50〔m〕

また，B地点とD地点で地表から下の境界面の標高が一致することから，地層は南北方向に傾いていないとわかる。よって，C地点の地表からの深さが5 mより下の柱状図が，E地点の柱状図となる。

第12日 天気とその変化

⇒ p.88〜p.89

1 (1)ア (2)①膨張 ②低く

2 (1)2.7 g/cm^3 (2)810 Pa

3 (1)ア (2)①(風向)南東 (風力)3

②(記号)イ (理由)気温が急に下がったから。風向が南寄りから北寄りに変わったから。

4 (1)オホーツク海気団と小笠原気団の勢力がほぼ等しく，停滞前線が長い間とどまるため，長雨が続く。

(2)(天気図)ウ

(理由)太平洋高気圧が発達しているから。

解説

1 (1)高気圧の中心付近では下降気流が起こり，晴れることが多い。

(2)ピストンを引くとフラスコ内の空気は膨張する。

2 (1)立方体が床を押す力をx〔N〕とすると，

$\frac{x}{0.03\times0.03}=810$ $x=0.729$〔N〕

よって，密度は，72.9 g÷(3×3×3) cm^3=2.7 g/cm^3

(2)立方体と直方体は，密度も高さも等しいので，1 m^{2}あたりに垂直にはたらく力の大きさは等しい。

重要ポイント 圧力の求め方

$$圧力〔Pa〕=\frac{面に垂直にはたらく力〔N〕}{力がはたらく面積〔m^2〕}$$

3 (1)A側の寒冷前線は，寒気が暖気の下にもぐりこんで暖気を押し上げる。B側は温暖前線で，暖気が寒気の上にはい上がる。

(2)②寒冷前線が通過すると，気温が急に下がる，風向が南寄りから北寄りに変わる，などの変化が起こる。図2から，これらの変化が見られる時間帯は10時〜11時である。

4 (1)寒冷で湿ったオホーツク海気団と温暖で湿った小笠原気団がぶつかり合うところには上昇気流が生じるため，2つの気団の間に帯状の停滞前線ができる。オホーツク海気団と小笠原気団の勢力がほぼ等しいため，この前線は同じ位置にとどまることが多く，長雨になりやすい。

(2)太平洋高気圧が発達し，南からはり出してきた小笠原気団におおわれた日本は，高温多湿で風が弱くなり，日本の夏の特徴的な天気となる。

第13日 地球と宇宙

⇒ p.90〜p.91

1 (1)(右図) (2)①オ ②イ (3)ウ (4)エ

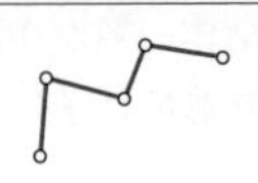

2 (1)ウ (2)D (3)エ

3 (1)X－光　Y－(非常に)遠い　(2)ウ
(3)(大きさ)大きくなる　(形)エ
(4)D　(5)約9か月後

解説

1 (1)カシオペヤ座はMの形またはWの形に見える。
(2)地球は1日1回，西から東へ**自転**している。このため，星は東から西へ動いているように見える。
(3)同じ時刻に観測すると，星座は1年間で**北極星**のまわりを1周するので，1か月に30度ずつ反時計まわりに移動する。カシオペヤ座がdの付近にあったのは3か月前である。
(4)恒星(こうせい)の表面温度は，赤→黄→白→青白の順に高くなる。赤は約3000°C，青白は約11000～15000°Cである。太陽の表面温度は約6000°Cである。

> **重要ポイント　星の動き**
> 星は1時間で15°，1か月で30°動いて見える。

2 (1)春分の日の太陽は，真東から出て南の空を通り，真西に沈(しず)む。
(2)地軸(ちじく)の傾(かたむ)きにより，北極側が太陽に近くなっているAが夏至(げし)の日の地球の位置である。
(3)北緯(ほくい)35°の地点では，90°－35°＝55°

3 (1)金星や月が太陽の光を反射してかがやくのに対して，恒星は自ら光や熱を出してかがやいている。
(2)日周運動により，どちらも西の空では右下の方向に沈んでいく。
(3)5月20日にかけて地球と金星との距離(きょり)は近くなるので，見かけの大きさは大きくなり，欠け方が大きくなる。
(4)図2で，1月20日の地球の位置において，午後6時(日没後(にちぼつご))に西の空に見えるのは，星座Dである。
(5)図2より，地球から見て星座Cが太陽と同じ方向になるのは，5月20日の約6か月後(11月下旬(げじゅん))であることがわかる。また，星座Bが真夜中に南中するのは，地球が1月20日と3月20日の中間の位置にあるときで，2月下旬頃(ごろ)と考えられる。よって，この日から約9か月後に星座Cが太陽と同じ方向に見える。

第14日　高校入試 予想問題(1)〔理科〕

⇒ p.92～p.94

❶ (1)20 N　(2)60 J　(3)12 N　(4)仕事の原理
❷ (1)気孔(きこう)
(2)①二酸化炭素の割合(濃度(のうど))
②葉のはたらき(タンポポの葉)
(3)(袋(ふくろ)A)ウ　(袋B)イ　(4)胞子(ほうし)
❸ (1)水上置換法
(2)はじめに出てくる気体には，三角フラスコの中にあった空気が多く含(ふく)まれているから。
(3)二酸化炭素
❹ (1)示準化石　(2)泥(どろ)
(3)ウ　(4)d，c，f，e
❺ (1)$2Mg + O_2 \longrightarrow 2MgO$
(2)4回目　(3)(マグネシウム：酸素＝)3：2
❻ (1)冬　(2)シベリア気団　(3)ウ　(4)ア

解説

❶ (1)100gの物体にはたらく重力の大きさが1Nなので，2 kg＝2000 gより，20 N
(2)20 N×3 m＝60 J
(3)物体を斜面(しゃめん)にそって高さ3 mまで引き上げるときの仕事の大きさも(1)と同じ60 Jなので，5 m引き上げるときの引く力は，
60 J÷5 m＝12 N
(4)斜面やてこ，滑車(かっしゃ)などの道具を使って仕事をしても，道具を使わないときと仕事の大きさは変わらない。これを仕事の原理という。

❷ (2)タンポポの葉を入れなければ，二酸化炭素の割合が変化しないということを確かめる。このような実験を**対照実験**という。
(3)袋Aでも呼吸により二酸化炭素が出されているが，光合成のほうが盛(さか)んであったため，二酸化炭素が吸収されて二酸化炭素の割合が減少した。
(4)コケ植物は種子をつくらず，胞子によってふえる。

❸ (1)水と気体を置きかえて集める方法である。
(2)純粋(じゅんすい)な気体を集めるために，はじめに出てくる空気を含(ふく)んだ気体を捨てる。
(3)二酸化炭素は**石灰水(せっかいすい)**を白く濁(にご)らせる。

❹ (2)粒(つぶ)の小さいものほど，海岸から遠くまで運ばれて堆積(たいせき)する。
(3)d，c，bの順に堆積し，粒の大きさが大きいものからしだいに小さいものに変わっているので，海の深さがしだいに深くなっていったと考えられる。
(4)aとg，bとhはそれぞれ同じ層と考えられる。よって，地層は下から順に，d→c→b(h)→a(g)→f→eの順に堆積した。

❺ (1)マグネシウム原子2個と酸素分子1個から酸化マグネシウム2個ができる反応である。化学反応式を書くときは，左辺と右辺の原子の数と種類が同じになるように注意する。

(2)加熱後の物質(酸化マグネシウム)の質量は，4回目までは増加しているが，4回目からは増加していない。よって，4回目で完全に酸化したと考えられる。

(3)4回目で，1.44 gのマグネシウムと結びついた酸素は，2.40−1.44=0.96〔g〕であることがわかる。よって，マグネシウムの質量と結びつく酸素の質量の比は，1.44：0.96=3：2 となる。

❻ (3)陸は海に比べて，あたたまりやすく冷えやすい性質がある。そのため，冬になると大陸の温度は海洋の温度よりも低くなり，冷たい大気のかたまりができる。冷たい空気は重いので，大陸上は気圧が高くなる。

(4)気象現象が起こるのは，地表からおよそ10 kmの範囲(はんい)の大気の中である。球の表面からの厚さを x cmとすると，球の半径は6.4 cmだから，

x：10=6.4：6400

x =0.01〔cm〕

第15日 高校入試 予想問題(2)〔理科〕

⇒ p.95～p.97

❶ (1)中枢神経(ちゅうすうしんけい) (2)D，B，E (3)ウ

❷ (1)25 Ω (2)9.8 V (3)80 mA (4)イ

❸ (1)ウ

(2)1つ1つの細胞(さいぼう)が離(はな)れやすくなるから。

(3)ア

❹ (1)イ (2)C (3)ア

❺ (1)エ (2)イ (3)ウ

❻ (1)亜鉛(あえん) (2)銅イオンが少なくなったから。

(3)Mg，Zn，Cu

解説

❶ (2)熱いなべに手をふれて思わず手を引っ込(こ)める反応は反射である。反射では，感覚器官からせきずいに伝えられた刺激(しげき)は，脳へ伝えられるのと同時に，運動神経を通して運動器官に伝えられる。脳に刺激が届く前に反応することができるので，緊急(きんきゅう)を要する場合に都合がよい。

❷ (1)$\dfrac{2.0\ \mathrm{V}}{0.08\ \mathrm{A}}=25\ \Omega$

(2)回路に流れる電流は，$\dfrac{7.0\ \mathrm{V}}{25\ \Omega}=0.28\ \mathrm{A}$ だから，
電熱線bに加わる電圧は，

$35\ \Omega\times0.28\ \mathrm{A}=9.8\ \mathrm{V}$

(3)電熱線bを流れる電流は，

$\dfrac{1.4\ \mathrm{V}}{35\ \Omega}=0.04\ \mathrm{A}=40\ \mathrm{mA}$

よって，P点を流れる電流は，120−40=80〔mA〕

(4)消費する電力が大きいのは，図1では加わる電圧が大きい電熱線b，図2では流れる電流が大きい電熱線cである。図1の電熱線bの消費電力は，

$35\ \Omega\times0.18\ \mathrm{A}\times0.18\ \mathrm{A}=1.134\ \mathrm{W}$

図2の回路全体の抵抗(ていこう)は，(3)より，

$\dfrac{1.4\ \mathrm{V}}{0.12\ \mathrm{A}}=\dfrac{35}{3}\ \Omega$

であるから，電熱線cの両端(りょうたん)に加わる電圧は，

$\dfrac{35}{3}\ \Omega\times0.18\ \mathrm{A}=2.1\ \mathrm{V}$

電熱線cに流れる電流は，$0.18-\dfrac{2.1\ \mathrm{V}}{35\ \Omega}=0.12\ \mathrm{A}$

よって，図2の電熱線cの消費電力は，

$2.1\ \mathrm{V}\times0.12\ \mathrm{A}=0.252\ \mathrm{W}$

❸ (1)根の先端(せんたん)に近い部分で盛(さか)んに**細胞分裂(さいぼうぶんれつ)**が起こるため，その部分の間隔(かんかく)が長くなる。

(3)細胞分裂の途中(とちゅう)で染色体(せんしょくたい)はそれぞれ2本に分かれるので，一時的に数が2倍になる。分かれた染色体がそれぞれ別の核(かく)を形成し，2つの細胞になることで，染色体数はもとにもどる。

❹ (1)A点でおもりにはたらく力は，糸がおもりを引く力と重力の2つである。

(2)C点では位置エネルギーが0で，運動エネルギーが最大になる。

(3)位置エネルギーと運動エネルギーは互(たが)いに移り変わる。A点とE点では位置エネルギーが最大で運動エネルギーは0になる。

❺ (1)地球は地軸(ちじく)の北極側を図の右のほうに傾(かたむ)けたまま公転している。

(2)図3のような半月が南の空に見えるのは夜明け頃(ごろ)である。図1より，地球が日本の夏至(げし)の位置にあるとき，夜明けに南中する星座はうお座である。

(3)真夜中にふたご座が南中するのは，地球が図1の日本の冬至(とうじ)の位置にあるときである。また，午前6時に南中するのは地球が日本の秋分の位置にあるときである。

❻ (1)Xでは，亜鉛(あえん)はマグネシウムよりイオンになりにくいので，亜鉛がマグネシウム板に付着する。

(3)Y，Zでは，銅はマグネシウムや亜鉛よりもイオンになりにくいので，銅がマグネシウム板，亜鉛板に付着する。

英語 English

第1日 リスニング(1)

⇒ p.98～p.99

1 (1)ア (2)エ (3)ウ
2 (1)イ (2)ウ
3 (1)2(週間) (2)(美しい)海
(3)母の旅行のための最もよい(場所)
4 (1)old (2)baseball (3)eleven
(4)country
5 (1)(They are studying about) Life in the sea near Tokyo.
(2)(He wants to keep fishing) For thirty more years.
6 (1)longer (2)free (3)remember

解 説

1 (2)「顕微鏡」
(3)「看護師」

解き方のコツ 絵のある問題は，音声が始まる前に，絵の中でちがっているところに印をつける。
(1)・イヌの数のちがい → two dogs
・帽子をかぶっているか，かぶっていないか。
→ wearing a cap

〈スクリプト〉 

(1)There are two dogs and a person wearing a cap in front of a house.
(2)This is a thing which you usually use in science classes. It's useful when you look at very small things.
(3)This job is my dream. When I was small, I wanted to be a police officer or a fire fighter, but now I want to work at a hospital and take care of sick people.

〈全訳〉
(1)家の前にイヌが2匹と帽子をかぶった人がいます。
(2)これはあなたたちがふつう，理科の授業で使うものです。とても小さいものを見るときに役に立ちます。
(3)この仕事は私の夢です。私は小さいときに警察官か消防士になりたかったのですが，今は病院で働いて，病気の人々の世話をしたいです。

2 (1)ミカがI lived there for three years. と言っている。
(2)ミカがI talked with people from different countries, and that made my life in London exciting. と言っている。

重要ポイント
選択肢があるときは，**選択肢から，問われる内容を予想**する。
(1)選択肢は「数」なので，「数」が出てきたら，必ずメモをとる。
・I lived there for three years.
・I went there with my family when I was nine.
・We came back to Japan two years ago.
→ リスニングテストはふつう，2回放送されるので，質問のlive inから，2度目に聞くときには，threeが正しいか，確認しながら聞く。

〈スクリプト〉 

Tom: Your English is good, Mika.
Mika: Thanks, Tom. I lived in London.
Tom: Really?
Mika: I lived there for three years. I went there with my family when I was nine. We came back to Japan two years ago.
Tom: Did you enjoy living in London?
Mika: Yes. At first, I couldn't speak English well. But people there tried to understand my English. So, I studied English hard.
Tom: That's good.
Mika: Also, I talked with people from different countries, and that made my life in London exciting. I still send e-mails to them.
Tom: I think you had a good experience.

Questions :
(1)How many years did Mika live in London?
(2)What made Mika's life in London exciting?

〈全訳〉
トム：きみの英語は上手だね，ミカ。
ミカ：ありがとう，トム。私はロンドンに住んでいたの。
トム：ほんとうに？
ミカ：私はそこに3年間住んでいたのよ。9歳のときに家族と一緒にそこに行ったの。私たちは2年前に日本に戻ってきたの。
トム：きみはロンドンに住むのを楽しんだかい？
ミカ：ええ。最初は，うまく英語が話せなかったの。でもそこの人々は私の英語を理解しようとしてくれたわ。だから，私は英語を一生けん命勉強したの。
トム：それはいいね。
ミカ：それと，私はいろいろな国から来た人たちと話して，そのことが私のロンドンでの生活をわくわくするものにしてくれたの。私は今でも彼らにEメールを送るのよ。
トム：きみはいい経験をしたと思うよ。
質問：
(1)ミカはロンドンに何年住んでいましたか。

(2)何がミカのロンドンでの生活をわくわくするものにしてくれましたか。

3 (1)カズオの How long is she going to stay here? という問いに対して，リンダが For two weeks. と言っている。

(2)カズオが The sea is beautiful there. と言っている。

(3)リンダが I want to find the best place for my mother's trip. と言っている。

〈スクリプト〉 ♪3

Kazuo: Hi, Linda. What are you reading?
Linda: A letter from my mother and father. My mother will come to Japan and visit me next summer.
Kazuo: That's nice. How long is she going to stay here?
Linda: For two weeks.
Kazuo: What does she want to do in Japan?
Linda: She wants to visit famous places. Do you have any good ideas?
Kazuo: How about visiting Kyoto?
Linda: Kyoto is a great place, but she has been there before.
Kazuo: Oh, really? How about Okinawa? The sea is beautiful there.
Linda: Sounds good. I think there are many other good places to visit in Japan. I want to find the best place for my mother's trip.
Kazuo: Well, do you know there is a city library near here?
Linda: Yes.
Kazuo: There are a lot of books, and you can also use the Internet there. I'm sure you can find the best place for your mother's trip.
Linda: That's a good idea. Can you help me?
Kazuo: Yes, of course.
Linda: Thank you.

〈全訳〉

カズオ：こんにちは，リンダ。何を読んでるの？
リンダ：母と父からの手紙よ。母は今度の夏に日本に来て私を訪ねてくれるの。
カズオ：それはいいね。彼女はここにどのくらいの間滞在する予定なの？
リンダ：２週間よ。
カズオ：彼女は日本で何をしたがっているの？
リンダ：有名な場所を訪れたがっているわ。何かいい考えはある？
カズオ：京都を訪れるのはどう？
リンダ：京都はすばらしいところだけど，彼女は前に行ったことがあるのよ。
カズオ：ええ，ほんとうに？　沖縄はどう？　そこの海は美しいよ。
リンダ：よさそうね。日本にはほかにもたくさんの訪れるべきいい場所があると思うの。私は母の旅行のためにいちばんいい場所を見つけたいわ。
カズオ：そうだな，この近くに市立図書館があるのを知ってる？
リンダ：ええ。
カズオ：たくさんの本があって，そこではインターネットも使えるんだ。お母さんの旅行のためにいちばんいい場所がきっと見つかると思うよ。
リンダ：それはいい考えね。私を手伝ってくれる？
カズオ：うん，もちろんさ。
リンダ：ありがとう。

4 (1)「彼はいくつかの古いアメリカの歌を聞きます。」
(2)「彼は野球の試合を見ます。」
(3)「彼らは11か月間それを勉強しています。」
(4)「彼は自分の国について話します。」

〈スクリプト〉 ♪4

Hello, Hiroshi. I think you are enjoying life in America. Now I will talk about some things about this week. Tomorrow morning, you will be in the music class. The students in the class will sing some old American songs for you. I hope you will like listening to them. On Wednesday, our baseball club will have a game after school. You played baseball in Japan, right? So, you will like it. Please enjoy watching it. And on Thursday morning, you will be in the Japanese class. They have studied Japanese for eleven months. They want to talk with you. Please talk about your country in Japanese and in English. I hope you will have a good week.

Questions :
(1)What will Hiroshi do in the music class?
(2)What will Hiroshi watch after school on Wednesday?
(3)How long have the students in the Japanese class studied Japanese?
(4)What will Hiroshi talk about in the Japanese class?

〈全訳〉

こんにちは，ヒロシ。あなたはアメリカでの生活を楽しんでいると思います。さて，今週のことについていくつか話しますね。明日の朝，あなたは，音楽の授業に出ます。そのクラスの生徒たちがあなたのためにアメリカの古い歌をいくつか歌います。あなたがそれらを聞くのが好きだといいなと思います。水曜日は，私たちの野球部の試合が放課後にあります。あなたは日本で野球をしていたのですよね？　だから，あなたはそれを気に入るでしょう。それを見て楽しんでくださいね。そして木曜日の朝は，日本語の授業に出ます。彼らは日本語を11か月間勉強しています。彼らはあなたと話したがっています。日本語と英語であなたの国について話してください。いい１週間を過ごしてくれるといいなと思っています。

質問：
(1)ヒロシは音楽の授業で何をしますか。
(2)ヒロシは水曜日の放課後に何を見ますか。
(3)日本語の授業の生徒たちはどのくらいの間，日本語を勉強していますか。

(4)ヒロシは日本語の授業で何について話しますか。

5 **(1)**studying about life in the sea near Tokyo の部分。「東京近郊の海の生物(について)です。」

(2) He wants to keep fishing for thirty more years. の部分。「あと30年です。」

✔ 弱点チェック

質問と同じ表現を使って，答えの英文を書く。

(1)質問は What are the students studying about?
この答えは，They are members of the science club of a high school in Tokyo and studying about life in the sea near Tokyo. の部分を使って書くことができる。
→ (They are studying about) Life in the sea near Tokyo.

(2)質問はHow long does Tanaka Taro want to keep fishing?
この答えは，He wants to keep fishing for thirty more years. の部分を使って書くことができる。

〈スクリプト〉 ♪5

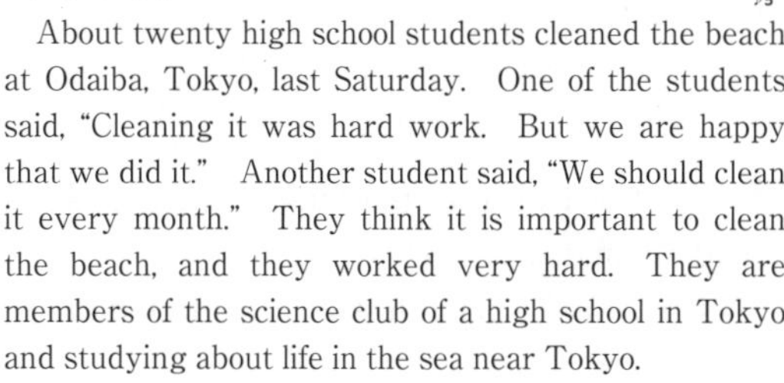

About twenty high school students cleaned the beach at Odaiba, Tokyo, last Saturday. One of the students said, "Cleaning it was hard work. But we are happy that we did it." Another student said, "We should clean it every month." They think it is important to clean the beach, and they worked very hard. They are members of the science club of a high school in Tokyo and studying about life in the sea near Tokyo.

The sea water near Tokyo is much cleaner than it was fifty years ago, and there are many different kinds of fish. Many people are happy about that. Tanaka Taro started fishing forty years ago in the sea near Tokyo. He says, "I'm happy to know that the high school students cleaned the beach." He wants to keep fishing for thirty more years. He thinks more young people should be interested in life in the sea. He hopes that the sea near Tokyo will always be clean.

Questions :

(1) What are the students studying about?

(2) How long does Tanaka Taro want to keep fishing?

〈全訳〉

約20人の高校生がこの前の土曜日，東京のお台場で浜辺を掃除しました。生徒たちのうちの１人が「そこを掃除することはたいへんな仕事でした。でも私たちはそれができてうれしいです。」と言いました。別の生徒は「私たちは毎月そこを掃除するべきです。」と言いました。彼らは浜辺を掃除することは大切だと思っていて，とても一生けん命に働きました。彼らは東京のある高校の科学クラブの部員で，東京近郊の海の生物について研究をしています。

東京近郊の海水は50年前よりもずっときれいで，たくさんのさまざまな種類の魚がいます。多くの人たちはそれについて喜んでいます。タナカタロウさんは東京近郊の海で40年前に釣りを始めました。彼は「高校生が浜辺を掃除したことを知ってうれしいです。」と言いました。彼はあと30年は釣りを続けたいと思っています。彼はより多くの若者が海の生物について興味を持つべきだと思っています。彼は東京近郊の海がいつもきれいだといいなと思っています。

質問：

(1)生徒たちは何について勉強していますか。

(2)タナカタロウさんはどのくらいの間，釣りを続けたいですか。

6 **(1)**In Japan, the summer vacation is shorter から考える。「アメリカの夏休みは日本の夏休みよりも長いです。」

(2) They can enjoy many different things in their free time. の部分。They はアメリカの高校生。「アメリカの生徒たちは自由な時間にたくさんのさまざまなことをすることができます。」

(3)students in Japan can easily remember the things ～から考える。「日本の生徒たちは夏休みの間の宿題のおかげで，自分たちが勉強したことを簡単に思い出すことができます。」

〈スクリプト〉 ♪6

High school students in America have a long summer vacation. In some schools, they have more than two months of vacation. They can enjoy many different things in their free time. For example, they can play sports, go on trips with their families, or work as volunteers. However, they sometimes forget about studying because they don't have a lot of homework.

In Japan, the summer vacation is shorter, so students in Japan can't do as many things as students in America can. However, students in Japan can easily remember the things they've learned because they have more homework during the vacation.

Summer vacations in America and Japan are different, but both have their good points.

〈全訳〉

アメリカの高校生は長い夏休みがあります。２か月以上の休みがある学校もあります。彼らは自由な時間にたくさんのさまざまなことを楽しむことができます。たとえば，スポーツをしたり，家族と旅行に出かけたり，ボランティアとして働いたりすることができます。しかしながら，彼らは宿題があまりないので勉強をすることを忘れることもあります。

日本では夏休みはより短いので，日本の生徒たちはアメリカの生徒たちができるほどたくさんのことはできません。しかしながら，日本の生徒たちは休みの間により多くの宿題があるので，勉強したことを簡単に思い出すことができます。

アメリカと日本の夏休みはちがいますが，両方によい点があります。

第2日 リスニング (2)

⇒ p.100～p.101

1 (1)9(月)13(日)水(曜日)
(2)(朝) 7(時)10(分)

2 (1)ア (2)エ (3)イ

3 (1)イ (2)イ (3)ウ

4 (1)ウ (2)エ (3)イ

5 (1)①easy ②know ③abroad (2)イ

解説

1 現在，9月12日，火曜日の午後10時20分で，成田には明日の朝7時10分に到着する，と言っているので，到着日は9月13日，水曜日。

解き方のコツ 答えるべき内容がはっきりしているときは，その部分に特に注意して聞く。
(1)日付の部分を答える。
・Now it's 10:20 p.m., Tuesday, September 12th.
・We will arrive at Narita at 7:10 a.m. tomorrow morning.
から，今日は9月12日火曜日，到着は「明日の朝」なので，9月13日水曜日，となる。

〈スクリプト〉 ♪7

Thank you for choosing ABC Airlines flight 747 to Narita.

Now it's 10:20 p.m., Tuesday, September 12th. We were going to leave Sydney at 9:30 p.m., but we are very sorry that we are about 50 minutes late because of the bad weather.

We will arrive at Narita at 7:10 a.m. tomorrow morning.

I hope you will enjoy your flight with us. Thank you.

〈全訳〉

ABC航空747便，成田行きをお選びいただきましてありがとうございます。

現在，9月12日火曜日，午後10時20分です。シドニーを午後9時30分に出発予定でしたが，悪天候のため，約50分遅れており，たいへん申し訳ございません。

明日の朝，午前7時10分に成田に到着いたします。

私たちとの飛行をどうぞお楽しみください。ありがとうございます。

2 (1)食べたいものを提案している**ア**「中華料理はどう？」が適切。
(2)具体的にやったことのあるボランティアの仕事を答えている**エ**「私の家の近くの駅を掃除しました。」が適切。
(3)一緒にオーストラリアに行く相手を答えている**イ**「私の姉[妹]です。」が適切。

〈スクリプト〉  ♪8

(1)*A* : I'm very hungry.
B : Me, too. Let's have lunch together.
A : What do you want to eat?
(2)*A* : Have you ever done any volunteer work?
B : Yes, I have.
A : What did you do?
(3)*A* : Do you have anything to do this winter vacation?
B : Yes. I'm going to Australia.
A : How nice! Who are you going with?

〈全訳〉

(1)*A*：とてもお腹がへったよ。
B：私も。一緒にお昼ご飯を食べましょう。
A：きみは何を食べたい？
(2)*A*：ボランティアの仕事をしたことはある？
B：うん，あるよ。
A：何をしたの？
(3)*A*：この冬休みに何かすることはあるの？
B：うん。オーストラリアに行く予定だよ。
A：なんてすてき！ だれと一緒に行くの？

3 (1)ユミがBut this morning, I only had milk and a banana. と言っている。
(2)ユミがI had a piano lesson just after dinner. と言っている。
(3)マークのIt's 10:50 now. と，Five minutes ago. から考える。待ち合わせ場所に来たのは10時45分。

重要ポイント
時計が出てきたら，必ず「数」が読まれる。
(3)「数」に関係するのは，
・It's 10:50 now. (Mark)
・We decided to meet here at the station at 11:00. (Mark)
・I thought we had to be here at 10:30. (Yumi)
・Five minutes ago. (Mark)
質問はWhat time did Mark come to the station?
今，10：50で，マークは5分前(→10：45)に駅に来た。

〈スクリプト〉

(1)*Yumi:* Mark, what do you usually have for breakfast with your host family?

Mark: Miso soup, rice and an egg.

Yumi: I usually have toast, milk and a banana. But this morning, I only had milk and a banana.

Mark: Why? Did you get up late?

Yumi: Yes. My mother told me to have toast, too, but I had no time for it.

Question :

What did Yumi have for breakfast this morning?

(2)*Yumi:* What did you do last night, Mark?

Mark: I watched a soccer game on TV. Then I did my homework. How about you?

Yumi: I had a piano lesson just after dinner. Then I had to write an e-mail to my friend.

Mark: Oh, did you? Did you have time to do your homework?

Yumi: Yes, I did it before dinner.

Question :

What did Yumi do first after dinner last night?

(3)*Mark:* Hi, Yumi.

Yumi: Sorry, my train was late.

Mark: That's OK. It's 10:50 now. We decided to meet here at the station at 11:00.

Yumi: Really? I thought we had to be here at 10:30. When did you come here?

Mark: Five minutes ago.

Yumi: I'm glad I'm not late.

Mark: Right. Now let's go to the movie.

Question :

What time did Mark come to the station?

〈全訳〉

(1)ユミ：マーク，あなたはふつう，ホストファミリーと一緒に朝ご飯に何を食べるの？

マーク：みそ汁，ご飯と卵だよ。

ユミ：私はふつうはトースト，牛乳とバナナよ。でも今朝は牛乳とバナナしか食べなかったの。

マーク：どうして？　遅く起きたの？

ユミ：ええ。母は私にトーストも食べるように言ったんだけど，その時間がなかったの。

質問：

ユミは今朝，朝食に何を食べましたか。

(2)ユミ：昨夜は何をしたの，マーク？

マーク：テレビでサッカーの試合を見たよ。それから宿題をしたよ。きみはどう？

ユミ：私は夕食のすぐあとにピアノのレッスンがあったの。それから友達にメールを書かないといけなかったのよ。

マーク：へえ，そうなの？　宿題をする時間はあったの？

ユミ：ええ，夕食の前にそれをしたわよ。

質問：

ユミは昨夜，夕食後，最初に何をしましたか。

(3)マーク：やあ，ユミ。

ユミ：ごめんなさい，電車が遅れたの。

マーク：いいよ。今10時50分だよ。11時に駅のここで会うと決めたじゃないか。

ユミ：ほんとう？　10時半に私たちはここにいないといけないと私は思ったの。あなたはいつここに来たの？

マーク：５分前だよ。

ユミ：私が遅刻していなくてうれしいわ。

マーク：そのとおり。じゃあ映画に行こう。

質問：

マークは何時に駅に来ましたか。

4 (1)Last month, I read a Japanese comic for the first time. の部分。**ウ**「先月」が適切。

(2)because he read comics about old stories of Japan and became interested in Japanese history の部分。**エ**「日本の古い物語についてのマンガを読むことによってです。」が適切。

(3)I want Japanese people to learn about it through comics. の部分。it はオーストラリアの歴史。**イ**「彼は彼らにオーストラリアの歴史について勉強してほしいと思っています。」が適切。

〈スクリプト〉 

Last month, I read a Japanese comic for the first time. I borrowed it from my friend, Kenta. He is one of my classmates. He said the comic was popular in Japan and told me to read it. It was written in English, so I enjoyed the comic. It was very interesting and I became a big fan of comics.

After that, I talked with Kenta about comics. He said he knew a lot about Japanese history because he read comics about old stories of Japan and became interested in Japanese history. He said it was easy to understand the stories with a lot of pictures. I found reading comics was a good way to start learning about something.

I'm from Australia and my country also has a great and interesting history. I want Japanese people to learn about it through comics. But we don't have many comics about the history of Australia. So I want to make comics about it in the future.

Questions :

(1)When did Adam read a Japanese comic for the first time?

(2)How did Kenta become interested in Japanese history?

(3)What does Adam want Japanese people to do through comics?

〈全訳〉

先月，ぼくは初めて日本のマンガを読みました。ぼくはそれを友達のケンタから借りました。彼はぼくのクラスメートの１人です。彼はそのマンガは日本で人気があると言い，それを読むようにぼくに言いました。それは英語で書かれていたので，ぼくはそのマンガを楽しみました。とてもおもしろくて，ぼくはマンガの大ファンになりました。

そのあと，ぼくはマンガについてケンタと話しました。彼は日本の古い物語についてのマンガを読んで日本の歴史に興味を持ったので，日本の歴史についてたくさん知っていると言いました。彼はたくさんの絵がある物語を理解するのは簡単だと言いました。ぼくはマンガを読むことは何かを勉強し始めるためにはよい方法だということがわかりました。

ぼくはオーストラリアの出身で，ぼくの国も偉大で興味深い歴史があります。ぼくは日本の人々にマンガを通してそれについて勉強してほしいです。でもオーストラリアの歴史についてのマンガはあまりたくさんありません。だから将来，ぼくはそれについてのマンガを作りたいです。

質問：

(1)アダムはいつ初めて日本のマンガを読みましたか。

(2)ケンタはどのようにして日本の歴史に興味を持ちましたか。

(3)アダムは日本の人々にマンガを通じて何をしてほしいですか。

5 **(1)**①At first, I felt it was easy for me to answer simple questions の部分。「最初，ミキは単純な質問をされたとき，どのように感じましたか。」「彼女は単純な質問に答えるのは簡単だと感じました。」

②I felt sorry because I could not tell them the things they wanted to know. の部分。「ミキはなぜ申し訳なく感じたのですか。」「彼女はほかの生徒たちが知りたいことを話せなかったからです。」

③I am looking forward to going abroad again and telling people more about Japanese culture and Japanese history in better English. の部分。「ミキは将来何をしたいですか。」「彼女はまた外国に行って，日本についてより上手な英語で人々にもっと話したいです。」

(2)イ 「ミキは自分自身の国についてもっと知るべきだと気づきました。」はI found that it was important to know more about my own country の部分に合う。

✓ 弱点チェック

空欄を埋める問題は，入れるべき語の**品詞**を考えながら聞く。

(1)①how の疑問文の答えで，be 動詞のあとの部分が空欄になっているので，様子を表す語が入る。

②wanted to のあとが空欄なので，不定詞だと考え，動詞の原形が入る。

③go のあとなので，行き先が入る。

〈スクリプト〉 

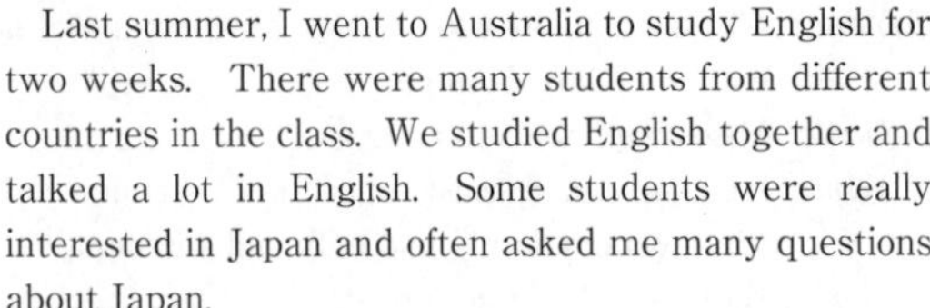

Last summer, I went to Australia to study English for two weeks. There were many students from different countries in the class. We studied English together and talked a lot in English. Some students were really interested in Japan and often asked me many questions about Japan.

At first, I felt it was easy for me to answer simple questions, for example, "Do you eat *sushi* every day?" or "Have you ever climbed Mt. Fuji?" But when they asked me difficult questions about Japanese culture and Japanese history, I could not say anything. I thought I was able to answer every question about Japan because I was born in Japan and grew up there. I felt sorry because I could not tell them the things they wanted to know. Then, I found that it was important to know more about my own country.

So now, I am studying English and also studying a lot more about Japan. I am looking forward to going abroad again and telling people more about Japanese culture and Japanese history in better English.

〈全訳〉

この前の夏，私は英語を勉強するために２週間オーストラリアに行きました。クラスにはさまざまな国から来たたくさんの学生がいました。私たちは一緒に英語を勉強して，英語でたくさん話しました。日本にとても興味を持っている学生もいて，私に日本について，よくたくさんの質問をしてきました。

最初，私はたとえば「毎日スシを食べるの？」や「富士山に登ったことはある？」といった単純な質問に答えるのは簡単だと感じました。でも，彼らが日本の文化や日本の歴史についての難しい質問をしてきたときには，私は何も言えませんでした。私は日本で生まれ，そこで育ったので，日本についてのどの質問にも答えられると思っていました。私は彼らが知りたいことについて話せなくて申し訳なく感じました。そのとき，私は自分自身の国についてもっと知ることは重要だと気づいたのです。

だから今，私は英語を勉強し，日本についてももっとたくさん勉強しています。私はまた外国に行って，日本の文化や日本の歴史についてより上手な英語で人々にもっと話すのを楽しみにしています。

第3日 語句の選択・補充 (1)

⇒ p.102～p.103

1 (1)エ (2)イ (3)イ (4)ウ
2 (1)bad (2)message (3)help (4)dictionary (5)language
3 (1)bridge (2)heavy
4 (1)エ (2)エ (3)イ (4)ア

解説

1 (1)あとに never been が続いているので，**現在完了**。「私はあの国へ一度も行ったことがありません。」
(2)The boy から under the tree までが主語。現在分詞で boy を修飾する。「木の下で絵を描いている男の子は私の兄[弟]です。」
(3)than ～ があとに続いている。**exciting の比較級**は **more exciting**。「テニスは野球よりわくわくすると思いますか。」

解き方のコツ 語句を選ぶときは，文の中のキーワードを探す。
(1)**been は過去分詞**なので，**現在完了**の文の可能性→have か has
(3)**than** は**比較級**の文で使われる語なので，前の語を比較級にすることを考えてみる。

(4)家族の**人数**をたずねるので，How many。many のうしろに people が省略されている。*A*「私たちは3人家族です。あなたの家族は何人いますか。」*B*「私の家族は5人います。」

重要ポイント
〈数〉をたずねるときは，How many を使う。あとには，**数えられる名詞の複数形**が続く。
〈量〉をたずねるときは，How much を使う。あとには**数えられない名詞**が続く。

2 (1)風邪をひいた相手を思いやる言葉。*A*「頭痛がします。風邪をひいていると思います。」*B*「それはお気の毒に。」
(2)電話での会話。*A*「もしもし。グリーンさんをお願いします。」*B*「すみません。彼は今出かけています。伝言をうかがいましょうか。」
(3)help ～self で「自由に取って食べる[飲む]」の意味。*A*「昼食は用意できています。自由に召し上がってください。」*B*「ありがとう。」
(4)「辞書は単語の一覧が載っていてその意味を教えてくれる本です。」
(5)「日本語は日本で話される言語です。」

弱点チェック
(2)Can I speak to ～? から，電話での会話であることを読み取る。
〈電話でよく使われる表現〉
・Hold on, please.
「そのままお待ちください。」
・May I have your name?
「お名前をうかがってもよろしいですか。」
・Can I take a message?
「伝言をうかがいましょうか。」
・I'm sorry, but he[she] is out now.
「すみませんが，彼[彼女]は今，出かけています。」

3 (1)[川や別の道などの上を渡る道，線路，小道]→「京都では，多くの観光客が木製の橋を歩いて渡るのを楽しみます。」
(2)[重量がある]→「彼は大きな男性で，看護師たちが持ち上げるのには重すぎます。」

4 (1)*B* が10分待つように頼んでいるのに対し，*A*は「待つ」と答えている。 *A*「買いものに行きましょう。」*B*「10分待ってくれませんか。」*A*「問題ありません。待ちますよ。」
(2)*A* は場所を答えているので，どこに運ぶかをたずねる。 *A*「きみの助けが必要なんだ。たくさんの本を運ばなくてはならないんだ。」*B*「もちろんです，ブラウン先生。私にそれらをどこへ運べばよいか教えてください。」*A*「きみの教室にだよ，ありがとう。」
(3)*B* はしていたことを答えているので，「何をしていたか」とたずねる。 *A*「昨晩サッカーの試合を見ましたか。」*B*「ええと，見たかったのですが，見られませんでした。」*A*「あなたは何をしていたのですか。」
B「病気だったのでベッドで寝ていました。」
(4)買いものの場面。*B* は「彼(＝兄[弟])はあなたより少し小さい」と答えているので，*A* は *B* の兄[弟]のサイズについてたずねている。 *A*「何かお手伝いしましょうか。[いらっしゃいませ。]」*B*「はい。兄[弟]のためにTシャツを探しています。」*A*「彼のサイズをうかがってもよいですか。」*B*「ええと，彼はあなたより少し小さいです。」

第4日 語句の選択・補充 (2)

⇒ p.104～p.105

1 (1)イ (2)エ (3)ウ (4)エ
2 (1)It[it] (2)either (3)for (4)as (5)hard (6)across
3 ①エ ②ア
4 (1)How, many (2)is, spoken[used] (3)yours, any, other (4)language(s)

解説

1 (1)is があることと，sleep はふつう受け身の形にしないことから現在進行形の文にする。「少女はトモヤの姉[妹]です。彼女はイヌと一緒に眠っています。」

(2)ケーキはカップのすぐ横にあるので by「～のそばに」が適切。「テーブルの上には，カップのそばにケーキが１つあります。」

(3)黒いネコと白いネコの大きさを比べている。白いネコのほうが大きいことがわかる。as にはさまれるので原級(変化しないもとの形)。「２匹のネコがベッドの上にいます。黒いネコは白いネコほど大きくありません。」

✔ 弱点チェック

(3)not as ～ as… は，主語を中心に比較の関係を考え，比較級でも表せるようにしておこう。

・The white cat is **not as small as** the black one.
→ 白いネコは黒いネコ**ほど小さくない。**
＝The white cat is **bigger than** the black one.
(白いネコは黒いネコ**よりも大きい。**)

・The black cat is **not as big as** the white one.
→ 黒いネコは白いネコ**ほど大きくない。**
＝The black cat is **smaller than** the white one.
(黒いネコは白いネコ**よりも小さい。**)

(4)トモヤが読んでいるのは英語の手紙。「英語で書かれた手紙」と考え，write の過去分詞が適切。「トモヤのおばさんはカナダに住んでいます。彼はちょうど彼女から英語で書かれた手紙を受け取りました。」

2 (1)上の文は〈It ～ for ― to ....〉。下の文は天候を表す主語の it。「私にとって立ち上がるのはとても難しかった。」「今日，外はすばらしい天気ですか。」

(2)否定文で「～も(ない)」というときは either で表す。「私はネコもイヌも好きではありません。」「私はネコが好きではありません。イヌも好きではありません。」

(3)for breakfast「朝食に」，for a long time「長い間」「私はふつう朝食にパンと牛乳を食べます。」「私は長い間北海道に行きたいと思っています。」

解き方のコツ 共通する語を答えるときは，定型語句などを探す。

(1)for me to stand up から，〈It ～ for ― to ....〉と考える。下の文の beautiful は，ものが「美しい」ではなく，天候を表している it だとわかる。

(3)for a long time「長い間」という連語から，上の for breakfast「朝食のために」という表現を導き出す。

(4)as ～「～として」，as soon as ～「～するとすぐに」「彼はボランティアとしてアフリカに行きました。」「彼女は電話を受けるとすぐに家に帰りました。」

(5)上の文は副詞の hard「一生けん命に」，下の文は形容詞の hard「たいへんな，難しい」。「もし外国に行くなら，英語を一生けん命に勉強するべきです。」「明日の朝までにこの本を読み終えるのは難しいです。」

(6)come across「偶然出会う」，across ～「～の向こう側に」。「私は駅で先生に偶然出会いました。」「銀行は(通りの)こちら側ではありません。通りの向こう側です。」

3 ①「いいですよ。」は，相手の言ったことに対して承諾する表現。**エ**の前のユキオの発言に対して，ジョーンズさんが承諾している。

②「私は買いものに行くつもりです。」**ア**のあとにジョーンズさんが「何を買うのか」とたずねている。

〈全訳〉

ジョーンズさん：今週末の予定はありますか。
ユキオ：はい。ぼくは買いものに行くつもりです。
ジョーンズさん：まあ，何を買うのですか？
ユキオ：ランニングシューズを買うつもりです。ランニングを始めたいんです。
ジョーンズさん：それはいい考えですね。あなたにはいいことです。一緒に行きましょうか？
ユキオ：ああ，ごめんなさい。友達が一緒に行ってくれるのです。
ジョーンズさん：いいですよ。すてきなくつが見つかるといいですね。

4 (1)B が回数を答えている。A「京都には何回行ったことがありますか。」B「そこには3回行ったことがあります。実は，3月に両親ともう一度そこに行く予定なのです。」

重要ポイント
(1)how を使った疑問文
・回数をたずねる：How **many times** ～？
・頻度をたずねる：How **often** ～？
・距離をたずねる：How **far** ～？
・長さ・期間をたずねる：How **long** ～？
・年齢・築年数などをたずねる：How **old** ～？

(2) A がスペイン語を勉強し始めた理由を答えている。A「スペイン語を勉強し始めたところなんです。」B「まあ，ほんとうに？　なぜスペイン語なのですか。」A「南アメリカの国々で話されている[使われている]からです。私はいつかそれらの国々を訪れたいんです。」

(3)「ほかのどの～よりも」というときは，than any other ～で表す。**other のあとの名詞は単数形**を使う。A「私の大好きな教科は数学です。あなたの(大好きな教科)は何ですか。」B「私は英語がいちばん好きです。私はほかのどの教科よりもそれが好きです。」

(4) B が「英語を話す」と答えていることから，「どんな言語」とたずねる。A「オーストラリアの人々はどんな言語を話しますか。」B「そこの多くの人々は英語を話します。」

第5日 語形変化

⇒ p.106～p.107

1 (1)エ　(2)ア　(3)ウ
2 (1)ウ，ninth　(2)カ，used
(3)ウ，sending
3 (1)①felt　②visiting
(2)①best　②seen
(3)①working　②prettier
4 (1)took　(2)get　(3)turn
5 (1)①were　②interested　③running
④gave
(2)①talking　②covered　③skating
④wash

解説

1 (1)過去分詞を選び，前の the question を修飾する形に。「私は先生に聞かれた質問に答えられませんでした。」

(2)what 以下の主語が you なので，動詞の原形。ケンジ「ぼくはきみの言うこと[意味すること]がわからないよ。もっと話してくれる？」ケイト「問題ないわよ。[いいわよ。]」

(3)今の職業の話をしているので，現在形で表す。〔放課後〕A「あなたのお姉さん[妹さん]は京都で働いていますか。」B「はい。彼女は教師です。彼女は今高校で数学を教えています。」

2 (1)「9月は1年の9番目の月です。」

弱点チェック
(1)「～番目」を表す語は，以下の語に注意。
・形がまったくかわるもの
1…one ── **first**
2…two ── **second**
3…three ── **third**
・つづりが少しかわるもの
5…five ── **fif**th
8…eight ── **eigh**th
9…nine ── **nin**th
12…twelve ── twel**f**th
20…twenty ── twent**ie**th

(2)過去分詞の形容詞的用法として使う。1語で stamps を修飾するので，前に置く。「ジャックは約2000枚の使用済みの切手を集めてきました。」

(3)**Thank you for ～ing.＝「～してくれてありがとう。」**「私の誕生日にすてきなプレゼントを送ってくれてありがとう。」

3 (1)when he thought ofから過去の文だとわかるので，①は過去形にする。②は**前置詞 of の目的語**なので，**動名詞**にする。「その選手は野球をするためにアメリカを訪れると思ったとき，幸せに感じました。」

(2)①は**〈one of the＋最上級＋複数名詞〉**の形。②は have があるので現在完了と考え，過去分詞にする。「彼は私たちが今までに会った中で最高の野球選手のうちの1人です。」

(3)①は work を現在分詞にし，前の a new girl を修飾する形にする。②は than があるので比較級にする。「彼は会社での彼の立場を失いたくありませんでした。そこで働いている新人の少女がいて，彼女はルビー・トレントよりもさらにかわいかったのです。」

4 (1)①はあとの off her jacket から，「脱ぐ」＝take off，②は前の the plane から，「(飛行機が)離陸す

る」＝take off とすると意味が通る。いずれも過去の文なので，過去形にする。①「その女性は上着を脱いで働き始めました。」②「飛行機が離陸したあと，私たちに飲み物が配られました。」

(2)①はあとの to the station から，get to ～＝「～に着く」，②は get off ～＝「～を降りる」とすると意味が通る。いずれも，不定詞の一部の to のあとなので原形。①「駅への行き方[着き方]を教えてくれませんか。」②「私たちは次のバス停でバスを降りる必要があります。」

(3)①はあとの on the computer から，turn on ～＝「～の電源を入れる」，②は道案内をしている内容から，turn＝「曲がる」を入れると意味が通る。①は自分の現在の習慣を表す文なので現在形，②は助動詞 should に続く動詞にあたるので原形。①「私はいつも家に帰るとすぐにコンピュータの電源を入れます。」②「図書館に行くためには，まっすぐ行って２番目の角を曲がるべきです。」

5 (1)①there のあとなので，be 動詞。あとにある many children と過去の文であることから were。「私たちは昨日，息子のためにパーティーをしました。それでこの部屋にはたくさんの子どもたちがいました。」

②be interested in ～＝「**～に興味がある**」。「私は日本のマンガに興味があります。将来，日本に行きたいです。」

重要ポイント

(1)②　形容詞化した過去分詞は，連語のように使われ，by以外の前置詞を使うことが多い。

・be interested in ～＝「～に興味がある」
・be satisfied with ～＝「～に満足している」
・be surprised at [by] ～＝「～に驚く」

③The girl in the park is my sister. でも意味は通るので，(　)には修飾語が入ると考え，run を現在分詞にして，The girl を修飾する形にする。「公園を走っている少女は私の姉[妹]です。」

④as a birthday present から，give が適切。last year から過去形に。「母は去年誕生日プレゼントとして私にこの腕時計をくれました。」

(2)①The gentleman is Mr. Smith. でも意味は通るので，(　)には修飾語が入ると考え，talk を現在分詞にして，The gentleman を修飾する形にする。「私たちの先生に話しかけている紳士はスミスさんです。」

②The garden is famous for its beauty. でも意味は通るので，(　)には修飾語が入ると考え，cover を過去分詞にして，The garden を修飾する形にする。「落ち葉でおおわれた庭はその美しさで有名です。」

解き方のコツ

長い主語の途中の語形変化の問題は，分詞の形容詞的用法であることが多い。

(2)①The gentleman **talking** to our teacher is ～.（talking to our teacher が The gentleman を修飾）

②The garden **covered** with fallen leaves is ～.（covered with fallen leaves が The garden を修飾）

③enjoy **のあとは動名詞**。池で楽しんだものとしては，skate＝「スケートをする」が適切。「私たちは池でスケートをして楽しみました。」

④had better **のあとは動詞の原形**。your hands から wash が適切。「食事をする前には手を洗ったほうがいいですよ。」

第6日 文の書きかえ

⇒ p.108～p.109

1 (1)where, lives (2)has, passed (3)Shall, I (4)without, help (5)How, old (6)was, born, on

2 (1)If you don't study hard now, you will not pass the exam.
(2)Which does she like (better), tea or coffee?
(3)Do you know what he said about it?
(4)How long has he stayed in Hokkaido?
(5)She told him to wash his hands.

3 (1)Don't (2)right (3)for (4)slowly

4 (1)decided to go
(2)you help me
(3)I don't like
(4)Hundreds of people
(5)grandparents once a

解説

1 (1)「ホワイトさんの住所」は「ホワイトさんがどこに住んでいるか」と表せる。「あなたはホワイトさんの住所を知っていますか。」→「あなたはホワイトさんがどこに住んでいるか知っていますか。」

(2)「～は…前に―しました。」は「～が―して…経ちました。」と表せる。「何年も前にその歌手は亡くなりました。」→「その歌手が亡くなって何年も経ちました。」

(3)「私に～してほしいのですか」は「私が～しましょうか」で表せる。「あなたは私に駅まで迎えにきてほしいのですか。」→「あなたを駅まで迎えにいきましょうか。」

重要ポイント

(3)〈want＋人＋to＋動詞の原形〉との書きかえ

・相手が自分に何かをしてほしがっているとき

Do you want me to pick you up ～?

→「～しましょうか」と申し出る

Shall I pick you up ～?

・自分が相手に何かをしてほしいとき

I want you to pick me up ～.

→「～してくれませんか」と依頼する

Will[Can, Would, Could] you pick me up ～?

(4)yourのあとは名詞が入ることから，helpを名詞として使う。「もしあなたが私を手伝ってくれなければ，この問題を解くことができません。」→「あなたの助けなしには私はこの問題を解くことができません。」

(5)建物などがいつ建てられたかたずねるときには，how oldで表すことができる。「法隆寺はいつ建立されましたか。」→「法隆寺は建立何年ですか。」

(6)「誕生日は～」は「～に生まれた」と表すことができる。「私の兄[弟]の誕生日は9月18日です。」→「私の兄[弟]は9月18日に生まれました。」

解き方のコツ 表現の言いかえを覚えておく。

(1)「住所」→「どこに住んでいるか」

(5)「いつ建てられたか」→「創立何年か」

(6)「誕生日」→「いつ生まれたか」

2 (1)「今，一生けん命勉強しなさい，さもなければテストに合格しませんよ。」の下線部を「もし～なら」で書きかえるので，「もし今，一生けん命勉強しなければ，テストに合格しませんよ。」となる。または，If you study hard now, you will pass the exam.「もし今，一生けん命勉強すれば，テストに合格しますよ。」としてもよい。

(2)「彼女はコーヒーよりも紅茶のほうが好きです。」の下線部をたずねるので，whichを用いて「彼女は紅茶とコーヒーのどちら(のほう)が好きですか。」となる。

(3)「あなたは知っていますか」のあとに「彼はそれについて何と言いましたか。」を続けるので「あなたは彼がそれについて何と言ったか知っていますか。」となる。疑問詞のあとは〈主語＋動詞〉の語順になるので，sayは過去形にする。

弱点チェック

(3)間接疑問文の疑問詞のあとは〈主語＋動詞〉

・一般動詞の文

What did he say about it?

→Do you know **what he said** about it?

・be動詞の文

Where was he then?

→Do you know **where he was** then?

(4)「彼は14日間北海道に滞在しています。」の下線部をたずねるので，how longを用いて「彼はどのくらいの間北海道に滞在していますか。」となる。

(5)「彼女は彼に『手を洗いなさい』と言いました。」を不定詞を用いて表すと「彼女は彼に手を洗うように言いました。」となる。〈tell＋人＋to＋動詞の原形〉で表す。

3 (1)「あなたは病院にいます。そこで少年たちが走っています。あなたは彼らに走ってほしくありません。」→「少年たち，病院で走ってはいけません。」命令文で表す。

(2)「あなたは友達のデイビッドを映画館で待っています。彼は来たばかりで，『ごめん，遅れた。』と言いましたが，映画はまだ始まっていません。」→「大丈夫だよ。映画はまだ始まっていないよ。」

(3)「あなたは大切な手紙を送りたいのですが，することがあります。それで今郵便局には行けません。あなたのお姉さん[妹さん]のケイトは忙しくありません。」→「私のかわりに郵便局に行ってくれない，ケイト？　私はすることがあるの。」

(4)「メアリーは英語を速く話しすぎています。それであなたは彼女の言うことがわかりません。」→「メアリー，もう少しゆっくり話してください。」fast＝「速く」の反意語はslowly＝「ゆっくりと」。

4 (1)decide to ～＝「～する決心をする」。「マサヤはついに英語を勉強するために外国へ行く決心をしました。」

(2)「この箱は重すぎます！　通りに沿って箱を運ぶのを手伝ってくれませんか。」

(3)前半と後半の意味がつながらないので，「私は野菜が好きです」を「私は野菜が好きではありません」

とする。「私は野菜が好きではありませんが，両親は，私はそれらを食べなければならないと言います。」

(4)hundreds of ～＝「何百もの～」。「何百人もの人々がその野球の試合の最後の瞬間を見つめていました。」

(5)once a week＝「週に１度」。「私は週に１度，土曜日か日曜日に祖父母を訪ねようとしています。」

第7日 整序・結合 (1)

⇒ p.110～p.111

1 (1)This is the question women have in many parts of
(2)Some of the people waiting for the next bus look sleepy

2 (1)イ → ア → エ → ウ
(2)イ → ウ → ア → エ
(3)エ → ア → ウ → イ

3 (1)オ → エ → イ → ア → ウ
(2)エ → オ → ウ → ア → イ
(3)イ → ウ → ア → エ
(4)ウ → ア → エ → イ

4 (1)３番目：カ，６番目：ア
(2)３番目：ア，６番目：エ
(3)３番目：イ，５番目：ア
(4)３番目：イ，５番目：カ

5 (1)A群：ⓒ，B群：イ
(2)A群：ⓓ，B群：ア
(3)A群：ⓐ，B群：エ
(4)A群：ⓑ，B群：ウ

解説

1 (1)「これは問題です」「女性たちが共有する」「世界の多くの地域で」の語順。

解き方のコツ 並べかえの問題では，文の骨組みをまず考える。
(1)1. 「これは問題です」が文の骨組み。
This is the question
2. 「問題」を「女性たちが共有する」が修飾する語順にする。
This is the question **women have**
3. 残った「世界の多くの地域で」を続ける。
This is the question women have **in many parts of** the world.

(2)「人の中には眠そうな人もいます」を「何人かの人は眠そうだ」と考えて，Some of the people look sleepy とする。「次のバスを待っている」が「(何人かの)人」を修飾する。

2 (1)電話での会話なので，「もしもし」にあたる**イ** Hello から始まる。→ **ア**相手が希望する Jane がいない，という返事。→ **エ**あとで電話するように伝えてほしいと頼む。→ **ウ**承諾する。「もしもし，ロバートです。ジェーンはいますか。」「申し訳ありませんが，彼女は今出かけています。」「では，あとで私に電話するように彼女に頼んでくださいますか。」「わかりました。頼んでおきます。」

(2)**イ**「何になりたい？」→ **ウ**返答 → **ア**「なぜ？」→ **エ**理由。「あなたは将来，何になりたいですか。」「私は医者になりたいです。」「なぜ医者になりたいのですか。」「人々を救いたいのです。」

(3)**エ**で予定を聞いているのに対して，**ア**か**ウ**が考えられるが，**ア**の How about you？に対して，**ウ**が答えていると考える。**ウ**の誘いに対して，**イ**で承諾している。「明日，予定はありますか。」「いいえ，何もすることがありません。あなたはどうですか。」「明日は兄[弟]と浜辺に行く予定です。一緒に来たいですか。」「もちろんです！」

3 (1)I'm に続けて～ing 形の reading を置き，a book を続ける。written by ～で a book をうしろから修飾する形にする。I'm reading a book written by a famous American doctor. *A*「あなたは何をしているのですか。」*B*「有名なアメリカの医者によって書かれた本を読んでいます。」

(2)He に続けて is を置き，最上級の表現 the tallest student を続ける。最後に this school に続くように in を置く。He is the tallest student in this school. *A*「ピーターはとても背が高いですね！」*B*「はい。彼はこの学校でいちばん背が高い生徒なんです。」

(3)for the first time＝「**初めて**」。I played it for the first time. *A*「レッスンはどうでしたか。テニスをするのは難しかったですか。」*B*「はい，難しかったです。私はそれを初めてしました。でも楽しみました。」

(4)Do you remember のあとに when があるので，間接疑問文だと考える。when のあとは〈主語＋(助)動詞〉の語順。Do you remember when she will come? *A*「あなたは彼女がいつ来るか覚えていますか。」*B*「はい。次の金曜日です。」

4 (1)would like は want のていねいな言い方。I would like のあとに something hot「(何か)温かいもの」, to eat「食べるための」とする。
I would like something hot to eat.

✔ 弱点チェック
(1)日本語を別の表現で考えてみる。
「何か温かいものが食べたいです」から，I would like to eat とすると，eat が文末にあるので，something hot が使えない。
→「何か温かいもの」は something hot なので，あとに to eat を続けて「食べるための何か温かいもの」とする。残った I would like を，文の始めに置く。
→**I would like something hot to eat.**

(2)疑問文ではないので，which は関係代名詞だと考える。「私は指輪が好きです」「ボブがくれた」の語順。
I like the ring which Bob gave me.
(3)This program「このプログラム」が主語の **be going to 〜**の文。to のうしろには「導入される」という意味になるように，be inroduced を置く。また，「私たちの学校に」という意味になるように，into を our school の前に置く。This program is going to be introduced into our school.
(4)継続を表す，現在完了**〈have [has]+過去分詞〉**の文。「雨がほとんど降っていない」は We have little rain で表す。have の過去分詞は had なので，have のあとに had を置き，We have had little rain の語順にする。「1か月以上も」は more than one month と表す。We have had little rain for more than one month.

5 (1)「私たちは動物園に行きます」の直後に続くのは，**イ**「明日晴れる」なので，ⓒの「もし〜なら」を選ぶと，「もし明日晴れなら，私たちは動物園に行きます。」となる。
(2)「すぐに起きなさい」の直後に続くのは，**ア**の「学校に遅れる」なので，ⓓの「さもなければ」を選ぶと，「すぐに起きなさい，さもなければ学校に遅れますよ。」となる。
(3)「とても暑かった」の直後に続くのは，**エ**の「よく眠れなかった」なので，ⓐの so「だから，〜なので」を選ぶと，「とても暑かったので私はよく眠れませんでした。」となる。
(4)「お互いに知っている」の直後に続くのは，**ウ**の「子どもだった」なので，ⓑの「〜のとき以来」を選ぶと，「彼らは子どものとき以来，お互いに知っています。」となる。

重要ポイント
接続詞の意味と使い方
- **so**「だから，〜なので」
  〈文A，so 文B.〉で，文Bが文Aの結果になるときに使う。
- **since**「〜のとき以来」
- **if**「もし〜なら」
  〈文A if 文B.〉で，文Bが文Aの条件になるときに使う。
  if のあとに続く文では，未来のことでも現在形で表す。
  If 〜 と，文の始めに置くこともできる。
- **or**「さもなければ」
  命令文とともに使うと，「〜しなさい，さもなければ…」の意味になる。
- **and**「そうすれば」
  命令文とともに使うと，「〜しなさい，そうすれば…」の意味になる。

第8日 整序・結合 (2)

⇒ p.112〜p.113

1 (1)How many countries have you
(2)are used when you wrap something
(3)be free in the afternoon
2 (1)how long have you played
(2)I felt happy when he
3 (1)finished (2)in (3)before
4 2番目：キ 5番目：カ 7番目：エ

解説

1 (1)「いくつの国に」= how many countries のあとに，現在完了の疑問文を続ける。*A*「あなたはいくつの国に行ったことがありますか。」*B*「3つです。それらはドイツとカナダとオーストラリアです。」
(2)when があるが，疑問文ではないので，この when は接続詞だと考える。they は風呂敷を指すので，使い方を説明していると考え，They are used とする。続けて when のあとに，残った語で you wrap something「何かを包む」を続ける。ビル「これらの布は何ですか。」メグミ「それらは風呂敷です。それらはあなたが何かを包むときに使われます。」

(3)映画にいつ行くか，という会話。free があるので，I'll be free とし，残った語から in the afternoon と続ける。*A*「一緒に映画を見に行きませんか。」*B*「いいですよ。いつ行きましょうか。」*A*「私は明日，午後はひまなのです。あなたはどうですか。」

解き方のコツ 並べかえの文では，定型の語句をまず組み合わせる。
(1)How many countries ～ ? の文。
(3)**in the afternoon**＝「午後に」

2 (1)サラが期間を答えているので，how long を使って期間をたずねる。マサト「きみはとても上手にギターをひくね，サラ。」サラ「ありがとう，マサト。私はギターをひくのが大好きなだけよ。」マサト「ええと，きみはどのくらいの間ギターをひいているの？」サラ「10年ぐらいよ。」

(2)動詞は felt(feel の過去形)。主語は，he か I のどちらかだが，came to see me とあることから，そこに続く部分で I が主語では，意味が通らなくなるため，So のあとの主語が I で，felt happy とする。マーク「ヒロシ，昨日，ぼくは学園祭でのきみのギターの演奏をほんとうに楽しんだよ。」ヒロシ「ありがとう，マーク。」マーク「きみはどうしてそんなにギターを上手に演奏できるんだい？」ヒロシ「父がよく助けてくれるんだ。父はいつも仕事で忙しいけど，毎日ぼくに教えてくれるんだ。だから昨日，父がぼくのギターの演奏を聞きに来てくれたときはうれしかったんだ。」マーク「それはよかったね。」

3 (1)「書き終えたところ」から，「終えた」を表す finish が不足している。現在完了の文なので，過去分詞にする。I have just finished writing a letter.

弱点チェック
(1)動詞の語形変化
・現在の文…主語が3人称単数なら，動詞に3単現の s，es をつける。
Takuya **plays** basketball well.
・進行形の文…be 動詞＋～ing 形
Yuko is **cooking** curry.
・過去の文…動詞を過去形に。
I **came** home at seven yesterday.
・受け身の文…be 動詞＋過去分詞
This computer is **used** by Kenji.
・現在完了の文…have[has]＋過去分詞
I have **finished** lunch.

(2)一般動詞 think と，don't から I don't think とする。「**～に興味がある**」＝**be interested in ～**
I don't think he is interested in music.

重要ポイント
(2)I think (that) の文では，日本語と英語で否定する場所がちがう。
「彼は音楽に興味がないと思う」というときは，ふつう，
I think he isn't interested in music.
ではなく，
I don't think he is interested in music.
と表す。

(3)「歯をみがく」＝clean your teeth，「寝る」＝go to bed Clean your teeth before you go to bed.

4 サッカーがどのようにしてブラジルで始まったか，を説明する文が最初に来る。選択肢のうち，文中に代名詞 he があるものは，指すものが最初の２文にはないので，あてはまらない。he がないのは，**エ**か**オ**。**エ**は1920年あたりの話，**オ**は1884年の話なので，**オ**から始まると考える。**オ**のあとに**エ**を続けると話がつながらない。**オ**はチャールズ・ミラーという少年がイングランドの学校に送られた，と述べていて，**キ**にその理由がある。**ウ**がイングランドでの生活の様子なので，うまくつながる。そのあと，**イ**でブラジルに帰っていて(went back)，**カ**の帰ったあと(After he came back)につながり，ブラジルでしようとしたことが述べられている。そのあと，**ア**でサッカーリーグを作ったと続き，**エ**で，サッカーがブラジルに広がったことが書かれている。
オ→キ→ウ→イ→カ→ア→エ

〈**全訳**〉
サッカーはブラジルで人気ナンバーワンのスポーツです。それ(＝サッカー)はそこ(＝ブラジル)でどのように始まったのでしょうか。チャールズ・ミラーというサンパウロ出身の少年が1884年にイングランドの学校に送られました。それは彼の父親がスコットランド出身で，息子にイギリスで勉強してほしがっていたからでした。彼(＝チャールズ)はイングランドにいる間に，勉強をし，サッカーのしかたも学びました。1894年に彼はブラジルでサッカーを教えるために，サッカーボールを２つとサッカーのルールについての本を持ってブラジルに帰りました。彼は帰ってから，ブラジルでサッカーを広めようとしました。それで彼はその国でサッカーチームと最初のサッカーリーグを作るために大変な努力をしました。1920年代までにサッカーはその国のどこにでもあり，今日では人々はミラーがブラジルのサッカーの父だと思

っています。

第9日 内容に関する設問（1）

⇒ p.114～p.115

1 ウ
2 (1)イ (2)エ
3 イ
4 (1)during (2)happy (3)another (4)have
5 (1)ウ (2)ア (3)エ (4)オ (5)キ

解説

1 依頼する表現 Can you ～？の文が後半にある。

〈全訳〉

やあ，ユウジ。
ごめん，ぼくはまだ宿題が終わっていなくて，午後3時にきみと会うことができないんだ。今，図書館に行って，何冊かの本を借りなくちゃいけない。
今夜7時に会えるかな？ そのときまでにそれを終わらせるよ。あとで電話するね。
ありがとう。
ジョン

2 (1)「あなたは家の外で使うことができる最も安いコンピュータがほしいです。あなたはどのコンピュータを買うつもりですか。」という質問。表中の price「価格」と portable「持ち運びができる」より，最も安く，持ち運びができるコンピュータは Lukas である。

(2)「コンピュータについてどれが正しいですか。」という質問。**ア**「Sofia のバッテリーは長い間動きます。」**イ**「Lukas は Sofia よりも容量があります。」**ウ**「Com 10 は4つの中で最も高いです。」**エ**「Force pro は持ち歩きやすいです。」

3 1～2文目がこの英文の導入になる部分。

重要ポイント

表題は，文章のまとめ。長い文章はふつう，**最初か最後の部分にまとめがある。**
選択肢が日本語のときは，その日本語もヒントにして，文章のキーワードを探してみよう。

〈全訳〉

夜によく眠れず，朝早く起きられないという人々がいます。よく眠ることはあなたの健康にとって大切なので，私はこれは重大な問題だと思います。もしあなたがこのような種類の問題を抱えているなら，これらの3つのことを試してください。まず，起きたときに，朝日を浴びてください。そうすれば，あなたの体内時計はよりうまく働き，夜によく眠れるでしょう。2つ目に，毎日運動をするべきです。そうすれば，あなたはよりよく眠れます。3つ目に，寝る前に，たとえば，あなたの好きな CD を聞くなど，くつろげることをするのがよいです。私はあなたがこれらのことをやってみてくれるといいと思っています。

4 (1)「休みの間」となる during が適切。

(2)「彼ら（＝祖母やおじさんの家族）に会えてうれしいでしょう」となる happy が適切。

(3)「別の市」となる another が適切。

(4)a very good time があるので have を入れて，「とても楽しく過ごす」とする。

弱点チェック

空欄にあてはまる語を選ぶときは，入れるべき**品詞**を考える。
(1)名詞の前…前置詞・動詞・形容詞・冠詞
(2)be 動詞のあと…名詞・形容詞・～ing・過去分詞
(4)助動詞 can のあと…動詞の原形

〈全訳〉

ブラウン先生：冬休みがもうすぐやってきます。あなたは休みの間に何をする予定ですか。
マリコ：私は元日に家族と一緒に祖母の家を訪ねます。毎年，私のおじの家族も彼女を訪ねて，私たちはおせち料理を一緒に食べます。
ブラウン先生：おお，それはいいですね。あなたは彼らに会えてうれしいでしょうね。
マリコ：はい。私にとって彼らと話すことは楽しいです。
ブラウン先生：それはアメリカのクリスマスのようですね。クリスマスの日，私の親戚全員が私の家を訪れます。私の姉[妹]は別の市に住んでいて，彼女も帰ってきます。私たちは一緒にその日を楽しみます。
マリコ：まあ，私たちはちがった行事に同じことをするのですね。それはおもしろいですね。
ブラウン先生：そうですね。両方の国で，私たちの親戚全員が毎年一緒に集まります。私たちは彼らとともても楽しく過ごすことができます。

5 (1)「シンガポールから帰ってきたばかりだ」と言う *A* に，シンガポールの様子をたずねる**ウ**が適切。

(2)「天気がひどかった」と言う *A* に，**ア**「それはお気の毒に。」が適切。

(3)*A* が続けて，「お金を使いすぎた」と言っているので，シンガポールは買いものによい場所だということがわかる。**エ**が適切。

(4)ナイトサファリの感想を話す**オ**が適切。

(5)「たくさんのゾウを見た」と続けているので，「動物をたくさん見たか」という問いには，**キ**が適切。

〈全訳〉

A：私はシンガポールからちょうど帰ってきたところです。

B：どうでしたか。
A：ああ，場所は好きですが，天気はひどいものでした。
B：それはお気の毒に。買いものによい場所だそうですね。
A：はい，そうです。私はお金を使いすぎました。
B：それについて気にする必要はありませんよ。休みはそのためにあるんです。ところで，何がいちばん印象的でしたか。
A：ナイトサファリです。それにはとてもわくわくしました。
B：すごいですね。あなたはたくさんの動物を見ましたか。
A：もちろん。私はそこでたくさんのゾウを見ました。
B：それはすごい。ほかには？
A：たくさんの種類のお寺があります。私はイスラム教，ヒンドゥー教，仏教のお寺を訪れました。
B：ふぅん，それは知りませんでした。

解き方のコツ 選択肢が多いときは，明らかにちがうものをのぞいて，順番に全部をあてはめてみる。そのあと，前後の関係を考えて，消去法で考える。

第10日 内容に関する設問 (2)

⇒ p.116～p.117

1 (1)six, years, ago
(2)has, one[a], sister
(3)pictures [photographs, photos], of, his[Hiroki's], school
(4)teach[show, tell], how, to

2 (1)イ (2)No, didn't
(3)例私は，上手に英語を話すことが私にとって最も大切なことだといつも思っていました。
(4)ウ

解説

1 (1)「ヒロキはいつサッカーをし始めましたか。」ヒロキのEメールにI started playing it six years ago. とある。it はサッカーのこと。「彼は6年前にサッカーをし始めました。」

(2)「ニックには兄弟や姉妹が何人いますか。」ニックのEメールに my parents, one sister, and me とある。「彼には1人の姉[妹]がいます。」

(3)「ニックはヒロキに何を持ってきてほしいと思っていますか。」ニックのEメールにcan you bring pictures of your school? とある。「彼はヒロキに彼の学校の写真を持ってきてほしいと思っています。」

(4)「ニックは週末にヒロキのために何をするつもりですか。」ヒロキのEメールにI want to know how to play it (=Australian football). とあり，ニックのEメールにもI will be happy to teach you Australian football. とある。how to ～＝「～のしかた」。「彼はヒロキにオーストラリアン・フットボールのやり方を教えるつもりです。」

〈全訳〉
差出人：ヒロキ
「こんにちは」
こんにちは，ニック，
ぼくの名前はヒロキです。ぼくはオーストラリアへの旅行中にあなたの家族のところに滞在します。ほんとうにありがとうございます。
ぼくは15歳です。ぼくはサッカーが大好きです。ぼくは学校でサッカー部に所属しています。ぼくは6年前にそれをし始めました。
ぼくは，あなたの国で最も人気のあるスポーツの1つはオーストラリアン・フットボールだと聞きました。それはサッカーのようなものですか？ ぼくはそれのやり方を知りたいです。
また，ぼくはあなたの家族が何人いるのかを知りたいです。ぼくは皆さんにプレゼントを持っていくつもりです。
すぐにお返事を書いてくださいね。
ヒロキ

差出人：ニック
「ありがとう」
こんにちは，ヒロキ，
Eメールをありがとう。ぼくはニックです。ぼくは16歳です。ぼくの家族には両親と，姉[妹]が1人と，ぼくの4人がいます。ぼくたちはみんな，ぼくたちとのあなたの滞在をとてもうれしく思っています。
あなたはぼくたちのそれぞれにプレゼントを持ってくる必要はないですよ。もしあなたが何かを持ってきてくれるなら，あなたの学校の写真を持ってきてくれませんか？ ぼくたちはそれについてたくさん聞きたいです。
ぼくは喜んであなたにオーストラリアン・フットボールを教えます。それはラグビーのようなものです。ぼくはそれを毎週末，友達と一緒にやっているので，ぼくたちに加わってください！
ニック

解き方のコツ 英問英答の問題では，質問の文や答えの文と**同じ表現を文章内から探す。**
(1)質問の文：When did Hiroki start playing soccer?
→ ヒロキのEメール内に started playing がある。
(2)質問の文：How many brothers or sisters does Nick have?

→ ニックのEメール内に sister がある。

(3)質問の文 : What does Nick want Hiroki to bring?

→ ヒロキ，ニック両方のEメール内に bring がある。

(4)答えの文 : play Australian football

→ ヒロキ，ニック両方のEメール内に Australian football がある。

2 (1)文章の結論になる部分。英語を上手に話すことが大切だと思っていたが，に続く文なので，**ア**や**エ**の英語に関することではないことがわかる。また，**ウ**の日本語についての記述はこの文章には出てこない。**イ**「私はたくさんの問題について，自分自身の意見を持たなければなりません。」が適切。**ア**「私はほかの国々から来た人々を知るために，上手な英語を話さなければなりません。」**ウ**「私は日本語でほかの国々からの人々と話すために，もっと日本語を学ばなければなりません。」**エ**「私は上手な英語を話すために，世界についての英語の本を読まなければなりません。」

(2)「すべての生徒が英語を上手に話しましたか。」という質問。３文目に Some of the students didn't speak English well, とある。「いいえ，話しませんでした。」

重要ポイント

(2)**疑問詞のない疑問文**には Yes, No で答える。Did ～？の疑問文には，did を使って答える。

(3)I always thought that のあとの主語は，speaking English well の部分。

(4)**ア**「英語の討論会は地球温暖化を止める方法についてでした。」２文目の内容と合う。

イ「英語の討論会はたくさんの国から来た生徒たちによって行われました。」１文目の内容と合う。

ウ「英語の討論会はラジオで開かれました。」１文目の最後に on TV＝「テレビで」とあるので，合わない。

エ「すべての生徒たちがたくさんの例を使って彼らの考えを出しました。」３文目の後半の内容と合う。

弱点チェック

(4)本文の内容と「合わないもの」を選ぶ，という設問文をよく読む。「合うもの」を選ぶと思いちがいをして，選択肢の１つ目で解答してしまわないこと。

〈全訳〉

今日，私は，たくさんの国から来た生徒たちによる英語の討論会をテレビで見ました。それは，地球温暖化を止める方法についてでした。生徒たちの中には英語を上手に話せない人もいましたが，彼らみんなが，たくさんの例を使って考えを出していました。私は，日本語であっても彼らのように話すことはできないと感じました。私は，上手に英語を話すことが私にとって最も大切なことだといつも思っていました。しかし，今は，私はたくさんの問題について，自分自身の意見を持たなければならないということを学びました。

第11日 英作文 (1)

⇒ p.118～p.119

1 (1)writer (2)since (3)practiced (4)easy

2 例(1)Who is the tall man (that is) talking with (the) children (over) there?

(2)it was too difficult (for me) to finish in fifty minutes

(3)we have known each other for ten years

(4)My mother always tells me to get up a little earlier.

3 例(1)Can[Will] you help me? / Could [Would] you help me?

(2)Do you have any plans tomorrow? / Do you have anything to do tomorrow?

(3)When was this story written?

(4)I have never been to Tokyo (before).

(5)I'm sorry I'm late.

(6)Would you like something to drink?

4 例①(Global warming) is one of the most serious problems in Japan.

例②The second-year students of our junior high school go for a ski trip in Nagano every year, but the trip was canceled this year, because it snowed very little. I can't easily solve global warming alone, but I can reduce the amount of trash by reusing and recycling things.

例③49(語)

解説

1 (1)前の famous は形容詞で，空欄で文が終わっているので，名詞が入ると考える。「作家」＝writer

(2)空欄のあとに〈主語＋動詞〉の文の形が続いているので，接続詞が入ると考える。「〜以来」＝since

(3)主語のすぐあとなので，動詞が入ると考える。「練習する」＝practiceを過去形にして入れる。

(4)be 動詞のあとなので，名詞か形容詞。名詞の「作家」はあてはまらないので，形容詞の「容易な」＝easy を入れる。

〈全訳〉

今日，サトウさんとの特別な授業がありました。彼は彼の仕事について話してくれました。彼は有名な作家です。彼は子どものころからたくさんの本を読んできました。彼は，ほとんど毎日，短い物語を書く練習をすると言いました。私は，それは簡単なことではなかったと思います。彼のスピーチはとても役に立ちました。私は，自分自身の将来について考えたいと思います。

2 (1)「子どもたちと話をしている」は，現在分詞の形容詞的用法で表す。

(2)「50分で」＝in fifty minutes

(3)「知っている」＝know は不規則動詞。

解き方のコツ 日本語からそのまま英語にするのが難しいときは，**書ける表現にかえて書く。**

(2)too を使う指示があるので，「難しくて」を「あまりに難しすぎて」と表す。

→ too difficult to finish

(3)「知り合い」を「お互いに知っている」という表現にして現在完了を使って表す。「10年前から」は「10年間」と表す。

→ we have known each other for ten years

(4)**「人に〜するように言う」＝〈tell＋人＋to＋動詞の原形〉**で表す。「もう少し早く」＝a little earlier

3 (1)依頼する表現は，Can[Will] you〜? または，少していねいな Could[Would] you〜? を使う。

(2)「予定」＝plan「明日何かすることがありますか。」としてもよい。

(3)過去の受け身の文。「書く」＝write は不規則動詞。

(4)「〜に行ったことがある」＝have been to 〜

(5)あやまるときは **I'm sorry.** と言う。late＝「遅れた」

(6)Would you like 〜? は Do you want 〜? のていねいな表現。「何か飲み物」＝something to drink

弱点チェック

ある場面で，どう言うかを英語で書く問題のように，直接日本語がない問題では，書くべき文を日本語で考えてから，英語にする。

(1)「私を手伝ってくれませんか。」

(4)「私は一度も東京へ行ったことがありません。」

(5)「遅れてごめんなさい。」

(6)「何か飲み物はいかがですか。」

4 ①global warming＝「地球温暖化」が主語の最上級の文にする。「最も〜なうちの１つ」は，〈one of the＋最上級+名詞の複数形〉で表す。また，「深刻な」は serious で表す。serious や famous のように -ous で終わる形容詞の最上級は，前に most を置いて most serious で表す。

②解答例の訳は，「私たちの中学校の２年生は毎年スキー旅行のために長野へ行きますが，その旅行は今年は雪がほとんど降らなかったので中止になりました。私はひとりで簡単に地球温暖化を解決することはできませんが，私はものを再使用したり再利用したりすることによってごみの量を減らすことができます。」

第12日 英作文(2)

⇒ p.120〜p.121

1 (1)what to do

(2)例I was very tired, but I shared[had] a good time with them.

2 (1)Where, does, he, live

例(2)②I will[I am going to] go there next year. / I will[I am going to] visit Toronto next year.

③Why don't you ask him about Toronto? / How about asking him about Toronto?

3 例(1)You look (so) bad.

(2)I have[I've] caught[got] (a) cold.

(3)It will make you warm. / You'll[You will] get warm.

4 例(1)New Year's Day

(2)New Year's Day is a special day in Japan. Many people wear Japanese traditional *kimono* and eat special food called '*osechi ryori.*'

5 例(1)I think reading books is important.

(2)We can learn many things from books. I've read some good books. I've learned different ways of thinking from them. Reading books makes our lives wonderful.

解説

1 (1)「何をしたらよいか」の部分。**〈疑問詞＋to＋動詞の原形〉**で表す。

(2)「わかちあう」＝share

〈全訳〉

私は7月に3日間，幼稚園を訪れました。私のクラスには20人の子どもたちがいました。最初は，私は緊張していて，子どもたちと一緒に遊ぶことは難しかったです。でも，先生たちはとても親切で，私に何をしたらよいか教えてくれました。私が子どもたちにピアノをひいてあげたとき，彼らは歌と踊りを楽しみました。最後の日には，彼らは私に「また来てね！」と言いました。彼らが私をとても気に入ってくれたので，私はとてもうれしかったです。私はとても疲れていましたが，彼らと楽しい時間をわかちあいました。

2 (1)ユミが，彼(＝スミスさん)の住んでいる場所を答えている。

(2)②「行く」は go または visit で表せる。「来年」＝next year

③「〜したらどうですか。」＝Why don't you 〜? または How about 〜ing?

解き方のコツ 同じ内容を，いくつかの表現で表せるように，慣用表現などをできるだけたくさん覚えておく。
③「〜したらどうですか。」
Why don't you 〜?
How about 〜ing?
You can 〜.
You should 〜.

〈全訳〉

ユミ：こんにちは，ジェーン。元気？
ジェーン：元気よ，ありがとう。あなたは？
ユミ：とてもいいわ。ジェーン，今日はいいニュースがあるの。私の父の友人のスミスさんが次の日曜にうちに来るの。彼はカナダ出身でもあるの。
ジェーン：あら，そうなの？ 彼はカナダのどこに住んでいるの？
ユミ：彼はトロントに住んでいるの。
ジェーン：ほんとうに？ 私は来年そこへ行くつもりなの。
ユミ：それはすてきだわ！ トロントについて彼にたずねたらどう？

3 (1)「〜のように見える」＝look を使って表す。

(2)「風邪をひく」＝catch[get] (a) cold を現在完了で表す。

(3)「あたたまる」を「あなたをあたたかくする」と考える。

弱点チェック
日本語にない主語を補って考える。
(1)相手に言う文なので，主語は you。
(2)自分のことなので，主語は I。
(3)前の文の hot milk のことを言っているので，代名詞 it を主語にする。

4 日本独自の文化や習慣などから選ぶとよい。解答例では，「元日」を取り上げ，着物やおせち料理について説明している。「元日は日本では特別な日です。たくさんの人々が日本の伝統的な着物を着て『おせち料理』と呼ばれる特別な料理を食べます。」

5 「私たちは読書をするべきだ」という意見に対して，どう思うかをまずはっきりと述べる。そのあとは，自分のこれまでの経験なども含めて，その理由として説得力のある内容にする。「私は読書が大切だと思います。私たちは本からたくさんのことを学ぶことができます。私は何冊かのよい本を読みました。そこからさまざまな考え方を学びました。読書は私たちの生活をすばらしいものにしてくれます。」

重要ポイント
設問の条件に合っているかどうか，必ず確認する。
(1)I think を使う。
(2)(1)の理由にする。4文以上。

第13日 発音・文の読み方

⇒ p.122〜p.123

1 (1)①エ ②ア ③エ
(2)①ア ②ウ ③エ

2 オ，コ

3 (1)ウ (2)イ (3)イ

4 (1)イ (2)イ (3)イ (4)ア

5 (1)ア，エ (2)イ，エ

解説

1 (1)①アイウ[ʌ]，エ[u]
②ア[gz]，イウエ[ks]
③アイウ[əːr]，エ[ɑːr]

✓ 弱点チェック

(1)③[əːr]の発音
ir : girl, bird, shirt, first, thirdなど
or : work, word, world, worthなど
ur : nurse, Thursday, church, turnなど
ear : early, earth, learn, heardなど
☆heartは，[ɑːr]になるので注意。
[ɑːr]の発音
ar : park, car, dark, farm, large, guitar など

(2)①ア[krɔ́ːs]，イ[kóuld]，ウ[θróu]，エ[wóunt]
②ア[áilənd]，イ[inváit]，ウ[aidíːə]，エ[báisikl]
③ア[féiməs]，イ[tʃéindʒ]，ウ[déindʒərəs]，エ[klǽsmeit]

2 アél-e-phant　イsúd-den-ly　ウfór-eign
エtél-e-vi-sion　オmu-sé-um　カbí-cy-cle
キná-tion-al　クcom-mu-ni-cá-tion
ケhám-burg-er　コva-cá-tion

3 (1)nothing[ʌ]，アhappy[æ]，イshop[ɑ]，ウhungry[ʌ]，エhope[ou]「私はそのニュースについて言うことは何もありません。」
(2)speech[tʃ]，アmarket[k]，イquestion[tʃ]，ウschool[k]，エfinish[ʃ]「夕食後の彼のスピーチはとてもよかったです。」
(3)when以下は過去の文なので，readは過去形。read[e]，アteach[iː]，イready[e]，ウeast[iː]，エmeet[iː]「ケンは10歳のときにこの本を読みました。」

重要ポイント

(3)文の中での発音を聞かれたら，同じつづりで，ちがう発音になることはないか，文全体をよく確認する。
・readは[riːd]と[red]の２種類の発音がある。
(現在の文)
He reads this book for his sister.
[iː]の発音
(過去の文)
I read this book yesterday.
[e]の発音

4 (1)交通手段について，「バス？」と聞かれたあとなので，「歩く」＝walkの部分を強く発音する。*A*「あなたはどのようにして学校に行きますか。あなたはバスに乗りますか。」*B*「いいえ。私は歩いて学校に行きます。」

解き方のコツ　強く発音する部分は，**強調したいところ。**英語でわからなければ，日本語に直して考えてみてもよい。
(1) *A*「あなたはどのようにして学校に行きますか。あなたはバスに乗りますか。」
B「いいえ。私は歩いて学校に行きます。」
→「バス」ではなく，「歩いて」行くのだから，ここを強調する。

(2)自分は答えずに，先に相手の希望を聞くので，「あなた」＝youを強く発音する。*A*「あなたは昼食に何を食べたいですか。」*B*「ええっと…。あなたは，何を食べたいですか。」
(3)ここにいたが，今はいないことを伝えるので，「いた」＝wasの部分を強く発音する。*A*「すみません。ヤマダさんにお会いしたいです。彼はここで勉強していると聞いています。」*B*「彼はここで勉強していました。しかし，今は図書館にいます。」
(4)ビルよりも速く走れる人について言うので，Jackを強く発音する。*A*「あなたはビルよりも速く走れますか。」*B*「いいえ。ジャックがビルよりも速く走れます。」

5 (1)**副詞のあるところや，長い主語のあと**で区切る。finallyは「ついに」という意味の副詞，the boy and the girl walking in the dark forestが主語。「ついに，暗い森を歩いていた男の子と女の子は，家の暖かい光を見ました。」
(2)**意味が切れるところ**で区切る。「私は山形中から来た何人かのほかの生徒たちと，コロラドへ送られました。」

第14日　高校入試　予想問題 (1)〔英語〕

⇒p.124～p.126

❶ (1)エ　(2)ウ　(3)ウ
❷ カ，キ，ク
❸ (1)エ　(2)イ　(3)ウ
❹ (1)イ　(2)ウ　(3)ア　(4)エ
❺ (1)June　(2)languages　(3)without　(4)listening
❻ 例１(1)You should take them to *Izumo-taisha*.（6語）
(2)*Izumo-taisha* is a famous shrine in Shimane. You can see some traditional buildings there. I'm sure you will be

impressed with them.（22語）

例2 (1)Why don't you try Japanese food with them?（８語）

(2)Japanese food is really delicious. They will find that it is beautiful, too. I'm sure they will like it.（19語）

❼ (1)エ　(2)ア

(3)It was a question I asked

(4)told　(5)エ

(6)**例**We talked about the differences between America and Japan.

解説

❶ (1)ケンが This is the T-shirt you gave me for my birthday yesterday. と，I like this red T-shirt very much. と言っている。もらったのは赤いＴシャツ。

(2)エミが Last winter, I visited her ～ と言っている。her はおばさんのことで，おばさんは北海道に住んでいる。ア「先週。」イ「２年前。」ウ「去年の冬。」エ「１か月前。」

(3)エミはおばさんの家に３日間滞在し，最後の日に動物園に行ったと言っている。ア「彼女は山でスキーを楽しみました。」イ「彼女は有名な公園を訪れ，何羽かの美しい鳥を見ました。」ウ「彼女は北海道の人気のある動物園で，たくさんの動物を見ました。」エ「彼女は彼女の友達と美術館に行きました。」

〈スクリプト〉 ♪12

Ken: Hi, Emi. Look at this. This is the T-shirt you gave me for my birthday yesterday.

Emi: You look great! Do you like it?

Ken: Sure. I like this red T-shirt very much.

Emi: I'm very glad to hear that. I bought it last week.

Ken: Emi, your blue T-shirt looks nice, too. Where did you get it?

Emi: My aunt sent it to me two years ago. She lives in Hokkaido. Last winter, I visited her with my family. I stayed there for three days.

Ken: What did you do there?

Emi: On the first day, we enjoyed skiing on the mountain near my aunt's house.

Ken: Did you enjoy skiing on the second day, too?

Emi: My father and brother did. But I didn't ski. My mother, aunt and I visited a famous park and saw some beautiful birds. I had a good time there. Have you ever been to Hokkaido?

Ken: No, I haven't. But I want to go to the popular zoo in Hokkaido. I saw it on TV one month ago. Did you go to the zoo?

Emi: Yes, I did. I went there on the third day. I saw a lot of animals and took pictures there.

Ken: May I see the pictures you took at the zoo next Saturday?

Emi: I'm sorry. I'm going to go to a museum with my friend. How about next Sunday?

Ken: OK. I'll see you then.

Questions :

(1)Did Ken get a blue T-shirt from Emi for his birthday?

(2)When did Emi visit her aunt in Hokkaido?

(3)What did Emi do on the last day in Hokkaido?

〈全訳〉

ケン：やあ，エミ。これを見てよ。これは昨日，きみがぼくの誕生日にくれたＴシャツだよ。

エミ：いいじゃない！　気に入ってくれた？

ケン：もちろん。ぼくはこの赤いＴシャツがとても好きだよ。

エミ：それを聞いてほんとうにうれしいわ。私は先週，それを買ったのよ。

ケン：エミ，きみの青いＴシャツもいいね。それをどこで手に入れたの？

エミ：私のおばが，２年前にそれを送ってくれたわ。彼女は北海道に住んでいるの。この前の冬，家族と一緒に彼女を訪ねたわ。そこに３日間滞在したのよ。

ケン：そこで何をしたの？

エミ：初日には，おばさんの家の近くの山でスキーを楽しんだわ。

ケン：２日目もスキーを楽しんだ？

エミ：父と兄[弟]はそうよ。でも，私はスキーはしなかったわ。母とおばと私は，有名な公園を訪れて，美しい鳥を見たわ。そこで楽しい時間を過ごしたの。あなたは北海道へ行ったことはある？

ケン：いいや，行ったことはないよ。でも，北海道の人気のある動物園に行ってみたいんだ。ぼくはそれを１か月前にテレビで見たんだ。その動物園には行った？

エミ：うん，行ったわ。私は３日目にそこへ行ったわ。そこでたくさんの動物を見て，写真を撮ったのよ。

ケン：今度の土曜日に，きみが動物園で撮った写真を見てもいいかな。

エミ：ごめんなさい。私は友達と美術館に行く予定なの。今度の日曜日はどう？

ケン：いいよ。そのときに会おう。

質問：

(1)ケンは誕生日にエミから青いＴシャツをもらいましたか。

(2)エミはいつ北海道のおばさんを訪ねましたか。

(3)エミは北海道の最後の日に何をしましたか。

❷ アgreat, break[ei]，bread[e]

イApril, apron[ei]，all[ɔ:]

ウbad[æ]，take, same[ei]

エsoon[u:]，foot, book[u]

オmost[ou]，autumn, fall[ɔ:]

カlooked, stopped, watched[t] で同じ。
キheard, girl, world[əːr] で同じ。
クchain, chocolate, choice[tʃ] で同じ。
ケmouth[au], country[ʌ] would[u]
コtogether, those[ð], everything[θ]

❸ (1)アcóm-pa-ny, イÍn-ter-net, ウdán-ger-ous, エex-ám-ple
(2)アmu-sí-cian, イhám-burg-er, ウim-pór-tant, エto-mór-row
(3)アes-pé-cial-ly, イen-ví-ron-ment, ウin-for-má-tion, エex-pé-ri-ence

✔ 弱点チェック
カタカナ語で使っている英語と，強く発音する部分がちがうことがあるので注意する。
インターネット：Ínternet
ミュージシャン：musícian
ハンバーガー：hámburger

❹ (1)「あれらはだれの鉛筆ですか。」という文。pencils が複数なので，those＝「あれらは[が]」が適切。
(2)Mt. Fuji＝「富士山」が主語の受動態の疑問文。受動態は，**〈be 動詞＋動詞の過去分詞〉**で表す。「あなたの教室から富士山は見られますか。」
(3)**〈tell＋人＋to＋動詞の原形〉**＝「(人)に～するように言う」。「鈴木先生は私たちに今週は昼食を持ってくるように言いました。」 told は tell の過去形。
(4)a camera が先行詞の関係代名詞を使った文。camera はものを表す名詞なので，関係代名詞は which[that]を使うのが適切。「これは日本で人気のあるカメラです。」

❺ (1)5月と7月の間の月。カトウ先生「シンジ，5月と7月の間の月は何ですか。」シンジ「6月です。」
(2)「日本語，中国語，英語」は，「言語」。複数形にすること。アツコ「メグは中国語でだれかと話していました。彼女は中国語も話すのですか。」サム「はい，彼女は日本語，中国語，英語の3か国語を話します。」
(3)ミルクはいらない，という内容の文にする。without＝「～なしで」。トモミ「紅茶にミルクを入れますか。」エミリー「いいえ，けっこうです。 私はいつもミルクなしで紅茶を飲みます。」
(4)to her new CD が続くので，listen を入れて，「新しい CD を聞く」という意味にする。is のあとなので現在進行形の文。*A*「ベッキーはどこにいますか。」*B*「彼女は自分の部屋にいます。彼女は新しい CD を聞いているのだと私は思います。彼女は昨日それを買ったのです。」

❻ (1)先生の「私の家族が今年，日本に来ます。私は彼らに何をすべきでしょうか。」に答える文。**You should ～.**＝「～するべきです。」や，**Why don't you ～?**＝「～してはどうですか。」を使って，おすすめの内容を書く。3語以上，15語以内の条件を守ること。
(2)先生の「それはおもしろそうですね。それについてもっと教えてください。」に答える文。①で書いた内容を説明する。15語以上，25語以内の条件を守ること。

〈例1の訳〉
(1)「彼らを出雲大社に連れていくべきですよ。」
(2)「出雲大社は島根にある有名な神社です。そこであなたたちは，伝統的な建物を見ることができます。きっとあなたたちはそれらに感銘を受けると思います。」

〈例2の訳〉
(1)「彼らと日本食を食べてみてはどうですか。」
(2)「日本食はほんとうにおいしいです。彼らは，それが美しいということにも気づくでしょう。きっと彼らはそれを気に入ってくれると思います。」

❼ (1)お父さんが外国人への対応に困って，タクヤに助けを求めている場面なので，Can you help me?＝「私を手伝ってくれませんか。」が適切。
(2)「彼女が何を言ったのか理解できませんでした」の意味。
(3)「それは質問でした」「私が(英語の授業で何度も)たずねた」とする。
(4)過去の話なので，過去形にする。

解き方のコツ
動詞の形をかえるときは，
1. 前後に名詞があれば，分詞の形容詞的用法
→～ing 形か過去分詞
2. 前に前置詞があれば，動名詞
→～ing 形
3. 前に be 動詞があれば，受け身か進行形
→受け身なら過去分詞，進行形なら～ing 形
4. have や has があれば，現在完了。
→過去分詞にする。
5. 助動詞があれば原形。

※これらがなければ，現在形(→3単現の s をつける)か，過去形(過去を表す語句を探す)。

(5)before＝「以前に」

(6)「～について話す」＝talk about ～，「～と…の間の」＝between ～ and ...，「ちがい」＝difference

〈全訳〉

ぼくの家族は小さな旅館を経営しています。ある土曜日に，父がぼくの部屋へやってきて，「２人の外国人女性が来て，私に話しかけてきたんだが，私は英語が話せないんだ！　タクヤ，手伝ってくれないか？」と言いました。それでぼくは玄関へ行き，彼女たちに会いました。彼女たちのうちの１人がぼくに「こんにちは，私はケイトで，こちらはベッキーです。私たちはアメリカから来ています。私たちは今夜ここに泊まりたいと思っています。２人用の部屋はありますか。」と言いました。ぼくは彼女の言ったことが理解できなかったので，「もう一度言ってくださいますか。」とお願いしました。それはぼくが英語の授業で何度もたずねた質問でした。そして，彼女は再びぼくにゆっくりとたずねました。このときは，彼女の英語を理解することは(さっきよりも)簡単でした。ぼくは彼女の質問について父に伝え，彼は彼女たちに「OK，OK。どうぞ，どうぞ。」と言いました。そして彼は彼女たちにお茶を出しました。ベッキーは「私はこれまでにこんなにすばらしいお茶を飲んだことがないわ。」と言いました。

そのあと，父はぼくに「ありがとう，タクヤ。おまえが英語を話せるから，今では私たちは外国の人々をお迎えすることができる。私たちの旅館は国際的になっている。」と言いました。ぼくはこれを聞いたとき，自分自身をとても誇りに思いました。

夕食後，父とぼくはケイトとベッキーにお茶を出しました。ぼくたちはアメリカと日本の間のちがいについて話しました。ベッキーは「私は日本のおもてなしがとても好きです。たとえば，私たちが今日の午後にここに来たとき，お茶について何も言わなかったけど，あなたたちは私たちにお茶を出してくれました。私はあなたたちのおもてなしに感動しました。」と言いました。このとき，ぼくは父をとても誇りに思いました。

この経験を通して，ぼくは英語をもっと勉強する決心をしました。そして将来，ぼくたちのいちばんのおもてなしで，たくさんの外国の人々をぼくたちの旅館に迎えたいです。

第15日　高校入試 予想問題 (2)〔英語〕

⇒ p.127～p.129

❶ (1)ウ　(2)エ　(3)イ

❷ (1)right　(2)through　(3)ate

❸ (1)I have to leave home

(2)think Ken's speech made us happy

(3)bottle of water is on

❹ (1)エ　(2)ウ　(3)ア

❺ (1)ア　(2)ウ

❻ (1)例 タクヤが使っていた古いラケットをケンが使ってもよいということ。

(2)例 Let's play tennis together again.

(3)nothing

(4)①カ　②オ　③イ

(5)エ

解説

❶ (1)店員の how about this rabbit doll? と，男性の the ribbon on the head より，頭にリボンのついたウサギの人形。

(2)自転車が壊れていて，バスに乗ろうとしたが乗れず，お父さんの車で来た。最後の My father took me here by car. の部分。

✔ 弱点チェック

途中で出てきた語句で答えを決めてしまわず，音声は最後まで落ち着いて聞く。明らかに選ばない選択肢には×印をつけるなどして，候補から外してしまおう。

(2)My bike was broken,

→この時点で，**イ**「自転車」は×。

so I tried to catch a bus と言っているが，バスについては I missed it. と言っている。

→この時点で，**ウ**「バス」は×。

最後の My father took me here by car.

→**エ**「車」が答え。

アの「電車」は会話には出てこない。

(3)this is Tom より，電話はトムから。I want to ask him about today's homework. より，宿題について聞きたがっている。I will call again at 8 p.m. より，午後８時に電話をかけ直すと言っている。

〈スクリプト〉 ♪13

(1)*F* : Hello. May I help you?

M: Yes. I am looking for a birthday present for my 6-year-old sister.

F : How nice! Well, ... how about this rabbit doll?

M: Wow, it's so cute. She will like the ribbon on the head. I'll take it.

Question :

What did the man buy as a present?

(2)*M*: Why were you late? What happened?

F : I am sorry. My bike was broken, so I tried to catch a bus.

M: I understand. Then, did you come by bus?

F : No. I missed it. My father took me here by car.

Question :

How did the woman come?

(3)*M*: Hello, this is Tom. Can I speak to Yasuo?

F : Hi, Tom. I am sorry he is out now. Can I take a message?

M: Yes, please. I want to ask him about today's homework. Could you tell him that I will call again at 8 p.m.?

F : OK, I will. I made a note. Bye.

Question :

Which is the message the woman wrote?

〈全訳〉

(1)女性：こんにちは。いらっしゃいませ。

男性：はい。私は6歳の妹のための誕生日プレゼントを探しています。

女性：いいですね！ えっと，…このウサギの人形はいかがでしょうか。

男性：わあ，それはとてもかわいいですね。彼女は頭にあるリボンを気に入るでしょう。それにします。

質問：

男性はプレゼントとして何を買いましたか。

(2)男性：どうして遅れたの？ 何があったの？

女性：ごめんなさい。自転車が壊れてしまって，バスに乗ろうとしたの。

男性：わかったよ。それで，バスで来たのかい？

女性：いいえ。乗れなかったわ。お父さんが車で私をここまで連れてきてくれたの。

質問：

女性はどのようにして来ましたか。

(3)男性：もしもし，トムです。ヤスオはいますか。

女性：もしもし，トム。ごめんなさい，彼は外出中よ。メッセージを伝えましょうか。

男性：はい，お願いします。彼に今日の宿題について聞きたいんです。午後8時にぼくがもう一度電話すると伝えてくれますか。

女性：わかったわ，伝えておきます。メモをしたわ。じゃあね。

質問：

女性が書いたメッセージはどれですか。

❷ (1)write[rait]と同じ発音の語はright。turn right＝「右に曲がる」となり，意味が通る。「いちばん近い銀行ですか。はい，この道に沿って行って，そして最初の角で右に曲がってください。それはあなたの左側に見えるでしょう。」

(2)threw[θru:]と同じ発音の語はthrough。through English＝「英語を通して」となり，意味が通る。「たくさんの異なる国からのたくさんの生徒がいて，彼らは英語を通してお互いを理解しました。」

(3)eight[eit]と同じ発音の語はate。ate *natto*＝「納豆を食べた」となり，意味が通る。「私は今日初めて納豆を食べました。それはねばねばしていましたが，おいしかったです。」

重要ポイント

発音が同じでつづりがちがうものの例

blue, blew[blu:]	deer, dear[diər]
hour, our[auər]	here, hear[hiər]
meat, meet[mi:t]	new, knew[nju:]
piece, peace[pi:s]	scene, seen[si:n]
son, sun[sʌn]	sea, see[si:]
one, won[wʌn]	week, weak[wi:k]

❸ (1)主語はI，動詞はhaveとleaveの2つあるが，leaveとすると，leave homeだけがつながり，toとhaveが使えない。have toとしてleave homeをhave toのあとに続けると意味が通る。*A*「土曜日に，あなたのサッカーの試合はいつ始まりますか。」*B*「それは午前8時30分に始まるので，私は朝早く家を出なければなりません。」

(2)動詞はthinkとmadeがあるが，I madeとするとあとがつながらないので，I thinkをまず置く。スピーチコンテストの話であることから，Ken's speechをthinkのあとの主語にして，動詞madeを続けると，**〈make＋人＋形容詞〉**の形ができる。*A*「あなたは昨日，スピーチコンテストに行きましたか。」*B*「はい。それはすばらしかったです。私は，ケンのスピーチが私たちを幸せにしたと思います。」

(3)飲み物があるか，という問いに対しての答えなので，a bottle of ～＝「1本の～」を使って，水があることを言う文にする。*A*「ぼくはのどがかわいたよ。何か飲み物はある，ママ？」*B*「ええ。テーブルの上に1本の水があるわ。」

❹ (1)現在完了の疑問文で，ふつう文末に置かれるのはyet。「もう～しましたか」の意味。*A*「リチャード，宿題はもう終わりましたか。」*B*「はい，終わりました。今，テレビを見てもいいですか。」

(2)get to ～＝「～に着く，行く」につながるので，「行き方」となるように，how を入れると意味が通る。「私は美術館への行き方がわかりません。私はだれかに聞かなければなりません。」

(3)was born 以降が，the cat を修飾する形になるように，関係代名詞を入れる。先行詞が the cat(動物)なので，which が適切。「私の家族は3匹のネコを飼っています。これは先週生まれたネコです。」

5 (1)「もしあなたがプログラムに参加したいのなら，あなたは何時に部屋に着くべきですか。」という質問。ポスター中の2番目の●の文 You need to come to the room 15 minutes before the starting time.＝「あなたは開始時間の15分前に部屋に来る必要があります。」と，ポスター中の Time: From 1:00 p.m.＝「時刻：午後1時から」より，午後1時の15分前の午後12:45が適切。

(2)ア「あなたはそば作りとおりがみ作りを同じ部屋で楽しむことができます。」

イ「日本人は5月3日に信州市祭り(Shinshu City Festival)に参加することができません。」

ウ「人々は日本の文化に関する3種類のプログラムから1つを選ぶことができます。」

エ「信州市祭りのすべてのプログラムにおいて，あなたはお金を持ってくる必要がありません。」

6 (1)「それを聞いて驚いた」の「それを」の部分なので，直前にタクヤが言ったことを指している。

解き方のコツ
代名詞が指す語は，ふつう，その箇所よりも前に出てくる。
that や it などなら，単数のものやものごと
those や them などなら，複数のものやものごと

(2)もともと一緒にテニスをしていたタクヤがケンに話しかけている場面。「試合が終わってから一緒に練習をしていないから，また一緒にテニスをしようよ」などとすればよい。

(3)第4段落で，タクヤが "If you do nothing, things will not change and you won't be a better player." "Making mistakes is OK if you are trying!" と言っている。また，I was afraid of playing tennis after the tournament and did nothing. とあり，直後でそれはまちがいだったと言っている。これらを言いかえたのが［B］を含む文。do nothing＝「何もしない」

(4)〈英文の訳〉

ケンは中学校でテニスをし始めました。そのとき，彼(＝ケン)は友達のタクヤと初めての大会に出場しました。しかしながら，ケンはミスをして，彼らは①勝つことができませんでした。彼(＝ケン)はとても②申し訳なく思い，タクヤと話すことができませんでした。彼(＝ケン)は，彼(＝タクヤ)とテニスをすることさえもしませんでした。しかし，タクヤは③やさしく，彼(＝ケン)によいことを伝えました。このことが彼(＝ケン)の心を変え，彼(＝ケン)はより一生けん命に練習を始めました。

(5)最後の段落がまとめになっている。1文目の後半にある I learned a lot from Takuya through tennis から，**エ**「私がテニスを通してタクヤから学んだこと」が適切。**ア**「よいテニス選手になる方法」，**イ**「私の友達のタクヤと彼のお気に入りのこと」，**ウ**「中学校での私の最も幸せな時間」

〈全訳〉

ぼくにはとても仲のよい友達がいます。彼の名前はタクヤです。ぼくたちは小学校のときから，ずっと友達です。中学校では，一緒にテニスをしました。今，ぼくはあなたたちにぼくたちのテニスの日々についてお話しします。

「きみはどのクラブに入るの，ケン？」と，4月にぼくたちが中学校へ入学したときに，タクヤはぼくにたずねました。「実は，ぼくはまだ決めてないんだけど，きみは…」と，ぼくは答え，彼の予定についてたずねようとしました。彼はぼくを止めて，「一緒にテニスをしようよ。ぼくはきみにぼくのパートナーになってほしいんだ。」と言いました。彼は1年前の小学生の頃，それをし始めました。彼は「ぼくは新しいラケットを買ったから，きみはこの古いのを使ってもいいよ。」と続けました。ぼくは彼がそれをとても大切にしていることを知っていたので，そのことを聞いて驚きました。数日後に，それを持ってテニスクラブに行き，メンバーになりました。

ほとんど毎日，ぼくたちは一緒にテニスの練習をしました。すべてのことがぼくにとって新しく，とても楽しかったです。その年の夏には，タクヤはぼくのパートナーになり，初めて大会に参加しました。ぼくはその日，ベストを尽くそうと決めましたが，たくさんの失敗をして，ぼくたちは負けてしまいました。ぼくは，タクヤに何と言ったらいいのかわかりませんでした。ぼくは「タクヤやほかのメンバーはぼくのことをどう思っているのだろう。」と思いました。ぼくは，これ以上テニスはしたくないと思いました。その時，ぼくは彼と話しさえしませんでした。事情はしばらくかわりませんでした。

そしてある日，タクヤは，「やあ，ケン！　大会が終わってから，ぼくたちは一緒にテニスを練習していないね。また一緒にテニスをしようよ。」とぼくに話しかけました。ぼくは「もしぼくとしたら，ぼくはミスをして，また負けてしまうよ…。」と言いました。彼は「もしきみが何もしなければ，ものごとは変わらないし，いい選手にはなれないよ。」と言いました。そして彼は笑って，「もしきみががんばっているのなら，ミスをしてもいいんだ

よ！」と言いました。ぼくは驚いて，何も言えませんでした。大会のあと，ぼくはテニスをすることを恐れて，何もしていませんでした。それはぼくのしてしまった最大のまちがいでした。彼の言葉はぼくの心を変えました。そのあと，ぼくはより一生けん命に練習をし，たくさんのミスをし，よりよい選手になりました。

ぼくたちの中学校のテニスの日々は，ちょうど終わったところですが，ぼくはテニスを通してタクヤからたくさん学びました。1つのことは確かです。何かをしてみて，ミスをすることは，何もしないことよりもよいということです。もしぼくがやってみれば，ぼくは何か新しいことを見つけるチャンスがあるでしょう。

国語 Japanese

第1日 語句

⇒ p.159～p.158

1 ⑴温 ⑵分 ⑶向 ⑷同 ⑸戸 ⑹所 ⑺箇 ⑻裁

2 ⑴短縮 ⑵精神 ⑶理想 ⑷容易 ⑸偶然 ⑹消費 ⑺興奮 ⑻義務

3 ⑴①ア鳴 イ泣 ②ア治 イ納 ③ア開放 イ快方 ④ア鑑賞 イ観賞
⑵①覚 ②務
⑶①大勢 ②基幹

4 ⑴ア ⑵エ ⑶ウ

5 ⑴足 ⑵腕 ⑶鼻 ⑷口

6 イ

7 ⑴エ ⑵イ ⑶ウ ⑷ア

解説

3 ⑴②**ア**「治める」は，社会の秩序が保たれるようにするなどの意味。**イ**「納める」は，受け取るべき相手のもとに渡すなどの意味。③**イ**「快方」は，病気やけがの状態がよくなっていくこと。④**ア**「鑑賞」は，芸術を深く味わい理解を深めること。**イ**「観賞」は，見て美しさなどを楽しむこと。

⑶①おおよその状況や形勢という意味を表す「大勢」が正しい。

✔ 弱点チェック 「以外」「意外」，「公正」「厚生」，「紹介」「照会」，「暖かい」「温かい」，「熱い」「厚い」「暑い」，「訪ねる」「尋ねる」などの意味の違いも押さえよう。

4 ⑴他は，**イ**「気宇壮大」，**ウ**「千変万化」，**エ**「完全無欠」の意味。

⑵**ア**は，昔のままで，いっこうに進歩がないこと。**イ**は，その場に合わせてすばやく機転を利かせること。**ウ**は，互いに策略や手段を尽くして戦うこと。

⑶**ア**は読み方が「ごんごどうだん」。**イ**は漢字が「無我夢中」。**エ**は意味が「他人のことは考えず，自分の都合のいいようにすること」。

5 ⑴「揚げ足を取る」は，人の言い間違いなどを捉えて言いがかりをつけること。

⑵「腕によりをかける」は，技術などを存分に発揮しようと張り切ること。

⑶「木で鼻をくくる」は，とても無愛想なこと。

⑷「口車に乗る」は，巧みな言葉にだまされること。

6 「あとは野となれ山となれ」は，今さえよければ，あとはどうでもよいと考えること。これと反対の意味になっているのは**イ**「立つ鳥跡を濁さず」。意味は，きれいにあと始末をしておくこと。**ア**は，その場限りと考えて，ふだんしないようなことを平気ですること。**ウ**は，うわさが立つからには，何らかの原因があるということ。**エ**は，してしまったことはいくら悔やんでも取り返しがつかないということ。

第2日 文 法 (1)

⇒ p.157～p.156

1 (1)七 (2)四 (3)エ
2 (1)①(主語)風が (述語)吹く
②(主語)おやつは (述語)プリンだ
③(主語)あなたは (述語)いけない
(2)①オ ②エ ③ウ ④イ
3 (1)ウ (2)やめて (3)①明日の ②作品を
(4)①エ ②オ
4 (1)ア (2)①ア ②b (3)ウ (4)イ

解 説

1 (1)「予定よりも／ずっと／早い／列車で／帰る／ことに／なる」で七文節。
(2)「なかなか／見つから／ない／とき」で四単語。
2 (2)①意味の上で，他から独立している。④「夜空に花火が上がるのが見えた」と語順を直すと，「見えた」が述語と判断しやすくなる。
3 (1)「放課後に借りた」と続けると文意が通じる。
(2)「ふとやめて」と続けると文意が通じる。
(3)②述語を修飾する言葉を探すときには，主語を選ばないように注意する。
(4)①「パンと」と「ケーキを」が並立している。
②「いる」が存在するという本来の意味ではなく，前の文節に補助的な意味を添えている。
4 (1)「生きる」と，**ア**「試みる」は上一段活用。**イ**「笑う」は五段活用。**ウ**「食べる」は下一段活用。**エ**「努力する」はサ行変格活用。

> **解き方のコツ** 動詞の活用の種類は，「ない」に続けたときの活用語尾の音で判断する。
> ア段→五段活用　イ段→上一段活用
> エ段→下一段活用
> (例)「ほめる」は「ほめ(エ段)ない」となり，下一段活用とわかる。

(4)「とても」は副詞。**イ**「大きな」は連体詞。

第3日 文 法 (2)

⇒ p.155～p.154

1 (1)イ (2)ア (3)エ (4)エ (5)ウ (6)エ
(7)ア (8)イ (9)イ (10)エ
2 (1)①エ ②イ ③ウ ④オ ⑤ア
(2)①エ ②ア
(3)①例申しておりました ②例召し上がってください

解 説

1 (1)――線部「の」は，連体修飾語を表すもので，同じ用法なのは**イ**。**ア**は並立，**ウ**は主格，**エ**は体言の代用を表す。
(2)――線部「ある」は連体詞で，同じ用法なのは**ア**。他は動詞。**イ**と**エ**は補助(形式)動詞で，動詞の一種である。
(3)――線部「が」は，その文節が対象であることを表す格助詞。**ア**・**イ**は前後をつなぐ働きをする接続助詞。**ウ**は「我が」という連体詞の一部。
(4)**エ**は受け身を表す助動詞「れる」の連体形。他は動詞の一部。
(5)――線部「らしい」は推定を表す助動詞。同じ用法なのは**ウ**。他は形容詞の一部。
(6)――線部「だ」は断定を表す助動詞。同じ意味・用法なのは**エ**。**ア**・**イ**は形容動詞の一部。**ウ**は過去を表す助動詞「た」が濁音化したもの。
(7)――線部「に」は，形容動詞「平和だ」の連用形「平和に」の一部。
(8)設問文中の「疑わない」の「ない」は助動詞。同じく助動詞なのは**イ**。**ア**・**エ**は形容詞で，**ウ**は形容詞「切ない」の一部。

> **解き方のコツ** 形容詞の「ない」は一つの文節になる。「ない」を「ぬ」に言い換えることができれば助動詞。

(9)**イ**は連体詞で，他は形容動詞。
(10)**ア**～**ウ**は伝聞，**エ**は推定・様態の意味の助動詞。用言などの終止形につくのは伝聞，用言などの連用形につくのが推定・様態。
2 (2)①「来る」の尊敬語には，他に「おいでになる」「お越しになる」がある。
(3)①「おっしゃる」は尊敬語。主語が身内である「父」なので，謙譲語の「申す」を用いて直す。②「いただく」は謙譲語。相手に対する敬意を表しているので，尊敬語の「召し上がる」を用いて直す。

第4日 説明的文章の読解 (1)

⇒ p.153～p.152

1 (1)エ
(2)D
(3)例(人間は)興味，関心，欲望などが複雑に入り組んだネットを通して，記憶する(から。)(31字)
(4)ア

解説

1 (1) Ⅰ 直前に「量的問題ではなく」とあることに着目し，「量的」の反対語を選ぶ。 Ⅱ コンピューターの記憶は機械的なものであることをつかむ。 Ⅲ ゴミの量が増えた結果「ほとんどすべての人が多少とも頭をなやますことになった」ことを押さえる。
(2)元に戻す一文に「こうしてみると」「人間的性格のつよい心的作用であることがわかる」とあることに着目する。人間の記憶と対照的なコンピューターの記憶の特徴が説明されている段落の直後に戻せばよい。
(3)「興味，関心，欲望など」という指定語句が書かれている冒頭の段落に着目する。人間の記憶の仕方がどのようなものであるかを説明すればよい。

> **重要ポイント　指定語句のある記述**
> 指定語句そのものが使われている部分や，指定語句と同じ内容の表現に注意して，その付近に解答の根拠となる部分がないかを探す。

(4)──線部②の直前に「個人の心理的歴史を反映している」とあることに着目する。「何が忘却されるか」は個人によって異なるものであり，その人が重視しているものは記憶に残り，軽視しているものは忘却されることを捉える。

第5日 説明的文章の読解 (2)

⇒ p.151～p.150

1 (1)緊急のときとか思いがけないことが生じたとき(21字)
大切なときとか何か圧力を感じるとき(17字)
(2)例回帰現象を起こすことを防ぎ，回帰現象を起こしても，決定的な失敗を免れることができる効果。(44字)
(3)イ

1 (1)人間の基本的な行動パターンに気づいて変えたはずが，知らぬ間に以前の型にかえってしまう場面について具体的に述べている部分を探す。
(2)直後に書かれている「これ」とは，回帰現象を起こすことである。
(3)スポーツと，「回帰現象を起こすことを防ぐ」ために筆者が心がけていることとの共通点とは何かを考える。

第6日 説明的文章の読解 (3)

⇒ p.149～p.148

1 (1)エ
(2)例原則的に世界中でただ一つしか存在しない事物を描く(24字)
(3)例特定の事物をかたどったフォルムに，他の同種の事物を思い浮かべることができるような普遍性がある場合。(49字)
(4)ア
(5)ウ

解説

1 (1)「特定の魚ではなく，世界中のあらゆる魚類を指し示す」ということを，「文字とは絵画として描かれるフォルムに普遍性をあたえたものと定義できる」と言い換えている。よって「つまり」が入る。
(2)文字は，「絵画として描かれるフォルムに普遍性をあたえたもの」であるが，「絵画として描かれる事物は，原則的に世界中でただそれ一つしか存在しない」ため，絵画には普遍性がなく，「文字になりえない」ということを述べている。
(3)直前の「ここに」をヒントに，その前の内容をまとめる。「『山』が示しているのは富士山などの特定の山ではなく，どの山でもかまわない」ため，「山」というフォルムに，他の同種の山を思い浮かべることができるような場合に「文字が成立する」と述べている。
(4)象形文字について説明して，文字と絵画との差異を明確にしている。よって，**ア**が適切。**イ**は「『絵画』との共通点を強調して」が，**ウ**は「『文字』と『絵画』の両方の性質をあわせもつ記号を示し」が，**エ**は「『文字』と『絵画』について新たな具体例を挙げて対比し」が，それぞれ誤り。

(5)ウ「雨」は象形文字。象形文字は，物事の「様子を模式的に描いて示す」文字である。

第7日 説明的文章の読解（4）

⇒ p.147～p.146

1 (1)**それは，つ**

(2)**イ**

(3)例**効率化や経済化の観点からだれかと分かち合う時間を節約して得た自分だけの時間までも，効率的に過ごそうと考えるようになったということ。(65字)**

(4)**エ**

解説

1 (1)直後で筆者が体験した「アフリカの森」での具体例が挙げられており，「人は時間に追われて生活している」ことの理由を，「それは，つきつめて考えれば，人間の使う時間が必ず他者とつながっているからである。(40字)」とまとめている。

(2)「私たちに強い敵意をもっている」ゴリラに「辛抱強く接近す」ることによって，ゴリラは「いつかは敵意を解き，いっしょにいることを許してくれる」とあることから，「互いの存在を認め合っている時間の大切さ」は，「ともにいる時間が経過するにしたがい，信頼関係が増す」ことによって得られるということを押さえる。

(3)時間を節約して「せっかく得た自分だけの時間」なのに，その時間さえも「自分の欲求を最大限満たすために，効率的な過ごし方を考える」ようになってしまったという内容を踏まえて説明する。

(4)「人間がひとりで時間を使うようにできていない」や「他者のなかに自分を見るようになり，他者の目で自分を定義するようになった」に着目すれば，**エ**「共感」が入ると判断できる。

第8日 文学的文章の読解（1）

⇒ p.145～p.144

1 (1)例**私の書くという作業に敬意を払う気持ち。(19字)**

(2)**エ**

(3)例**いつでも忠実に働いた万年筆が壊れたと誤解し，書くという熱中できるものを失ったと思い込んだから。(47字)**

(4)**ウ**

解説

1 (1)「キリコさん」は，「私」が熱中している「書き物」を「勉学とは違う種類のもの」と認め，「敬意さえ払っていた」。そのために，「私」のそばに来る時にも注意深くしている。

(2)「自分の好きな本の一節」などを書き写していた「私」は，それだけでは「満足できなくなり」，「作文とも日記ともお話ともつかないもの」を書くようになっている。他の人の書いたものを書き写すことから，自分で考えて書くようになっている。

(3)「私」は，インクが切れて書けなくなっただけなのに，「万年筆が壊れちゃった」と思い込んでいる。万年筆で「書き物」をすることに「私」は深くのめり込んでいたので，「うろたえた」のである。

(4)「キリコさん」は，ふだんは「私」のことを尊重して見守ってくれているが，万年筆が書けなくなった時には，率先して声をかけて助けてくれていることから考える。

第9日 文学的文章の読解（2）

⇒ p.143～p.142

1 (1)**ウ**

(2)**A古い家系の守護者**

Bわずかな自由

(3)例**反発を感じて，一人の人間として精いっぱい自由に(23字)**

解説

1 (1)「躍る」は「胸が躍る」「心が躍る」のように，期待感を表す際によく用いられる。このときの元司が，江戸で学問を修めることを父から許されたという状況であることを踏まえて考える。

(2) A は，元司のことを表す「反逆者」と対になる，「～者」という言葉を探す。 B は，「～でもよい」という表現が「甘んじてきた」の言い換えであることを押さえる。

(3)「古い血の重圧に堪えて，つつましい生き方を選んだ」祖父や父とは対照的に，元司は「反発を感じ」，新しい生き方をもとめて「一人の人間として，自由に生きたいためにあがいてきた」のである。

重要ポイント　人物に関する対照的な表現
人物の性格や考え方が対照的に表されている部分は，読解のうえで重要！

第10日　文学的文章の読解 (3)

⇒ p.141～p.140

1 (1)ア
(2)ウ
(3)例筆者は，魚と水の切っても切れぬ関係をうとましいものではないかと考えているから。
(4)イ
(5)例近い人は，近いためにその人物のことがよく見えないことがあるから。
(6)例近いところは死角に入ってよく見えないということ。
(7)目
(8)例心の遠近法により，遠くにあるものが持つ美しさや価値を見いだすことはできるが，近くにあるものについては，かえって死角に入り，よく理解できなくなるということ。(77字)

解説

1 (1)例の「ない」は，打ち消し(否定)の助動詞で，「ぬ」や「ず」に置き換えることができる。
(3)第二段落に筆者の感想が述べられている。
(4)水と魚の関係は近いということを押さえる。
(5)直前の段落に「あまり近いところは，……灯台もと暗し，になる」とある。
(8)「それ」は「心の遠近法」を指していて，直前に「遠くが大きく近くが小さく見える」とある。そのことを具体的に説明すればよい。

第11日　詩・短歌・俳句の読解

⇒ p.139～p138

1 (1)ア　(2)針の光
2 (1)C　(2)今年ばかりの
3 (1)A枯野・冬　Bすすき・秋
C天の川・秋　D大根・冬
E虹・夏
(2)B→D→A→E→C
(3)字余り・繰り返し(反復法)〔順不同〕
(4)①B　②D

解説

1 (1)代表的な表現技法を覚えておくこと。アは，対句は用いられていないので誤り。イは「針は銀色／針は銀色」が反復，ウは「働き」が体言止め，エは「きらりっと」が擬態語である。
(2)「針の光をたのしんでいる」「針は　きらりっと／陽をうけて　光ってみせる」などから，針が陽をうけて光る様子に美しさを感じていることがわかる。
2 (1)Cの短歌は「なりにけり」と，三句で切れていて，結句は体言の「花」で結ばれている。
(2)「花」と「今年」という言葉からEの短歌の鑑賞文であることがわかる。「次の年には再び見ることができない」=「今年ばかり(限定)の」という関係を押さえる。
3 (1)Cの「天の川」が秋の季語であることに注意する。
(2)B手に持っているすすき→D家の近くの川→A遠くに見える山→E空にかかる虹→C天の川の順である。
(3)六音・七音・五音になっている。
(4)①「思ってもみなかった感触」，②「日々の暮らし」にそれぞれ着目する。

第12日　古典の読解 (1)

⇒ p.137～p.136

1 (1)イ
(2)拾いいたる
(3)例母が曽参に帰ってきてほしいと思って指をかんだことが，遠くの曽参に伝わったこと。(39字)
2 (1)①イ　⑤エ　(2)エ　(3)ア　(4)イ

解説

1 (1)「もとより」はもとから，「貧しければ」は貧しいので，という意味。何が「かなはず」なのかを考えると，その前の行に書かれている，訪ねてきた曽参の友をもてなすことである。
(3)「かくの如く指をかみたるが，遠きにこたへたる」が具体的な「しるし」の内容。「かくの如く」とは，曽参に早く帰ってきてほしいと思いながら，母が自分の指をかんだこと。
2 (1)①「さかしらをしける」を，「にくしにくし」

と思うことから，「さかしら」は嫌なものであることがわかる。

(2)孝道入道が自分の家で双六をしていることから，亭主とは孝道入道のことである。②「かへりぬと思ひて」は越前房が帰ったと，孝道入道が思ったということ。④「かたき」とは，孝道入道と双六で勝負をしていた「或人」のことである。孝道入道がこれ以上越前房の悪口を言わないようにと膝をつついたので，孝道入道が後ろを振り向いて見たのである。

(4)「いとをかしかりけり」は孝道入道の行動について述べたもの。「よき程」はいい意味で言ったのだととっさにごまかしたのである。

第13日 古典の読解（2）

⇒ p.135～p.134

1 (1)七言絶句
(2)ないてやまざるに
(3)①枕草子　②ⓑ千里　ⓒ一日　③ウ

2 (1)子(李)　(2)ア
(3)在$_{リ}$二$_{テ}$ 道 辺$_{ー}$二
(4)例多くの実が残っている

解説

1 (1)一句が**五字**からなる漢詩を**五言**，**七字**からなる漢詩を**七言**，**四句**からなる漢詩を**絶句**，**八句**からなる漢詩を**律詩**という。この漢詩は四句で，一句が七字からなるので**「七言絶句」**である。

(2)レ点は，下の一字からすぐ上の一字に返って読む符号なので，「啼→住→不」の順に読む。「不」は否定を表す助動詞にあたる言葉で，ひらがなに直すという指示がなくてもひらがなに直して書く。

重要ポイント　書き下し文の書き方
漢文を書き下し文に直すときは，日本語の助詞と助動詞にあたる部分はひらがなで書くこと。

(3)②「千里」が江陵までの距離を，「一日」が時間の流れを表している。
③Aさんの二回目の発言に着目し，罪を赦されて江陵に戻ったときに書いた詩であることを押さえる。口語訳に「千里も離れた江陵にわずか一日で帰っていく」とあることからも，作者の喜びの気持ちが読み取れる。

2 (1)諸小児が競い走って取ろうとしたものが何かを捉える。

(2)「答へて曰く」から，答えたのは，ある人に質問された人物であるとわかる。

(4)王戎は，おいしいすももであれば，自分たちよりも先にだれかが全部取っていただろう，と考えたのである。

現代語訳　王戎が七歳のとき，子供たちと遊んでいると，道ばたのすももの木に，実が多くて枝が折れそうになっているのを見つけた。子供たちは競い走ってこれを取ったが，ただ戎だけが動かなかった。ある人がこのことについて尋ねたところ，(戎が)答えて言うことには，「すももの木は，道ばたにあるのに(残っている)実が多い。これは絶対に苦い実だろう」と。これを取ってみると，果たしてそのとおりであった。

第14日 高校入試 予想問題（1）〔国語〕

⇒ p.133～p.132

❶ (1)エ
(2)例なぜ日本人が桜の花ごときに心乱されているのか理解できないという気持ち(から)。
(3)例子どもが歩いたり話したりしはじめたこと。
(4)ア　(5)ウ
(6)例辛いことや大変なことがあっても，必ず解決されていくということ。

解説

❶ (1)同じ段落の初めに「古典の短歌は古めかしく見えても，そこに詠まれた心情は，今に通じるものがある……その例として」とある。

(2)「ぽかんとする」とは，理解ができず呆気(あっけ)にとられている様子。「なぜ大の大人が，花ごときにそんなに振り回されるのか」わけがわからないということ。

(3)「大喜び大騒ぎの時期」の直前に「待っていた時期」とある。待っていたことがかなったので，大騒ぎしていることを読み取る。

(4)子どもの成長を木の成長にたとえ重ねて詠んでいる短歌を選ぶ。

(6)「辛いこと大変なこと」で「先が見えない不安」な状態を「夜」と表現している。夜は必ず明けるということは，辛いことや大変なこともいつか解決のときが必ず来るということを表している。

重要ポイント たとえに注目する
文中に比喩表現が出てきたら，それが何をたとえたものかを考えること。そこに筆者の言いたいことが隠れている。

第15日 高校入試 予想問題 (2)〔国語〕

⇒ p.131〜p.130

❶ (1)例 勢いよく駆け込んでくること。
(2)イ
(3)①ア
②例 行動の仕方や考え方（9字）

解説

❶ (1)指示語の内容は基本的に，指示語の直前を探す。「それ」は直接には直前の「それだけの気持ち」を指している。しかし，またここにも「それ」という指示語があるので更にさかのぼって探すと，「勢いよく駆け込んでくる」ことを指しているとわかる。

重要ポイント 指示語
指示語の指す内容は，原則その直前を探す。指すものが見つかったら，もとの指示語に代入して文意が通じるかどうか確かめること。

(2)「その知識」とは，暗い通路の上に黒いはりが出ているという知識。「あれに，その知識がないだろうか？」は疑問形だが，「いや，はりが出ているという知識を持っているはずだ」という考えを表す，反語表現。知らないはずはないのだから，放っておいてもいずれぶつけなくなると父は考えているのである。

(3)①「その心の働き」の「その」は直前の「すぐ先の情景が目に見えてくるようになった」を指している。「すぐ先の情景が目に見えてくる」とは，予測する，ということである。
②「心の働き」（予測）で「自分の駆け方を修正する」とは，結果を予測して自分の行動を見直したり，考え方を改めたりするということ。